하워드 진과 아내 로슬린(1976)

하워드 진과 아내 로슬린(1985)

하워드 진과 아내 로슬린, 자녀 마일라와 제프

하워드 진과 아내 로슬린, 자녀 마일라와 제프(1981)

보스턴 시민들에게 베트남전쟁 반대 연설을 하고 있는 하워드 진(1971)

베트남전쟁 반대 시위를 하다가
연행되는 하워드 진
(Ordfron Magasin, Bokmassn 1998)

이라크전쟁에 반대하는
강연을 하고 있는 하워드 진(2002)

왼쪽부터 로슬린 진, 하워드 진, 노암 촘스키, 캐롤 촘스키(2002)

왼쪽부터 역사학자 스토턴 린드, 앨리스 린드, 로슬린 진

하워드 진

HOWARD
ZINN

Howard Zinn: A Radical American Vision
by Davis D. Joyce

하워드 진

HOWARD ZINN

오만한 제국, 미국의 신화와 허울 벗기기

데이비스 D. 조이스 지음 | 노암 촘스키 서문 | 안종설 옮김

열대림

옮긴이 안종설

부산에서 태어나 성균관대학교 사회학과를 졸업했다. 번역한 책으로 『신분의 종말』,
『여기 들어오는 자, 모든 희망을 버려라』, 『체 게바라 — 한 혁명가의 초상』,
『사회적 고통』, 『리스크의 세계』 등이 있다.

하워드 진
오만한 제국, 미국의 신화와 허울 벗기기

초판 1쇄 인쇄 2006년 9월 5일
초판 1쇄 발행 2006년 9월 11일

지은이 데이비스 D. 조이스
옮긴이 안종설
펴낸이 정차임
디자인 강이경
펴낸곳 도서출판 열대림
출판등록 2003년 6월 4일 제313-2003-202호
주소 서울시 마포구 동교동 156-2 마젤란21 오피스텔 503호
전화 332-1212
팩스 332-2111
이메일 yoldaerim@korea.com

ISBN 89-90989-21-3 03300

서문
노암 촘스키

하워드 진이 '달리는 기차'에 오른 지난 반세기, 미국은 많은 변화를 겪어왔다. 변화의 궤적은 저마다 다르다. 어떤 변화는 풍성한 결실을 거두어 보다 나은 미래에 대한 희망을 부풀리고, 또 어떤 변화는 강력한 반작용에 부딪혀 초라하고 암울한 현실을 면하지 못하고 있다. 어느 쪽이 우세할까? 이 질문은 아주 중요한 의미를 갖는다. 우리의 문제점이 무엇인지를, 그것을 해결하기 위해서는 어떻게 해야 할 것인지를 좀더 명확히 이해하기 위해서, 사고는 물론 행동에서까지 모든 변화의 현장에 직접 참여한 하워드 진의 이야기를 읽는 것보다 더 좋은 방법은 없을 것이다.

대표적인 제도권 매체인 『포린 어페어(Foreign Affairs)』에 실린 유명 인사들의 경고는 변화의 여러 궤적 가운데 한 단면을 보여준다. 지구상의 많은 국가들 — 어쩌면 대부분의 국가들 — 은 미국을 '불량 초강대국(rogue superpower)'으로 간주하며, "자신들의 사회에 대한 가장 큰 외부적 위협"으로 미국을 꼽고 있다(새무얼 헌팅턴, 1999년 3/4월). "오늘날 많은 국가의 눈에 비치는 세계 최악의 불량 국가는 바로 미국이다"

(로버트 저비스, 당시 미국 정치학회 회장, 2001년 7/8월). 이상은 부시 행정부 — 미국 내의 상당수 외교정책 전문가를 포함한 — 가 전세계를 공포로 몰아넣은 독트린을 발표하기 훨씬 전에 나온 발언들이다. 미국은 군사력을 통해 세계를 지배하고자 하며, 그 지배를 방해하는 잠재적 도전 세력에 대해서는 침략전쟁(흔히 '선제공격'이라는 가짜 꼬리표를 달고 있는)을 불사한다는 의도를 드러내고 있다. 많은 분석가들은 2002년 9월에 발표된 '신제국주의 대전략(new imperial grand strategy)'이 "세계를 분열시키고 위험을 가중시킬 뿐 아니라 미국 스스로를 더욱 불안하게 만든다"고 경고했다(존 이켄베리, 『포린 어페어』, 2002년 9/10월).

몇 달 후에 나타난 여론조사 결과에 의하면, 세계 각국에서 미국에 대한 두려움이 크게 증가했으며, 미국의 정치 지도자가 마음에 들지 않거나 심지어 그들을 혐오한다고 응답한 이들 역시 크게 늘어났다. 또한 미국의 이라크 침공 결과 알카에다 같은 테러 조직의 규모가 커지기 시작했으며, 대량 살상 무기의 확산도 더욱 가속화된 것으로 나타났다. 많은 전문가들은 일방적으로 군축을 선언하고 폭력적으로 밀어붙이면 이 같은 반응이 초래될 것이라고 예측해 왔다. 보복은 보복을 낳고, 공격 대상이 된 국가는 자신이 동원할 수 있는 유일한 수단에 의존할 수밖에 없기 때문이다. 부시 정권의 세계 전략은, 미국 내에서 20세기의 진보적 입법부를 해체하고자 했던 레이건 시대의 프로그램을 더욱 강화하는 것이다.

지난 반세기 동안 다양한 운동이 이끌어낸 변화는 실로 극적인 것이었다. 그 결과 미국은 이전에 비해 훨씬 더 문명화되었다. 초창기의 원동력은 하워드 진을 스승으로 받드는 젊은이들이 주도한 민권운동으로부터 비롯되었다. 진은 자신이 직접 참여했던 SNCC(Student Nonviolent Coordinating Committee, 학생비폭력조정위원회)의 '새로운 철폐론자들'의 승리와 노고를 감동적으로 기록한 바 있다. 진은 1956년에 처음으로 아프리카계 미국인 여자대학에서 교편을 잡았는데, 그 학교가 있던 애틀랜타에서는 남부지방과 마찬가지로 주목할 만한 변화가 나타나 전국적으로 영향을 미치게 되었다. 개인적인 이야기를 하나 덧붙인다면, 진이 애틀랜타의 스펠먼 대학에서 학생들을 가르치기 시작했을 무렵에 나는 케임브리지의 MIT 교수가 되었다. 그 당시 학교는 말끔하게 차려입은 백인 남학생들이 대다수를 차지했다. 지금은 여학생이 절반을 차지하며, 학부생들의 출신 배경도 아주 다양해지고 그들 사이에는 예전보다 훨씬 편안한 상호작용이 이루어지고 있다. 최근에는 과학과 공학부에 최초의 여성 학장, 최초의 아프리카계 미국인 학장이 임명되기도 했다. 이러한 변화는 이제 미국 전역에서 찾아볼 수 있다. 앞으로도 가야 할 길이 멀지만, 지금까지 이룩한 성과 역시 아주 중요한 의미를 갖는다.

1960년대만 해도 막 걸음마를 내딛던 여성운동과 환경운동이 점차 주요한 세력으로 성장하고, 사회와 문화에, 나아가 보다 인간다운 생존에 광범위한 영향을 미치게 되었다. 폭력에 의존하는 태도 역시 많은 변화를 일으켰다. 40년 전만 해도 존 F. 케네디 대통령은 별다른 관심이나 우려를 불러일으키지 않고도 베트남을 공격할 수 있었다. 1962년, 케네디 정권은 남베트남 폭격을 시작함으로써 이 나라를 폐허로 만들었고, 작물과 지상의 은폐물을 파괴하기 위해 화학전까지 감행했으며, 수백만의 부락민을 게릴라로부터 '보호'하기 위해 수용소로 몰아넣었다.

물론 미국 정부는 베트남 양민들이 적극적으로 게릴라를 지지한다는 사실을 알고 있었다. 그때까지만 해도 반대운동은 존재하지도 않았다. 그 운동이 상당한 규모로 성장한 것은 훨씬 훗날의 일이다. 그 무렵에는 이미 수십만에 달하는 미군이 베트남을 침략한 다음이었고, 전쟁은 인도차이나 전역으로 확대되어 있었다. 그 결과 인도차이나 전문가이자 군사역사학자인 버나드 폴(Bernard Fall) 같은 이는 『전쟁에 대한 마지막 성찰(Last Reflections on a War)』이라는 책에서 "문화적, 역사적 실체로서의 베트남은 멸망의 위기에 처해 있다. 사상 유례를 찾아보기 힘든 대규모 군사작전으로 나라 전체가 빈사상태에 빠져 있다"고 썼다. 물론 그는 주요 타깃이던 남베트남을 말한 것이다. 그는 이 글을 쓴 직후, 현지에서 전투를 관측하다가 목숨을 잃었다.

상당 부분 민권운동에 의해 비롯된 베트남전쟁 반대운동은, 출발은 늦었어도 오래지 않아 주목할 만한 세력으로 성장했다. 그 과정을 통해 하워드 진은 지칠 줄 모르는 불굴의 투지를 보여주었다. '철군의 논리'를 다룬 그의 저서 — 폴의 『우울한 경고』와 비슷한 시기에 출간되었다 — 는 막 태동하기 시작한 활동가들의 반전운동에 커다란 자극제가 되었다. 1년 후인 1968년 1월의 구정 공세 직후, 합참의장은 베트남에 더 많은 병력을 보내야 한다는 대통령의 요청에 즉각적인 반응을 보이지 않았다. 반전운동이 격화되고 다른 대중 운동이 여기에 합세하면서 "사회 혼란의 통제에 투입될 병력이 충분할지" 확신이 서지 않는다는 이유였다. 국방부에서도 더 이상의 파병이 "유례를 찾아볼 수 없는 국내적 위기"를 유발할지 모른다는 우려를 표명했다. 1969년에는 미국인 가운데 70퍼센트가 베트남전쟁을 단순한 '실수'가 아닌 '근본적으로 잘못된, 비도덕적 전쟁'임을 인식하기에 이르렀다. 이 같은 수치는, 주류 사회로부터 어떠한 지원도 받지 못했지만 지금까지 꾸준히 이어져오고 있다.

영향력 있는 급진적 국가주의 평론가들(이른바 '네오콘'에 속하는)은 "무력 사용에 반대하는 허약한 주민들"이 정책 입안자들의 발목을 잡는다고 비난했다(노먼 포드호레츠, 『뉴욕 타임스』 1985년 10월 30일). 1981년에 권력을 장악한 레이건 행정부는 승리감에 도취된 듯 '허약한 주민들'이 사라졌다고 장담했지만, 이내 그렇지 않다는 사실을 알게 되었다. 중앙아메리카에서 전통적으로 폭력과 억압의 중심지 노릇을 해 온 몇몇 지역이 심각한 위기에 처하자, 레이건 정부는 케네디가 남베트남에서 보여준 모습을 흉내내고자 했다. 하지만 그들은 예기치 못한 여론의 반대에 휘말려 뜻을 접어야 했고, 그 대신 은밀한 테러로 눈을 돌려야 했다. 여기서의 '은밀한'은 물론 미국 대중의 눈에 드러나지 않는다는 의미이다.

그러나 그 같은 은밀함은 완벽하지 못했다. 워싱턴에 의해 조직되거니 혹은 그 기인을 받는, 중앙아메리카에 대한 잔혹한 억압에 맞서 대중 운동이 광범위하게 확산되었다. 이것은 제국주의적 폭력에 반대하는 역사에 새로운 지평을 열었다. 대개 보수적인 배경을 지닌 많은 미국 국민들은 교육계의 노력이나 저항과 반대를 그다지 마음에 들어하지 않았지만, 피해자들과 함께 생활하며 국가나 의회의 테러를 어느 정도 막아주는 역할을 했다. 또 베트남이나 알제리에 거주하는 미국인이 자국 정부의 잔인한 공격을 받는, 믿을 수 없고 아무도 생각조차 못한 상황이 벌어지기도 했다. 이 같은 뿌리에서 시작된 국제적 연대 운동은 세계 각지로 퍼져나갔고, 용기와 헌신의 사례들이 축적되어 갔다. 같은 시기, 치명적인 핵전쟁의 위협을 우려하는 대중 운동은 더 이상 무시할 수 없는 세력으로 성장했다.

1989년에 백악관을 장악한 아버지 부시 정권은 '약한 적'과의 사이에 분쟁이 생기면 미국이 '단호하고 신속하게' 그들을 격퇴하거나 '정치적 지원'으로 상대를 무력화해야 한다는 정보 분석 보고를 받았다. 그러나 그때는 이미 1960년대가 아니었다. 침략과 테러에 대한 일반 대중의 관용은 급격히 약화되었다. 케네디가 남베트남을 상대로 전쟁을 벌인 지 40년, 이제는 전쟁이 선포되기도 전에 거대한 반전운동이 벌어지는 상황이 도래했다. 더 이상 상대국이 '멸망의 위기'에 처할 때까지 기다릴 여유가 없는 것이다.

1990년대로 접어들면서 연대 운동은 새로운 형태를 띠기 시작했다. 미국을 비롯한 대부분의 산업화 국가에서는 세계 정의를 구현하기 위한 대규모의 운동 세력이 나타났고, 이들은 세계의 경제적 통합, 그리고 투자자와 기업의 권리 — 교조적인 체제 속에서 '세계화'라는 이름으로 불리는 정책들 — 에서 일반 대중의 자유와 민주주의, 그리고 공평하고 지속 가능한 개발의 필요성을 향해 눈을 돌려 제3세계의 대중 운동과 합세하기 시작했다. 이러한 대중 운동은 중요한 관심사를 공유하고 다양한 사회 부문을 통합함으로써 제도적인 형태를 띠기 시작했는데, 이것이 브라질에서 연례 회의를 개최하는 '세계 사회 포럼(World Social Forum)'으로 결집되어 각 지역별로 뻗어나가는가 하면 그 규모와 열정 면에서도 지속적인 성장을 거듭하고 있다.

물론 이 같은 복잡하고 다면적인 역사적 과정의 근원을 어느 하나로 가려낼 수는 없다. 하지만 하워드 진이 저술 활동을 통해 강조해 온 역사의식, 또한 헌신과 참여로 일관된 그의 생애가 그러한 근원을 대변한다고 할 수 있다. 그의 말을 빌리면 "이름모를 사람들의 수없이 많은 작은 행동들"이 "그 거대한 순간"으로 이어져 역사적 기록으로 남게 된다. 역사를 그 뿌리에서 분리시키면 그 소중한 기록은 방향과 힘을 잃고 말 것이다. 대개의 경우 그러한 근원은 직접 행동에 참여한 사람들이 아니면 좀처럼 감지되지 않지만, 때로는 감지되는 경우도 있다. 가장 중요한 한 가지 예를 들자면, 스펠먼 대학이 바로 그런 경우이다.

세상에는 말로써 커다란 영향력을 행사하는 사람이 있는가 하면, 행동으로 영감을 불러일으키는 이도 있다. 하워드 진의 경우처럼, 이 두 가지가 한 사람의 삶에서 모두 나타나는 예는 매우 드물다. 그의 글은 한 세대의 의식 전체를 바꿔놓았다. 그리고 역사와, 역사가 우리의 삶에 미치는 영향에 대한 이해의 차원을 바꿔놓았다. 진은 언제 어디서나 자신의 소명을 외면하지 않았다. 행동이 필요할 때면 언제나, 가장 선두에서, 믿음직한 안내자의 역할을 해내고 있는 그의 모습을 발견할 수 있다.

시련과 영감, 고통과 파국에 대한 우려가 교차하던 그 파란많은 시절에, 하워드와 함께 그의 '달리는 기차'에 동참할 수 있었던 것은 커다란 영광이 아닐 수 없다. 그를 아는 다른 모든 사람과 마찬가지로, 나 역시 '의지의 낙관'을 훨씬 뛰어넘는, 그리하여 우리로 하여금 '지성의 비관'에조차 의문을 던지게 만드는 그의 끈질긴 낙관주의에 큰 충격을 받았다. 실로 안토니오 그람시(Antonio Gramsci)의 유명한 구호 "지성의 비관, 의지의 낙관"이 떠오르는 대목이다.

하워드의 삶과 활동은, 인간이 안고 있는 여러 가지 문제점을 해결하는 데 개인적이고 자기 중심적인 판단만으로는 아무런 성과도 거둘 수 없다는 사실을 상기시킨다. 정말 중요한 것은, 재앙을 피하고 보다 나은 세상을 만들어가는 이름모를 사람들의 작은 행동에 가능한 한 최선을 다해 참여하는 것이다. 그리하여 그들의 성과를 치하하고, 그러한 성과가 계속 이어질 수 있도록 우리가 할 수 있는 일을 하는 것이다. 간단히 말하면 그것은 이 반가운 전기(傳記)가 제시하는 모델을 따르는 것이 아닐까.

저자 서문

데이비스 D. 조이스

하워드 진은 자신의 신념을 실천하느라 너무 바쁜 나머지, 주변을 깔끔하게 정리할 여유가 없는 듯했다. 하워드 진의 사무실은 첫 인상에 그런 느낌을 주었다. 그가 다른 두 명의 명예교수와 함께 쓰는 보스턴 대학의 사무실을 찾아간 1997년 3월, 사무실 분위기는 한마디로 황폐하고 너저분하다고밖에 표현할 수 없는 상태였다. 난방용 라디에이터에서 흘러나온 물이 카펫을 흥건히 적셨고, 책이 든 낡은 상자와 봉지가 바닥에 아무렇게나 널려 있었다.

하지만 정리정돈의 문제와는 별개로, 진의 바쁜 일상의 흔적이 도처에서 발견되었다. 한쪽 벽에는 누군가가 쓴 다음과 같은 글이 적힌 포스터가 걸려 있었다.

나 그대에게 맹세한다.
내 평범한 여인의 머리에 대고 맹세한다.
평범한 한 덩이 빵처럼 지극히 평범한 이 여인이
-마침내 일어설 것이라고.

같은 벽에는 포스터 크기로 복사된 1970년 2월 23일자 보스턴 대학 『뉴스』도 걸려 있었다. 진의 설명에 의하면, 그것은 당시 보스턴 대학의 학생신문이었다고 한다. 표제는 단 한 단어, '파업(Strike!)'이었다. 그 당시 유행하던 "민중에게 권력을!"이라는 구호를 연상케 하는, 불끈 쥔 주먹 그림이 보이고, "투옥 학생 석방과 제적 학생 복귀", "시위 금지령 철폐", "진 교수와 프라이쉬만 교수에 대한 소송 중단" 등과 같은 구체적인 요구사항도 보였다.

그 밖에 눈에 띄는 것은 영국과 일본에서 상연된 무정부주의자 엠마 골드만(Emma Goldman)에 대한 진의 연극 포스터, 프랑스의 미술 포스터, 뉴욕에서 벌어지는 '재즈 탭 댄스' 포스터, 저명한 베트남전쟁 반대운동가인 대니얼 베리건(Daniel Berrigan) 신부가 체포되는 사진, 그리고 진 자신이 보스턴 대학 교내에서 벌어진 경찰의 야만적 행위에 항의하는 시위에서 체포되는 사진 등이었다.

진의 사무실 풍경은 그를 묘사하기 위해 흔히 사용되는 '급진주의자'와 '역사학자'라는 두 개의 단어가 상당히 밀접하게 연결되어 있다는 느낌을 주었다. 사실 그 두 단어가 개념상으로도 밀접한 연관을 가지고 있다는 것은 단순한 말장난의 차원만은 아니다. 쓸 만한 사전을 찾아보면 이것이 무슨 말인지 금방 알 수 있다. '급진적(radical)'이란 말은 '문제의 뿌리를 파고든다,' 즉 '근본적이다,' '기본적이다'라는 의미를 가지고 있다. 또한 '역사(history)'라는 단어의 어원 가운데 하나는 역시 '파고든다'는 의미의 그리스어 '히스토리아(historia)'이다. 적어도 미국의 역사에 관한 한, 과거의 뿌리를 끝까지 파고들면 하워드 진이 자신의 저서에서 그토록 강조해 마지않는 급진적 전통을 발견하게 될 것이다.

하워드 진의 접근 방식 ─ 글이나 강연, 강의에 대한 ─ 은 긍정적이든 부정적이든 언제나 강력한 반응을 유발하는 경향이 있다. 그를, 그의 저서를, 그의 생애를 아는 사람이라면 좀처럼 중립적인 입장을 취하기가 어렵다. 진의 사무실에 보관된 '1981년 가을 학기 평가'라는 꼬리표가 붙은 서류함에는 '보충 언급'이라는 제목 아래 두 학생의 견해가 나란히(아마도 서류를 정리하다 보니 우연히 그렇게 되었겠지만) 붙어 있다. 한 학생은 "아무짝에도 쓸모없는 강의!!"라는 견해를 적었고, 또 한 학생은 "하워드 진이야말로 불멸의 교수님이다!"라고 적었다.

이 대목에서 한 가지 중요한 고백을 하고 싶다. 나는 오래전부터 진의 저서에 대단히 긍정적으로 반응하는 사람 가운데 하나였다. 나는 그를 존경한다. 나는 그의 저서를 통해 많은 영향을 받았다. 그가 1967년에 쓴 『베트남 ─ 철군의 논리(Vietman: The Logic of Withdrawal)』를 읽은 후, 다른 많은 사람들과 마찬가지로 나 역시 그 책 덕분에 베트남 전쟁 반대운동에 참여하게 되었다. 1970년에 『역사 정치학(The Politics of History)』이 출간되자, 나는 그 책을 읽고 드디어 누군가가 방황하는 젊은 조교수이던 나를 위해 역사를 체계화해 주는구나 하고 생각했던 기억이 난다. 1938년에 출간된 앨런 네빈(Allan Nevin)의 『역사 정치학』이 그 세대의 젊은이들에게 '역사로 들어가는 관문' 역할을 했다면, 나를 포함한 우리 세대에게는 같은 제목을 단 진의 저서가 그런 역할을 했다.

이어서 1980년에 『미국 민중사(A People's History of the United States)』(한국어판 제목은 『미국 민중저항사』이다─옮긴이) 초판이 출간되었을 때, 나는 드디어 누군가가 '신좌파'의 역사와 사건, 1960년대 및 그 이후의 개인적 경험을 한데 뭉뚱그린, 제대로 된 역사 교과서를 써주었구나 하고 생각했다. 그리하여 1995년, 부다페스트의 어느 호텔방에서 진이 1994년에 출간한 회고록 『달리는 기차 위에 중립은 없다 ─ 우리 시대의 개인사(You can't Be Neutral on a Moving Train: A Personal History of Our Times)』를 읽으며 그가 은퇴 이후에도 미국 전역 ─ "텍사스의 댈

러스, 오클라호마의 아이다, 루이지애나의 프레스크 섬, 인디애나의 브루밍턴, 워싱턴의 올림피아 등"[1] — 을 다니며 강연을 하고, 가는 곳마다 "병든 자, 굶주린 자, 인종 차별의 피해자, 전쟁의 희생자, 그리고 아무리 사소한 일일지언정 세상을 변화시킬 수 있다는 희망으로 무언가를 하는 사람들"을 만난다는 사실을 접하고 큰 감동을 받았다.

그 당시 오클라호마 주 아이다에 살고 있던 나는, 진이 언급한 '사람들' 중에 나도 포함되어 있다는 어느 정도의 확신을 가질 수 있었다. 나는 그 몇 해 전 우리 대학에서 강연을 하기 위해 아이다를 찾은 진을 만난 적이 있었다. 우리는 저녁을 같이 먹었고, 각자 새로 출간된 자신의 책에 서명을 해서 서로 교환했다. 그날 저녁, 나는 강연에 나서는 그를 청중들에게 소개하는 역할을 맡았다. 그 모든 것, 나에게 그토록 큰 영향을 미쳤고 지금도 미치고 있는 인물을 직접 만난 것은 나에게 더없이 중요한 사건이었다. 그 뒤 그는 내가 쓴 책을 아주 호의적으로 언급해 주었고, 그 글귀는 내 책의 표지를 장식했다.

전기작가가 봉착하는 일련의 독특한 문제들이 있다. 1996년 판 『작가 핸드북(The Writer's Handbook)』에는 데이비드 로버트슨(David Robertson)이 쓴 「전기의 대상이 완벽해 보이지 않을 때」라는 에세이가 수록되어 있다.[2] 그것이 전부일까? 전기작가는 다들 그럴까?

같은 책에 실린 린다 사이먼(Linda Simon)의 「인생 쓰기」에는 이런 구절이 나온다. "전기작가는 자료를 수집하거나 실제로 글을 쓰고 있지 않을 때조차도 대상이 자신의 동료가 된 듯한 느낌에 사로잡힌다. 대상의 눈으로 그의 인생을 바라보기 시작하는 것이다. 그들은 자기 자신의 경험조차 대상의 시각으로 바라보게 된다." 사이먼에 의하면 전기는 곧 자기 반성으로 이어지는데, 이것은 결코 나쁜 것이 아니라고 한다. "개인적 성찰 — 왜 사람들이 그런 행동을 하는가, 우리를 규정하고 우리가 타인에게 영향을 미치는 방식을 규정하는 힘은 무엇인가를 생각하는 것 ─ 은 전기작가에게 좋은 훈련이 된다."[3]

그러나 게일 크리스찬슨(Gale E. Christianson)은 「집필 중인 전기작가」라는 에세이에서 "대상과의 동일화가 너무 강해지면 전기를 쓰는 데 필요한 구속력이 방해를 받는다"고 지적한다.[4] 이것을 '전기작가병'이라 부르는 이도 더러 있다. 크리스찬슨은 특히 현존 인물의 생애를 글로 쓸 때 더욱 주의해야 한다고 충고한다. 그녀는 이것을 "매주(買主)의 위험부담"이라고 표현한다.

> 대상의 삶이 아직 끝나지 않았기 때문에 건전한 전망에 기초한 미래의 영향을 받기 쉽다. 대상이 협조적인 경우에도 정보에 대한 접근 자체가 문제점으로 작용할 수 있다. 한 손으로 기꺼이 내준 자료를 다른 한 손으로 거칠게 낚아채는 경우가 심심찮게 발생한다. 특히 대상의 견해와 작가의 견해가 충돌할 때는 더욱 그러하다. 선택할 수 있는 대상이 얼마든지 있는데 왜 그런 위험을 감수해야 하는가?[5]

하지만 이 모든 경고와 조언에도 불구하고, 나는 결국 멀쩡하게 살아 있는 하워드 진의 전기를 쓸 수밖에 없었다. 주로 그의 저술에 초점을 맞추었기 때문에 사료적 가치가 크다고 할 수 있겠지만, 그래도 전기는 전기다. 나는 꽤 오래전에 역사학자 에드워드 채닝(Edward Channing)을 대상으로 이와 비슷한 작업을 한 적이 있다.[6] 하지만 채닝은 내가 작업을 시작했을 당시 이미 오래전에 세상을 떠난 뒤였고, 그래서 우리 역사학자들이 흔히 '객관성'이라고 부르는 요소를 충분히 확보한 상태로 그에게 접근할 수 있었다. 많은 이들은 내가 이미 앞에서 고백한 사실들 때문에 하워드 진에 대한 나의 연구가 '객관적'일 수 없다고 지적할 것이다. 글쎄, 내가 특정한 주제, 이를테면 감옥 문제나 우주 개발, 교수법이나 학문적 기준 등에 대해 진과 다른 견해를 가지고 있는 것은 사실이다. 하지만 가장 중요한 것 가운데 하나는 진이 우리에게 객관성이야말로 역사 서술의 골칫거리라고 가르쳤다는 점이다.

그가 어디서 그런 말을 했는지 살펴보자. 그는 몇 년 전 『학교를 재고하다 − 도시 교육 저널』이라는 간행물에서 바바라 마이너(Barbara Miner)와 인터뷰를 한 적이 있다. 마이너는 "역사가 객관성을 띠는 것이 가능한가?"라는 질문을 던졌고, 진은 이렇게 대답했다.

> 객관성은 가능하지도, 바람직하지도 않다.
> 그것이 가능하지 않은 이유는 모든 역사는 주관적이고, 모든 역사는 하나의 관점을 대변하기 때문이다. 역사는 언제나 수없이 많은 사실들 가운데 일정한 부분을 선택하며, 무엇을 선택하는지는 당사자의 가치관에 따라 다르다. 따라서 객관성을 띤다는 것은 불가능하다. 우리는 여기에 대해서 솔직해질 필요가 있다.
> 객관성이 바람직하지 않은 이유는, 만약 우리가 세상에 영향을 미치기를 원한다면 학생들에게 보다 능동적인 시민, 보다 도덕적인 인간이 되는 데 도움이 되는 내용을 강조할 필요가 있기 때문이다.[7]

간단히 말해서 우리가 할 수 있는 일은 솔직해지는 것, 개방적인 자세를 갖는 것, 자신의 편견을 인정하는 것, 이러한 바탕 위에서 최선을 다해 역사를 써내려가는 것뿐인지도 모른다. 나는 솔직해지고, 개방적인 자세를 갖기 위해, 또한 나 자신의 편견 − 적어도 내가 알고 있는 부분에 대해서는 − 을 인정하기 위해 노력했다. 그러니 이제부터 나는 내가 할 수 있는 최선을 다해 역사를(혹은 전기를) 써내려가면 된다. 앞서 말했듯 이 책은 진의 저술에 초점을 맞추었다. 그의 중요한 저술을 요약하고 평가하며, 그의 인생과 시대에서 그것이 쓰여진 시점이 갖는 맥락을 끼워맞추려는 의도이다. 나는 또한 다소 때가 이르기는 하지만 그의 저술과 생애가 갖는 역사적 의미를 평가하는 작업도 나름대로 시도해 보았다.

왜 하워드 진의 '급진적 미국의 전망'인가? 이 문제는 마지막 장에서 보다 자세히 다루겠지만, 여기서 간단히 짚고 넘어가는 게 좋을 듯하다. 진의 견해가 급진적인 이유는, 그것이 정치적 · 사회적 · 경제적 질서의 근본적인 변화를 추구하며 그 뿌리를 파고들고 있기 때문이다. '미국'이 들어가는 이유는, 그것이 미합중국이 토대를 두고 있는 독립선언서를 비롯한 여러 가지 이념에 깊숙이 뿌리를 두고 있기 때문이다. 그것이 전망인 이유는 아직 현실화되지 않은 희망으로 남아 있기 때문이다. 진의 생애와 저술에 대한 이야기는 그러한 전망을 현실로 바꾸어놓기 위한 한 인간의 노력에 대한 이야기이기도 하다.

차례

ONE

계급
의식의
성장

1922—1956

ONE
계급의식의 성장
1922~1956

하워드 진, 여든의 나이에도 그의 눈은 여전히 반짝인다. 다정하고 편안하며 가식이 없는 반짝임이다. 하지만 그의 글이, 아니 그의 인생이 떠받치고 있는 평화와 정의의 문제에 맞닥뜨릴 때면 그 반짝임은 금세 뜨거운 불길로 변한다.

진은 183센티미터의 키에 몸무게 70킬로그램, 자신의 표현을 빌리면 "한때 검었지만 지금은 하얗게 된"[1] 머리칼을 가지고 있다. 그는 언제나 미소지을 준비를 갖추고 있다. 그의 이데올로기에 동의하지 않는 사람들조차 그를 싫어하기란 쉬운 일이 아니다. "누구나 그를 좋아해요." 진이 아직도 명예교수로 사무실을 가지고 있는 보스턴 대학 정치학과의 어느 비서는 그렇게 말한다.

'얼터너티브 라디오' 설립자 데이비드 바사미언(David Barsamian)은 상대방(설령 그것이 수많은 청중이라 할지라도)을 편안하게 만드는 진의 능력을 이렇게 표현한다. "(그와 함께 있으면) 친한 친구를 상대하는 느낌이다. 사람들은 자신에게 강의를 하는 누군가를 상대하는 것이 아니라, 그저 함께 이야기를 나누는 사람을 상대하게 된다."[2] 저명한 언어학자이자 미국 외교정책의 신랄한 비평가(겸 진의 친구이기도 한) 노암 촘스키(Noam Chomsky)의 견해도 크게 다르지 않다.

> 언제 봐도 놀라운 것, 그럼에도 전혀 당혹스럽지 않은 것은 (솔직히 말해서) 대중 집회든, 세미나든, 학문적 정책 연구회든 간에, 언제 어디서 어떤 청중을 상대할 때도 언제나 정확하게 올바른 개념을 구사하며 말할 수 있는 그의 능력이다. 그는 올바른 음조를 튕기는, 사람들로 하여금 무엇이 중요한 문제인지를 생각하게 만드는, 편견을 버리고 내면화된 가정에 의문을 제기하게 하는, 그냥 말로만이 아니라 직접 행동으로 실천하게 하는 마술적인 능력을 가지고 있다. 객관적인 상황이 아무리 비관적이라 할지라도 결코 희망을 잃는 법이 없다. 정말이지 그런 사람은 처음 본다.[3]

하워드 진은 1922년에 태어났다. 어떤 면으로는 미국 사회에 '현대'가 시작된 무렵과 거의 맞아떨어진다. 최초의 상업 라디오 방송이 1920년에 전파를 탔으며, 인구 조사 결과 농촌보다 도시에 거주하는 인구가 더 많다는 사실이 처음으로 확인된 것도 이 무렵이다. 진이 태어난 이듬해에 『타임』지가 창간되었다. 1920년대는 또한 새롭게 가미된 차별적인 요소 때문에 이민에 대한 규제가 까다로워졌으며, 번영의 시기(몇몇 사람들에게는)가 끝나고 불황이 시작된 시기이고, 군비를 축소하기 위한 노력이 물거품으로 돌아갔으며(미국은 국제연맹에 가입하기를 거부했다), 티폿 돔(Teapot Dome, 1920년대 초 미국의 앨버트 B. 폴 내무장관이 연방정부 소유의 유전油田 지대를 비밀리에 임대해 준 것을 둘러싸고 일어난 추문-옮긴이) 같은 대형 비리사건이 터져나오고, KKK단(Ku Klux Klan, 흑인과 그 동조 세력에게 테러를 가하는 것으로 악명높은 단체. 1886년에 설립되어 1870년경에 공식적으로 해체되었지만 지금도 그 뿌리가 남아 있다 — 옮긴이)이 기승을 부렸으며, 최초의 유성영화가 등장하고, 포드 자동차에서 '모델 A'를 출시한 시기이기도 하다.

진의 생일은 8월 24일이며 뉴욕에서 태어났다. 양친은 둘 다 유럽에서 이주해 온 유대인이었다. 아버지 '에디' 진은 한때 오스트리아-헝가리 제국, 폴란드, 그리고 소련의 일부였으며 지금은 우크라이나 르보프로 알려진 렘버그라는 갈리시아 도시 출신이다. 그들 일가가 고향을 떠난 것은 정말 현명한 선택이 아닐 수 없는데, 그것은 독일이 제2차 세계대전 당시 이 도시의 유대인들을 대부분 학살했기 때문이다. 어머니 '제니' 진은 몽골에서 멀지 않은 바이칼 호 부근의 이르쿠츠라는 시베리아 도시에 살던 라비노비츠라는 유대인 집안 출신이다. 진은 "약간 동양계 분위기가 난다"는 이야기를 자주 듣는다고 하는데, 그럴 때마다 "글쎄, 어머니가 몽골 외곽 지역 출신이거든" 하고 대답한다. 조금 더 진지할 때는 이렇게 덧붙이기도 한다. "우리 가문에 몽골의 피가 섞여 있을 거라고는 생각하지 않지만, 그것은 나의 개인적인 농담이기도 하다. 어머니는 이르쿠츠에서 성장했고 가족과 함께 결국 미국까지 오게 되었다."[4]

진은 자신의 이름, 그리고 유대인의 핏줄에 대해서도 재미있는 이야기를 들려준다. 흔히 그에게 '진(Zinn)'이 무언가를 줄인 이름인지, 혹은 무언가를 미국식으로 표현한 이름인지를 물어오는 이들이 있는데, 그때마다 그는 그렇지 않다고 대답한다.

이 이름이 무엇의 줄임말인지는 나도 모른다. 이따금 여기저기서 이 이름을 가진 사람들을 마주치기도 한다. 그들은 대부분 유대인이 아니다. 따지고 보면 독일식 이름이 아닐까 싶다. 독일식 철자로 Z-i-n-n이면 '신'으로 발음되어 숫자 10을 의미할 테고, 독일식 철자로 S-i-n-n이면

'진'으로 발음되어 '나의 것'이라는 의미가 될 텐데, 그 둘 가운데 어느 쪽으로 해석하는 게 더 나을까 하는 생각을 하곤 한다.[5]

그의 가족이 종교적으로도 유대인의 관습을 유지하고 있느냐는 질문에도 진은 그렇지 않다고 대답한다.

사실 우리 부모님도 그렇게까지 종교적이지는 않았다. 그러니까 다분히 형식적이었다는 뜻인데, 아마 어떤 면에서는 대부분의 유대인 가정이 그렇지 않나 싶다. 어느 정도까지는 율법을 지키고 고기를 살 때도 특정한 정육점에서 축복을 받았대나 어쨌대나 하는 고기를 사며, 휴일에는 회당에 가지만 진짜 독실한 유대교인처럼 매주 토요일마다 가지는 않는다. 속죄일에는 단식을 하고 13세가 되면 성인식도 치르는데, 나에게는 이것이 다분히 의무적인 경험으로 남아 있다. 1년가량 히브리 학교를 다니며 히브리어를 배우기도 했다. 의식에 참여할 수 있을 정도의 실력만 갖추면 되었다. 성인식을 끝으로 나의 종교적 의무는 대략 마무리되었으며, 우리 가족도 더 이상 나를 부끄럽게 생각할 필요가 없어졌다. 그것이 내 종교생활의 끝이었던 셈이다.[6]

훗날 진과 그의 아내가 자녀를 두었을 때 "그(자식)들은 자신이 유대인이라는 사실을 알고 있었고, 우리가 그다지 종교적이지 않다는 사실도 알고 있었다. 이따금 아내는 나보다 약간 더 유대인의 뿌리에 감정적으로 집착하는 경향을 보이기도 했다."[7]

진은 일종의 회고록인 『달리는 기차 위에 중립은 없다 ― 우리 시대의 개인사』 가운데 「계급의식의 성장」이라는 장에서 자기 가족과 유년 시절에 대해 감동적으로 서술한 바 있다.

가난은 진 가족의 생애를 장식하는 중요한 요소 가운데 하나였다. 에디 진은 뉴욕의 공장에서 일했고, 대공황기에는 수많은 직업(창문닦

이, 리어카 행상, 넥타이 영업원, 센트럴 파크에서의 공공 취로 등)을 전전했지만 나중에는 결혼식장과 음식점의 종업원으로 정착해 '웨이터 노조'에도 가입했다. 진은 정월 초하루 파티에서 아버지와 함께 일하던 기억을 회고하며 특히 "종업원들에게 닭 날개를 먹인 뒤 손님들에게는 로스트 비프와 필레 미뇽 같은 요리를 내가게 하던 사장들"[8]에 대한 반감을 표시하기도 했다. 진은 여러 면에서 자신의 부친에 대한 애정을 회고하곤 한다. "아버지는 언제나 네 아들들에게 육체적으로 애정을 표현했고 있는 걸 무척 좋아하셨다." 아쩌빈 그의 기억은 대부분 다음과 같다.

> 아버지는 평생 열심히 일했지만 돈은 많이 벌지 못하셨다. 나는 정치인이나 언론인, 기업체 사장들이 미국에서는 열심히 일하면 누구나 부자가 될 수 있다며 잘난 척할 때마다 거부감이 생긴다. 다시 말해서 만약 당신이 가난하다면 그것은 충분할 만큼 열심히 일하지 않았기 때문이라는 소리다. 나는 이것이 거짓말이라는 사실을 안다. 우리 아버지를 포함한 수많은 남자와 여자들이 누구보다도 열심히, 금융인이나 정치인보다, 그리고 만약 당신이 그리 유쾌하지 못한 직업을 가지고 있을 때 그 일이 아주 힘들어진다는 사실을 인정한다면, 그 누구보다도 열심히 일을 한다.[9]

진이 자신의 어머니에 대해 기억하는 것 가운데 하나는 그녀가 "전혀 보수를 받지 못하면서도 일하고 또 일했다"는 것이다.[10]

제니 진의 생애도 무척 고단했다. 그녀의 어머니는 30대의 젊은 나이로 세상을 떠났고, 그녀의 아버지가 가족을 버린 탓에 제니는 10대 시절부터 세 명의 남동생과 두 명의 여동생을 책임져야 했다. 제니는 동생들이 일을 할 수 있을 만큼 자랄 때까지 공장에서 일했다. 그녀가 에디의 여동생을 만나 에디를 소개받게 된 것도 그런 공장 가운데 하나에서 일할 때였다. 하워드 진은 자신의 부모가 "아주 열정적인 결혼 생활"을 누렸다고 전한다. 에디는 4학년까지 학교를 다녔고 제니는 7학년을 마쳤지만, 진은 "그녀의 지성은 그 수준을 훨씬 넘어섰다. 우리 가족 중에서 가장 머리가 좋았고, 그래서 우리 가족의 힘을 대표하는 존재였다"고 말한 바 있다.[11]

힘이 필요했을 법도 하다. 제니 진은 다섯 명의 아들을 낳았다. 첫째는 어려서 뇌막염으로 세상을 떠났다. 하워드가 둘째였다. 하워드는 구루병으로 고생했지만, 그들 가족의 친구였던 어느 의사에게 치료를 받았다. 그 의사는 치료비를 거의, 혹은 전혀 받지 않았다고 한다. 진은 "집주인을 피해"[12] 자주 이사를 다닌 기억을 가지고 있다. 그들 가족은 방 세 개짜리 월세를 전전하는 신세를 좀처럼 벗어나지 못했다. 운이 좋을 때는 중앙난방 시설이 갖춰진 건물에서 겨울을 보낼 수 있었다. 그렇지 못할 때는 주방의 석탄난로가 유일한 난방 기구인 집에서 추위와 싸워야 했다. 그 석탄난로는 가족의 목욕물을 데우는 또다른 기능으로도 사용되었다.

월세를 내는 게 만만치 않은 상황이라면 당연히 각종 공과금을 내기도 벅찰 것이다. 진이 학교에서 돌아오면 어머니가 촛불을 켜놓고 뜨개질을 하는 경우가 더러 있었는데, 이는 전기요금을 못 내서 전기가 끊어졌기 때문이었다. 진은 또한 아버지의 심부름으로 중고 라디오를 사기 위해 한참을 걸어갔던 기억을 가지고 있다. 전화는 꿈도 꾸지 못했다. 그 무렵 누가 그들 가족에게 급히 전할 말이 있으면 한 블록 떨어진 사탕가게로 전화를 걸어야 했다. 바퀴벌레는 지긋지긋하도록 그들 가족을 따라다녔다. 이 모든 가난에도 불구하고 진은 "배가 고팠던 기억은 나지 않는다"고 말한다. "어떻게든 먹을 게 떨어지지 않도록 최선을 다하는"[13] 어머니의 노력 덕분이었다.

제니는 영어를 자신의 필요에 맞게 고쳐쓰는 데도 아주 독창적이었다. '아주 가까운 핏줄(very close vein)'이니 '내 목발이 아프다(a pain in my crutch)'느니 '괴물 치즈(monster cheese)'니 하는 것들이 그녀 특유의 표현이었고, 남편이 뭔가를 잊어버리고 잘 기억하지 못하면 "에디, 뇌를 좀 난파시켜 봐요(wreck your brains)" 하고 말하곤 했다.[14]

진에게는 버니, 제리, 셀리 등 세 명의 남동생이 있었는데 "어두컴컴하고 으스스한 방의 한 침대에서 둘, 셋씩 껴서 자곤 했다." 그래서 그는 많은 시간을 길거리나 학교 운동장에서 핸드볼, 축구, 소프트볼, 스티볼 등을 히며 보냈고, "골든 글로브 상을 수상해 우리 마을에서는 최고의 유명인사로 꼽히던 이웃의 어느 형에게서 권투를 배우기도 했다."[15]

집안에 있을 때는 주로 책을 읽었다. "여덟살 때부터 책이라면 손에 집히는 대로 읽어치웠다." 그가 처음으로 읽은 책은 몇 페이지가 떨어져나간 채 길거리에 굴러다니던 에드가 라이스 버로즈(Edgar Rice Burroughs)의 『타잔과 오파르의 보석들(Tarzan and the Jewels of Opar)』이었다. 진이 성장할 때만 해도 그들의 집안에는 책이라는 게 없었다. 그의 아버지는 한 번도 책을 읽지 않았으며, 어머니는 대부분 로맨스 잡지를 읽었던 것으로 기억한다. 두 분 다 신문을 읽기는 했지만 정치에 대해서는 "프랭클린 루스벨트는 좋은 사람이다. 가난한 사람들을 도왔기 때문에" 하는 정도 외에는 아는 것이 없었다.[16]

비록 에디와 제니는 책을 많이 읽지 않았지만 어린 하워드에게는 되도록 책을 많이 읽으라고 가르쳤다. 하워드가 책 읽기를 좋아한다는 사실을 알고는 찰스 디킨스 전집을 구해준 적도 있었다("물론 두 분 다 한 번도 들어본 적이 없는 작가였지만"). 하워드가 열살 때 『뉴욕 포스트』에 나온 광고 가운데 이런 것이 있었다. 신문에 붙은 쿠폰을 오려가면 불과 몇 센트에 디킨스의 책을 매주 한 권씩 살 수 있다는 광고였다. 이렇게 해서 진은 『데이비드 카퍼필드』와 『올리버 트위스트』, 『위대한 유산』, 『고난의 시간들』, 『두 도시 이야기』 등을 읽었다. 문학의 역사에서 디킨스가 어떤 위치를 차지하는지 따위는 알 길이 없었지만 "내가 아는 것은 그가 내 마음속에 엄청난 감정의 소용돌이를 불러일으켰다는 점이다. 첫째는 부자들과 함께 놀아나는 권력의 횡포, 그리고 그것을 유지시켜 주는 법에 대한 분노였다. 하지만 무엇보다도 가장 근본적인 것은 가난한 사람들에 대한 연민이었다." 사실 지금도 하워드 진은 디킨스를 열렬히 옹호한다. "그는 유한계급으로부터 너희가 못사는 것은 다 너희들 책임이라는 비난을 들을 만큼 오래 살지 못했던 어린아이들의 운명을 통해 독자들로 하여금 가난과 잔혹함의 실체를 느끼게 하는 슬기"를 가졌으며, 그의 작품을 요즘의 "답답하고 비비 꼬인 '관계'에 대한 소설들"과 비교하기를 좋아한다.[17]

가난, 길거리, 보잘것없는 일자리, 가족, 지극히 제한된 읽을거리, 이 모든 것이 하워드 진의 비정규 교육을 구성하는 중요한 요소들이었다. 정규 교육은 여러 공립학교를 전전하면서 받아야 했다. 워낙 이사를 자주 다닌 탓이었다. 또 새 학교로 전학을 간 6학년 때의 일인데, 그가 가지고 있던 폴더에는 그때까지 다닌 모든 학교의 통신문이 들어 있었다. 무심코 자리에서 일어나다가 그만 이 통신문들이 모두 쏟아지고 말았다. "내가 얼마나 여러 학교를 다녔는지 다들 알게 되었다. 창피해서 견딜 수가 없었다." 진은 공부를 잘해서 월반을 하기도 했고, 브루클린의 토머스 제퍼슨 고등학교에 입학하게 되었다. 그의 인격 형성에 중요한 역할을 한 것 가운데 하나는, 그 학교의 교장 선생님이 시인이어서 글쓰기 프로그램과 클럽을 적극적으로 권장했다는 점이다. 진도 그 클럽에 가입했다.

그 무렵 진은 부모님이 어렵게 장만해 준 타자기로 타이핑 연습에 열중했다. 그리고는 그때까지 자기가 읽은 모든 글의 독후감을 타이핑했다(순전히 타이핑 연습을 위해서). 집안 형편이 넉넉하지 못했기 때문에 "학교에서 완전히 소외되다시피 해서" 몇 주씩 학교를 빼먹는가 하면, 학교에서 부모님에게 보낸 편지를 몰래 빼돌리기도 했다. 그 편지에는 그가 무슨 짓을 하고 다니는지, 특히 "출석 담당 조사관을 따돌리기 위해 온갖 음모를 꾸미고 있다"는 내용도 들어 있었다. 결국 조사관에게 붙들린 진은 학교로 돌아가 "복수를 하려고 아주 높은 성적"을 받았다.[18]

고등학교를 졸업한 다음에는 잠시 브루클린 대학에 적을 두었다. 그의 표현을 빌리면 "공짜였기 때문"이다. 하지만 집안 사정은 점점 더 나빠졌고, 그런 상황에서 더 이상 대학에 다녀야 할 이유가 없다고 판단했다.[19]

한편 그가 급진적인 사고를 갖게 된 결정적인 계기가 있었다. 열일곱 살, 그러니까 제2차 세계대전이 막 시작된 1940년경이었다. 그는 몇몇 젊은 공산주의자들을 알게 되었다. 그들과 함께 러시아의 핀란드 침공을 비롯한 여러 가지 주제에 대해 치열한 논쟁을 벌이기도 했다. 그러나 그들과 의견이 일치하는 부분도 적지 않았다. 그들은 "미국 사회의 빈부 격차에 대해 나와 비슷한 분노를 느끼고 있었다." 진은 또한 정치와 경제, 세계 곳곳에서 벌어지는 사건들에 대한 해박한 지식과 함께, 경찰의 곤봉을 두려워하지 않는 용기를 가지고 있다며 그들을 높게 평가했다. "게다가 그들은 건실하고 운동도 잘했다."

하루는 그들이 진에게 타임스 광장에서 시위가 벌어질 텐데 같이 가지 않겠느냐고 했다. "평화와 정의를 필두로 여러 가지 이슈"에 초점을 맞춘 "질서정연하고 비폭력적인" 집회였다. 진은 친구와 함께 플래카드를 들기로 했다. 그 플래카드에 뭐라고 적혀 있었는지는 그의 기억에 남아 있지 않지만 그 직후에 벌어진 사건은 그의 기억에 선명하게 남아 있다. 갑자기 사이렌 소리와 비명 소리가 터져나오더니, "수백 명의 경찰이 시위대를 습격하여 곤봉으로 사람들을 후려치기 시작했는데, 그 중에는 말을 탄 경찰들도 있었다."[20]

"나는 너무나 놀랍고 당혹스러웠다." 진의 회고이다. "여기는 미국이고, 아무리 문제가 많다고는 해도 국민들이 두려움 없이 말하고, 글을 쓰고, 집회와 시위를 할 수 있는 나라가 아닌가. 그것은 헌법에, 권리장전에도 나와 있는 사실이었으며, 여기는 민주주의를 표방하는 나라였다." 그럼에도 불구하고 누군가가 진을 때려눕혔다. 진은 머리에 커다란 혹이 났던 것을 기억한다.

> 더욱 중요한 것은 (육체적인 통증이 아니라) 정신적인 아픔이었다. 길거리를 누비던 젊은 공산주의자들의 말이 옳았던 것이다! 서로 이해가 상충하는 사회에서, 국가와 경찰은 중립적인 심판이 아니었다. 그들은 부와 권력을 가진 자들의 편이었다. 언론의 자유? 그딴 것을 시험해 보고 싶은 사람에게는 대번에 몽둥이와 총을 든 경찰들이 말을 타고 달려들 것이다.[21]

"그 순간 이후의 나는 더 이상 미국식 민주주의의 자정 능력을 신봉하는 자유주의자가 아니었다"고 진은 말한다. "나는 이 나라가 무언가 근본적인 문제를 가진 나라라고 생각하는 급진주의자가 되었다. 단순히 엄청난 부와 가난이 공존한다는 사실, 흑인에 대한 끔찍한 차별이 존재한다는 사실만이 아니라, 뿌리째 썩어 있다는 사실을 깨달은 것이다." 이러한 깨달음은 방법론의 변화를 요구했다. "단지 새로운 대통령을 뽑고 새로운 법을 만든다고 해결될 문제가 아니라, 낡은 질서를 무너뜨리고 협력과 평화, 평등이 보장되는 새로운 종류의 사회가 요구되는 상황이었다."[22]

진은 너무나 오래전의 기억이라 그날의 경험이 갖는 중요성이 과장되었을지도 모른다는 사실을 부정하지 않는다. "하지만 그렇지는 않은 듯하다. 나는 몇 가지 중요하면서도 사소한 사건 때문에 우리 삶의 방향이 바뀔 수 있으며, 새로운 사고방식을 받아들여야 한다는 믿음을 갖게 되었다." [23]

진은 자신의 회고록 『달리는 기차 위에 중립은 없다』에서 타임스 광장에서의 그 일 이후의 몇 년을 자신의 '공산주의자 시절'로 부를 수도 있을 거라고 말하지만, 이것은 그의 이데올로기와 관련하여 아주 흥미로운 의문을 제기한다. 아무래도 그의 생애에 대한 이야기를 계속하기 전에 이 대목에서 그 문제를 짚고 넘어가는 게 좋을 듯하다.

저명한 역사학자인 아우구스트 마이어(August Meier)와 엘리엇 루드빅(Elliott Rudwick)은 "진이 10대 시절 좌경화되었으며 제2차 세계대전 직전에 공산당에 가입하여 근 10년 동안 적극적인 당원"으로 활동했다고 쓴 바 있다. 흥미로운 언급이다. 하지만 마이어와 루드빅은 이러한 주장을 뒷받침할 근거를 제시하고 있지 않다. 그들이 진을 언급한 단락은 학생비폭력조정위원회(SNCC)에 대한 그의 저서를 언급하는 것으로 마무리되며, 각주에는 민권운동에 대한 그의 초기 저술 몇 개가 언급되어 있다. [24] 피터 노빅(Peter Novick) 역시 같은 이야기를 더욱 간략하게 들려주는데, 그의 유일한 참고 자료는 마이어와 루드빅의 글뿐이다. [25] 어떻게 된 것일까?

이 문제에 대한 진 본인의 반응은 이러하다. "마이어와 루드빅이 어디에서 그런 정보를 입수했는지 모르겠다. 혹시 FBI에서? 어쨌거나 그것은 사실이 아니다." 진은 마이어와 아는 사이지만 한 번도 그런 이야기를 나눈 적이 없다고 한다. "정확한 것은 내가 회고록에서 말한 그대로이다. 즉 내가 몇 년 동안 젊은 공산주의자들과 어울렸고, 그들과 의견이 일치하는 부분도 있고 그렇지 않은 부분도 있었으며, 그들의 헌신적인 자세를 높이 평가했지만, 제2차 세계대전 기간 동안에는 소련에 대한 깊은 반감이 생겼다는 것이다." [26]

자신의 정치철학과 관련하여 정치적으로 어떤 꼬리표가 가장 편안하게 느껴지는지 물었다. 그의 대답은 "꼬리표라는 건 오해의 소지가 너무 많다"는 것이었다. 그나마 가능성이 높은 것들을 나열하자면 마르크스주의자, 사회주의자, 무정부주의자, 급진주의자, 자유주의자, 반자본주의자, 민주적 사회주의자 정도가 될 것이다.[27]

진은 이미 『달리는 기차 위에 중립은 없다』에서 마르크스주의에 끌렸던 자신의 어린 시절, 마르크스와 엥겔스가 역시 젊은 급진주의자 시절에 쓴 『공산주의 선언』을 처음 읽었던 일을 돌아본 바 있다. "지금까지 존재했던 모든 사회의 역사는 계급투쟁의 역사"라는 구절을 인용하며, 이것이 "어떤 역사책을 읽어봐도 확인할 수 있는, 부정할 수 없는 진실"임을 발견했다고 적은 것이다.

그에 의하면, 마르크스와 엥겔스의 자본주의 분석은 "일리가 있다. 자본주의의 역사는 이 나라의 자유 '민주주의' 속에서도 착취의 역사, 극단적인 부와 가난을 만들어낸 역사이다." 또한 그들의 사회주의적 전망은 "참된 민주주의, 참된 자유가 보장되는 계급 없는 사회"라는 목표를 향해 나아가는 과도기로서 '프롤레타리아 독재'를 지향하는, 독재 정치나 관료주의가 아닌 자유로운 사회이다. 여기에는 합리적이고 정의로운 경제 체제가 포함되며, 그 속에서 모든 사람은 노동 시간이 줄어드는 대신 시를 쓰거나 스포츠를 즐기거나 자연과 하나가 되는 등 그 무엇이건 자신이 하고 싶은 일을 할 수 있는 자유와 시간적 여유를 누릴 것이며, 민족주의는 "과거의 유물이 될 것이다. 전세계의 모든 사람들은 인종과 대륙을 불문하고 평화와 협력 속에 살아가게 될 것이다."[28]

진이 말과 글로 인정하고 있듯, 그가 지금도 이 같은 이념에 큰 매력을 느끼고 있음을 확인하기란 그리 어려운 일이 아니다. 하지만 그는 1988년 『Z 매거진』에 기고한 에세이에서, 마르크스 자신이 직접 말한 바 있는 것으로 알려진 "Je ne suis pas un Marxiste(나는 마르크스주의자가 아니다)"라는 문구를 인용했다. (하지만 진은 같은 에세이에서 마르크스가 "아주 유용한 여러 가지 사상을 가지고 있을" 뿐만 아니라 "마르크스의 사상 가운데 가장 소중한 유산으로는 아마도 인터내셔널리즘, 민족국가에 대한 적대감, 나아가 보통 사람들은 무조건 조국의 명령에 복종하고 전쟁에서 목숨을 바치기보다 한 인간으로서 국경을 넘나드는 인류애를 가져야 한다는 사고일 것이다"라고 썼다.) [29]

또한 진은 어느 인터뷰에서 이렇게 말한 적도 있다. "나는 마르크스주의자라는 꼬리표를 원하지 않는다. 비록 내가 마르크스의 몇 가지 이념을 진심으로 포용하고 있기는 하지만 말이다." 진은 그 같은 꼬리표가 불필요한 오해를 불러일으킬 수 있을 뿐만 아니라 특히 미국 같은 나라에서는 그것이 곧 소비에트 연방을 연상시킨다는 사실을 우려한 듯하다. 진은 그 밖에 다음과 같은 꼬리표를 고려하고 있다.

> 사회주의자라는 소리는 괜찮게 들린다. 스스로를 사회주의자라고 부르는 몇몇 국가의 독재자들과 같은 부류로 취급되지만 않는다면. 유진 뎁스(Eugene Debs), 마더 존스(Mother Jones), 엠마 골드만(Emma Goldman) 같은 이들의 사회주의를 떠올리면 될 것이다. 무정부주의자도 꽤 매력적인데, 단 거기서 아무데나 폭탄을 던지는 사람은 제외된다. 사실 무정부주의자 가운데 그런 자들의 비율이 얼마나 되겠는가. 그보다는 톨스토이나 소로(Henry David Thoreau), 크로포트킨(Peter Kropotkin) 같은 사람을 떠올리면 될 것이다. 그렇다면 사회주의와 무정부주의와 급진주의 정도의 꼬리표는 크게 개의치 않아도 될 듯하다. 단, 내가 설명할 수 있다는 조건 하에서. [30]

어쩌면 그가 자유주의자라는 꼬리표조차 별로 개의치 않는다는 말에 놀라움을 표하는 사람도 있을 텐데, 진이 그 다음에 재빨리 "나는 자유주의자를 신뢰하지 않는다. 그 범주에는 내가 정치적으로 어울리고 싶지 않은 사람들이 너무 많이 포함된다"라고 덧붙인다는 사실을 명심해야 한다. "나는 늘 반자본주의자였다. 다시 말해서 자본주의를 비판하는 입장이라는 뜻이다." 이어서 그는 계급의식의 성장, 젊은 공산주의자들과의 만남 등에 대한 설명을 간략하게 덧붙인 다음, 다분히 결론적인 어투로 이렇게 말한다. "따라서 나는 나 자신을 민주주의적 사회주의자라고 생각한다."

물론 미국에는 민주사회당(Democratic Socialists of America)이라는 조직이 있다. 진은 자신이 이 조직의 당원일 거라고 생각한다며, 자신이 소속된 유일한 조직이 바로 그곳일 거라고 덧붙인다. "나는 어떤 조직을 지원하는 문제에 대한 한 아주, 대단히 절충적인 입장을 취한다. 좋은 일을 할 것으로 판단되는 조직에 돈을 기부하거나 내 이름을 빌려줄 수 있다. 비록 그들이 하는 모든 일을 전적으로 믿지는 않는다고 해도 말이다."[31] 여기서는 확고한 실증주의가 느껴질 뿐 급진주의나 이념적인 '순수함' 등은 전혀 느껴지지 않는다.

물론 진이 열일곱살 때부터 이런 생각을 한 것은 아니다. 오히려 아주 바람직한 의미의 평생에 걸친 과정이라고 봐야 할 것이다. 어쩌면 우리의 이데올로기라는 것은 상당 부분까지는 경험에 의해 좌우되는 것이 사실이다. 적어도 진의 경우에는 그러했다. 사생활이 자신의 활동에 어떤 영향을 미쳤느냐는 질문에, 그는 상당한 감정을 실어 이렇게 대답했다.

노동 계급의 유대인 이민자 집안(마이크 골드의 『돈 없는 유대인』이라는 책을 읽으며 구구절절 옳은 소리라는 생각을 몇 번이나 했는지 모른다)에서 삐쩍 마른 아이로 성장하며 구루병을 앓은 경험, 어머니가 네 아들을 키우며 우리의 모든 의료적·생물학적 요구를 충족시키기 위해 애쓰는 모습은 일종의 계급의식으로 체화되어, 학생을 가르치고 역사를 서술하는 나의 직업에 큰 영향을 미쳤다. 열여덟살의 나이에 조선소에서 일을 하고, 젊은 급진주의자들을 만나 젊은 조선 노동자들을 조직하는 작업에 열중하며, 길거리에서 야구를 하고 조선소에서 농구 시합을 벌이고, 공군에 입대해 폭격수로 전투 임무를 수행하며, 나아가 전쟁은, 설령 '좋은 전쟁'이라 할지라도, 근본적인 문제 해결에 아무런 도움이 되지 않는다는 결론을 내렸다. 이 모든 것이 나의 활동에 커다란 영향을 미쳤다. 미국의 남쪽 끝에 자리한 흑인 공동체에 정착하여 학생들을 가르치며 민권운동에 뛰어듦으로써 역사의 현상을 생생하게 체험한 나는 '객관적'인 글을 쓰기보다는 참여적인 글을 쓰고 싶었다. 20대에 남편이, 이어서 아버지가 되어 서로 가치관을 공유하는 아내와 함께 했으며 인종주의, 불의, 불평등, 전쟁 등에 대한 나의 분노는 내가 하는 일을 더욱 열심히 하도록 자극하고 격려했다.[32]

하지만 타임스 광장에서의 경험이 그의 인격 형성에 결정적인 역할을 한 것은 분명하다. 그 뒤 그는 공무원 시험을 봐서 브루클린 해군공창에 수습공으로 취직을 하게 된다. 보수는 주당 13.89달러, 그 가운데 10달러를 부모님에게 갖다드리고 나머지로 한 주를 생활했다. 그것은 아주 "불결하고 지저분하며 소음이 심하고 심지어 위험하기까지 한 직업"이었다. 그곳에서 진은 다른 세 명의 젊은 급진주의자와 함께 조선 노동자를 위한 노동조합 격인 '수습공협회'를 조직하고자 했다.[33] 진은 약 2년 반 동안 그 일을 했는데, 그 무렵 또 하나의 전환점이 찾아왔다. 공군에 입대를 한 것이다(정확히 말하면 '육군 항공대'에 입대한 것인데, 대부분의 사람들은 이것을 그냥 '공군'이라고 표현한다. 사실 육군, 해군과 대비되는 개념으로의 공군은 제2차 세계대전이 끝나고 2년 후, 즉 1947년 이전에는 존재하지 않았다).

그가 입대를 하게 된 이야기도 주목할 만하다. 그의 친구들 중에 조선소가 아니라 육군에 들어간 이들이 더러 있었는데, 진은 그들을 영웅이라고 생각했다. 안티 파시즘에 빠져 있던 그는 2차 세계대전을 '좋은 전쟁, 정의로운 전쟁'이라고 여겼다. '모험정신'의 유혹도 만만치 않았다. 그래서 부모에게 알리지도 않고 공군에 입대하기로 결심한다. 그는 군 당국에 협조를 구해 마치 징병된 것처럼 보이도록 통지서를 보내달라고 부탁했는데, 물론 징병되어 공군으로 입대하는 젊은이는 아무도 없었으니 그의 경우는 자원입대가 틀림없다. 그래도 그는 갖가지 신체검사와 정신검사를 받아야 했다. 그를 면접한 장교의 책상에는 여러 가지 종류의 비행기 모형이 놓여 있었다. 진은 비행기에 대해서는 아는 것이 하나도 없었다.

면접이 끝나고 바깥에서 기다리는 동안 "입대하고 싶은 마음은 너무나 간절한데 퇴짜를 맞을 것이 분명해 보여서 무척 힘들었다"고 한다. 그의 예감은 적중했다. 입대가 거절된 것이다. 하지만 진은 자신의 표현을 빌리면 "뻔뻔하게도" 면접관을 한 번 더 만나게 해달라고 요구했다. "나는 전쟁이 나에게 얼마나 큰 의미를 갖는지 일장 연설을 늘어놓았다. 왜 내가 공군에 들어가야 하는지를 설명한 것이다." 면접관은 어리둥절해 하면서도 그의 설명을 끝까지 들어주었고, 결국 그는 소원을 이루었다.[34] 이어서 "만일의 사태에 대비하기 위해 나 자신에게 입영통지서를 우송할 수 있는지 물어본 다음, 그 통지서를 사무실 바깥의 우체통에 집어넣었다."[35]

열정적이고 일관된 반전사상을 가진 하워드 진 같은 사람이 공군에 입대하기 위해 그렇게 애를 썼다는 사실은 묘한 일이 아닐 수 없다. 사실 제2차 세계대전이 끝날 무렵에 이미 그의 입장은 전쟁 기념물을 담은 봉투에 "두 번 다시 안돼"라는 글귀를 적어 처박아놓았을 만큼 확고하게 변해 있었다.[36] 그 사이에 무슨 일이 있었던 것일까? 제일 먼저, 그는 미주리 주의 제퍼슨 기지에서 4개월의 기초 보병훈련을 받았다.

(그곳에서의 가장 인상적이었던 경험은 흑인 병사들로 이루어진 분대가 휴식 시간에 「더 이상 전쟁 공부를 하지 않으리」라는 노래를 부르는 모습을 목격한 것이었다.)

그 다음에는 버몬트 주 버링턴 근교의 비행장에서 파이퍼 컵(Piper Cub)이라는 항공기의 조종술을 익혔다. 이어서 테네시 주 내쉬빌로 장소를 옮겨 조종사, 항법사, 폭격수 가운데 어느 임무가 가장 적합한지를 가려내는 일련의 시험을 치렀다. 그런 과정을 거쳐 결국 폭격수라는 임무를 부여받았기만, 교육 과정에는 항법사 훈련노 포함되어 있었다. 이어서 캘리포니아 주 산타애너에서 비행 훈련을 받았다. 이후 6주는 라스베가스 외곽에서 포격 훈련을 받았고, 마지막으로 뉴멕시코 주 데밍에서 "그 유명한 노던 폭격 조준기의 이론과 실제에 대한 모든 것을 배웠다. 나는 꽤 성적이 뛰어난 편이었다." 그렇게 해서 마침내 진은 "어깨에 소위 견장을 달고 폭격 학교를 졸업했으며, 가슴에는 폭격수의 기장(記章)을 달게 되었다." 진은 해외로 나가기 전에 11일간의 첫 휴가를 얻어 집으로 돌아왔다.[37]

여기서 잠시 군대 이야기를 접는 대신 좀더 재미있고 감동적인 연애 이야기를 하고 넘어가자. 하워드 진은 아직 조선소에서 일하던 시절에 로슬린 셰흐터(Roslyn Shechter, 가끔 'Schechter'로 표기되는 경우도 있다)를 만났다. 이미 전선에 나가 있던 진의 친구 한 명이 애정의 표시로 자신의 육군 기장을 그녀에게 전해달라며 진에게 보내왔다. "아마도 내 생애 최대의 배신행위가 아니었나 싶다." 진은 그렇게 고백하면서도 이내 이렇게 덧붙인다. "솔직히 그렇게까지 양심에 찔리지는 않았는데, 왜냐하면 그녀가 그 친구에게 그다지 관심이 없었기 때문이다. 두 사람의 관계가 발전할 가능성은 별로 없어 보였지만 아무튼 나는 기장을 전달했고, 덕분에 그녀를 만나게 되었다." 그 뒤 몇 번 데이트를 하다가 진은 훈련을 받으러 떠났다.[38]

그러나 그 몇 번의 데이트에서 이미 진과 로슬린은 서로에게 마음이 끌렸고, 서로 적지 않은 공통점을 가지고 있음을 확인했다. "그녀는 짙은 금발과 파란 눈동자를 가진, 전형적인 러시아 미녀를 연상시켰다." 진은 회고한다. "우리는 서로 할 이야기가 아주 많았다." 우선, 둘 다 책을 좋아했다. 당시의 진은 마르크스, 엥겔스와 업톤 싱클레어(Upton Sinclair)를 읽고 있었고, 로즈는 도스토예프스키와 톨스토이를 읽고 있었다. 두 사람은 "세계와 전쟁, 파시즘과 사회주의에 대해 같은 입장을 가지고 있는 듯했다."

한번은 진의 동료가 힘을 써준 덕분에 달빛 아래에서 보트를 타고 데이트를 즐길 기회가 있었다. 진은 그날을 "별이 가득한, 아주 낭만적인 저녁"으로 기억하고 있다. 뱃놀이가 끝나고도 그들은 집으로 돌아가고 싶지 않았다. 그래서 볼링을 치러 갔다! 결국 진이 로슬린을 집으로 데려다준 것은 새벽 네시경이었는데, 그녀의 아버지는 시간도 시간이거니와 그녀가 함께 시간을 보낸 상대에 대해서도 기분이 좋을 리 없었다. "공주처럼 키운 딸에게 돼먹지 않게 급진적인 정치적 견해를 가진 스무살짜리 조선 노동자는 확실히 그가 생각하는 이상적인 남자친구가 아니었을 것이다."[39]

하워드는 훈련을 받기 위해 집을 떠난 뒤 로슬린에 대한 생각이 더욱 간절해졌고, 둘 사이에 오고가는 편지의 횟수가 거듭될수록 내용도 점점 진해졌다. 하지만 거의 일 년 반가량이나 이어진 이 서신 왕래에서 한 번도 결혼 이야기는 나오지 않았다. 이윽고 진이 휴가를 받아 집으로 돌아온 첫날 밤, 두 사람은 결혼을 약속했다. "그로부터 나흘 뒤, 급하게 불러모은 (약간은 어리둥절한) 양쪽 부모님과 형제자매들이 참석한 가운데, 나는 군복, 로즈는 스커트와 스웨터 차림으로 결혼식을 올렸다." 1944년 10월 30일이었다. 50여 년이 넘게 이어질 결혼생활의 서막이 열렸지만 그 출발이 온통 장밋빛이었던 것만은 아니었다. "맨해튼의 싸구려 호텔에서 한 주 동안 '허니문'을 즐긴 다음, 나는 사우스다코타의 래피드 시티를 향해 떠났다." 다행히 훈련이 막바지 단계였기 때문에 본격적인 해외 파병을 앞두고 아내를 데려가는 것이 허용되었다. 이것이 그에게는 '진짜 허니문'이었다.[40]

하워드 진은 1943년 5월부터 1945년 12월까지 공군에서 복무했다. 그가 유럽에 도착했을 무렵에는 이미 전세가 기울기 시작한 다음이었다. 퀸메리호에 몸을 싣고 유럽으로 향하는 동안, 진은 인종과 계급 문제에 대한 의식을 한층 발선시켜 순 경험을 하게 된다. 우연히 어느 옥인 병사 옆에서 식사를 하게 된 백인 하사관 하나가 큰 소리로 진을 불렀다. "소위님, 내가 식사를 마칠 때까지 저 녀석을 내보내 주십시오." 화가 난 진은 입대 이후 처음으로 자신의 계급을 활용했다. "식사를 끝내기 싫으면 그냥 나가도 좋다. 우리가 무엇 때문에 이런 전쟁을 치르고 있다고 생각하나, 하사?" 다음 식사시간이 돌아오려면 한참을 기다려야 했기 때문에 하사관은 그냥 식사를 계속했다. "나는 이 작은 사건에서 큰 교훈을 얻었다." 진은 말한다. "훗날 남부에서 생활할 때도 대부분의 인종 차별주의자들은 단순한 격리 정책 이상의 무언가를 요구했고, 그것의 실체를 밝혀내는 것이 문제의 핵심이었다."

군대 내부의 독특한 계급 구조도 진을 괴롭혔다. 아홉 명으로 구성된 그의 동료 승무원들은 좋은 친구 사이가 되어, 서로 경례를 붙이거나 "예서, 노서" 따위도 하지 않았지만 선상에서는 서로 떨어져서 지내야 했다. 징병된 다섯 명은 아예 식사도 따로 해야 했다. "잠수함이 우글거리는 바다를 헤치며 전쟁터로 가고 있는 우리에게는 실로 기괴한 일이 아닐 수 없었다."[41]

이러한 경험에도 불구하고 영국의 이스트 앵글리아의 공군 기지에 도착한 다음까지도 이 전쟁에 대한 진의 열정은 조금도 식지 않았다. 사우스다코타에서 하루라도 빨리 전투에 참여하고 싶어 다른 폭격수와 순서를 바꿨던 것처럼, 여기서도 어느 특정한 임무에 누가 나갈지를 놓고 다른 폭격수와 치열한 논쟁을 벌였다. 진이 참여한 가장 중요한 폭격 임무 — 물론 전세가 뒤바뀔 정도의 비중 있는 작전은 아니었지만 적어도 진에게는 가장 중요했다 — 는 대서양 연안의 프랑스 보르도 지역 부근의 로얀이라는 곳에서 이루어졌다. D데이 10개월 후였고, 독일의 항복을 불과 3주 앞둔 시점이었다.

아군이 이미 독일 진영 깊숙이 진격해 있는 마당에 프랑스에 폭탄을 떨어뜨리라는 지시를 받은 진과 동료들은 어리둥절한 심정으로 서로를 마주보았다. 하지만 진은 그 문제를 그리 진지하게 고민하지 않았다. 공식적인 설명으로는 로얀 부근에 몇천 명의 독일군이 고립되어 있으니 그들을 몰아내야 한다는 것이었다. 로얀은 이전에도 한 번 대대적인 공습을 받아 폐허가 된 적이 있다는 사실은 아무도 언급하지 않았다. 또한 폭격기에 평상시처럼 500파운드짜리 파괴용 폭탄 대신 100파운드짜리 '젤리 가솔린' 혹은 '액체 불'을 탑재한다는 사실도 크게 강조되지 않았다.

진은 훗날 「히로시마와 로얀」이라는 에세이에서 이 임무에 참여한 자신의 경험을 솔직하게 털어놓은 바 있다. "그 '액체 불'은 전쟁에서 처음으로 사용된 네이팜탄이었다."[42] 그의 회고를 좀더 들어보자. "우리의 폭격 고도에서는 사람의 모습이 보이지 않았고, 그들의 비명 소리도 들리지 않았으며, 피와 잘린 팔다리도 보이지 않았다." 그가 기억하는 것은 "양철통이 하나씩 지상에 떨어질 때마다 조그만 성냥불이 켜지는 듯 보일 뿐이었다. 나는 그렇게 하늘 위에서 '내가 해야 할 일'을 하고 있을 뿐이었다. 역사를 통틀어 얼마나 많은 군인들이 자신의 잔학 행위를 이렇게 합리화했을까."[43]

그저 할 일을 했을 뿐이다. 진이 로얀을 비롯한 자신의 전쟁 경험을 비판적인 시각으로 돌아보기 시작한 것은 전쟁이 끝난 직후부터였다.

좀처럼 이 도시가 잊혀지지 않았던지, 전쟁이 끝나고 20여 년이 지난 어느 날 그는 이 로얀을 찾아가 어쩌면 자기 손으로 파괴했을지도 모를 도서관에서 「히로시마와 로얀」을 쓰기 위한 자료조사를 했다. "자부심, 군부의 야심, 영광, 명예, 이런 동기들이 한데 얽혀 불필요한 군사 작전을 낳는다는 사실을 뒷받침할 근거는 얼마든지 있다."[44] 로얀의 경험뿐만 아니라 진의 가장 기본적이고 급진적인 견해의 일단을 보여주는 다음의 인용문은 충분히 가치가 있을 것이라 믿는다.

> 우리 시대에는 시간이 갈수록 거대한 악의 대량 생산이 엄청나게 복잡한 노동의 분화를 요구한다. 그로 인한 공포에는 누구도 긍정적인 책임을 지지 않는다. 하지만 누구나 부정적인 책임을 져야 한다. 왜냐하면 누구나 기계에 렌치를 집어던질 수 있기 때문이다. 꼭 그렇지만도 않다. 렌치를 가진 사람이 얼마 안되니까. 나머지 사람들은 오로지 손과 발밖에 없다. 즉 끔찍한 진전을 방해할 힘은 균등하게 분배되지 않으며, 따라서 개인이 가진 수단에 따라 요구되는 희생의 차원도 달라진다. 우리가 사회라고 부르는 이 괴상한 자연의 변태(자연은 자신의 특별한 필요에 맞게 각각의 종을 만들어내는 듯하다)에서는 방해할 힘이 커질수록 그 필요성에 대한 절박함은 줄어든다.
> 가장 필요한 게 많지만 렌치를 거의 가지지 못한 자들이 당장의 ─ 혹은 내일의 ─ 희생자가 된다. 그들은 자신의 몸을 이용해야 한다(반역이 좀처럼 일어나지 않는 이유가 이것일지도 모른다). 이것은 곧 맨손보다 조금 더 많은 것을 가진 자들, 나아가 기계를 중단시키는 데 최소한의 관심을 가진 자들이 사회의 교착 상태를 부수기 위해 특별한 역할을 해야 한다는 의미이다.
> 그러기 위해서는 가짜 성전에 저항해야 할 필요가 생길지도 모른다. 하지만 언제나 그것은 다른 사람의 행동, 다른 시대의 진리에 고착되기를 거부한다는 사실을 의미한다. 그것은, 우리가 느끼고 생각하는 것에 따라 행동하거나 임무와 복종이라는 추상에 저항하는 것을 의미한다.[45]

하지만 그러한 깨달음은 다 훗날의 일이었다. 진은 "그날 아침 상황실에서 자리를 박차고 일어나 왜 전쟁이 끝나가는 마당에 더 많은 사람을 못 죽여서 안달이냐고 물어보는 따위는 생각도 하지 못했다"고 고백한다. 사실 전쟁이 끝날 때까지 "우리가 하고 있는 일의 정당성"에 의구심을 느껴본 적은 딱 한 번밖에 없었다고 한다. 다른 조의 사수(射手)와 친구가 되었는데, 둘 다 책읽기를 좋아하고 정치에 관심이 많다는 공통점이 있었다. 하지만 그는 다음과 같은 주장으로 진을 당혹스럽게 했다. "이건 파시즘에 대항하는 전쟁이 아니다. 제국주의를 위한 전쟁일 뿐이다. 영국, 미국, 소련…… 다 썩어빠진 나라들일 뿐이며, 히틀러에 대한 도덕적인 우려 때문이 아니라 자기네가 세상을 지배하기 위해서 이 전쟁에 뛰어들었을 뿐이다. 이건 제국주의 전쟁이다."

진은 그 친구에게 그런 생각을 가지고 있으면서 왜 전쟁터에 나왔느냐고 물어보았다. "너 같은 녀석들한테 이런 얘기를 해주려고"가 그의 대답이었다. 진은 이 친구에게서 깊은 인상을 받았다. 그가 목숨을 걸고 자신의 진짜 목적, 즉 다른 사람들에게 자신의 입장을 납득시키기위해 노력한다고 생각했던 것이다. 진은 그 친구가 한 말을 완전히 액면 그대로 받아들이지는 않았지만[46] 한 번도 잊지는 않았다. 전쟁이 끝나자 진은 중위로 진급하고 항공 훈장과 두 개의 종군 동성 기장까지 받았지만 "두 번 다시 안된다"는 확고한 신념을 갖게 되었다.

전쟁터에서 돌아온 진은 공부를 계속하고 싶었다. 하지만 그럴 만한 형편이 되기까지는 몇 년을 기다려야 했다. 아직 새색시 티를 벗지 못한 로슬린은 비서로 취직을 했다. 진은 잠시 조선소로 돌아가 일을 하기도 했고 웨이터(자신의 아버지처럼)와 막노동, 양조장 일꾼 등 온갖 험한 일을 마다하지 않았으며, 사이사이에 실업 보험금을 타기도 했다. 한동안 처가살이를 하기도 했는데 그것은 그다지 행복한 경험이 아니어서 이윽고 "조그만 반지하 아파트로 따로 나와 살게 된 것이 무척 기뺐다."[47] 어느 글에서는 그 집을 "쥐가 우글거리는 베드포드-스튀베산트의 반지하 아파트"라고 묘사하기도 했다. 그래도 그들은 젊고 행복한 부부였다.

이어서 첫 딸이 태어나자 마일라라는 이름을 지어주었다. 로슬린이 스물일곱살에 둘째 아기 — 이번에는 아들이었고 제프라는 이름을 지었다 — 를 가졌을 무렵, 하워드는 뉴욕 대학에 신입생으로 등록을 하게 된다. 1949년, 그가 공군에서 제대한 지 3년이 지난 뒤였다. 이때는 브루클린 대학에 적을 두었던 10대 시절보다 훨씬 진지한 학생이 되었다. 경제적으로는 복원병(復員兵) 원호법(G.I. Bill of Rights)이 큰 도움을 주었다("정부가 국민을 돕는 일에 관여해서는 안되며 이런 일은 민간 기업에 맡겨야 된다는 주장을 접할 때마다 나는 이 복원병 원호법이 얼마나 비관료적이고 효과적이었는지를 떠올리곤 한다").

그 뒤에도 로슬린은 파트타임으로 일을 했고, 하워드는 학업 이외에 오후 네시부터 자정까지 화물차에 짐을 싣거나 내리는 일을 했다. 그렇게 해서 이들 가족은 맨해튼 시내의 이스트 리버 부근에 있는 저소득층 단지로 거처를 옮길 수 있었는데, 여기는 "쥐도 바퀴벌레도 없고 강가에 공원도 있어서"[48] 옛날 집보다는 훨씬 쾌적했다. 하워드는 불과 2년 반 만인 1951년에 학사 학위를 땄는데, 이것은 정규 학기는 물론 여름 학기까지 부지런히 들은데다가 군대에서 공부한 몇 가지 강의의 학점을 인정받은 덕분이었다.[49] 그 다음에는 곧장 컬럼비아 대학의 대학원에 진학했다.

석사 과정 때는 역사 전공에 경제학을 부전공으로 공부했고, 박사 과정은 역시 역사 전공에 부전공으로 정치학을 공부했다. 헨리 스틸 코마거(Henry Steele Commager), 데이비드 도널드(David Donald), 리처드 B. 모리스(Richard B. Morris), 자크 바준(Jacques Barzun), 윌리엄 로이텐버그(William Leuchtenburg), 리처드 홉스태터(Richard Hofstadter) 등 그 시절의 쟁쟁한 학자들이 모두 그의 스승이었다. 누구에게서 가장 큰 영향을 받았으며 누구를 가장 존경하느냐는 질문에 그는, 영향을 받은 스승으로 홉스태터를, 존경하는 스승으로는 도널드를 꼽았다. 이 이야 기를 좀더 자세히 들어보면 그 두 교수뿐만 아니라 하워드 자신에 대해 서도 좀더 많은 사실을 알게 된다.

하워드는 한 번도 홉스태터의 수업을 듣지 않았는데, 논문 지도교수였던 로이텐버그가 마침 그 당시 영국에 체류하는 바람에 홉스태터가 그 역할을 대신하게 되었다. 하지만 하워드의 기억에는 홉스태터가 글 쓰기에만 지나치게 초점을 맞추었을 뿐 그다지 뛰어난 선생은 아니었던 것으로 남아 있다. 반면 그의 문체와 『미국의 정치적 전통(The American Political Tradition)』이라는 그의 유명한 저서는 하워드에게 깊은 인상을 남겼다. "왜냐하면 나는 홉스태터가 상당히 급진적인 사상을 가지고 있을 때 그 책을 썼다고 생각했기 때문이다." 진은 그 이유를 이렇게 설명한다. " 민주당과 공화당은 자유주의와 보수주의의 양면을 동시에 가지고 있는데 그것을 떠받치는 기본적 원칙으로서의 미국의 정치 체제에 대한 급진적인 비판이었다." 이러한 원칙에는 "사유 재산과 자유 기업, 국가주의와 자본주의 정신" 이 포함된다.

진은 요즘도 이 『미국의 정치적 전통』이라는 책을 사람들에게 추천한다. 홉스태터는 흔히 '합의'를 강조하는 역사학자('갈등'을 강조하는 이들과 대비되는)이며, 이런 학자들은 대개 보수적인 성향을 가진 것으로 분류되는 경향을 지적하자, 진은 홉스태터의 경우 이러한 분류가 적용되지 않는다며 이렇게 덧붙였다. "합의 학파라는 개념을 사용하는 것이 불필요한 혼란을 부추긴다고 생각하는 이유가 바로 이것이다. 부어스틴(Daniel J. Boorstin)처럼 합의를 좋아하는 사람들과 그렇지 않은 사람들을 한데 묶어버리기 때문이다." 물론 홉스태터는 후자의 경우에 속할 것이다.

데이비드 도널드를 존경하게 된 것은 그가 "아주 열정적으로" 학생들을 가르쳤기 때문이다. 진은 그가 "노예 폐지론에 대한 강의를 하며 눈물을 글썽거리던" 모습을 기억하고 있다. "나는 자신이 설명하는 사건이나 개념에 감동을 받을 수 있는 선생들에게서 깊은 인상을 받았다."[50] 역사학자들 중에서는 그리 흔한 경우가 아니지만, 아무튼 진 자신도 그런 스타일의 강의를 하게 되었다.

정치학을 부전공으로 박사 학위를 취득했다는 사실은 그의 앞날에 중요한 역할을 했다. 학자로서의 하워드 진은 1964년부터 1988년까지 보스턴 대학에서 정치학 교수(역사학이 아니라)로 활동한 것으로 유명하다. 이렇게 된 과정도 재미있다.

진은 창고에서 일을 하다가 허리를 삐끗하는 바람에 어쩔 수 없이 다른 일거리를 찾아야 했는데, 마침 뉴저지의 이스트 오렌지 부근에 있는 웁살라 대학과 브루클린 대학에 시간강사 자리가 났다. 그는 부전공을 공부하느라 미국 헌법을 배운 적이 있는데, 웁살라 대학에서는 역사보다도 정부에 대해 가르칠 사람이 필요한 상황이었다. "그들은 나에게 닥치는 대로 아무 강의나 떠맡겼다. 학교의 관리자들은 선생이 어떤 과목에 대해 무엇을 알고 있는지에 대해서조차 아무 관심이 없는 경우가 많았다." 그를 면접한 학장은 그의 전공 분야에 대해서 "눈곱만큼도 관심이 없었으며 그저 내가 언제 시간이 나는지 따위만 알고 싶어 했다."[51] 그렇게 해서 그는 정치학, 미국 정부에 대한 과목 등을 닥치는 대로 강의하게 되었다. 이 같은 상황은 그가 처음으로 전임교수가 된 스펠먼 대학 시절은 물론, 보스턴 대학 정치학과에서도 크게 달라지지 않았다.

진의 석사 논문 주제는 1913~14년의 콜로라도 석탄 노동자 파업이었는데, 그 핵심적인 내용은 『역사 정치학』 가운데 「루드로 학살사건」이라는 제목의 장에서 찾아볼 수 있다. 박사 논문은 피오렐로 라과르디아(Fiorello LaGuardia)의 의회 경력에 대한 것이었다. 이 논문을 손질한 것이 1959년에 그의 첫번째 저서로 출간된 『의회에서의 라과르디아(LaGuardia in Congress)』이다. 하지만 이 책이 출간되기 전에, 실제로는 컬럼비아에서 박사 학위를 받기도 전에 진은 이미 전임교수 자리를 확보한 상태였다.

"1956년 당시, 내가 좋은 일을 하기 위해서 일부러 '흑인 대학'을 찾아간 것은 아니었다." 진은 말한다. "그저 일자리를 찾고 있었을 뿐이다." 컬럼비아 대학의 인사부에서 그에게 연락을 하여, 마침 뉴욕을 방문한 스펠먼 대학의 학장을 만나볼 생각이 있느냐고 물었다. 그렇게 해서 면접을 보게 되었는데, 학장은 면접 말미에 네 명의 교수가 있는 역사 및 사회학과 학과장 자리와 함께 4,000달러의 연봉을 제시했다. 하지만 진은 용감하게도 아내와 두 자녀가 있다는 이유로 4,500달러를 고집했다. "사실 아주 조그만 학과였고, 비웃기 좋아하는 사람들은 그 학과의 학과장이라는 직책을 웨이터가 두 명뿐인 식당에서 수석 웨이터 노릇을 하는 것과 다를 바 없다고 생각했을 것이다." 진의 회고록에 나오는 구절이다. "하지만 나에게는 그것도 감지덕지였다. 가난을 면하지는 못하겠지만 명성을 얻을 수는 있을 테니까."

비록 그가 의도적으로 흑인 학생들을 가르칠 기회를 추구한 것은 아니지만, 업튼 싱클레어의 『정글(Jungle)』이나 존 스타인벡의 『분노의 포도(The Grapes Wrath)』, 리처드 라이트의 『토박이(Native Son)』 같은 책을 읽은 것을 비롯한 여러 가지 경험 덕분에 큰 거부감은 없었다. 대표적으로 노동조합에서조차 흑인들을 가장 험한 일로 몰아내거나, 군대 내부에서조차 흑인과 백인의 자리를 구분하던 사례를 들 수 있을 것이다. 진은 인종에 따른 억압과 계급에 따른 억압이 서로 맞물려 있다고 보았다. 또한 그가 가족과 함께 생활하던 저소득층 주거 지역에서 아일랜드, 이탈리아, 푸에르토리코 출신은 물론 아프리카계 미국인 이웃

과 친구들이 많았던 것도 적지 않은 영향을 미쳤을 것이다.[52]

이렇게 해서 1956년 8월, 진 일가 — 하워드, 로슬린, 마일라(8세), 제프(6세) — 는 낡은 시보레(10세)에 짐을 싣고 조지아 주 애틀랜타로 떠나게 된다. 진은, 그렇게 멀리 이사를 가는 아들 가족을 바라보며 무척속이 상했겠지만 "행운을 빈다, 몸조심 해라"라는 한 마디 외에 아무말도 하지 않던 아버지 에디의 모습을 생생하게 기억하고 있다. 그가살아 있는 아버지를 본 것은 그때가 마지막이었다.[53] 근 40년이 지난후, 진은 당시를 돌아보며 이렇게 썼다.

> 내 인생의 첫 33년 동안 나를 둘러싼 세계는 이런 모습이었다. 실업과
> 열악한 일자리의 세계, 대부분의 시간을 비좁고 지저분한 곳에서 살면
> 서 두살, 세살짜리를 다른 사람들의 손에 맡기고 학교나 직장에 나가야
> 했고, 아이들이 아파도 돈이 넉넉하지 않아서 개인 의사에게 데려가지
> 못하고 시간을 끌다 결국은 종합병원 인턴들의 손에 맡겨야만 했던 나
> 와 아내의 세계. 전세계에서 가장 부유한 이 나라에서조차 절대 다수의
> 국민들은 이런 식으로 살아가고 있다. 그리고 적절한 학위를 갖추고 나
> 서 그 세계를 빠져나와 대학교수가 된 후에도, 나는 결코 그 세계를 잊
> 지 않았다. 나는 한 번도 계급의식을 버리지 않았다.[54]

TWO
남부와 운동
1956–1964

TWO
남부와
운동
1956-1964

하 워드 진이 아프리카계 미국 여성들이 다니는 스펠먼 대학의 교수로 임명되어 가족과 함께 뉴욕에서 애틀랜타로 이사를 온 1956년, 미국은 아주 조용하고 풍족한 것처럼 보였다. 하지만 물론 그것만이 전부는 아니었다. 세계적으로는 냉전이 격화되고 있었고 — 1956년은 수에즈 운하를 둘러싼 위기가 발발한 해이다 — 미국 국내에서는 엘비스 프레슬리가 등장하여 로큰롤 음악이 대중화되기 시작했으며 이것은 미국의 청년 문화에 커다란 영향을 미쳤다.

더욱 중요한 것은 몽고메리 버스 안타기 운동(1955년, 앨라배마 주의 몽고메리에서 벌어진 일종의 불매운동으로, 흑백 차별 반대운동의 도화선이 되었다. 운동의 발단이 된 로자 파크는 '민권운동의 어머니'로 불렸으며, 지난 2005년에 세상을 떠났다 — 옮긴이)이 시작되어 마틴 루터 킹(Martin Luther King Jr.)과 민권운동이 크게 부각될 채비를 갖추었다는 점이다. 이미 그 이전인 1954년부터 연방 대법원은 '브라운 대 토피카 교육위원회' 사건을 통해 인종 통합이라는 길고도 험한 여정의 첫발을 떼어 놓은 상태였다.

하지만 우리는 당시의 사회 분위기에 대해, 또한 그것이 진의 남부 행에 어떤 영향을 미쳤는지에 대해 직접 본인의 이야기를 들어보는 것이 좋을 듯하다. 그는 당시의 미국이 "국내적, 국제적으로 냉전 분위기에 사로잡혀 있었다"고 진단한다. 아이젠하워 대통령은 '브라운' 사건에 대해 뚜렷한 입장을 표명하지 않았고, 1956년에 두번째로 그의 정적으로 부상한 아들라이 스티븐슨(Adlai Stevenson) 역시 "남부 지역의 백인과 민주당의 전통적인 유대 관계를 고려하여 민권 문제에 대해 대단히 조심스러운 입장"이었다. 진의 주장에 의하면 "공화당이 1957년에 민권법을 밀어붙이게 된 것"은 흑인 유권자에 대한 정치적인 필요성 때문일 뿐이었다.[1]

진은 여론의 분위기를 자신의 상황과 연결시켜 이렇게 언급한다. "매카시즘이 전국의 대학으로까지 파고들기 시작했고 흑인 대학들은 백인 급진주의자들의 망명처 같은 곳이 되어버렸다(비록 내가 그런 이유 때문에 의도적으로 스펠먼을 찾아간 것은 아니지만)." 어차피 흑인 대학들도 질 높은 교육을 보장하고 백인들을 흑인 공동체로 끌어들이기 위한 동기 부여 때문에라도 교수들이 필요했고, "그래서 백인 급진주의자들 (나와 스토턴 린드를 비롯한)은 큰 환영을 받았으며, 게다가 우리의 급진주의는 주로 인종 문제에 대한 견해로 표현되었기 때문에 흑인 공동체의 요구와도 잘 부합되었다."[2]

하지만 진은 민권운동에 깊숙이 관여하기 전에 박사 학위부터 마쳐야 했다. 교수가 된 뒤 2년에 걸쳐 학위 논문을 썼는데, 가장으로서의 역할과 강의, 그리고 글쓰기를 동시에 진행해 본 경험이 있는 사람이라면 그 당시가 진에게 얼마나 힘겨운 시기였는지 짐작할 수 있을 것이다 (특히 모든 강의 준비를 처음부터 새로 해야 하는 상황이었다). 게다가 진의 경우 포드 재단에서 후원하는 역사 관련 텔레비전 다큐멘터리 제작에 참여하기 위해 1957년과 58년 여름을 콜로라도 주 덴버에서 보내야 했기 때문에 상황이 더욱 복잡했다. 그래도 진은 최선의 노력을 아끼지 않았고, 결국 1958년에 컬럼비아 대학에서 박사 학위를 받기에 이른다. 그의 지도교수였던 윌리엄 로이텐버그는 피오렐로 라과르디아의 의회에서의 활약상을 다룬 이 논문을 높이 평가했고, 미국역사학회에서 주최하는 베버리지 상(Beveridge Award) 공모에 출품했다. 진의 논문은 2등상을 받았고, 부상으로 1959년에 코넬 대학 출판부가 그 논문을 정식으로 출간했다.

로이텐버그는 지난 몇 년 동안 '서로 다른 정치적 견해' 때문에 그리 자주 만나지는 못했지만 진과의 관계가 대단히 돈독하다고 강조한다. "진은 신좌파의 선두주자로 간주되는데, 나하고는 조금 지향점이 다른 듯하다." 하지만 로이텐버그도 라과르디아에 대한 입장만큼은 크게 다르지 않았다고 회상한다. 뿐만 아니라 제자의 연구 성과를 상당히 자랑스럽게 기억하고 있는 듯하다. "그는 내 제자 중에서 처음으로 박사 학위를 받은 친구이기 때문에 특별히 기억에 남는다. 게다가 그의 논문은 미국역사학회의 베버리지 상을 수상하기까지 했다."

1등도 아니고 2등을 한 게 무슨 대수냐고 생각할 사람이 있을지 모르지만 "사실 그 상은 심사위원들이 그 해 미국에서 발표된 논문들 가운데 두번째 잘 쓴 것으로 인정했다는 의미이다." 로이텐버그는 진의 논문 집필 과정에 대해 내용이 아주 뛰어나서 커다란 감명을 받았을 뿐만 아니라 스펠먼에서의 강의 때문에 적지 않은 부담을 가지고 있음에도 불구하고 아주 빠른 속도로 논문을 쓴 것도 무척 인상적이었다고 한다. (흥미로운 것은 로이텐버그가 "하버드에서 내 강의를 청강했던 스토턴 린드가 스펠먼에서 교편을 잡고 있었던 것"이 진에게 큰 도움이 되었을 거라고 언급했다는 점이다.)[3]

『의회에서의 라과르디아』라는 제목의 이 논문은 진의 첫번째 저서로 기록된다. 정통 역사학 논문으로는 마지막 논문이기도 하다. 그러나 이미 그 논문 속에 앞으로 진이 나아갈 방향이 암시되어 있다.

먼저 진이 라과르디아를 논문 주제로 선택하게 된 과정을 짚고 넘어갈 필요가 있을 듯하다. 처음에 진은 '빅 빌' 헤이우드('Big Bill' Haywood)에 대한 논문을 쓰려고 생각했는데, 이 사람은 노동 운동사 전체를 통틀어, 특히 IWW(흔히 우블리스Wobblies라 불리는 국제노동자연맹International Workers of the World)와 관련하여 아주 매력적인 소재가 되는 인물이었다. 하지만 진은 헤이우드의 저술을 입수한 미국 법무부가 1920년대 언젠가 이 자료들을 모두 불태워 버렸다는 사실을 알게 된다. 그래서 민중 해방의 문제(당시는 미국 국내는 물론 전세계적으로 냉전이 기승을 부리던 1952년 무렵이었다)에 눈을 돌리려 했다.

그러나 헨리 스틸 코마거 교수에게 이런 이야기를 했더니, "놀랍고도 실망스럽게" 그는 "그 문제는 건드리지 마라. 지금은 시기가 적절하지 않으니 보다 안전하고 쉬운 주제를 선택하는 것이 좋다. 그렇게 해서 일단 학위를 딴 다음에는 뭐든 원하는 대로 쓸 수 있다"고 대답했다. 이렇게 해서 주제 선정에서부터 난관에 부딪힌 진은 어느 날 맨해튼을 돌아다니다가 '시립 문서보관소'라는 간판이 붙은 낡은 건물 앞을 지나게 된다. 안으로 들어가 보니 창고 같은 넓은 방이 나왔다. 방안에는 어떤 여자가 앉아 있는 책상말고는 온통 수백 개의 서류 캐비닛이 들어차 있었다. 진이 "여기에 어떤 문서들이 보관되어 있느냐?"고 묻자, 그 여인은 라과르디아의 미망인이 남편과 관련된 서류들을 맡겨놓았다고 대답하는 것이었다.

캐비닛은 대부분 라과르디아의 시장 경력과 관련된 자료들로 채워져 있었지만, 한쪽 구석에는 라과르디아의 의원 경력과 관련된 자료들이 보관되어 있었다. 진은 "그때까지만 해도 그가 의원 경력을 가지고 있다는 사실을 알지 못했다"고 고백한다. 하지만 자료를 검토해 본 그는 흥분을 감출 수 없었다. "라과르디아는 시장 시절에 아주 다채롭고 진보적인 모습을 보여주었지만 다분히 제도권 내부로 편입된 인상이 강했다. 하지만 의회 시절의 그는 급진적인 혁명가의 면모를 갖추고 있었다." 진은 드디어 자신의 논문 주제를 발견했음을 직감했다. 지도교수인 로이텐버그도 그의 판단에 동의했지만 아더 만(Arthur Mann)이라는 또 한 사람의 역사학자가 라과르디아의 시대와 생애에 대한 연구를 하고 있다는 정보를 건네주었다. 그러나 그들은 신이 라과르디아의 의회 경력에만 초점을 맞추면 별다른 충돌은 생기지 않을 거라고 판단했다.[4]

피오렐로 라과르디아는 프랭클린 D. 루스벨트 대통령의 뉴딜정책 시절에 뉴욕 시장을 지낸 화제의 인물로 유명하다. 하지만 진은 『의회에서의 라과르디아』에서 그 시절의 그의 활동이 시장 시절에 필적할 만큼 극적일 뿐 아니라 업적 면에서는 오히려 능가하는 측면이 있다고 주장한다. 라과르디아는 1917년부터 1933년까지 제1차 세계대전에 참전한 시기와 뉴욕 시의회 의장직을 역임한 잠깐 동안(1920~21)을 제외하면 줄곧 하원에서 활동해 왔다. 그 시절 ― 하딩(Harding), 쿨리지(Coolidge), 후버(Hoover)가 활동하던 환락과 번영의 시대 ― 동안 라과르디아는 "줄곧 작지만 줄기차게 개혁을 위한 목소리를 냈다."

진은 라과르디아의 외침에 귀를 기울이는 사람이 많지 않았고 의사당 내부에서도 '거물'로 인정받지는 못했음을 인정하면서도 그가 아주 중요한 과도적인 인물이었다는 주장을 굽히지 않는다. "라과르디아는 개혁의 두 시기를 연결시켜 주는 중요한 고리 역할을 수행했으며, 1913년 초에 의사당으로 흘러들기 시작한 진보의 물결을 1933년에 루스벨트에게까지 전해준 인물이 바로 라과르디아이다." 1920년대에 의회에서 활동한 몇 안되는 진보주의자는 대부분 미시시피 강과 로키 산

맥 주변의 주에서 배출되었지만, 라과르디아는 "정치인들이 하얀 지붕의 궁궐에서 번영의 축복을 내려준 하느님께 감사하며 살아가는"[5] 동안 비상구도 없는 판잣집에서 혹독한 삶을 이어가는 이탈리아, 푸에르토리코 출신, 혹은 유대인 등이 밀집된 이스트 할렘의 빈민가를 대변하는 인물이었다. 라과르디아와 그의 동료들이 '20년대의 양심'이라 할 진보 세력을 형성했다는 것이 진의 주장이었다.

> 민주당과 공화당이 마치 각본에 따라 싸우는 시늉만 하는 레슬링 선수처럼 정치판이라는 무대의 한복판을 누비는 동안, 라과르디아는 제일 앞 관람석으로 내려가서 '진짜 행동'을 해보라고 고함쳤다. KKK 단원의 수가 수백만에 이르고 의회가 나라 전체를 인종적 '순수성' 쪽으로 몰고가려 애쓴 반면, 라과르디아는 이탈리아인과 유대인을 비롯한 다른 민족에게도 이민을 가로막는 장벽을 완화해야 한다고 주장했다. 자칭 애국자들이 카리브 해를 미국의 호수로 만들기 위해 혈안이 되었던 반면, 라과르디아는 니카라과에서 해병대를 철수하라고 외쳤다. 증권시세 표시기가 환호의 메시지를 쏟아내는 동안, 라과르디아는 펜실베이니아 탄광촌의 파업 소식을 전국에 알리기 위해 노력했다.[6]

벌써 서문에서부터 라과르디아와 그의 진보주의에 대한 존경의 분위기가 느껴지지 않는가?

서문에는 그 밖에 몇 가지 특기할 만한 사실이 묘사되어 있다. 진은 컬럼비아 대학의 로이텐버그와 홉스태터 교수의 도움에 감사의 뜻을 전한다. 각주와 참고문헌 목록은 물론 진이 고마움을 표시한 사람의 명단만 봐도 진이 뉴욕 시립 문서보관소의 라과르디아 관련 자료를 얼마나 철저하게 섭렵했는지 알 수 있다. 하이드 파크에 보관되어 있는 프랭클린 D. 루스벨트 관련 자료와 의회 도서관에서도 상당한 시간을 보냈음이 드러난다. 진은 또 라과르디아의 미망인인 마리 피셔 라과르디아와 인터뷰를 하기도 했다. 끝에는 이후에 그가 쓴 모든 헌사에 등장하는 아내 로슬린에 대한 감사의 인사도 빠뜨리지 않는다. 그는 또 "삶의 재미를 느끼게 해준 스펠먼 대학의 학생들과 애틀랜타 대학 협의회의 친구들에게도 감사의 뜻"을 전한다.[7] (이 "삶의 재미"에 대해서는 뒤에서 다루기로 하자.)

처음으로 의회에 등원한 1917년 3월 5일, 라과르디아는 빈 자리를 찾아 통로를 내려오다 맨 앞자리까지 오게 되었다. 그는 이 자리를 차지함으로써 첫날부터 히원의 관행을 깨뜨린 셈이 되고 말았다. 진의 표현을 빌리면 "정치적 불한당의 긴 여정"이 시작된 것이다. 라과르디아가 처음으로 내놓은 법안은 제1차 세계대전, 혹은 그 전쟁에 참전한 이들을 지원하기 위한 것이었다. 육군 혹은 해군을 상대로 품질이 떨어지는 음식이나 의복, 탄약, 무기 등을 판매한 사람은 평시에는 구금, 전시에는 사형을 선고해야 한다는 내용이었다. 라과르디아는 스페인-미국 전쟁 때 군대에 배급된 상한 쇠고기를 먹고 숨진 자신의 부친과 여러 희생자를 염두에 두었던 것이 틀림없다. 이 법안은 관련 분과로 넘어갔지만 그냥 폐기되고 말았다.

라과르디아는 미국의 참전을 지지했지만 방첩 법안(Espionage Act)에는 반대했다. 그는 또 "외국에서 태어난 사람들이 미국 본토박이보다 애국심이 떨어진다는 말을 들을 때마다 크게 화를 냈다"고 한다. 그는 전쟁을 지지하면서도 당시의 윌슨 행정부에 대해서는 그다지 호의적이지 않았다. "윌슨이 전시를 맞아 위기에 봉착한 정치적 민주주의를 놓고 거창한 수사를 동원했던 반면, 라과르디아는 미래는 물론 현실을, 정치적 민주주의는 물론 경제적 민주주의를 전제로 한 상태에서 전쟁이 정당화되어야 한다는 입장을 유지했다." 사실 전쟁을 통해 이 같은 심오한 변화를 이끌어내지 못했다는 사실 때문에 라과르디아는 훗날 전쟁에 대한 환멸을 느끼게 된다.

전후의 라과르디아를 비롯한 로버트 라 폴레트(Robert La Follette), 조지 노리스(George Norris) 같은 진보주의자들은 한층 결속을 다지기 시작했다. 진은 그들을 "전후의 반동 세력이 만들어놓은 벽돌담을 무너뜨리기 위해 노력하는 극소수의 이단자들"이라고 표현했다. 그들은 부당한 이득을 노리는 모리배들과 맞섰고, 특권층을 공격했으며, 언론의 자유를 옹호했다. 라과르디아는 전후의 유럽에 몰아닥친 반유대인 정서에 저항하여 유대인을 비롯한 소수 민족을 옹호함으로써 긍정적인 반응을 이끌어냈고, 미국 재향 군인회는 전쟁에 참여한 모든 사람 앞에 차별없이 개방되어야 한다고 주장하여 아프리카계 미국인들과 공감대를 형성했다.[8]

라과르디아가 시의장으로 재직하던 몇 개월 사이에 그의 딸이 수막염으로, 아내는 결핵으로 각각 세상을 떠나고 말았다. 그는 쿠바에서 열흘 동안 휴식을 취했지만 "그가 미국으로 돌아왔을 때는 이미 가슴 속 깊이 슬픔을 묻었고 목소리는 예전의 힘을 되찾았으며 시련을 통해 더욱 단단해진 그의 엔진은 다시금 그를 전속력으로 밀어붙이기 시작했다." 예를 들어 1921년 12월에 시의장 임기가 끝나자, 그는 고별사를 통해 이렇게 말했다. "뉴욕은 세계에서 가장 부유한 도시다. 하지만 모든 어린이가 배불리 먹고 모든 가정이 깨끗한 공기와 전기를 보장받으며 모든 남자와 여자가 행복을 누릴 기회를 얻기 전까지는 아직 갈 길이 멀다." 의회로 돌아온 라과르디아는 다시 한 번 진보 진영의 선두주자로 나서며 "이것은 어느 한 개인의 야심도, 인위적으로 만들어진 운동의 결과도 아니다. 진보 운동은 미국 전역에 걸친 경제 및 정치적 조건의 필연적인 결과일 뿐이다"[9]라고 선언했다. 허울좋은 번영은 공허하고 불공평한 말장난에 지나지 않았다.

이른바 '적색 공포(Red Scare)'가 정점에 달했던 1920년대 중반에 '100퍼센트 미국인'들에 의해 가장 많은 공격을 받은 미국인들의 명단이 작성되었는데, 피오렐로 라과르디아의 이름이 아주 눈에 잘 띄는 곳에 올랐다. 이는 평화와 언론의 자유, 빈자와 소수 민족의 권리를 위해 헌신한 사실을 감안하면 전혀 놀랍지 않다. 그는 또 훗날 프랭클린 루스벨트가 라틴아메리카에서 펼친 '좋은 이웃 정책'의 선구자였으며, 상원의 조지 노리스와 함께 테네시 강 유역 개발공사(Tennessee Valley Authority)의 앞길을 닦는 데 결정적인 역할을 하기도 했다.

진은 1920년대를 통틀어 라과르디아가 높은 물가를 잡고 파업 노동자의 권리를 보장하며 과세를 통한 부의 재분배를 위한 싸움에 자신의 시간을 대부분 투자했으며, "전체적으로 보다 나은 삶을 향한 발걸음에서 제외되어 있는 사람들을 돕기 위한 정부 시책을 촉구했다"고 평가한다. 진이 내린 결론은 이러하다. "이러한 갈등을 거치는 동안 그의 사회적, 경제적 철학은 더욱 확고하고 구체적인 형태를 띠어갔으며, 자유방임주의가 커다란 승리를 거둔 시대 상황에도 불구하고 주저없이, 도전적으로 복지국가의 개념을 내세웠다."[10]

라과르디아가 공화당을 별로 달가워하지 않았다는 사실 역시 전혀 놀라운 일이 아니다. 때때로 그는 진보당원이었지만, 언제나 진보주의자였다. 그는 '급진주의자'라는 꼬리표를 부끄러워하지 않았으며, '급진적 변화'가 필요하다는 주장을 굽히지 않았다. 하원의 동료 의원들이 그를 사회주의자 진영으로 분류했을 때에도 그는 별다른 불만을 제기하지 않았다.

주식 시장의 폭락과 대공황이 시작되면서 라과르디아의 수사(修辭)는 점점 더 급진적으로 변했다. 그는 1931년 12월 21일의 연설에서 "미봉책은 통하지 않는다, 대수술이 필요하다"고 외치며 "근본적이고 철두철미한 방법론"의 필요성을 제기했다. 이어서 정부의 구호활동과 공공봉사 프로그램, 전국적인 차원의 실업보험 등을 주창했다. 이러한 뉴딜정책의 맹아들을 동료 의원들이 위헌이라고 비난하자, 라과르디아는 서슴없이 이렇게 반박했다. "만약 헌법이 걸림돌로 작용한다면, 좋다, 헌법을 옆으로 치워놓으면 될 것 아닌가." [11]

현안에 대한 라과르디아의 접근 방법은 허버트 후버(Herbert Hoover)와의 첨예한 갈등으로 이어졌다. "수백만 달러의 자금이 강력한 기업을 통해 개인에게로 스며들 거라는, 이 잘난 척하는 표현법에 신물이 날 지경이다." 그는 후버가 1932년에 와그너 법안에 거부권을 행사한 것을 못마땅하게 생각했으며, 2만여 명의 참전용사들이 진을 친 아나코스티아 플래츠(Anacostia Flats), 즉 의사당 맞은편의 공터를 가리키며 참전용사들이야말로 아직 갈 길이 멀다는 사실을 보여주는 산증인이라고 말했다. 후버가 군대를 동원해 이 참전용사와 그 가족들을 쫓아낸 뒤 자랑스러운 말투로 "미합중국 정부의 권위에 대한 도전을 신속하고 단호하게 처리했다"고 말하자, 라과르디아의 반격이 이어졌다. "지금 같은 불황과 실업, 기아의 시대에 법과 질서를 유지하기 위해서는 수프가 최루탄보다 싸게 먹히고 빵이 총알보다 효과적이다." [12]

진의 언급에 의하면 이 무렵의 라과르디아는 "하원 내부에서 진보 진영을 조직하고 이끌어가는 선두주자"의 역할을 수행했다. 그는 판매세에 대한 전쟁을 주도해 승리를 이끌어냈다. 또한 반금지 명령법(Anti-Injunction Bill)과의 전쟁을 주도해 승리를 이끌어냈다. 뉴딜정책으로 승화될 "불황에 토대를 둔 이 같은 역동적 진보주의"에 필요한 것은 거대 정당을 설득할 만한 자극적인 제목이었다. 불황이 심화되자 현지인 우대원칙이 몇몇 영역에서 강화되었고, 라과르디아는 다시금 이에 대항하는 십자군을 이끌었다.

『덴버 포스트』는 다음과 같은 신랄한 사설로 이민을 제한하는 법안에 대항하는 그의 역할을 인정했다. "라과르디아의 이름으로 미국 국민에게 정부를 어떻게 운영해야 하는지를 설교하려는 자들은 진짜 미국인을 분노하게 만든다." 이 신문에 의하면 라과르디아는 자신의 선조들이 살던 곳으로 돌아가야 할 인물이었다. "뉴욕은 너무나 오랫동안 방치되어 더 이상 미국인으로 간주될 수 없는 쓰레기 같은 이민자들이 모인 시궁창이 되어버렸다." 당장 먹을 것과 입을 것, 누울 곳이 필요한 사람들은 외교 문제 따위에 신경쓸 겨를이 없겠지만, 라과르디아는 "평화와 군축, 그리고 전쟁을 통한 이득을 거부하는 자신의 소신"을 역설했다.[13]

라과르디아의 의회 경력을 전체적으로 평가하기에 앞서, 『의회에서의 라과르디아』의 마지막 장에는 「정치적 패배와 도덕적 승리, 1932~1933」이라는 묘한 제목이 붙어 있다. 실로 정확한 표현이 아닐 수 없다. "1930년 선거에서 승리를 거둔 뒤, 라과르디아는 자신이 선거운동을 한 번밖에 더 할 수 없으리라는 사실, 혹은 1932년의 패배가 지난 10년 동안의 모든 제안들을 승리의 길로 접어들게 할 것이라는 사실을 상상하지 못했다."[14]

진은 라과르디아에 대한 최종 평가에서 그가 진보 세력과 뉴딜 시대를 잇는 가교였음을 강조한다. 하지만 그는 또한 라과르디아가 이데올로기의 측면에서 뉴딜의 한계를 뛰어넘는 경지까지 나아갔다고 주장하기도 한다. 그는 다른 진보주의자들과 달리 한 번도 고립주의를 내세운 적이 없다. 그는 국제연맹을 비롯해 다양한 평화 및 군축 협정을 지지했다. 비록 그는 한 번도 마르크스의 저작을 읽은 적이 없고 조직화된 사회주의 운동에 정식으로 참여한 적도 없지만, "의회의 동료 의원들이 라과르디아를 사회주의자라고 비난한 것은 확실히 진실에 가까웠다." 게다가 그는 "급진주의자로 간주되는 것에 대해 일정한 자부심을 느꼈다"고 한다.[15] 이쯤 되면 진이 자신을 라과르디아와 동일시한다는 느낌이 들기 시작하며, 앞으로 그의 연구가 어떤 방향으로 나아갈지 감을 잡을 수 있게 된다. 그의 결론을 살펴보면 이 같은 느낌이 더욱 확실해진다.

만약 이 모든 것 가운데 어느 하나를 결정적인 요소로 가려내라고 한다면, 아마도 그것은 라과르디아가 근본적인 사회적 책임의식을 억제할 수 없는 개인주의와 결합시켰다는 점일 것이다. 그는 반역자였지만 허무주의자는 아니었으며, 당과 조직의 벽을 과감하게 무너뜨린 사람이었지만 언제 어디서나 자신의 소신을 잃지 않은 인물이기도 했다. 너무나 많은 사람들이 엄격한 충성심이라는 감옥에 갇혀 있고 또다른 많은 사람들이 우유부단함을 자유와 착각하는 사치를 누리고 있다. 이러한 순응과 무책임의 시대에, 라과르디아의 길들여지지 않은, 그러나 양심에 입각한 정신을 돌아보는 것은 우리 세대에게 남겨진 소중한 선물이 아닐까 싶다.[16)]

그러나 라과르디아에 대한 진의 논문은 주류 역사학의 흐름을 크게 벗어나지 않았으며, 그 덕분에 몇몇 우호적인 서평을 이끌어냈을 뿐 아니라 제도권 단체인 미국역사학회의 상을 받기도 했다. 『새터데이 리뷰』의 서평자는 진이 라과르디아의 의회 활동 시기를 "세밀하게 돌아보았으며", 그 결과 "대단히 역동적이고 객관적이며 향수를 불러일으키는 좋은 책"을 써냈다고 평가했다. 또한 『미국 정치학 리뷰』의 서평자는 진의 결론(위에서 살펴본)을 인용하며 이것이 당시의 라과르디아에 대한 수준 높은 관심을 반영한다고 언급했다. 당시 「피오렐로(Fiorello)」라는 제목의 뮤지컬이 브로드웨이에서 공연되고 있었고 관련 서적도 몇 권 출판되어 있었는데, 진의 책은 "아주 잘 쓰여지고, 읽기 쉬울 뿐만 아니라, 주석도 충실하다"고 평가했다.[17)]

그러나 라과르디아에 대한 그 여러 권의 서적 가운데 한 권이 진의 논문에 꽤 흥미로운 영향을 미쳤다. 『북마크』, 『네이션』, 『계간 정치학』, 그리고 『미국 역사학 리뷰』(진의 논문에 2등상을 안겨준 바로 그 미국 역사학회에서 발행하는)를 비롯한 몇몇 간행물이 진의 책을 아더 만의 『라과르디아 ― 시대와 맞서 싸운 전사, 1882~1933』이라는 책과 함께 묶어서 다룬 것이다.[18] 물론 그 책은 진이 라과르디아를 논문 주제로 선택하려 했을 때 로이텐버그가 '충돌'을 우려했던 바로 그 책이다. 결국 진의 책이 만의 책과 곧잘 비교되는 사태가 벌어졌다.

프레드 쿡(Fred J. Cook)은 『네이션』에 만과 진의 저서를 함께 다룬 서평을 썼다. 그는 "역사는 되풀이되는 듯 보인다"라는 전제 아래 1920년대에 대한 만의 언급이 1950년대에도 똑같이 적용될 수 있다는 견해를 피력했다. "미국은 얼간이, 고집불통, 멍청이, 위선자 등에 의해 운영된다. 제정신이 박힌 사람이라면 누구나 반대와 폭로, 그리고 비웃음에 의지하지 않을 수 없다." 그래서 라과르디아에게 관심을 기울이게 된다는 것이다. 하지만 쿡은 진의 책을 만의 책과 비교하면서 확실히 만의 책이 낫다는 입장을 분명하게 드러낸다. 진의 책은 전적으로 화제와 논쟁의 기록에만 초점을 맞추었기 때문에 '평면적'이라는 느낌을 준다는 것이다. 진이 쓴 『의회에서의 라과르디아』가 만의 『라과르디아』 못지않게 치밀한 연구의 결과물인 것은 사실이지만, "만의 책이 그토록 잘 묘사하고 있는 '작은 꽃'(라과르디아의 별명)의 활력과 운치를 충분히 소화하지 못한 듯하다."[19]

진이 처음으로 라과르디아에 대한 논문을 제출했던 컬럼비아 대학의 정치학자 월러스 세이르(Wallace S. Sayre)는 『계간 정치학』에 진의 책 - 과 만의 책 - 의 서평을 실었다. 여기서도 서평자는 만의 책이 진의 책보다 낫다는 평가를 내린다. 만의 책은 "10년에 한 번 나올까 말까 한 정치적 전기"라는 것이었다. 그는 또한 라과르디아가 루스벨트의 뉴딜정책의 앞길을 닦았을 뿐만 아니라 그 성공을 이끌어내기까지 한 새로운 진보주의의 기수였다는 진의 주장을 그다지 높게 평가하지 않았다. "이것은 아더 만의 라과르디아에 대한 평가보다 훨씬 수위가 높다. 진의 그 같은 주장에 근거가 부족한 것은 아니지만, 보다 신중한 평가가 더욱 높은 설득력을 발휘하게 마련이다."[20]

『미국 역사학 리뷰』는 진의 서평자로 버클리의 캘리포니아 대학에 몸담고 있던 인민주의(Populist) 시대의 저명한 역사학자 존 힉스(John D. Hicks)를 선정했다. 그는 진의 책을 높이 평가하며, 특히 라과르디아를 "진보의 흐름에서 중요한 연결 고리" 역할로 파악한 부분을 마음에 들어했다. 흥미롭게도 힉스는 세이르의 평가와는 반대로 진의 책이 (만의 책보다) "약간 더 냉정하고 학구적이어서 미국역사학회의 상을 수상하게 되었다"고 썼다.[21]

진이 『의회에서의 라과르디아』 서문에서 스펠먼 대학 학생들에게 "삶의 재미"를 느끼게 해주어서 고맙다고 쓴 것은 그의 저술 활동, 나아가 그의 인생에 하나의 전환점이 되었다고 해도 과언이 아닐 만큼 중요한 의미를 내포한다. 그 이후부터 그의 삶은 남부, 그리고 민권운동에 초점을 맞추게 되었기 때문이다.

진은 가족과 함께 애틀랜타에 도착했던 아주 덥고 빗줄기가 뿌리던 1956년의 어느 밤을 생생하게 (그리고 아름답게) 기억하고 있다. "우리는 뉴욕의 길거리와는 전혀 다른 우주, 고향에서 1,000마일이나 떨어진 낯선 세상에 도착했다." 그의 회고록에 나오는 구절이다. "여기는 목련과 인동덩굴 향기가 가득한, 무성한 이파리들의 도시였다. 공기는 달콤하고 무거웠다. 사람들은 더 희거나 검었다. 유리창을 때리는 빗방울 때문인지, 그들은 마치 어둠 속을 떠다니는 유령처럼 보였다."[22]

이후 2년 동안 진은 "하나의 문화에서 또다른 문화로, 북부에서 남부로, 백인에서 흑인으로 넘어가는 혹독한 전환기"를 경험하게 된다. 애틀랜타의 백인 거주지역 집주인들은 진이 '깜둥이 대학'에서 교편을 잡는다는 이야기를 듣자 선뜻 세를 주지 않으려 했다. 결국 진은 애틀랜타 동쪽 끝의 데카투르라는 백인 노동계층 거주지역에서 작은 집 한 채를 찾아냈다. 진은 이웃들이 자신의 직업을 알고 난 다음에도 친절하게 대해주었던 것으로 기억하고 있다. 6개월가량이 지났을 때는 흑인 친구들을 집으로 초대하기까지 했지만 뭐라고 하는 이웃은 아무도 없었다. "몽고메리 버스 안타기 운동과 1960년의 연좌시위를 사이에 두고 남부가 비교적 조용한 시기였지만, 수면 밑에서는 온갖 문제들이 뒤얽혀 부글부글 끓으며 폭발의 순간만을 기다리고 있었다."[23]

스펠먼 역시 사정은 다르지 않았다. "학생들은 공손하고 단정했지만, 나는 이내 그들이 평생에 걸친 분노를 억누르고 있음을 깨달았다." 진이 본격적으로 그들과 관계를 맺어가기까지는 그리 오랜 시간이 걸리지 않았다. "백인 교수의 몸으로 앞장을 선다는 게 문제가 될 수 있다는 것은 나도 알고 있었다. 하지만 나는 제자들이 원하는 일이라면 무엇이든 마음을 열 준비가 되어 있었고, 선생은 강의실 안에서 가르치는 일에만 전념해야 한다는 생각을 도저히 받아들일 수 없었다. 강의실 바깥에서 너무나 많은 일이 벌어지고 있었기 때문이었다."[24] 가르침과 참여를 따로 구분하지 않는 그의 방식은 이후에도 오랫동안 변하지 않는다.

스펠먼의 교수가 된 지 몇 달 되지 않았을 즈음, 진과 몇몇 학생들은 조지아 주의회를 참관하기로 했다. 물론 아무런 행동 계획도 세우지 않았고, 그저 주의회가 어떻게 일을 처리하는지 견학하는 것이 목적이었다. 하지만 방청석 한쪽 구석에 '유색인'이라는 팻말이 붙은 자리에만 앉아야 한다는 사실을 알게 되자, 뭔가가 삐걱거리기 시작했다. 학생들은 의논을 거친 끝에 그 팻말을 무시하고 텅 비어 있는 가운데 자리를 차지하기로 결정했다. 당시 의원들은 어업권에 대한 법안을 토의하고 있었는데, 흑인 학생들이 백인 방청석에 앉는 것을 보고는 당장 난리가 벌어졌다. 하원 대변인이라는 사람은 당장 "중풍으로 쓰러질 사람처럼 보였다." 그는 마이크를 붙잡더니 이렇게 소리쳤다. "검둥이들은 자기 자리로 돌아가시오! 조지아 주는 인종분리주의를 채택하고 있어!" 다른 의원들도 고함을 질러댔고, 이내 경비원들이 출동했다.

"그때만 해도 남부가 통째로 들고 일어나기 전이라, 학생들은 아직 체포될 준비가 되어 있지 않았다." 진의 회고이다. "우리는 일단 바깥으로 나갔다가 '유색인석'으로 돌아왔다. 물론 나도 그들과 함께였다." 그러자 갑자기 사태가 달라졌다. "예의바른 남부의 인종 차별주의자들이 흔히 빚어내는, 아주 어색한 풍경이 벌어졌다." 진이 일행의 인솔자라는 것을 알아차린 경비원 한 사람이 다가왔는데, "내가 '백인'인지 '유색인'인지 분간이 가지 않는 모양이었다." 그는 진에게 어디서 왔느냐고 물었고, 진은 사실대로 대답했다. 잠시 후 대변인이 다시 마이크를 잡고 조금 전과는 전혀 다른 목소리로 이렇게 말했다. "조지아 주의회 의원들은 스펠먼 대학에서 오신 대표단을 따뜻하게 환영합니다."[25]

그 다음부터 진과 학생들 — 특히 그가 지도교수로 있던 사회과학 클럽 학생들 — 은 의도적으로 사회 변화와 관련된 프로젝트를 만들어가기 시작했다. 한 학생이 애틀랜타 공립 도서관의 인종분리정책을 없애자고 제안했다. 그들은 그 계획을 실행으로 옮겼다. 진은 이와 관련된 이야기를 상세하게 들려준 다음, 결론으로 이렇게 덧붙였다. "내가 애틀랜타 도서관의 인종분리정책 철폐를 위한 사소한 운동을 언급한 것은 사회운동의 역사가 흔히 큰 사건, 결정적인 순간으로 국한되는 경향이 있기 때문이다." 물론 그의 이 같은 생각은 옳다. 민권운동의 역사를 살펴보면 브라운 사건과 몽고메리 버스 안타기 운동, 워싱턴 시위, 1964년의 민권법, 1965년의 투표권법 등으로 그 맥락이 이어진다. "그 같은 거대한 변화의 토대는 이름모를 수많은 사람들의 작은 행동들이다. 그러나 그것들은 역사의 표면에서 사라져버린다." 진의 주장이다. "이 점을 이해한다면 우리가 이끌어가는 아주 사소한 저항의 몸짓들이 사회 변화의 보이지 않는 뿌리를 형성한다는 사실을 알게 된다."[26] 이것이야말로 하워드 진 철학의 핵심이다.

진이 그 이후에 쓴 두 권의 저서는 모두 이 같은 남부, 그리고 민권운동이라는 배경에 뿌리를 둔다. 『남부의 신비(The Southern Mystique)』와 『SNCC — 새로운 철폐론자들(SNCC: The New Abolitionists)』은 둘 다 1964년에 출간되었다.

사실 진은 『아메리칸 스칼라(American Scholar)』라는 잡지의 1963~64년 겨울호에 「남부의 신비」라는 제목의 논문을 발표한 바 있는데, 알프레드 A. 크노프 출판사의 편집자 앤구스 캐머론(Angus Cameron)이 이 논문을 무척 마음에 들어해서 단행본으로 고쳐쓸 수 있느냐고 물어왔다.[27] 그렇게 해서 앞서 말한 대로 1964년에 같은 제목의 책이 출간된 것이다. 진의 두 번째 저서가 되는 셈인데, 어느 모로 보나 표준적인 역사 서적과는 거리가 멀었다. 역사 서적이라기보다는 남부와 남부의 역사, 그 문화 등을 다룬 에세이에 가까운 책이었다. 진은 자신의 저서 가운데 가장 자랑스러운 책이 무엇이냐는 질문에 이 『남부의 신비』를 언급조차 하지 않았다.[28] 그러나 역사학자로서의 진의 저술 활동을 이해하는 데 핵심적인 위치를 차지하는 책은 아닐지 모르지만, 아주 흥미로운 내용을 담고 있는 것만은 분명하다.

진이 이 책을 유명한 민권운동가 파니 루 해머(Fannie Lou Hamer)에게 헌정했다는 사실, 또한 헌사에 "스펠먼 대학을 비롯해 애틀랜타의 학생운동이 아니었다면 이 책은 쓰여지지 못했을 것이다"라는 구절을 넣은 것은 시사하는 바가 크다. 비교적 장문인 서문은 이 책에 대해 많은 것을 설명해 준다.

"어쩌면 남부에서 가장 뚜렷하게 눈에 띄는 양상은 인종분리정책이 사라져간다는 사실이 아니라 지금까지 늘 남부에 달라붙어 있던 남부의 신비가 사라져가기 시작했다는 점일 것이다." 흔히 "남부의 신비가 잉태된 자궁"으로 간주되는 흑인 사회에서 7년을 생활하다 보니 "봄날 오후에 강의실에서 조용히 이야기를 주고받는 동안에도 남부의 신비는 우리 주위를 맴돌았다"는 사실을 인정하면서도 진은 "나뿐만 아니라 다른 사람들에게도 그 신비가 해소되고 있다"는 말을 할 준비가 되어 있었다. 그렇다고 남부가 그 매혹을 잃은 것은 아니지만 더 이상 신비롭지도 않다는 것이 그의 주장이었다.[29]

이 점을 설명하기 위해서는 신비의 핵심에 있던 두 그룹, 즉 남부의 흑인과 백인에 대한 이야기를 할 필요가 있다. 남부 백인의 신비는 "그가 다른 모든 사람들과 날카롭게 대비되는 질과 양을 소유하고 있다는 전제"에서 비롯된다. "그러한 특징은 인종적인 편견이다." 우리는 그 인과관계에 지나치게 집착해서는 안되는데, 이는 그것이 사람들을 움직이지 못하게 하기 때문이다. "우리가 작동시킬 수 있는 측면을 제외하고는 편견의 '원인'을 놓고 더 이상 우왕좌왕할 필요가 없다."

애틀랜타 역시 남부의 다른 지역과 마찬가지로 기본적으로는 한 번도 인종 통합을 공언한 적이 없다. 그럼에도 불구하고 지난 7년 사이에 버스와 공립 도서관, 철도와 버스 터미널, 백화점의 카페, 공립학교, 대학, 몇몇 호텔, 경찰서와 소방서, 공원, 민주당 시의회, 심지어는 조지아 주의회 상원까지도 모두 인종분리정책이 철폐되었다. "백인 남부인의 마음속에 깃든, 편견이라는 낡고 수수께끼 같은 금고"를 여는 열쇠는 바로 관심인데, 그 같은 관심이 부족하다는 사실, 다시 말해서 "인종분리정책에 관심을 가지고 있음에도 불구하고 그보다 더 많은 관심을 기울이는 분야가 따로 있다는 사실"이 중요하다.

남부 백인들이 인종분리정책보다 더 많은 관심을 기울이는 분야는 "금전적 이득, 정치적 권력, 감옥에 갇히지 않는 것, 주변 사람들의 인정, 공동체의 결정에 대한 순응" 등이다. (우리는 이 대목에서 제2차 세계대전 당시 선상에서 흑인 병사 옆에 앉기는 싫지만 그렇다고 굶고 싶지는 않았던 백인 하사관의 경우를 떠올리게 된다.) 따라서 필요한 것은 "공동체 내의 각 백인 집단이 더 중요한 가치를 두는 분야를 결정하고, 이러한 우선순위를 효과적으로 유발하는 다양한 전술 — 협상, 불매운동, 소송, 투표, 시위 — 을 계획하는 것"이다. 간단히 말하면 "지금은 그토록 오랫동안 남부 백인들의 염세주의와 게으름의 근거로 작용해 온 인위적이고 특별한 신비를 우리 마음에서 지워버려야 할 때"이다.[30]

하지만 흑인들의 경우는 어떠한가? "인종 분리주의자, 백인 자유주의자, 그리고 흑인 사이에는 한 가지 확고한 믿음에 대한 기묘하고도 지독한 합의가 존재"하는데, 그것이 바로 "흑인성(negritude)이라는 수수께끼, 즉 사회학적인 껍질을 모두 벗기고 나면 남는 인종적 차이이다." 하지만 "이 수수께끼의 마술적이고 전능한 해결책"이 존재하는데, 그것이 바로 '접촉'이다. "접촉 — 그러나 그것은 북부의 '통합된' 상황과는 달리 대규모로 이루어져야 하고, 남부의 하녀와 마님 관계를 배제하는 평등한 관계여야 한다 — 은 물리적 차이와 행동 사이의 인위적인 연결 고리를 파괴한다."

진의 주장에 따르면 인종 의식은 공허한 것이기 때문에 "그 엄청나 보이는 외관은 막처럼 얇고, 단순한 접촉 행위에 의해 마모되며, 그러한 접촉은 큰 규모로, 평등하게, 장기적으로 이루어져야 한다." 또한 "백인과 흑인이 같은 인간으로서 행동하고, 남부는 북부의 왜곡된 거울상에 지나지 않는다는 사실이 인정되면" 남부의 신비가 갖는 특수성이 사라지는데, 이것이 이 책에서 진이 주장하는 가장 근본적인 논점 가운데 하나이다. "우리는 우리가 원하는 만큼의 과거만을 유지한다. 우리는 모두 마술사다. 우리는 남부의 신비를 창조했고, 그것을 해소할 수도 있다."[31]

「남부의 백인은 불가해한 존재인가?」라는 제목을 붙인 『남부의 신비』제1부에서, 진은 생각과 행동 가운데 어떤 것이 먼저인지에 대한 기존의 사고방식을 바꿔야 한다고 주장한다. 이제 우리는 남부에서 사회 변화의 경험을 충분히 쌓았기 때문에 "사람들의 사고방식을 궁극적으로 결정하는 환경을 변화시키기 위해 다양한 종류의 법적인, 혹은 법외적인 압력을 이용해 '먼저' 사람들의 행동 방식을 바꾸어야 한다"고 자신있게 말할 수 있게 되었다. "이제 제2의 재건(Reconstruction, 남북전쟁 이후 남부의 각 주가 합중국에 재통합되는 과정 – 옮긴이)이 남부를 변화시키고 있다"는 진의 주장은 민권운동을 '제2의 재건'에 비유한 최초의 시도였다.

그러나 진은 제일 먼저 두 가지 기본적인 차이를 지적한다. 이번에는 흑인이 지도자, 백인이 추종자라는 점, 또한 리틀 록, 아칸소, 옥스퍼드, 미시시피 등의 몇몇 사례를 제외하면 "변화는 총검으로부터가 아니라 남부 내부의 거대한 격동을 통해 이루어진다"는 점이다.

진은 1955년에 처음 출간된 저명한 역사학자 반 우드워드(C. Vann Woodward)의 선구적 저작 『짐 크로우의 특이한 경력(The Strange Career of Jim Crow)』을 높이 평가한다. 이 책이야말로 남부의 인종적 관습은 불변의 것이라는 관념에 대한 가장 강력한 역사적 공격이라는 것이었다. 진은 결론에서 자신의 낙관적인, "고집스러운 낙관주의"를 피력한다.[32] 그러한 낙관주의는 그의 경력과 철학에서 주도적인 원칙이 되었다.

제2부 「신비로운 흑인」에서는 흑인이 사실 전혀 신비롭지 않다는 주장이 이어진다. "흑인이 신비롭게 느껴지는 것은 우리가 그들을 자세히 살펴보지 않기 때문이다." 진이 주장하는 것은 단순한 인종분리주의의 철폐가 아니라 진정한 의미의 통합이다. 여기에 대한 그의 설명은 이러하다. "인종적 접촉에 대한 법적인 장벽이 사라질 때 인종분리주의는 극복 가능해진다. 또한 그 같은 접촉이 실제로 이루어질 때 진정한 통합이 달성된다." 진은 대표적인 흑인 사회에서 가족과 함께 일정한 기간 동안 생활할 기회를 누린 것이 큰 행운이었다고 믿는 듯하다. "이렇게 완전히 몸을 담그는 것은 단순히 책을 통해 배우는 것과는

차원이 다르다. 진정한 교육은 그래야 한다." "멀리서 무심코 바라보는 혹인은 그저 피부가 검은 사람에 지나지 않지만 알고 보면 그들 역시 수많은 특징을 가진 한 인간이며 그 가운데 검은 피부색은 가장 덜 중요한 요소일 뿐이다." "함께 살고 함께 일하면 가장 빠르게 인종적 편견을 버릴 수 있다. 공동의 목표를 이루기 위해 노력하면 더욱 강력하고 생산적인 경험을 얻을 수 있다."

여기서 진이 내세우는 대표적인 사례가 바로 연좌농성이다. 스펠먼 대학을 비롯한 여러 곳에서 분위기가 변하기 시작했다. "피켓을 들 수 있는 여학생들은 아래에 서명해 주십시오"라는 포스터가 "스펠먼 여학생들의 과거와 현재를 완벽하게 결합시켜 놓았다." 진이 마틴 루터 킹을 "낡은 것과 새로운 것, 혹인의 전통적 종교와 현대적 철학, 감성과 지성, 투박한 전통과 21세기의 세련미를 적절히 섞어놓은 완벽한 사례"[33]로 꼽은 것은 전국적으로 유명한 민권운동 지도자보다는 이름모를 민초들에게 초점을 맞추기 좋아하는 그의 특성상 약간은 이례적인 일이 아닐 수 없다.

많은 사람들은 진이 가장 개인적인 모습을 보여줄 때 그의 가장 큰 매력을 발견한다. 그는 학생운동의 '관찰자이자 친구이며 때로는 참여자'였으며, 상가나 주 의사당에서 피켓을 들고 시위를 벌이기도 했고, 다른 시위자들과 함께 시가행진에 참여하기도 했다. 하지만 그가 애틀랜타에서 경찰에게 체포된 적은 한 번밖에 없는데, 그것도 그러한 활동과는 전혀 무관한 사건이었다. 1960년 1월의 어느 추운 날 밤, 차를 몰고 학교를 나오던 진은 방향이 같은 학생 하나를 태우기 위해 차를 세웠다. 그녀는 프랑스 파리에서 1년간 유학 생활을 마치고 갓 돌아온 여학생이었는데, 진 본인의 이야기를 직접 들어보기로 하자.

우리는 차를 타고 가면서 이야기를 나누었다. 목적지에 도착하여 차를 세우고 계속 대화를 나누고 있는데, 강한 전조등 불빛이 내 차 안으로 쏟아져 들어왔다. 순찰차 한 대가 다가오더니, 백인 경찰관 두 사람이 우리더러 차에서 내려 순찰차 뒷자리에 타라고 명령하는 것이었다. "혹시 우리를 체포하는 거라면, 죄목이 뭡니까?" 내가 물었다. 앞좌석에 앉아 있던 나이 지긋한 경찰관이 나를 돌아보며 대답했다. "검둥이 계집애랑 한 차에 앉아 있은 주제에 죄목이 뭐냐고?" 결국 우리는 '풍기 문란' 혐의로 유치장에 갇히는 신세가 되고 말았다.[34]

진의 결론은 이러하다. 이 사건은 "남부가 막 극복하기 시작한 인종 의식의 전통적인 신비"를 보여준다. "백인과 흑인이 친구가 된 것을 본 일부 남부 백인의 분노에서 드러나는 신비" 말이다. 그러면서 진은 "이 분노는 전형적인 남부에서조차 동등한 접촉이 현실로 정착되면서 점점 사라질 것"이라고 예측했다(혹시 지나치게 낙관적인 예측이 아니었을까?) 진은 혐의가 기각되어 그 학생과 함께 유치장에서 풀려났다. 그는 이야기의 결말에 이렇게 덧붙인다. "다분히 카프카를 연상케 하는 이 사건이 미래의 역사학자들에게는 좋은 자료가 되지 않을까."[35]

『남부의 신비』 제3부에는 「올버니, 조지아 ― 새장 속의 유령」이라는 제목이 붙어 있는데, 이는 진의 개인적 참여와 이야기꾼으로서의 자질을 여실히 보여준다. "블랙 벨트(Black Belt, 흑인이 많은 남부의 여러 주 ―옮긴이)만큼 사람을 철저하게 사로잡는 곳도 없다. 미시시피, 앨라배마, 사우스캐롤라이나, 루이지애나 등과 마찬가지로 올버니와 조지아 전역에서 남부의 신비가 기승을 부리고 있다." 진은, 올버니 부근에서 유권자 등록 작업을 하다가 누군가가 쏜 산탄총알이 스치는 바람에 팔에 화상을 입고 셔츠에 피가 묻은 열아홉살짜리 청년의 이야기를 들려준다. 총알은 청년의 팔을 스친 뒤 다른 자원봉사자에게도 부상을 입혔다. 청년은 비꼬는 말투로 이렇게 물었다고 한다. "왜 할리우드에서는 아직도 남부 영화 대신 서부 영화를 만들고 있죠?"

1961년 12월, 진은 남부의 인종문제에 대한 자료수집 전문기관인 애틀랜타 소재 '남부지역위원회'의 연구 책임자에게서 걸려온 전화를 기화로 직접 이 같은 상황에 말려들게 된다. "당신도 올버니에서 문제가 발생했다는 사실을 알고 있을 텐데, 우리는 그 문제를 다루려 합니다. 그래서 우리는 당신이 현지로 가주었으면 좋겠다는 결정을 내렸어요. 백인을 보내야 할지 흑인을 보내야 할지 판단이 서지 않아서 절충안을 마련한 셈이지요." 진은 당시의 상황을 이렇게 회고한다. "그 말을 듣고 상대방은 물론 나 자신도 한참을 웃었다. 그리고 그렇게 하기로 했다."36) 이렇게 해서 진의 '올버니 모험'이 시작되었고, 그것이 『남부의 신비』 제3부의 일부가 되었다.

올버니에서는 수많은 백인들이 진에게 "이 지역은 인종 문제가 심각하지 않다," "이 지역의 유색인들은 만족스러운 삶을 살고 있다," "우리는 괄목한 만한 진전을 이루었다" 등의 이야기를 했다. 이에 대한 진의 반응은 이러하다. "1만 명의 역사 선생을 가진 나라의 기억력이 이렇게 한심할 수가 없다. 버스 안타기 운동이 벌어지기 직전의 몽고메리와 연좌농성이 시작되기 전의 애틀랜타는 물론, 노예제도가 횡행하던 시절 내내 남부 전체에서 이런 말들이 나왔다." 다음과 같은 문제 제기에는 역사에 대한 진 특유의 접근 방식 — 그리고 연방 정부에 대한 가차없는 비판 — 이 녹아 있다. "올버니와 조지아를 비롯한 블랙 벨트 지역 전체를 휩쓸고 있는 야만적인 상황에 누가 책임을 져야 하는가?"

그의 의도는 "이 지역에서 그토록 오랜 불의의 '역사'가 이어져 온 것을 두고 누구를 비난해야 하는가의 문제가 아니다. 과거의 죄악에 대한 책임을 묻는 것은 역사학자에게는 학문적인 관심의 영역에 불과하며, 나머지 일반인들에게는 공허한 말장난에 지나지 않기 때문이다." 그 대신 그는 그 '영속성'에 대한 책임을 거론한다. "내가 말하는

'비난'은 피의자를 가려냄으로써 감정적인 만족감을 얻자는 게 아니라 미래의 건설적인 행동을 위한 초점을 정립하자는 것이다." 다시 말해서 핵심적인 질문은 "분노의 압력이 누구에게 최대한의 결과를 가져다줄 것인가?"라는 것이다. 모든 가능성 — 흑인, 백인, 현지의 정치적 권력 구조 — 가운데 "말과 행동 사이, 가능성과 현실 사이의 격차가 가장 큰 것은 미합중국 정부이다." 정부는 스스로의 도덕적 주장에 걸맞은, 나아가 헌법 정신에 걸맞은 모습을 보여주지 못했다. 진은 일부에서 암살되기 전의 존 F. 케네디를 '위대한 해방자' 링컨에 비유하는 경향을 언급하며 적어도 올버니에서는 케네디가 '마지못한 해방자'로 인식된다는 점을 지적한다. 진의 주장에 의하면 정부의 실행 부서는 '남부의 신비' 앞에서 뒤로 물러났으며, '건국의 아버지들'이 헌법 속에 새겨넣은 책임을 폐기했다. "헌법에 보장된 권리가 미국의 모든 영토에서 지켜지기 위해서는 최대한의 슬기와, 필요한 경우에는 권력까지도 뒷받침되어야 한다."

진은 또한 북부와 남부의 정치인들이 1877년의 정치적 협상으로 '급진적 재건(Radical Reconstruction)'을 끝내버린 이후 적어도 최남부에서는 그러한 책임이 완수되지 않았다고 주장한다. 사실 올버니 사태 당시 연방 정부의 소극적인 역할이 막을 내리자, 법무부는 올버니 운동에서 핵심적인 인물로 활동했던 여덟 명의 흑인 지도자와 한 명의 백인 학생을 범법자로 기소하는 행태를 보여주었다. 진은 그러한 현실에서 제1차 세계대전 당시 「76년의 정신」이라는 영화에 대한 정부의 검열과 그에 따른 소송을 상기했다고 지적한다.[37] 진의 결론이다.

만약 일부 자유주의자들의 지적대로 연방 정부에 대한 나의 평가가 다소 가혹한 편이라면, 아마도 그것은 내가 올버니 지역에서 보고 들은 것들 때문이 아닐까 싶다. 특히 나는 교사 겸 농부이던 제임스 메이스라는 사람을 만나기 위해 리 카운티의 시골길을 달려가던 때를 생생히 기억한다. 그는 나에게 몇 시간 전, 그러니까 한밤중에 날아든 30여 발의 총탄 세례로 쑥대밭이 되어버린 자신의 집을 보여주었다. 대부분 그의 자녀들인 19명의 사람이 잠자는 집 안으로 무차별 총격이 가해진 것이다. 새벽이 되자 그는 저항의 격문을 써서 리스버그로 가는 중앙로의 어느 흑인 학교 앞으로 나갔다. 제임스 메이스는 그 권력이 지구를 넘어 우주로까지 뻗어가는 국가의 국민임에도 불구하고 스스로의 힘으로 자신을 지켜야 하는 상황임이 분명했다.[38]

『남부의 신비』에서 가장 흥미로운 부분은 마지막의 「거울로서의 남부」이다. 진이 남부의 예외주의(exceptionalism)에 정면으로 도전장을 내민 부분이 바로 여기이기 때문이다. 진은 남부와 다른 지역의 차이를 강조하기보다 "미국의 '핵심'이라는 사실", 나아가 "미국이라는 나라 전체의 특징을 갖는, 고도로 집약되고 위험한 형태"라고 주장한다. 간단히 말해서 "오랫동안 남부의 특수성으로 간주되어 왔던 것들이 사실은 미국의 특성이며, 잠재의식 속에서 국가는 남부로부터 자신을 인식하기 때문에 대단히 감정적인 반응을 나타내게 된다."[39] 그의 주장이 요약된 결론 부분은 충분히 인용할 만한 가치가 있다.

다시 나의 논점으로 돌아가 보자. 남부는 그 비난자들이 욕하는 그 모든 것이며 그 옹호자들이 주장하는 그 이상의 것이다. 인종 차별, 폭력, 위선적인 신앙, 외국인에 대한 혐오, 여성에 대한 허위의식, 민족주의, 보수주의 등이 한데 어울려 있으며, 화려한 부 속에 극도의 가난이 깃들어 있다. 내가 덧붙여야 할 유일한 핵심은 하나의 문명으로서의 미국이라는 나라가 그러한 모든 특징을 가지고 있다는 점이다. 남부에서 그 모든 것이 집약적으로 드러나기 때문에 국가는 자신의 그 같은 특성을 남부에 돌려버리고 자기 스스로는 아무 잘못도 없는 척한다.
복잡하게 얽힌 매듭이 다 그러하듯, 우리는 우리가 붙잡고자 하는 실마리를 선택할 수 있다. 남부를 선택하면 최악의 것에 관심을 집중할 수 있다는 이점이 생기지만 반대로 국가의 잘못을 덮어주어야 한다는 단점도 있다. 미국의 권력이 거기에 엄청난 책임을 부여하는 지금 같은 시기에는 미국이라는 나라의 특징적인 속성에 우리의 비판정신을 집중시킬 필요가 있다. 이러한 접근 방법을 통해 남부는 저주의 땅이 아니라 우리 조국의 오점을 확대시켜 볼 수 있는 거울과 같은 역할을 감당할 수 있으며, 그것은 그러한 오점을 씻어내는 출발점이 될 것이다. 심리치료를 받는 환자는 처음에는 자아 인식 때문에 고통스러워하지만 시간이 지날수록 그 같은 깨달음에 고마움을 느끼게 된다. 이것이 변화의 첫걸음이며, 따라서 커다란 가능성을 가진 1960년대의 미국은 다시 한 번 거울을 들여다볼 필요가 있다. 우리가 못하면 우리 후손들이라도 반드시 거쳐야 할 과정이다.[40]

흥미로운 것은 진이 말미에 첨부한 주석을 통해 이 『남부의 신비』를 "개인적인 경험에 토대를 둔 자성적인 에세이"라고 규정했다는 점이다. 그는 또한 몇 권의 참고문헌을 소개하는 가운데 리처드 홉스태터의 『미국의 정치적 전통』을 "우리 세대 역사학자들의 저서 가운데 가장 뛰어난 책 중의 하나"로 평가하며, "관찰과 경험에 바탕을 둔 작은 아이디어 하나가 프로이트 이후의 심리학과 사회학, 역사 등을 공부하는 동안 점점 그 힘을 키워갔다"고 밝히고 있다. 그가 소개한 참고문헌 중에는 칼 만하임(Karl Mannheim), 로버트 머튼(Robert K. Merton), 아놀드 로즈(Arnold M. Rose), 해리 스택 설리번(Harry Stack Sullivan), 허버트 마르쿠제(Herbert Marcuse), 고든 올포트(Gordon Allport), 마지막으로 역사학자인 스탠리 엘킨스(Stanley Elkins)와 C. 반 우드워드, 듀이 그랜덤(Dewey Grantham) 등이 포함되어 있다.[41]

『남부의 신비』에 대한 서평을 쓴 이들 중에는 진의 노력을 사회과학적 이론화로 치부하며 그리 높게 평가하지 않는 이들도 있다. 예를 들어 찰스 라이네스(Charles A. Raines) 같은 이는 『라이브러리 저널』에 기고한 서평에서 진이 "자신의 주장을 보다 실질적인 증거로 뒷받침하고 일반론적인 주장이나 전문 사회학자의 전문 용어 등으로 논점을 흐리지 않았더라면 좋았을 것"이라고 지적한다. 라이네스는 진의 "사실에 입각한 현지 보고가 자신의 사회학적인 고찰보다 훨씬 더 정확하고 효과적"이라고 느꼈다. 마지막으로 라이네스는 남부의 특징이 곧 미국 전체의 특징이라는 진의 주장이 지나치게 과대 포장되었으며 "그가 남부인이 아니라는 사실, 태어날 때부터 남부의 대상을 경험하지 않았으며 포크너를 비롯한 많은 사람들이 그랬듯 남부인 특유의 죄의식과 패배의식을 가지고 있지 않다는 사실을 입증해 줄 뿐"이라고 했다. "만약 그가 진정한 남부인이었다면 사태가 훨씬 더 복잡하고 비관적이라고 생각했을 것이다."[42]

홍미로운 것은 같은 『라이브러리 저널』의 어린이 란에 "남부가 앓고 있는 질병이 미국 전체의 편견으로 인한 증세라는 (진의) 사려깊은 주장은 오늘날의 시사적인 문제를 이해하고자 하는 어린 독자들에게 큰 도움이 될 것이다"[43]라는 간단한 서평이 실렸다는 점이다. 랠프 맥길(Ralph McGill)은 『새터데이 리뷰』에서 대체로 진의 입장에 동의하며 이렇게 덧붙였다. "그토록 오랫동안 남부를 지배해 온 신비가 사라지기 시작했다는 진의 주장은 일리가 있다."[44]

역사학 분야의 대표적인 저널에는 『남부의 신비』에 대한 서평이 실리지 않았다는 사실에 주목할 필요가 있다. 하지만 아주 재미있고 중요한 서평이 하나 있는데, 이는 유명한 흑인 문학가이자 1952년도 전미 도서상 수상작 『투명인간(Invisible Man)』의 작가인 랠프 엘리슨(Ralph Ellison)이 쓴 것으로, 『북 위크(Book Week)』(『뉴욕 헤럴드 트리뷴』이 발행하는)에 실렸다. 서평의 제목은 「대규모 접촉만이 인종의 신화를 해결할 수 있다 — 어느 과감한 논문의 주장」으로 되어 있고, 필자는 진의 책을 "과감한 논문"이라 지칭했다. 물론 이 제목을 엘리슨 본인이 썼는지는 확실하지 않지만, 서평 자체는 아주 사려깊고 다분히 철학적이며 때로는 비판적이기도 하다. 진을 제1차 재건 당시의 뜨내기 정치꾼과 비교하거나 그의 저서를 샬롯 포틴(Charlotte Forten)이나 토머스 웬트워스 히긴슨(Thomas Wentworth Higginson)이 쓴 당대의 중요한 저술들과 비교한 것은 아주 인상적이다.

엘리슨은 진이 제기한 절차나 결론에는 동의하지 않지만, "지금까지 누구도 그 중요성을 인식하지 못했던 행동을 촉구하는 그의 견해에 공감한다"고 썼다. 다시 말해서 특히 인종 문제가 심각한 지역일수록 "최소한 본인 자신만이라도 새로운 개념을 가진 인간이 되도록 스스로를 단련해야 한다"는 것이다. "하워드 진은 불교 스님이 아니다. 그는 열성적인 개혁가이며, 그의 열성 덕분에 이 책에는 상징적인 행동의 암시가 강하게 드리워 있다."

또한 다음과 같은 구절에는 진에 대한 엘리슨의 평가가 담겨 있다. "여기서 제시된 가정은 사회 변화가 책임있는 개인의 관심에 의해 촉발되며, 이 책 전체를 통틀어 개인의 구원에 대한 암시가 느껴진다." 그는 또한 "생각의 변화가 행동의 변화에 선행되어야 한다는 점진주의자들의 가정에 대한 (진의) 거부감은 최근의 남부에서 일어난 사회 변화의 역동성에 의해 정당화된다"고 썼다. 엘리슨은 "하워드 진의 이론적 접근이 갖는 함축적인 의미를 분석하기 위해서는 전문가의 도움을 빌려야" 하겠지만 자신은 기꺼이 진의 "새로운 각도로 바라보고 건설적으로 행동하고자 하는 노력이 그 모든 반대에도 불구하고 대단히 중요하다"는 사실을 믿게 되었다고 했다. 엘리슨이 진에게 "과거의 부담을 떨쳐버리라"고 충고한 것은 흥미로운 대목이 아닐 수 없다.[45]

엘리슨의 서평을 읽는 독자들 가운데 '지나치게 비판적'이라고 생각할 사람은 별로 없겠지만 그는 그게 걱정스러웠던 모양이다. 그의 결론을 직접 읽어보도록 하자.

> 만약 내가 『남부의 신비』에 대해 지나치게 비판적인 견해를 가진 것처럼 보인다면, 그것은 결코 저자나 저자의 시도에 대한 존경심이 부족하기 때문이 아니다. 그의 시도는 미국의 문화적 다양성을 대하는 우리의 소심한 마음 때문에 지적 고찰의 대상에서 제외된 영역에 대한 지적 책임감의 발로이다. 하워드 진은 과감하게 남부의 변화가 빚어낸 혼란 속으로 뛰어들었을 뿐 아니라 2,000만 명의 흑인이 미국 사회의 사회적, 정치적, 도덕적, 문화적으로 충돌하는 미로 같은 황무지로 들어섰다. 누구나 그런 진의 견해에 동의하라는 법은 없지만 누구도 그의 목소리를 외면할 수는 없다. 일단 그의 책을 읽고 나면 ― 그것도 굉장히 신중하게 읽어야 한다 ― 더 이상 흑인 혁명에 무관심할 수 없게 된다. 그는 그것이 우리 모두와 관련된 일이라는 점을 분명히 드러내기 때문이다.[46]

뒤에서 좀더 상세히 살펴볼 몇 가지 이유 때문에 하워드 진은 1963
~64년을 글쓰기에 집중했다. 남부, 그리고 민권운동에 참여한 경험에
서 비롯된 두 번째 저서 『SNCC ― 새로운 철폐론자들』 역시 『남부의
신비』와 마찬가지로 1964년에 출간되었다.

'SNCC'는 '학생비폭력조정위원회(Student Nonviolent Coordinating
Committee)'를 줄인 것이다. SNCC는 그 명칭에 '비폭력'이라는 단어가
들어감에도 불구하고 민권운동 조직 가운데 가장 전투적인 면모를 갖
추고 있었다. 진은 일정한 기간 동안 이 SNCC의 자문 역할을 담당했
다. 따라서 그의 책은 본인 스스로 인정하듯 공식적인 의미의 역사 서
적이 아니다. "나는 이 책을 통해 SNCC 사람들의 활동을 돌아보고 그
들이 미국 문명에 어떤 기여를 했는지를 살펴보고자 한다." 진은 군이
그들과 거리를 두는 척하려고 애쓰지 않는다. SNCC 사람들 중에는 그
의 과거 학생들도 포함되어 있었고, 상당수는 그의 친구들이었다. 그는

이 젊은이들을 "인종과 국적, 계급을 뛰어넘어 그 누구도 막을 수 없는, 살아 있는 정신의 존재를 일깨워주는 사람들"로 평가했다. "그것은 언제 어디서든 모든 사람을 포용하고자 하는 정신이다." 이 책의 상당 부분은 "SNCC 사람들의 활동을 지켜보고 그들과의 대화를 통해" 확보한 일차적인 정보에 토대를 두고 있다. 하지만 진은 애틀랜타의 SNCC 문서보관소와 남부 지역위원회의 서류들을 검토하는 등 보다 전통적인 유형의 연구도 게을리하지 않았다. 진은 "새로운 노예제도 폐지론자들이 하나의 조직으로 거듭나는 데 그 누구보다도 결정적인 역할을 했으며, 인권을 회복하기 위한 오늘날의 투쟁에서 내가 아는 가장 끈질기고 겸손하며 슬기로운 활동가"인 엘라 베이커(Ella Baker)에게 이 책을 바친다고 썼다.[47]

역사학자들은 특히 진의 이 저서에 관심을 보이며 진이 SNCC의 젊은 급진주의자들을 남북전쟁 이전에 노예제도 철폐를 주장한 사람들과 비교하게 된 근거를 알고 싶어했다. 여기에 대한 설명은 이 책 전체에 걸쳐 이루어지지만, 특히 서장인 「새로운 폐지론자」에 집중적으로 드러난다. "우리의 역사상 처음으로 나라의 근간을 뒤흔드는 중요한 사회운동이 젊은이들에 의해 주도되었다." 진은 또한 조직보다는 운동의 차원에서 SNCC의 젊은이들이 "백인 중심의 미국이 빠져 있는 도덕적 해이에 대한 흑인들의 공격을 주도한다"고 주장한다. 그런 그들과 함께 활동하는 것은 '위대함의 존재를 실감'하는 것이다. 모든 미국인은 "그토록 오랫동안 사회적 격변의 드라마를 맛보지 못한 나라에 이상주의의 깃발을 올린" 그들에게 일정한 빚을 지고 있다. 그들의 위대함은 '역사에 대한 그들의 관계'에서 비롯된다.

진은 1964년 초까지 SNCC에 150명의 활동가들이 소속되어 있었던 것으로 평가하는데, "일상을 팽개치고 목숨조차 아끼지 않는"[48] 헌신적인 활동가들이 그렇게 많이 모인 사례는 일찍이 찾아볼 수 없었다고 주장한다. 그 다음에 곧장 사안의 핵심이 이어진다.

이 150명은 새로운 노예제도 폐지론자들이다. 그들에게 역사의 한 획을 그은 이름을 부여하는 것은 결코 공상이 아니다. 우리는 언제나 우리 눈앞에서 벌어지는 역사적 사건의 가치를 인정하는 데, 아직 생생하게 살아 움직이는 영웅을 인정하는 데 서투르다. 하지만 적어도 여기에는 한 점의 의문도 없다. 우리는 지금 노예제도 폐지론자, 인민당과 진보당의 활동에 필적할, 아니 그들을 능가할 운동을 목격하고 있는 것이다.[49]

설령 누군가가 1964년에 나온 진의 예측을 일종의 예언으로 받아들인다 해도, 혹은 오늘날의 관점으로는 그것이 사실인 것처럼 보인다 해도, 우리는 이 구절을 통해 하워드 진이 보편적인 역사 서술의 흐름에서 얼마나 동떨어져 있는지를 여실히 확인할 수 있다. 여기서 진은 다시 한 번 사회과학 이론가들, 특히 에릭 에릭슨(Erik Erikson)의 이론을 끌어들인다. 효과적인 심리치료의 조건 가운데 하나는 "환자 스스로 본인의 상태를 직시하기 시작하는 것"이라는 전제 아래, 진은 "자신의 눈으로 이 나라를 바라보기 시작한 젊은 흑인들 때문에 미국이 국가로서의 자기 특성에 대해 보다 현실적인 평가를 하게 되었다"[50]고 주장한다.

진은 원래의 노예제도 폐지론자들과 SNCC의 새로운 폐지론자들 사이에 어떤 실질적인 차이가 있는지를 무시하지 않았다. 1830년대와 40년대의 운동을 이끈 것은 주로 뉴잉글랜드 백인들이었다. 1960년대의 운동을 주도한 것은 주로 젊은 남부 흑인들이었다. 과거의 폐지론자들이 주로 남부를, 그것도 말로써 공격했다면, 새로운 폐지론자들은 '물리적인 희생'에 보다 초점을 맞추었다. 현대의 언론 매체, 특히 텔레비전은 어떤 면에서 새로운 폐지론자들의 활동을 더욱 용이하게 만들었는데, 이것은 '나라 전체, 아니 세계 전체가 텔레비전 화면이나 신문에 실린 사진을 통해 그들이 행진하고 기도하며 노래하고 자신의 메시지를 표현하는 장면을 볼 수 있게 되었기 때문'이다. 젊은 SNCC 회원들은 과거의 폐지론자들과 마찬가지로 "권위에 대한 건강한 반항 의식을 가지고 있었고, 선동가 혹은 말썽쟁이가 되는 것을 부끄럽게 생각하지 않았으며, 오히려 그것을 민주주의의 핵심으로 간주했다." 하지만 이 젊은이들은 그들과 달리 "어쩌다 보니 남들에게 관심을 갖게 된 중산층 개혁주의자들"이 아니다. 오히려 '희생자 출신'에 가까운데, 대부분 흑인이자 노동 계급 출신이기 때문이다.

진은 이 「새로운 폐지론자」라는 장을 마무리하며 SNCC 젊은이들이 상당한 급진주의자라는 사실, '혁명'이라는 단어가 그들의 연설 중에 몇 번이나 되풀이된다는 사실, 그들이 미래 사회에 대한 뚜렷한 청사진을 가지고 있지 못함에도 불구하고 "현재 미국 사회의 가치 ─ 이것은 인종 차별을 넘어 계급 차별, 상업주의, 이윤 추구, 나아가 인간의 접촉을 방해하는 종교적, 국가적 장벽에까지 미치고 있다 ─ 가 자신들을 위한 것이 아님을 분명히 인식하고 있다"는 점을 강조한다. "그들은 낡은 질서에 저항하기 위해 혁명적인 수단을 사용할 준비가 되어 있다." 진은 굳이 그들의 이런 태도에 반대하는 것 같지 않은데, 여기에는 시민 불복종, 시위, 비폭력적 대결, 그리고 "직접적인 행동"51)까지 포함되어 있다.

진은 이 책을 통해 1960년대 초반 민권운동을 장식한 믿을 수 없을 만큼 감동적인 이야기들을 들려준다. 이 자리에서 그것들을 모두 되짚어볼 수 없는 것이 아쉽다. '자유 승차(freedom rides)' 운동에 참여하여 주간(州間) 고속버스의 인종분리정책을 철폐시키는 데 성공한 존 펙(John Peck)은 자신의 버스가 버밍햄에 도착하던 순간을 이야기한다. 그는 다른 몇몇 동료들과 함께 모진 구타를 당했다. 정신을 차리고 보니 얼굴이 피투성이가 된 채 어느 골목길에 쓰러져 있었다. 그가 병원으로 이송되어 수술대에 누워 있는 동안 기자들이 몰려들었고, 의사가 그의 머리를 쉰세 바늘이나 꿰매는 동안 기자들은 쉴새없이 질문을 던졌다. 한밤중에 병원에서 나와 자기를 데리러 오기로 한 친구를 기다리고 있는데, 경찰이 와서는 당장 꺼지지 않으면 부랑죄로 체포하겠다고 협박했다. 할 수 없이 병원으로 돌아갔더니, 경비원이 일단 퇴원한 환자는 다시 들어올 수 없게 되어 있다고 했다. 그래서 다시 길거리로 나갔다. 다행히도 이번에는 친구가 도착해 있어서 무사히 그곳을 떠날 수 있었다.[52]

아마도 여기에서 초점을 맞추기에 가장 효과적인 이야기는 진 자신이 개입된 사건일 것이다. 상당수의 10대를 포함한 58명의 활동가가 감옥에서 석방된 1963년 8월의 어느 날 밤, 진은 아내 로슬린과 함께 미시시피 주 그린우드의 SNCC 본부에 가 있었다. 그들이 감옥에서 제대로 된 대접을 받았을 리 없었다. "그날 밤 SNCC 본부에는 마치 전투가 끝난 뒤의 야전병원 같은 분위기가 감돌았다." 수감되어 있는 동안 영양 공급을 제대로 받지 못해 시력에 문제가 생긴 사람도 있었고, 손발이 퉁퉁 부어오른 사람도 있었다. 이것은 젊은이들이 감옥에서 제대로 의료 혜택을 받지 못했음을 보여주는 극히 부분적인 사례에 지나지 않았다.[53]

진 자신이 이 운동에 깊숙이 관여했다는 사실은 「운동에 뛰어든 백인 남자」라는 장에 더욱 신뢰를 더해준다. 이 장의 핵심적인 문제는 미국에서 백인과 흑인이 진정으로 함께 살아갈 수 있는가이다. 여기에 대한 진의 대답은 조심스러운 '그렇다'로 보인다. SNCC의 젊은이들이 그 가능성을 입증해 보인다. "흑인과 백인의 삶이 육체적으로, 지적으로, 정서적으로 그토록 밀접하게 얽힌 운동은 미국 역사상 한 번도 찾아볼 수 없다." 하지만 진 자신도 결코 그것이 마냥 쉬운 일은 아니라는 사실을 충분히 인정한다. 또한 나이가 든 사람보다는 젊은 사람일수록 더 어울리기가 쉬울 거라고 말하기도 한다. 어차피 어디에도 정답은 없다. 몇 가지 보편적인 오류를 거론하는 게 더 쉬울지도 모른다. 예를 들어 인종 문제를 완전히 잊어버릴 수 있다고 생각하는 것은 분명히 오류이다. 하지만 잊어버리려는 시도를 하지 않는 것 역시 오류이기는 마찬가지이다. "백인이 흑인 노릇을 하려 하거나, 지금은 흑인이 미국의 이상을 대변하는 시기라는 이유만으로 흑인을 낭만화하는 것"도 오류가 아닐 수 없다. 진은 여기서도 『남부의 신비』에서와 마찬가지로 "갈등을 해결하는 열쇠는 접촉이다. 다양한 인종 사이에서 대규모의 접촉이 지속적으로 이루어져야 한다"고 주장한다.[54]

진은 연방 정부에 대한 비판을 다시 언급한다. SNCC 의장 존 루이스(John Lewis)가 역사적인 1963년 8월 워싱턴 행진 당시 케네디 정권에 대한 비판의 수위를 낮추도록 강요받았다는 사실을 언급하며, 진은 확실하게 루이스의 견해를 지지한다. "수천 명의 남부 정치인과 공무원들은 마치 자기네가 곧 법이라는 듯이, 마치 자신은 미국 사람이 아니라는 듯이, 마치 헌법이 자기네에게는 적용되지 않는다는 듯이, 마치 연방 정부의 힘 따위는 존재하지 않는다는 듯이 아무런 거리낌없이 헌법을 짓밟았다." 이런 일들은 아주 공공연히 자행되었다. 때로는 연방 공무원들이 지켜보는 경우도 많았지만, 현지의 당국자들은 "전혀 법의 저촉을 받지 않았다." 이런 사실은 진이 그 후에 쓴 『오만한 제국(Declarations of Independence)』 같은 책의 주제를 이루고 있다.

민권운동은 반드시 인종 문제만으로 국한되지 않으며, 표현의 자유와 같은 것도 심각한 문제로 부각된다. 진의 글에 의하면 대부분의 미국인들은 헌법 수정 제1조가 언론과 출판, 평화로운 집회의 자유를 보장하고 있기 때문에 이런 것들을 너무나도 당연한 것으로 받아들이고 있다. 하지만 사실은 꼭 그렇지만도 않다. '권리장전을 심각하게 시험하는' 자들은 수난을 당하는 경우가 많다. 제1차 세계대전 당시의 평화주의자들, 제2차 세계대전 당시의 일본계 미국인들, 여호와의 증인, 공산주의자, 기타 여러 부류의 사람들이 여기에 해당된다. "나머지 사람들이 자유를 누릴 수 있었던 것은 침묵했거나 혹은 용인되는 한계 내에서 발언을 했기 때문이다." (이 대목에서 급진적인 록밴드 '더 클래쉬(The Clash)'의 1970년대 노래 「너의 권리를 알라Know your Rights」를 떠올릴 사람이 있을지도 모르겠다. "너희는 언론의 자유를 누리지. 실제로 그 자유를 행사하려 할 만큼 멍청하지만 않다면!")

진의 결론은 이렇게 이어진다. "우리는 남부의 진실이 어느 정도까지는 미국 전체에서 진리로 적용된다는 사실을 깨닫게 되었다. 권리장전은 정치인의 손아귀에서 놀아나며, 지방에서 벌어지는 헌법의 오용 사례에 대해 정부가 개인을 효과적으로 보호해 주지 않는다는 사실을 말이다."55)

진은 『SNCC — 새로운 철폐론자들』의 전체적인 결론을 향해 나아가며 이 제목에 대한 정당성의 문제로 돌아온다. "흑인의 성격에 초점을 맞추었고, 말보다는 행동에 크게 의지했으며, 악의 근원을 외부에서 찾기보다 내부에서 찾고자 했던 과거의 폐지론자들과 달리, SNCC는 필립스(Wendel Phillips, 1811~84, 미국의 사회개혁가, 노예해방론자, 금주운동, 사형폐지운동, 여권신장운동, 인디언권리운동을 전개했다 — 옮긴이), 개리슨(Lioyd Garrison, 1805~79, 미국의 노예제도 폐지운동 지도자 — 옮긴이), 그리고 그 동시대인들이 보여준 위대함의 핵심을 간직하고 있다." 그렇다면 그 핵심이란 무엇일까? 이 질문에 대한 답은 폐지론자들, SNCC, 그리고 진을 이해하는 열쇠이기도 하다. "이것은 선동이 — 설령 친구에게 상처를 주거나 일시적인 분란을 야기한다 해도 — 꽁꽁 얼어붙은 현상을 타개하는 수단으로서 사회 진보에 불가결한 요소임을 인식하는 것이다."

진은 심지어 SNCC가 "해외의 신흥 국가에서 찾아볼 수 있는 투쟁적인 변화 세력과 가장 유사한 미국 내의 조직"이며, "국가는 감사해야 한다. 만약 우리가 아프리카와 아시아의 혁명 정신을 보다 잘 이해한다면 우리가 외교정책에서 저지르고 있는 많은 오류를 시정할 수 있을 것이기 때문이다"라고 말하기까지 한다. 진은 또한 SNCC와 혁명운동의 공통점은 "좀처럼 찾아보기 힘든 투쟁정신을 가진, 굶주리고 곤경에 처한 사람들"이라고 썼다. "그러한 운동은 이데올로기에 대한 걱정으로부터 자유롭지 못하다. (왜냐하면) 자신이 보고 느끼는 것 ─ 빵, 땅, 경찰의 곤봉, 친구의 손 ─ 을 이해하며, 교리를 따지는 악령에 대한 복잡한 논란에 휘둘리지 않기 때문이다."[56]

『남부의 신비』 때와 마찬가지로 역사학계의 학술지들은 『SNCC ─ 새로운 철폐론자들』에 관심을 기울이지 않았다. 그러나 역사, 혹은 역사학자들과 아주 친한 인물이 흥미로운 서평을 썼다. 하워드 메이어(Howard N. Meyer)가 재건 시대에 대한 윌리 리 로즈(Willie Lee Rose)의 중요한 저작 『재건을 위한 연습 ─ 포트 로열 실험(Rehearsal for Reconstruction: The Port Royal Experiment)』과 함께 진의 책에 대한 서평을 『북 위크』에 실은 것이다.

메이어는 "오늘날의 역사학자들에게는 과거의 진실뿐만 아니라 인종 문제 분야에 대해 특별한 책임을 통감할 필요가 있다"고 주장했다. 다시 말해서 로즈의 책이 '과거의 진실'에 초점을 맞추었다면 학생비폭력조정위원회에 대한 진의 책은 '현재의 정의에 대한 선동'까지 담고 있다는 것이다. 메이어는 미국 법무부에 대한 진의 고발을 높이 평가하며 "로즈 부인의 책이 신화에 찌든 우리의 과거에 대한 것이라면, 진 교수의 저서는 현실에 대한 환상을 깨뜨리는 소중한 의미를 담고 있다"고 결론지었다.[57]

랠프 맥길은 『새터데이 리뷰』에 『남부의 신비』와 『SNCC』를 함께 다룬 서평을 게재했다. 그는 진을 "열정적인 이상론자이자 당파론자"라고 평가하며 그의 장점은 "자신이 존경하는, 또한 자신과 같은 진영의 사람들에게 가장 좋은 것이 무엇인지를 표현하는 거의 철학적인 단호함"이며, 이것이 때때로 "감상주의와 낭만주의"로 이어지는 경우도 있다고 덧붙였다. 맥길은 SNCC의 젊은이들에 대한 진의 경의를 자신도 공유하고 있다고 인정하며 "연방 정부가 법적인 무기를 동원하지 않는 신중한 태만함을 보이고 있다는 저자의 결론은 약간 받아들이기 어렵다. 그의 일반화는 조금 지나친 데가 있다"고 주장했다.[58]

맥길처럼 『남부의 신비』와 『SNCC』를 함께 묶어서 생각하는 것은 하워드 진의 생애와 저술을 소개하는 우리의 시도에서도 상당히 논리적이다. 두 권의 저서 모두 스펠먼 대학에서의 경험, 그리고 민권운동에 참여한 경험에서 우러나온 것이기 때문이다. 하지만 사실은 이 두 권의 책이 출판될 당시는 진이 이미 스펠먼 대학을 떠난 다음이었다. 조금 거칠게 표현하면 해고를 당한 셈이다. "나는 일 년치 연봉을 위로금조로 받고 해고되었다." 진은 종신 재직권을 가지고 있었고 학과장이기도 했기 때문에 일 년치 연봉은 그 같은 조치를 합법화하기 위한 당근이었을 것이다. 비록 그는 자신의 해고 사실을 "불과 24시간 전에 통보"받았지만 말이다.[59]

진은 당시의 상황을 『달리는 기차 위에 중립은 없다』에서 언급한 바 있다. 부분적으로는 당시 총장이던 앨버트 맨리(Albert Manley)의 '호의적인 독재'에 대한 '스펠먼 여학생들'의 불만에서 비롯된 면이 있다. 한 학생이 학생신문의 사설에서 그 같은 개념을 사용했다는 이유로 총장 본인에게서 호된 질책을 당했다. 맨리는 스펠먼 대학 최초의 흑인 총장이었지만, 진의 회고에 따르면 그는 아주 신중하고 보수적인 사람이었으며 흑인 대학가를 휩쓸던 투쟁적인 움직임을 무척 부담스러워하는 인물이었다. 진은 마땅히 학생들을 지원해야 한다는 생각에 맨리 총장에게 장문의 편지를 보냈다. 자신은 수업시간에 "독립적인 사고의 필요성과 억압에 저항하는 용기를 강조했으며, 표현의 자유를 억누르고자 하는 모든 시도는 자유로운 교양 교육에 필수적인 가치를 짓밟는 행위"라고 주장하는 내용이었다. 이에 대해 맨리는 아무런 반응도 보이지 않았다. 다섯 명의 교수들이 비슷한 내용의 편지를 보냈음에도 불구하고 그는 끝까지 묵묵부답이었다.

진은 1960년 8월 『네이션』지에 실린 「피켓을 들면 퇴학」이라는 글에서 "'요조숙녀'를 길러내는 스펠먼 대학의 전통이 커다란 도전에 직면한 반면, 새로운 유형의 스펠먼 학생들은 시위장이나 감옥에서 찾아볼 수 있게 되었다"라고 언급했다. 그는 훗날 맨리가 이 글을 보고 크게 화를 냈다는 사실을 알게 된다.

또 한 번의 위기는 스펠먼 졸업생인 마리안 라이트(Marian Wright) ─ "피켓을 들 수 있는 요조숙녀"로 유명하며 훗날 '어린이보호재단'의 설립자가 된 ─ 가 학교를 방문해 학생들에게 사회 변화의 주도 세력으로서의 젊은이의 역할이 얼마나 중요한지에 대해 강연한 일이었다. 그 직후 일단의 학생들이 스펠먼의 '생산적인 과거'를 인정하면서도 "오늘날의 급변하는 사회에 대한 책임의식을 길러주는 데는 미흡하다"는 내용의 탄원서를 학교 당국에 제출했다. 그러면서 그 첫걸음으로 새로운 분위기의 조성, 각종 규정의 자유화, 교과 과정의 현대화, 도서관 시설의 개선 등을 요구했다. 맨리 총장의 기분이 좋았을 리가 없다. 그는 학생 대표들을 불러 크게 꾸짖은 다음, 이 탄원서가 학생신문에 게재되지 못하도록 했다.[60]

사태는 1963년 봄에 정점으로 치달았다. 진이 지도교수를 맡고 있던 사회과학 클럽이 200여 명의 학생과 12명의 교수들이 참석한 회의를 개최했는데, 그 주제가 '스펠먼의 자유'였다. 이 자리에서 수많은 불만들이 쏟아졌다. 맨리는 물론 이 회의에 참석하지 않았고, 진이 교수회의 시간에 당시의 발언 내용이 담긴 테이프를 들어볼 것을 권유했으나 거부했다. "그가 나를 단순히 저항의 지지자 정도가 아니라 선동자로 간주하고 있음이 분명했다." 나아가 진은 이렇게 덧붙인다. "학생들이 기존의 권위에 도전하기 시작하자 궁지에 몰린 관리자들은 '배후에 누군가가 있다'는 생각을 하게 되며, 이는 젊은이들이 스스로 생각하거나 행동할 능력이 없다는 생각에서 비롯된다."

교수회의가 끝난 뒤 진은 분위기를 바꾸기 위해 맨리를 찾아갔다. 두 사람은 가족끼리도 가까웠고, "약간 형식적인 측면은 있어도 우리의 관계는 비교적 친한 편이었다." 하지만 진이 그 당시에 쓴 일기를 보면 이 만남이 그리 원만하게 진행되지는 않았던 듯하다. 맨리는 계속해서 진에게 학생들이 시험 때 부정행위를 하거나 기숙사에서 비품을 훔쳐가는 등의 문제에 관심을 가지라고 촉구했다. 진은 자신도 그런 문제에 관심이 없지 않지만 학내 민주화 같은 더 중요한 문제가 있다고 주장했다. 그러자 맨리는 "나는 지금까지 한 번도 십자군 역할을 해본 적이 없고, 지금도 그럴 생각이 없다"고 말했다. 진의 일기에는 이렇게 기록되어 있다. "당신이 십자군이 아니라고 하는 말은 정곡을 찌른 표현이다, 나한테는 어쩌면 그런 면이 조금 있는지도 모르겠다, 그렇거나 말거나 스스로 십자군 역할을 가슴에 품고 있는 학생들을 몰아낼 수는 없지 않은가, 하고 나는 물었다. 그는 아무 대답이 없었다."

4월에는 맨리의 취임 10주년을 맞아 기념 만찬이 열렸다. 연사로 나선 스펠먼 대학 이사장은 역시 진의 일기에 기록된 다음과 같은 발언으로 다가올 사태를 어느 정도 예시했던 것이 아닐까. "총장은 정원사다. 식물들이 잘 자랄 수 있는 환경을 만들어야 한다. 만약 자라서는 안될 것이 자란다면 과감하게 그것을 제거해야 한다."[61]

두 달 후인 6월, 학기가 끝나고 학생들도 뿔뿔이 흩어졌을 무렵, 진의 가족은 여름휴가를 떠나기 위해 짐을 꾸리고 있었다. 진은 가족에게 마지막으로 우편물을 확인하고 올 테니 잠깐만 기다리라고 했다. 우편함에는 전혀 예기치 못한 편지가 한 통 날아와 있었다. 진의 재임용이 취소되었으며 6월 30일자로 모든 임무가 해제되었음을 알리는 총장실 명의의 통고문과 함께, 일 년치 연봉에 해당하는 수표가 동봉되어 있었다.

진은 큰 충격을 받았다. "갈등이 점점 커지고 있는 것은 사실이었지만 미처 거기까지는 예상하지 못했다." 훗날 유명한 '좌파' 역사학자로 명성을 떨치게 되는 스토턴 린드(Staughton Lynd)를 비롯한 젊은 교수들은 진을 "우리 캠퍼스의 이웃이자 우리 학과의 친구"라고 표현하며 적극적으로 옹호했다. 고참들은 좀처럼 의견을 피력하지 않으려 했다. 몇몇 교수들이 맨리의 결정을 번복하기 위한 운동을 펼쳤지만, 그는 꿈쩍도 하지 않았다. "총장은 자신을 찾아온 대표단에게 편지에서 언급하지 않은 이유를 털어놓았다. 내가 '반항적'이라는 것이었다(이건 사실인 듯하다)." 진은 그 같은 결정에 맞서 싸우는 쪽을 고려해 보았다. 변호사도 만나보고 미국 대학교수협회하고도 상담을 해보았다.[62] 결국 진은 싸우지 않기로 마음을 정했다. 여기에 대한 그의 입장을 들어보자.

> 그 무렵 나는 법과 정의 사이에 가로놓인 간극을 절실히 실감했다. 법률을 구성하고 있는 글자들이 현실에서 권력을 장악하고 있는 사람들만큼 중요하지 않다는 사실은 나도 잘 알고 있었다. 물론 소송을 제기할 수는 있겠지만, 결과가 나오려면 몇 년이 걸릴지 모르고 나에게는 돈이 없었다. AAUP(미국 대학교수협회)가 진상을 조사해서 몇 년 후에 스펠먼 대학이 나의 학문적 자유를 침해했다고 주장하는 보고서를 발행할지도 모르지만, 별 의미없는 일이 될 것이다. 나는 이 싸움에 내 인생을 속박시킬 수 없다는 결론을 내렸다. 어쩔 수 없이 현실에 무릎을 꿇고 만 것이다. 이런 경우 '법률의 지배'는 대개 변호사 비용을 감당

해야 하며 몇 년이고 기다릴 수 있는 사람이 승리자가 된다는 의미이며, '정의'는 별다른 문제가 되지 않는다.[63]

독자들이 보기에는 조금 냉소적으로 들릴지 모르지만 사실 스펠먼 시절에 대한 그의 최종 평가는 그다지 인색하지 않다. 물론 학생들 때문이다. 학생들은 그의 스펠먼 시절을 "아름답고 정겨운 시간"으로 만들어주었다. "지난 몇 년 동안 캠퍼스 안팎에서 그들이 조금씩 변화해가는 모습을, 권위에 맞서는 그들이 도전정신을 키워보면서, 니는 시대와 인종을 뛰어넘는, 모든 인간의 아주 특별한 가능성을 발견했다." 이 같은 언급은 진에게 정말로 중요한 것이 무엇이었는지를 보여준다. 그의 철학의 핵심이라 할 낙관주의도 찾아볼 수 있다. 심지어는 자신이 해고된 이야기를 털어놓으면서도 최소한의 유머감각을 잃지 않는다.

진은 자신이 스펠먼을 떠난다는 사실을 알게 된 학생들 가운데 한 사람이 쓴 글을 인용한다. 그 여학생은 맨리 총장에게 편지를 보내 진이 유능한 교수일 뿐만 아니라 "모든 스펠먼 학생들의 존경과 사랑을 한몸에 받는" 스승임을 강조했다. "그분은 단순한 선생이 아니다. 그는 학생들의 친구다. 모든 학생들이 아무 거리낌없이 다가갈 수 있는 사람이 바로 그분이다. 그는 모든 사람을 똑같이 중요하게 대한다." 진은 그 같은 칭찬 뒤에 괄호를 치고 이렇게 덧붙였다. "해고를 당하면 죽음으로써 얻을 수 있는 몇 가지 이득을, 죽음이 가져다주는 최대의 손해를 당하지 않고도 경험할 수 있다. 사람들의 평가가 더없이 관대해지고, 본인이 직접 그 칭찬을 들을 수 있다."[64]

진의 경우, 해고의 또다른 혜택은 다른 일에 몰두할 시간적 여유가 생겼다는 점이었다. 스펠먼에서 쫓겨난 뒤의 몇 달은 그가 가장 적극적으로 민권운동, 특히 SNCC 활동에 참여한 시기였다. 하지만 그는 다른 글에서 자기가 해고된 이야기를 간략히 언급한 다음, 지극히 담담한 말투로 이렇게 덧붙인다. "덕분에 1년 동안 글을 쓸 수 있었다."[65] 진은 보통 사람들에게는 도저히 불가능해 보이는 일정을 무리없이 소화하며 여러 가지 활동 사이에서 균형을 잃지 않는 것이 너무나 당연하다고 생각하는 듯하다. "글을 쓸 수 있었던 1년" 동안에 출간된 책이 『남부의 신비』와 『SNCC』였으며, 『뉴딜 단상(New Deal Thought)』도 비슷한 시기에 출간되었다.

『뉴딜 단상』은 진의 네 번째 저서이자 최초의 편저이다. 얼핏 보면 라과르디아에 대한 그의 첫번째 저서의 후속작으로 생각하기 쉽지만, 진은 그렇지 않다는 점을 강조한다. 사실 그것은 거의 '우연'에 가깝다는 것이 그의 설명이다. 워싱턴 D.C.에서 미국역사학회 회의를 마치고 공항으로 가는 길에, 우연히 역시 역사학자인 레오나드 레비(Leonard Levy)와 같은 택시를 타게 되었다. 서로 자기소개를 하자, 레비는 "그럼 라과르디아에 대한 저서로 베버리지 상을 받은 분 아닙니까?" 하고 물었다. 진이 그렇다고 하자, 레비는 자기가 알프레드 영(Alfred Young)과 함께 밥 메릴 출판사에서 기획한 '미국의 유산' 시리즈를 편집하고 있는데, 뉴딜에 대한 부분을 집필해 줄 저자를 찾고 있다고 했다. "당신은 라과르디아를 연구했으니 별로 어렵지 않을 것 같은데." 레비가 그렇게 말하자, 진도 그럼 그렇게 하자고 동의했다.[66]

진은 사실 이 『뉴딜 단상』을 자신의 저서 열다섯 권 중에서 가장 애착이 가는 책으로 꼽지는 않는다. 편저라는 사실이 그 이유이기도 하겠지만, 그보다는 "나 스스로의 결정에서가 아니라 청탁을 받고 쓴 몇 안되는 책 가운데 하나"이기 때문이며, "누군가의 요구에 따라 책을 쓰면 본인의 강력한 욕구에서 비롯되는 것이 아니기 때문에 좋은 작품이 나오기 어렵다"는 것이 그의 설명이다. 그럼에도 불구하고 진은 이 책을 "그런대로 쓸 만하다", 혹은 "소중한 편저"로 평가했으며, "좌파의 관점에서 본 뉴딜 비판"이라는 소개말을 쓸 만큼 애착을 보이기도 했다. 1970년에 출간된 『역사 정치학』에 「뉴딜의 한계」라는 제목으로 이 글을 수록한 것도 그런 이유 때문이었다. 『뉴딜 단상』의 유일한 문제점 은 "당신 특유의 체취가 잘 느껴지지 않는다"는 점인데, 그 이야기를 들은 진은 "그건 사실이다"라고 대답했다.[67]

하지만 그 책의 머리말에서는 진 특유의 체취가 물씬 풍긴다. 사실 편집자인 레비와 영은 서문에서 이 책이 1930년대에 대한 것임에도 불 구하고 "우리 시대에 대한 책이기도 하다. 편집자는 과거가 '현재의 거울'이라고 믿는다"[68]라고 쓰기까지 했다.

진은 뉴딜이 "많은 미국인에게 혁명을 연상케 할 정도로 많은 성과" 를 거두었다고 말한다. 그러나 "자칫 전체주의로 기울 수 있는 수많은 함정을 무난히 비켜갔고", 따라서 "대체로 경탄에 가까운 긍정적인 평 가"를 남겼음에도 불구하고, "거대한 자연적 부의 축복과 엄청난 생산 의 잠재력을 어떻게 이 땅의 모든 사람들에게 골고루 나눠줄 것인가의 근본적인 문제점은 해결되지 않았으며, 그것은 지금도 마찬가지이다."

1939년경에 뉴딜의 개혁적인 에너지가 시들기 시작하고 불황의 늪 에서 빠져나오게 되자 "미국은 원래 상태로 돌아갔다. 실업자들, 중산 층의 그늘에 가려 좀처럼 눈에 띄지 않는 2,000~3,000만 명의 극빈자 들, 지극히 효과적인 동시에 낭비도 심한 생산 시설 등이 그것이다." 그것이 효과적인 이유는 "마음만 먹으면 무한정 생산을 계속할 수 있 기 때문이고, 낭비적인 이유는 그들이 생산하기로 마음먹은 물건들이 사회가 가장 절실히 필요로 하는 것이 아니라 가장 많은 이윤을 창출할 수 있는 것에 초점을 맞추기 때문이다." 진의 결론에 따르면 뉴딜의 성 과는 "공황을 맞아 급격히 몰락해 가던 미국의 중산층을 살려냈고, 실 업자의 절반가량을 구제했으며, 가장 밑바닥 계층에게 어렴풋한 희망 의 기운(주택 건설과 최소한의 사회적 보안을 통해)을 느끼게 해주었다는 점이다."[69]

진 본인도 뉴딜에 대한 자신의 평가가 조금 성급했음을 인정하지만, 그것은 "과거를 논의하는 역사학자들이 항상 — 스스로 인식하든 못하든 간에 — 언급하는 현실에 대한 믿음에서 비롯된다"고 설명한다. 역사학자는 '도덕적 책임을 갖는 대중'의 일부분이기 때문에 그의 언급은 "필요한 경우 과거의 집착을 희생시켜서라도 현실의 필요성을 고려해야 한다." 진은 이제 와서 뉴딜의 '해석'을 놓고 논쟁하는 것은 소용이 없다고 말한다. 그것은 "우리가 더 이상 루스벨트에게 반대표를 던질 수 없기 때문이다. 우리는 우리를 둘러싼 세상에 영향을 미칠 수 있을 뿐이다." 비록 지금은 1930년대가 아니라 1960년대지만, "우리 중에는 아주 잘 사는 사람과 아주 못 사는 사람이 있으며, 기회의 상실과 부의 낭비라는 만성적인 불안이 우리 경제에 어른거리고 있다." 간단히 말하면 "오늘날의 현실이 우리로 하여금 뉴딜 시대의 사고로 돌아갈 것을 요구하고 있다."[70]

사실 『뉴딜 단상』은 '뉴딜 시대의 사고'를 상당히 포함하고 있으며, 아주 광범위하면서도 균형이 잘 잡혀 있다. 더먼 아놀드(Thurman Arnold), 헨리 월래스(Henry Wallace), 렉스포드 턱웰(Rexford Tugwell), 데이비드 릴리언달(David Lilienthal), 해리 홉킨스(Harry Hopkins), 해럴드 익케스(Harold Ickes), 프랜시스 퍼킨스(Frances Perkins), 존 메이나드 케인즈(John Maynard Keynes), 그리고 물론 프랭클린 D. 루스벨트 본인에 이르기까지, 수많은 거물들의 언급이 인용되어 있기도 하다. 뿐만 아니라 월터 리프만(Walter Lippmann)과 레이몬드 몰리(Raymond Moley)처럼 뉴딜이 너무 멀리까지 나갔다고 생각하는 사람들, 존 듀이와 W. E. B. 두 보이스, 노먼 토머스(Norman Thomas), 루이스 멈포드(Lewis Mumford), 캐리 맥윌리엄스(Carey McWilliams)처럼 뉴딜이 충분히 멀리까지 나가지 못했다고 생각하는 사람들의 견해도 두루 포괄되어 있다.

각각의 발췌문에 붙어 있는 진의 소개말은 내용과 균형 양면에서 아주 충실하게 구성되어 있다. 이 간단한 소개말에는 진의 가치관이 녹아 있기도 하다. 두 가지 예를 살펴보자.

먼저, 진은 1932년 9월 23일 루스벨트가 샌프란시스코의 '커먼웰스 클럽'에서 행한 유명한 연설을 소개한다. 진은 이 연설이 새로운 경제적, 사회적 철학을 과감하게 제시했음을 인정한다. 그러나 이어서 이 연설문이 렉스포드 턱웰의 도움을 받은 아돌프 A. 베를(Adolf A. Berle)에 의해 작성되었으며, 루스벨트 본인은 연단에 올라가 봉투를 개봉할 때까지 그 내용을 전혀 모르고 있었다는 사실, 또한 그것이 루스벨트의 철학을 극단적으로 표현했다는 사실을 지적한다. 훗날 선거운동을 통해 루스벨트는 아주 "신중하고 보수적인 성향"을 드러냈으며, "자유로운 철학을 제시하기보다는 선거에서 승리하는 일에 더욱 신경을 썼다"는 점이 그 증거로 제시된다. 이 연설이 "이상주의를 대변하고 훗날 뉴딜정책을 적극적으로 추종하는 모든 사람들에게 루스벨트 주의의 핵심을 제시했다"는 점은 아주 묘한 일이 아닐 수 없다.[71]

두 번째 예에서 진은 로버트 C. 위버(Robert C. Weaver)의 「흑인을 위한 뉴딜」을 소개한다. 진은 이 문제를 아주 열정적으로 다룬 흔적이 역력하다. 그는 "뉴딜이 흑인을 일정 부분 배려했다"는 사실을 인정한다. 엘리너 루스벨트는 동정심을 분명히 드러냈으며, 내무장관 해럴드 익케스는 흑인들을 요직에 임명하기도 했다. "가장 중요한 것은 수백만의 가난한 흑인들이 각종 구호 프로그램과 WPA, TVA, 주택 건설, 기타 뉴딜정책의 여러 복지정책의 혜택을 입고 있다는 점이며, 그 결과 그들은 미국 역사상 처음으로 민주당 쪽으로 기울어지게 되었다." 하지만 프랭클린 D. 루스벨트 자신은 "흑인에 대한 동정심을 가지고 있었음에도 불구하고 한 번도 경제 회복에 기울인 노력만큼의 우선순위를 민권문제에 두지 않았으며, 그의 재임 기간 중에 민권 법안은 단 한 건도 통과되지 않았다."[72]

『뉴딜 단상』에 대한 서평은 두 건이 발표되었다. 하나는 크리스만 (H. M. Christman)이 『네이션』에 기고한 것인데 — '미국의 유산' 시리즈가 '뛰어난' 기획임을 인정함에도 불구하고 — 너무 짧고 애매해서 우리에게는 별 도움이 되지 않을 듯하다. 반면 『초이스(Choice)』에 익명으로 게재된 서평은 좀더 자세하고 비판적이다. 서평자는 진의 소개글이 "흥미롭고 도발적"이라고 평가한 반면, 결론은 진이 "루스벨트가 요즘 필요한 것을 1930년대에 하지 않았다고 비난하는 듯하다"는 것이었다.[73]

『뉴딜 단상』이 출간된 1965년, 진은 이미 보스턴 대학에서 1년째 강의를 하고 있었다.

THREE

달리는
기차 위에
중립은 없다
1964~1973

THREE
달리는
기차 위에
중립은 없다
1964-1973

하워드 진이 1956년에 처음 전임교수로 임용되어 1963년까지 재직한 스펠먼 대학, 1964년부터 1988년에 은퇴할 때까지 강단에 섰던 보스턴 대학에 이르기까지, 이 시기는 대학교수로서의 진의 면모를 보다 자세히 살펴볼 수 있는 좋은 기회이기도 하다. 그의 강의는 언제나 강한 반향을 불러일으켰지만, 그것이 언제나 어느 한쪽 의견으로만 치우쳤던 것은 아니다. 서문에서 언급한 것처럼 "아무짝에도 쓸모없는 강의"라고 비난한 학생이 있는가 하면, "하워드 진의 강의는 영원히 죽지 않을 것"이라고 칭송한 학생도 있었는데, 묘하게도 이 두 학생은 똑같은 강의를 놓고 그런 극과 극의 평가를 내렸다.

교수로서의 진에 대한 최고의 찬사는 1994년에 출간된 『달리는 기차 위에 중립은 없다』의 책 커버에 등장한다. 『컬러 퍼플(The Color Purple)』로 퓰리처 상을 수상한 아프리카계 미국인 소설가 앨리스 워커(Alice Walker)는 이렇게 말한다.

나의 스승이자 정신적 지주, 급진적인 역사학자이자 민중을 사랑하는 '말썽꾼', 언제나 우리 곁에서 고난을 함께 나누던 이 겸손한 영웅, 이런 인물에 대한 나의 사랑과 존경의 마음을 어떻게 말로 다 표현할 수 있을까? 하워드 진은 내가 겪어본 가장 뛰어난, 동시에 가장 재미있는 스승이었다. 그는 곧 역사이며, 우리에게 희망을 주기 위해 역사를 만들어가는 인물이다. 그가 자기 삶의 그토록 많은 부분을 기꺼이 나누어 주었던 젊은이들에게는 더욱 그러하다.[1]

지금은 마리안 라이트 에덜만(Marian Wright Edelman)이 된 마리안 라이트 역시 진의 스펠먼 시절의 제자였는데, 역시 그를 "내가 경험해 본 선생들 중에서 나에게 가장 큰 영향을 미친 분"이라고 평가한다.[2]

가르침에 대한 진 본인의 견해는 더욱 시사하는 바가 크다. 그가 스승으로서의 데이비드 도널드를 그토록 높이 평가하는 것은 그가 "자신이 하는 이야기에 스스로 감명을 받는 선생들에게 깊은 인상을 받았기" 때문이다. 사실 이것은 진 자신의 가르침에도 그대로 적용되는 이야기이다. 진은 스펠먼에서 해고되고 얼마 지나지 않아, 남부에서 벌어지는 사건들에 대해 강연을 한 적이 있는 보스턴 대학에 편지를 보냈다. 진은 역사를 전공했음에도 불구하고 보스턴 대학에서 정치학을 더 많이 가르치게 된 것에 대해 이렇게 설명한다.

"그들(보스턴 대학)은 나를 정치학과 교수로 초빙했다. 그들은 내가 사실은 역사학자라는 사실에 개의치 않는 눈치였지만, 나 자신도 어떤 학과에서 강의하느냐에 대해서는 별로 신경쓰지 않았다. 어떤 학과든 간에 내가 하고자 하는 내 나름대로의 강의를 하게 되리라는 점을 잘 알고 있었기 때문이다." 여기에 대해 조금 더 부연 설명을 들어보면 다음과 같다. "대학 당국과는 일종의 게릴라전을 벌이는 것과 다름없었다. 강좌의 제목이 뭐든 간에, 강좌 소개가 어떻게 붙어 있건 간에, 나는 내가 가르치고 싶은 것을 가르칠 생각이었다."[3]

어쩌면 진이 오랜 세월에 걸쳐 그토록 다양한 강의를 맡았던 것도 그의 이런 생각에서 비롯되지 않았나 싶다(스펠먼 대학은 상대적으로 조직이 작았기 때문에 이런 현상이 더욱 심했다). 스펠먼 대학 시절 그는 미국 역사, 미국 정부, 러시아 역사, 중국 역사 등을 가르쳤고, '시민의 자유'라는 제목이 붙은 강의를 맡기도 했다. "그 외에 또 뭐가 있는지 누가 알겠는가?"[4] 러시아 역사와 중국 역사? 아마 의아하게 생각하는 독자들이 많을 것이다. 그러나 사실 진은 1960~61년, 하버드 대학의 동아시아연구소에서 박사후 과정을 거쳤고, 스펠먼 대학에 재직하던 1961~62년에는 애틀랜타 대학의 비(非)서구연구소에서 이사로 활동하기도 했다.

보스턴에서는 처음에 '시민의 자유'라고 불리다가 훗날 '미국의 법과 정의'로 이름이 바뀐 강의를 맡았다. 이 강좌는 대개 가을 학기에 개설되었기 때문에 봄 학기에는 '정치 이론 입문'을 강의했다. 마르크스주의와 무정부주의에 대한 세미나를 담당하기도 했고, '역사 정치학'이라는 대학원 세미나를 지도하기도 했다. 대개의 경우 그는 학기당 강좌 두 개, 주당 여섯 시간을 강의했다. 다른 교수들은 대부분 아홉 시간 강의를 해야 했지만, 자기는 학생들이 워낙 많아서 여섯 시간만 해도 되었다고 한다. 학생이 얼마나 많았기에? 대략 200에서 400명 선이었는데, 그가 보스턴 대학에 재직한 24년 동안 그의 강의가 알려지면서 학생 수는 점점 늘어났다고 한다.

진이 '미국의 법과 정의'라는 다소 애매한 강의 제목을 붙인 것은 "하고 싶은 것을 마음대로 하기 위해서"[5]였다. 그는 또한 교재가 너무 지루하다는 학생들의 견해에 동조하여 그 강의뿐만 아니라 다른 대부분의 강의에서 아예 교재를 채택하지 않았다. 그 대신 다양한 읽을거리를 묶어서 학생들에게 제공했는데, 예를 들어 '미국의 법과 정의'에서는 매카시즘을 다룰 때 아더 밀러(Arthur Miller)의 희곡 『도가니(The Crucible)』를, 전쟁이라는 주제를 다룰 때는 론 코빅(Ron Kovic)의 『7월 4일 생(Born on the Fourth of July)』이나 달턴 트럼보(Dalton Trumbo)의 『총을 든 조니(Johnny Got His Gun)』를 읽도록 했다. 인종 문제에 대해서는 랭스턴 휴스(Langston Hughes)의 시(詩)와 리처드 라이트(Rochard Wright)의 『흑인 소년(Black Boy)』, 나아가 엠마 골드만(Emma Goldman)의 자서전, 스터즈 터켈(Studs Terkel)의 구술 문헌, 호웰 레인스(Howell Rains)의 『내 영혼의 안식(My Soul Is Rested)』(민권운동에 대한 구술 문헌) 등을 제시했다. 『정치 이론 입문』에서도 진은 파격적인 접근 방법을 사용했는데, 예를 들면 플라톤을 대니얼 베리건(Daniel Berrigan)과, 마키아벨리를 헨리 키신저(Henry Kissinger)와 함께 묶어서 설명하는 식이었다. 이 두 강의는 물론 다른 모든 강의에서도 진의 접근 방법에는 큰 차이가 없다.

> 나는 비공식적인 스타일을 선호하며, 노트와 인용문, 논문 등을 가지고 수업에 들어간다. 상황을 적절히 판단하려고 노력하며, 학생들이 언제든 내 말을 끊고 질문을 할 수 있도록 유도한다. 말을 하고 싶을 때 하지 못하는 것은 언론의 자유를 부정하는 결과로 이어진다는 것이 나의 신조였기 때문이다. 그래서 늘 토론식으로 수업을 진행하고 수시로 질문을 받았으며, 나의 설명만으로 수업을 끝낸 적은 한 번도 없다. 의도적으로 90분짜리 수업을 선택해서 45분은 강의를 하고 나머지 시간은 질문이나 토론에 할애했다.[6]

이러한 접근 방법은 좋은 성과를 이끌어냈다. 진은 보스턴 대학에서 가장 유명하고 인기있는 교수 가운데 한 사람이 되었으며, 400명에 육박하는 수강생을 수용할 만한 강의실이 없어서 시내의 극장을 빌려 수업을 진행해야 했다. "나는 언제나 오전에만 수업을 했다. 수업이 끝나면 극장 직원들이 청소를 하고 첫 회 관람객들을 맞이할 준비를 해야 했다."[7]

과연 그 많은 학생들이 모두 진의 강의가 좋다는 이유만으로 수강 신청을 했던 것일까? 꼭 그렇지만은 않다고 생각하는 이들도 없지 않은데, 심지어 같은 정치학과의 동료 교수 중에서도 의구심을 드러내는 이들이 있었다. 그렇게 많은 학생들의 성적을 어떻게 처리했느냐고 물었더니, 진은 이렇게 대답했다. "성적을 내기는 했지만 실로 고통스러운 일이 아닐 수 없었다. 나에게는 성적을 매기는 것이 가장 고역이었다." 시험은 보지 않았지만 숙제는 제출하도록 했다. 가장 전형적인 숙제는 보스턴 지역의 커뮤니티 단체 — 예를 들면 미국시민자유연맹 — 에 참여하거나 학생들 스스로 조직을 만들도록 하는 것이었는데, 대표적인 예로는 일단의 학생들이 오로지 보석금이 없다는 이유만으로 필요 이상의 감옥살이를 하고 있는 가난한 죄수들을 돕기 위해 '보석 기금'을 만들어 돈을 모금한 사례를 들 수 있다. 고엽제 후유증으로 고통받는 베트남 참전용사들을 돕기 위한 프로젝트를 만든 학생들도 있었다. 학생들은 그러한 경험을 바탕으로 보고서를 작성했다.

진은 또 학생들에게 수업 일지를 쓰도록 유도했는데, 주로 그날의 수업 내용과 교재에 대한 소감을 적도록 했다. 이런 것들은 모두 개인적이고 개별적인 내용을 담고 있기 때문에 모든 학생들이 똑같은 내용을 적는 논술형 시험보다는 읽기가 덜 부담스러웠다.[8] 비록 정통적인 수업 방식이라고 보기는 어렵지만 그렇다고 특별히 문제가 될 것은 없었다. 물론 전통주의자들은 학생들을 학교 외부의 조직에 참여하도록 유도하는 진의 방식을 탐탁지 않게 여긴 것이 사실이지만.

진짜 문제점은 성적이었다. 이 부분에 대해 진을 비판적으로 언급한 동료는 머레이 레빈(Murray Levin)인데, 그는 진의 강의에 무정부주의를 지향하는 철학적 성향이 노골적으로 드러난다고 주장한다. "그는 기준을 설정하지 않는다. 원칙도 없고 성적에 대한 강조도 없다. 공부를 하고 싶은 학생은 하고, 그렇지 않은 학생은 말아라, 하는 식이었다." 레빈의 말에 의하면 처음 보스턴에서 강단에 섰을 무렵만 해도 진은 같은 학과의 어떤 교수보다 과제를 많이 내주는 사람이었는데, "어느 날 갑자기 기말시험 대신 사진을 제출하도록 했다. 거기에 대해 골백번도 넘게 물어보았는데 아직도 그 이유를 알 수가 없다." 레빈의 결론은 이러하다. "어쩌면 그가 시간이 지나면서 점점 무정부주의적 성향이 강해진 것인지도 모르겠다."

진은 다른 교수들이 어떻게 생각하는지 따위에 대해서는 별로 관심이 없었던 듯하다. 자신에 대한 비판을 선선히 받아들이기도 했다. "나도 나의 수업 방식에 동조하지 않는 사람들이 많다는 사실을 안다. 오로지 학점을 따기가 쉽다는 이유만으로 내 수업을 듣는 학생들이 많다는 사실도 안다." 언젠가 진은 이렇게 솔직하게 털어놓은 적이 있다. "내 강의를 듣기가 쉽다는 의미라면, 그건 맞는 말이다. 나는 학생들에게 숙제를 많이 내주지 않는다. 그저 그들이 내 강의를 통해 무언가를 확실하게 얻을 수 있기를 바랄 뿐이다. 그것은 반드시 지식을 머릿속에 집어넣는 것만을 의미하지는 않는다. 그건 그리 중요하지 않다. 중요한 것은 분위기를 익히는 것이고, 진짜 오랫동안 살아남는 것은 바로 그런 부분이다."[9]

다른 곳에서는 절대로 낙제를 시키지 않는 철칙을 정당화하기도 했다. 진은 성적이란 주관적인 평가이며 "아무에게도 벌을 주고 싶지 않기" 때문에 "진의 강의에서는 아무도 낙제점을 받지 않는다는 사실을 분명히 하고 싶었다"고 한다. "물론 반대하는 사람도 있겠지만 나는 그런 소문이 널리 퍼지기를 원했다. 낙제점을 받게 될 거라는 협박으로 강의실 내의 언론 자유를 가로막고 싶지 않았다. 수업시간에 어떤 발언을 해도 벌을 받지 않을 것이며, 진의 견해에 동의하지 않는다고 해서 낮은 성적을 받지는 않을 것이라는 소문이 널리 퍼지기를 원했다."[10] 그러나 학계의 급진주의자들은 급진주의가 학문적 기준의 부재와 동일시되는 것을 원하지 않는다. 인간의 본성, 학생의 본성이 변하지 않는 한, 진의 수업에서는 공부를 열심히 하지 않아도 낙제점을 받는 일이 없다는 소문이 퍼지지 않을 리 없었다. 정확히 말하면 전혀 공부를 하지 않는 학생들도 무난히 최소한의 학점을 받을 수 있었다.

확실히 진의 강의 방식은 어떤 대학, 어떤 지역에서도 논란을 불러일으킬 소지를 안고 있다. 우리는 이미 그가 스펠먼 대학에서 해고당한 일을 살펴보지 않았던가. 본인 스스로 대학 당국과의 '게릴라전'을 공공연히 선포하는 교수라면 보스턴 대학 같은 곳에서 문제가 되지 않을 리가 없다. 만약 종신 재직권만 없었더라면 보스턴 대학에서 역시 해고의 위험을 피할 수 없었을 거라고 했더니, 그는 특유의 썰렁한 유머감각을 발휘하며 이렇게 대답했다. "아, '위험'이라는 단어는 완곡한 표현에 불과하지. 아마 쥐도 새도 모르게 암살이라도 당했을걸."

이렇게 해서 화제는 하워드 진과, 보스턴 대학 총장으로 오랫동안 재직한 존 실버(John Silber)와의 갈등으로 이어진다. 진을 포함한 다른 많은 사람들의 증언에 의하면, 실버는 자신과 뜻을 같이하지 않는 사람을 가차없이 대했다. 모든 관계자들에게서 만장일치로 추천을 받고 학생들의 평판도 최고인 사람이 교수직에 응모했다가 울면서 돌아가는 경우가 비일비재했다고 한다.

실버 총장 재임 당시의 보스턴 대학에서 『고등교육 크로니클』 같은 잡지에서조차 언급된 광범위한 문제점이 제기되었다는 사실을 언급하자, 진은 "맞다, 실버는 미국 전역에서 폭군으로 유명한 인물이었다"고 대답했다. 하지만 이렇게 덧붙이는 것도 잊지 않았다. "관점에 따라서 어떤 이들은 '우리에게는 그 사람처럼 물불 가리지 않고 밀어붙이는 사람이 필요해'라고 말하기도 했다. 특히 학부모 중에서는 천방지축인 학생들을 제대로 가르치려면 실버 같은 사람이 꼭 필요하다고 생각하는 이들이 많았다."

진은 그 많은 학생들의 성적을 처리할 때에도 실버 총장 때문에 조교의 도움을 받지 못하는 경우가 많았다. "그는 내가 그렇게 많은 학생들에게 해로운 사상을 주입한다고 화를 내곤 했다. 한번은 학과장에게 편지를 보내 진이 수강생을 70명으로 제한하면 조교를 붙여주겠다고 말하기도 했다." 물론 그 같은 논리에 동의하지 않는 이들도 있었다. "정말 괴상한 논리가 아닐 수 없다. 하지만 존 실버 치하의 보스턴 대학은 정말 괴상한 곳이었다."[11]

서로에 대한 실버와 진의 감정은 피차 별 차이가 없었다. 실버는 『터놓고 말하기 ― 미국의 문제점과 그 치료법(Straight Shooting: What's wrong with America and How to Fix It)』이라는 저서에 「상아탑이라는 우물에 독 집어넣기」라는 장을 삽입했다. 실버가 하워드 진을 "우물에 독 집어넣는 사람"이라고 생각한 것은 크게 놀라운 일은 아니지 않은가. 하지만 실버 총장은 일을 크게 벌리고 싶지는 않았던 모양이다. 그가 구체적으로 이의를 제기했던 부분은 마틴 루터 킹의 철학에 대한 입장 차이였다. 이것은 말하자면 진의 '주특기'라 할 만한 분야였으니, 실버의 공격을 막아내기가 그다지 어렵지 않았다. 실버는 "진이 킹 자신보다 더욱 철두철미한 킹의 대변인이라는 사실에는 의심의 여지가 없다"고 썼다.[12] 물론 진이 실버보다는 더욱 철두철미한 킹의 대변인이라는 사실에도 의심의 여지는 없다.

실버와 진의 서로에 대한 공격은 대부분 보스턴 대학이라는 테두리 안에서 이루어졌다. 가장 집요하게 이어진 문제 가운데 하나는 진의 연봉 인상을 실버가 번번이 거절했다는 점이다. 한번은 진의 학과에서 1,000달러의 연봉 인상을 제시했고, 학장의 결제가 떨어졌다. 그런데 총장이 없던 일로 만들어버렸다. 진은 계약서에 서명했지만 쪽지를 한 장 첨부했다. "나의 강의 및 출간 경력에 비춰볼 때, 이 같은 조치는 실로 당혹스럽다." 진은 당시를 이렇게 회고한다. "내가 과거에 존 실버 총장을 강력하게 비판했다는 사실, 또한 비판을 받으면 불같이 화를 내는 그의 성격을 감안하면, 그가 나의 연봉 인상을 거부한 것은 누가 봐도 복수심 때문임이 분명하다."

진은 실버 총장이 다른 교수들의 연봉 인상도 거부하는 경우가 많았으며, 그가 높은 연봉과 집세 한푼 내지 않는 사택에서 살았다는 점을 고려하면 단순히 경제적인 이유 때문만은 아니었다고 주장한다. 만약 실버가 "자신에게 비판적인 사람을 골탕 먹이기 위해 연봉 인상을 거부하는 것이 사실이라면, 이처럼 비열하고 치사한 행동은 마땅히 대학 당국에 의해 개선되어야 할 문제가 아닐 수 없다." 어떤 개선이 가능하다고 생각했던 것일까? "한 나라의 대통령이든 한 대학의 총장이든 다를 바가 없다. 자신의 권력을 남용한 사람은 당연히 자리에서 물러나야 한다." 진은 이 쪽지를 자신의 학과장, 학장, 재단 이사장, 나아가 미국 대학교수협의회 보스턴 대학 분과위원장 등에게 보냈다.[13] 물론 진의 그 같은 견해에 동의하는 사람도 있었겠지만 진이 이듬해에도 연봉 때문에 똑같은 곤경을 치르리라는 사실을 예측하기란 그리 어려운 일이 아니다.

1979년, 한 대학원생이 실버를 인터뷰하면서 진의 연봉 문제에 대한 질문을 던졌다. 그의 연봉 인상을 거부하는 것이 그를 보스턴 대학에서 몰아내려는 의도가 아니냐는 직격탄을 날린 것이다. 실버는 이렇게 대답했다. "그는 다른 학교에서 우리보다 더 큰 시장가치를 누릴 수 있는지를 고려해야 한다. 현실을 직시해야 하지 않겠는가. 나는 그가 다른 대학에서 영입 제의를 받았다는 이야기를 들은 적이 없다. 학계라는 시장을 놓고 볼 때, 그는 받을 만큼 받고 있다." 그러자 학생은 다시

"총장께서는 그가 현재의 연봉보다 더 큰 가치를 지니고 있다고 생각하지 않습니까?"라는 질문을 던졌다. 실버는 "그렇게 생각하지 않는다"고 잘라 말했다. 이유를 묻자, 실버는 진의 '학문적 수준'이 그렇게 높다고 생각하지 않는다고 대답했다. 그러면서 마틴 루터 킹의 철학에 대한 견해 차이를 예로 들었다. 다른 예가 또 있느냐고 묻자, 많이 있지만 당장 생각이 나지 않는다고 했다.

인터뷰가 진행되는 동안 실버는 진을 '비합리적'이라고 비난했으며, 심지어는 '전체주의자'라는 표현까지 서슴지 않았다.[14] 그 뒤로도 실버는 심심찮게 말썽을 일으켰다. 1990년에는 매사추세츠 주지사로 출마했다가 윌리엄 웰드(William Weld)에게 지고 말았다. 그러자 웰드를 "상대방의 등을 찌르는 개자식", "돌대가리 와스프(WASP, '백인 앵글로색슨 프로테스탄트'의 머리글자를 딴 말로, 경멸적인 분위기로 사용되는 경우가 많다 - 옮긴이)" 등의 폭언을 퍼부었다.[15] (진은 '보스턴 대학의 지각 있는 직원과 학생들'이라는 단체의 회원이었다. 이 단체가 주지사 선거운동 기간에 『존 실버 연감』이라는, 실버에게는 대단히 치명적인 간행물을 준비했는데, 진은 상당한 접전이 벌어졌던 그 선거에서 실버가 고배를 든 데는 이 연감의 역할이 적지 않았을 것이라고 말한 바 있다.)[16]

1978년 보스턴 대학 이사회 장학금 수혜자로 선정되어 수여식에 참석한 한 여성은 이전까지 실버나 진을 한 번도 만난 적이 없는 사람이었는데, 무심코 다음 학기에 진의 강의에 수강 신청을 했노라고 말하는 실수를 저질렀다. 그녀의 표현을 빌리면 "실버의 안색이 갑자기 확 달라졌다. 진 교수는 협잡꾼에 사기꾼, 거짓말쟁이라며 언성을 높이더니, 그의 강의를 듣는 것은 시간 낭비에 지나지 않는다고 쏘아붙였다."[17]

더욱 믿기 힘든 것은 실버가 진을 방화범으로 몰아세운 적이 있다는 사실이다. 한 교수의 회고에 의하면 실버는 어느 회의 자리에서 이렇게 말했다고 한다. "하워드 진과 몇몇 학생들이 베이 스테이트가 147

번지에 방화를 시도했을 때, 크리스트 제이너 총장(실버의 전임자)은 학생들을 체포하라고 지시하면서 교수를 체포할 수는 없다는 생각에 하워드 진을 용의자 명단에 포함시키지 않았다. 하워드 진이 학생들을 선동한 것이 틀림없으니, 나 같으면 그자를 체포하고 학생들은 석방되도록 했을 것이다." 실버는 훗날 본의 아니게 두 개의 서로 무관한 사건을 혼동했다며 이 '불행한 실수'에 대해 사과했다. 그날이 바로 1979년 12월 18일, 보스턴 대학 이사회의 총회가 벌어지는 자리였는데, 이 회의에서 그의 면직을 놓고 표결이 벌어져 456대 215.5라는 결과가 나왔다. (임시직 및 무급 명예교수는 0.5표를 행사하도록 되어 있었다.)[18] 그는 면직을 면했다.

실버에 대한 진의 반감도 만만치 않아서, 이른바 '참된 대학 건설을 위한 임시위원회'에 참여하여 「누가 보스턴 대학을 지배하는가?」라는 제목의 팸플릿을 간행했다. 여기에는 「뒷걸음질치는 보스턴 대학의 민주주의」, 「우리가 원하는 것들」 등의 글이 실렸는데, 그들이 내세운 첫번째 요구사항이 "학생과 교수, 직원들은 힘을 합쳐 보스턴 대학을 민주적인 대학으로 만들어야 한다. 대학은 우리 삶에 영향을 끼치는 중요한 결정을 내리는 곳이기 때문이다. 관리자들은 이 같은 결정을 실행하는 역할을 감당해야 한다"였다.[19]

진은 실버가 주지사로 출마한 1990년에도 적극적인 활동을 펼쳤다. 이때는 진이 퇴직한 지 2년 후라는 사실을 염두에 둘 필요가 있다. 실버가 드디어 보스턴 대학 총장직을 내놓았을 때에도 — 매사추세츠 주 교육위원회 위원장이 되기 위해 — 진의 마음은 전혀 누그러지지 않았던 듯하다. 원래 사람들은 누군가가 자리에서 물러날 때는 좋은 이야기를 많이 하게 마련인데, 퇴직 후 칩거하고 있던 진은 오히려 침묵을 깨고 『보스턴 글로브』의 편집자를 크게 나무라는 편지를 썼다.

1996년 3월 30일자로 되어 있는 이 편지는 실버의 퇴직을 다룬 『보스턴 글로브』의 기사가 "실버의 막강한 언론 플레이에 넘어간 느낌"이며, "보스턴 대학을 통치하던 당시의 실버가 어떤 모습을 보여주었는지 전혀 모르는 사람이 쓴 글"이라고 주장했다. 기사만 봐서는 실버가 "캠퍼스 내부에 치졸한 불관용의 분위기를 만연케 한 작은 독재자"였다는 사실을 전혀 짐작할 수가 없다는 것이었다. 진은 실버가 학생들에게 모욕적인 언사를 서슴지 않았으며, 교내 간행물을 검열하고, 다른 교직원들의 보수를 동결한 대신 자신의 주머니만 채웠으며, 정치적 견해가 다른 교직원들을 가차없이 해고하고, 모든 형태의 시위에 참여한 사람들을 박해했다고 주장했다. 나아가 실버는 "교육자라기보다 경찰서장에 가까운 인물"이었다고 비난하며 그에게서는 "탐욕과 잔혹함"밖에 배울 게 없다고 독설을 퍼부었다. 실버는 "돈에 눈먼 장사꾼일 뿐, 교육자로는 더없이 비열하고 파괴적인 인물"이라는 것이 진의 결론이었다.[20]

진 자신도 실버가 총장으로 부임하기 전에 종신 재직권을 얻지 못했더라면 진작에 쫓겨났으리라는 사실을 잘 알고 있다. 그가 종신 재직권을 확보한 이야기도 재미있다. 1967년의 일인데, 당시 진은 이미 베트남전쟁 반대운동에 깊숙이 관여하고 있었다. 이사회에는 진에게 종신 재직권을 주는 데 반대하는 이들이 더러 있었는데, 이는 그의 저항운동이 학교에 누를 끼칠지도 모른다는 우려 때문이었다. 그러나 학생들의 평판이 아주 좋고 그 해 봄에 다섯 번째 저서까지 출간된 상황이라, 그의 소속 학과에서 종신 재직권을 주기로 의결했고 학장과 총장의 결제까지 떨어졌다. 이제 남은 것은 이사회의 표결뿐이었다. 마침 그 해 이사회는 학교 창립기념일과 겹쳐서 보스턴의 쉐라톤 호텔에서 성대하게 거행되었다.

베트남전쟁의 주요 전략가 가운데 한 사람인 딘 러스크(Dean Rusk)가 이 행사에서 강연을 하게 되자, 반전운동을 벌이던 학생들이 진을 찾아와 호텔 앞에서 시위를 벌일 예정이니 연설을 해달라고 요청해 왔다. 진은 그날 이사회에서 자신의 종신 재직권 문제가 결정된다는 사실 때문에 잠시 망설였지만, 도저히 학생들의 요청을 거절할 수가 없었다. 결국 진은 연설을 했다. 연설 도중에 리무진 몇 대가 턱시도를 차려 입은 손님들을 호텔 앞에 내려놓았고, 그 중에는 러스크와 보스턴 대학 이사들도 있었다. 진의 표현을 빌리면 그들은 "잠시 걸음을 멈추고 나를 힐끗 돌아본 다음" 호텔 안으로 들어갔다.

며칠 후, 진은 총장실에서 보낸 편지를 한 통 받게 된다. "그 편지 봉투를 열면서 어쩔 수 없이 1963년에 또다른 대학의 총장실에서 보낸 편지가 떠올랐다." 하지만 이번 편지는 내용이 달랐다. "친애하는 진 교수, 귀하가 종신 재직권을 취득했다는 사실을 알리게 되어 매우 기쁩니다." 진은 이 일을 이렇게 설명한다. "이사회는 그날 오후에 나의 종신 재직권 표결을 마친 상태에서 저녁 만찬이 벌어지는 창립기념 행사에 온 것인데, 하필이면 그 호텔 앞에서 방금 종신 재직권을 얻은 신참 교수가 고귀한 초대 손님에게 욕을 퍼붓고 있었던 것이다."[21]

오랜 세월에 걸친 실버 대 진의 대결은 제3자로 하여금 대미를 장식하게 하는 게 좋을 듯하다. 비록 실버에게 호의적인 결론은 아니지만. 『뉴욕』, 『뉴 리퍼블릭』, 『뉴욕 옵저버』 등에 많은 글을 기고한 대니얼 그로스(Daniel Gross)가 1995년 『링구아 프랑카』에 게재한 「화산 밑에서 ― 실버 치하의 보스턴 대학」이라는 글이 있다. 그로스는 말도 많고 탈도 많았던 실버 총장 재임 기간에 대해 면밀한 조사를 바탕으로 양측의 입장을 충실히 정리했다. 그러나 진에 대한 언급에서는 논조가 훨씬 우호적으로 변하는 것을 알 수 있다. 진은 "보스턴 대학에서 퇴직한 1988년까지…… 즐거운 마음으로 실버의 직권 남용에 맞서 싸운 투사"로 묘사되었다.

반면 실버는 "대학은 민주화되면 될수록 더 지저분해진다"라고 말한 것으로 인용되었다. 실버는 또한 아프리카 중심주의, 급진적 페미니즘, 다문화주의, 구조주의, 탈구축 등의 학문적 사조에 반대하는 자신의 견해를 무척 자랑스러워하는 인물로 소개되었다. 그로스의 결론을 진 특유의 방식으로 표현하면 "보스턴 대학은 여러 면에서 제3세계 독재 국가와 유사"하며, "도둑 정치의 전통에 충실하여 학교가 재정적 어려움에 처해 있는 동안 실버는 마음껏 자신의 배를 채웠다." 실버가 1993년에 미국 전역에서 가장 많은 연봉을 받는 대학 총장으로 꼽힌 것을 보면 이 같은 비난이 크게 과장된 것 같지는 않다.

실버는 1986년에 보스턴 대학의 교직원 노동조합을 와해시키는 데 성공해 "많은 탁월한 학자와 스승들"을 몰아냈으며, 하워드 진을 포함해 자신에게 반기를 드는 인사들이 대거 포진된 "정치학과를 압박하기 위해" 외교학과를 따로 독립시키기도 했다. 그로스는 마지막으로, 수많은 저서를 출간하고 근 25년에 걸쳐 누구보다 많은 학생들을 가르친 하워드 진이 1988년 퇴직할 당시의 연봉이 평균에 크게 못 미치는 4만 1,000달러에 지나지 않았음을 지적했다.[22]

진의 가르침에 대해서는 긍정적인 부분이 아주 많다. 심지어는 진의 학문적 입장에 대해 다소 비판적이었던 레빈조차도 이런 말을 남겼을 정도이다. "내가 하워드를 가장 존경스럽게 생각하는 부분 가운데 하나는 그가 뚜렷한 정치적 소신을 가졌을 뿐만 아니라 그 소신에 입각한 삶을 살아가는, 내가 만나본 교수 가운데 유일한 인물이었다는 점이다." 진의 인물평을 쓴 학생 가운데 한 명은 다른 무엇보다도 그가 언제나 흉금을 털어놓고 학생들과 대화를 나누었다는 점을 강조한다.

그 당시 진이 공식적으로 사무실을 지키는 시간은 매일 오후 2시부터 4시까지였는데, "그는 거의 매일같이 오후 6시까지 자리를 지키며 학생들과 대화를 나누었다. 언제나 즐거운 마음으로 학생을 도우려 하는 자세를 엿볼 수 있었고, 단 한 번도 학생들로 하여금 내가 지금 교수님의 시간을 뺏고 있다는 느낌이 들도록 한 적이 없었다." 그 글을 쓴 학생은 진을 돕던 다른 학생의 말을 인용해 그가 "인간에 대한 진실된 사랑과 무한한 존경심"을 가지고 있었으며, "위선적인 겸손을 가장하는 경우"를 찾아볼 수 없었고, "남자와 여자를 똑같이 귀한 존재로 대우"해 주었다고 덧붙인다.[23]

어느 학생은 또다른 진의 인물평에서, 자신이 던진 간단한 질문과 그에 대한 진의 자상한 답변을 소개한다. 예를 들어 "선생님은 그런 방식으로 역사를 설명하면서 사람들이 궁극적으로 무엇을 배웠으면 좋겠다고 생각하십니까?"라는 질문을 던졌다. 진의 다음과 같은 답변에는 그의 철학, 그의 교육관, 나아가 자기 자신에 대한 진실이 고스란히 드러난다.

나는 무엇보다도 객관적인 역사 따위는 존재하지 않는다는 사실을 사람들이 이해하게 되었으면 좋겠다. 역사란 언제나 이쪽이든 저쪽이든 어느 한쪽으로 기울어질 수밖에 없고, 그래서 나도 나 자신이 어느 쪽으로 기울어져 있는지를 아주 솔직하게 이야기하고 싶다. 다시 말하면, 나는 세상을 밑바닥에서부터 떠받치고 있는 민중들의 관점에서 역사를 바라보고 싶다.

세상은 권력을 장악한 자들, 그리고 그들의 행동에 의해 규정된다는 사실을 사람들이 제대로 이해할 수 있으면 좋겠다. 끊임없이 권위에 맞서 싸우고, 투쟁하고, 조직하고, 도전하는 사람들, 비록 그런 사람들의 모습은 교과서에 제대로 나오지 않지만, 나는 많은 사람들이 그런 도전자들의 모습을 제대로 바라볼 수 있게 되었으면 좋겠다. 왜냐하면 나는 되도록 많은 사람들이 그런 도전자의 삶을 살아갔으면 좋겠다고 생각하기 때문이다.

내가 보기에 교육을 통해 할 수 있는 가장 중요한 일은, 권위를 있는 그대로 받아들이지 말라고, 누군가가 나를 보살펴줄 것을 기대하지 말라고, 어떤 위대한 구세주가 나타나 우리 모두를 구원해 줄 것을 기대하지 말라고 가르치는 일이다. 링컨, 워싱턴, 루스벨트, 레이건……. 모든 것은 우리 자신에게 달려 있다. 말하자면 나는 기존의 영웅과는 다른 종류의 영웅을 창조하고 싶다. 초등학교에 가면 영웅적인 군인 존 폴 존스(John Paul Jones)의 목소리가 들린다. "적의 눈에서 흰자위가 보일 때까지는 절대 발포하지 말라." 내가 유진 뎁스, 엠마 골드만, 헤리어트 톱만(Harriet Tubman), 그 밖에 대단한 유명인사도 대법관도 아니지만 남다른 용기로 놀라운 업적을 남긴 사람들의 사례를 배우며 짜릿한 흥분을 느꼈듯이, 다른 많은 사람들이 그런 흥분을 느끼게 되었으면 좋겠다. 내가 원하는 것은 그런 것들이다.

그 학생이 "선생님의 견해를 있는 그대로 표현하려면 만만치 않은 반작용을 감당해야 할 텐데, 지금까지 선생님이 겪은 난관 가운데 어떤 것이 기억에 남으세요?"라는 질문을 던지자, 진의 답변에서는 실버의 이름이 거론되었다. "그건 우리가 있는 곳이 어디인가에 따라 달라진다. 보스턴 대학은 가장 성가신 곳 가운데 하나니까." 진은 빙그레 미소를 지으며 말을 이었다. "우리 총장, 존 실버에 대한 이야기를 들은 적이 있는가? 마치 리비아에 살고 있는 기분이라니까." 진은 웃음을 터뜨리면서도 "정말이야!" 하고 덧붙였다. "맞서서 싸우지 않으면 정신적으로 더 괴로워지는 법이다." 그러면서 진은 학교의 관리자들과 늘 불화를 빚을 수밖에 없었던 사정을 언급했다. "어떤 학교든 간에 학생들의 수업 거부를 지지하는 선생은 관리자들의 미움을 받게 마련이다." 그러니 그만큼 힘든 시간을 보내야 한다. "실버는 한 번도 내 연봉을 올려주려 하지 않았다. 파업에 나선 교직원들을 지지했다는 이유로 나를 해고하려 했다."

마지막 질문은 이러했다. "선생님의 제자들, 나아가 미국 국민들이 꼭 알아야 할 것은 무엇이라고 생각하세요?" 진은 아주 열정적인 모습으로 이렇게 대답했다.

사람들이 자기 자신의 머리로 사고할 수 있는 능력을 가졌다는 사실, 옳고 그름을 스스로 판단할 수 있는 능력을 가졌다는 사실을 알았으면 좋겠다. 또한 전문가들, 권위자들, 권력자들, 언론인들, 교사들, 이런 사람들이라고 해서 반드시 중요한 도덕적 이슈에 대해 올바른 견해를 가지고 있으라는 법은 없다는 사실도 알아주면 좋겠다. 사람은 누구나 스스로 생각하고 스스로 행동해야 한다. 이것은 헌법에, 대통령에 의해, 의회를 통해 정해지는 원칙이 아니다. 사람들이 스스로 이런 식으로 살아가면 자연스럽게 원칙으로 굳어질 것이다.[24]

직업과 사생활을 구분하는 삶, 예를 들어 한 사람의 시민으로서 베트남전쟁에 반대하는 것은 용인할 수 있지만 강의실에서 그런 입장을 공공연히 떠들면 안된다는 식의 이중성은 애당초 하워드 진과는 거리가 먼 개념이었다. 데이비드 바사미언은 1997년에 『프로그레시브(Progressive)』라는 잡지를 통해 진을 인터뷰한 적이 있다. 다음의 답변은 주로 스펠먼 시절을 염두에 둔 것이기는 하지만, 진의 교육관을 어느 정도 엿볼 수 있는 언급이기도 하다.

나는, 가장 중요한 가르침은 강의실 안이 아니라 바깥에서 이루어진다는 사실을 배웠다. 나 자신부터 강의실 바깥으로 나가고, 학생들을 데리고 나가거나, 혹은 학생들로 하여금 나를 데리고 나가도록 한다. 처음에는 그런 경우가 아주 많았는데, 그때마다 나는 "나 혼자 꽁무니를 뺄 수는 없다. 나는 그들의 선생이 아닌가. 나는 그들과 함께 있어야 한다"고 말하곤 했다. 최고의 가르침은 이 같은 사회적 행동과 책을 통한 공부를 적절히 연결시키는 것에서 비롯된다는 사실을 배웠다.

바사미언은 진의 1994년 회고록 『달리는 기차 위에 중립은 없다』와 관련된 질문도 던져보았다. "왜 제목을 하필이면 그렇게 붙였습니까?"

진은 장난스러운 표정으로 이렇게 대답했다. "사람들을 헷갈리게 하려고 그랬지. 강연에서 사회자가 나를 소개할 때 『중립의 기차는 달릴 수 없다』의 저자라는 식으로 실수할 수도 있을 테니까." 그런 다음에 이어진 진짜 대답에는 단순히 책 제목뿐만 아니라 교육에 대한 철학이 묻어난다.

그 제목은 강의실에서 강의를 하다가 불쑥 떠오른 것이다. 나는 강의를 시작할 때마다 학생들에게 내가 세상 만물에 대한 나름대로의 입장을 가지고 있다는 사실을 설명한다. 왜냐하면 학생들을 속이고 싶지 않기 때문이다. 학생들은 강의를 통해 나의 입장을 듣게 될 것이고, 따라서 나의 강의는 전혀 중립적이지 않다. 내가 말하고 싶은 것은 세상에 정말로 중립적인 것은 존재할 수 없다는 것이었다. '달리는 기차 위에 중립은 없다'라는 말은 곧 세상이 이미 특정한 방향을 향해 달리고 있다는 의미를 담고 있다. 이미 여러 가지 일들이 벌어지고 있다. 전쟁이 터지고, 아이들은 굶주린다. 이렇게 특정한 방향, 때로는 아주 좋지 않은 방향으로 달리고 있는 세상에서 중립을 지킨다, 혹은 방관자의 태도를 취한다는 것은 곧 지금 벌어지고 있는 일들에 부역(附逆)한다는 의미이다. 나는 부역자가 되고 싶지 않았으며, 내 제자들이 부역자가 되도록 유도하고 싶지도 않았다.[25]

하워드 진의 생애를 돌아보면 "사회적 행동과 책을 통한 공부를 적절히 연결"시키는 것이 최고의 가르침이라고 믿은 흔적이 역력히 드러난다. 진 자신은 스펠먼 시절을 상당히 애정어린 시선으로 돌아보지만, 보스턴 대학으로 자리를 옮긴 뒤 학교 안팎에서 본격적으로 여러 사건에 연루되기까지는 그리 오랜 시간이 걸리지 않았다. 진이 보스턴으로 옮긴 뒤에 많은 시간을 할애한 최초의 '대의'는 바로 베트남이었다. 물론 이번에도 그의 행동은 학문의 차원에만 머물지 않았다.

진이 스펠먼 대학에서 해고된 1963년은 민권운동의 정점이라 할 워싱턴 행진이 일어난 해였고, 존 F. 케네디의 암살과 린든 존슨의 대통령 직무대행이 이루어진 해였으며, 베티 프리던(Betty Friedan)의 『여성의 신비(The Feminine Mystique)』가 출간된 해이기도 하다. 진이 보스턴 대학에서 강의를 시작한 1964년은 민권법이 통과되고, 존슨이 정식 대통령으로 선출되었으며, 통킹만 사건이 대통령으로 하여금 본격적인 군사 작전의 필요성을 절감하도록 만든 해였다.

그 결과 1965년에는 미군 전투 부대가 처음으로 베트남에 상륙하게 된다. 이 경우에도 우리는 활발한 저술 활동을 통해 현안에 대응하는 진 특유의 모습을 찾아볼 수 있다. 1966년 1월에 「베트남 — 수단과 목적」이라는 제목의 기고문을 『네이션』에 게재했고, 그 다음 달에는 『커먼월(Commonweal)』에 「흑인과 베트남」이라는 글을 기고했다. (마틴 루터 킹이 민권운동과 베트남전쟁 반대운동을 결부시킨 것은 훨씬 나중의 일이다.) 1967년 2월에는 『네이션』에 또다른 기고문이 실렸는데, 그 글의 제목이 「베트남 — 철군의 논리」였다.

이어서 1967년 봄에는 역시 『베트남 — 철군의 논리』라는 제목의 단행본을 출간하기에 이른다. 진에게 스스로 가장 자랑스럽게 생각하는, 혹은 가장 큰 영향을 미쳤다고 생각하는 저서가 무엇이냐는 질문을 던졌을 때, 제일 먼저 『미국 민중사』와 『역사 정치학』이라는 대답이 나온 것은 어떤 면에서 당연한 일이었다. 그러나 그 다음으로 그가 꼽은 책이 바로 『베트남 — 철군의 논리』라는 사실은 조금은 뜻밖이었다. 본인의 표현을 빌리면 "우리의 조국에서 일어나는 사건을 아주 예리하게 겨냥했다는 점에서 후한 점수를 주고 싶은" 책 가운데 하나라는 것이다. 진의 기억에 의하면 이 책은 짧은 기간에 8쇄를 찍었으며, 모두 5만 부 가량이 팔렸다고 한다.[26] 진의 친구이자 같은 역사학자인 스토턴 린드 역시 『베트남』을 『미국 민중사』에 이어 진의 두 번째 중요한 저서

로 꼽는다.[27]

그 책은 분량은 많지 않아도 아주 큰 주제를 다루고 있다. 진이 "베트남 민중에게 이 책을 바친다"는 헌사를 쓴 것도 눈여겨볼 대목이다. 진은 이 책을 쓰면서 다양한 경험과 공부를 통해 습득한 지식들을 두루 활용했는데, 이를테면 아시아 역사를 연구한 경험이나 본인 자신의 참전 경험, 심지어는 민권운동에 참여했던 경험까지도 적지 않은 역할을 하고 있다. 덕분에 진은 1967년이라는 시대적 배경을 감안한 강력한 메시지를 표현할 수 있었다. 그 무렵 존슨 대통령은 동남아시아에 배치된 미군의 수를 크게 늘리기 시작해 이미 50만 명에 육박하고 있었고, 뉴욕과 샌프란시스코 같은 도시에서 최초의 반전시위가 일어나기 시작했으며, 펜타곤 앞에서 시위가 벌어지기도 했다.

진은 이 책의 첫 문장을 이렇게 시작한다. "내가 보기에 베트남은 부조리극이 공연되는 극장이 된 듯하다." 이어서 그는 일련의 숫자를 나열하는 특유의 글쓰기 전략으로 그 같은 진술을 뒷받침한다. "1966년 말까지 미국이 베트남전쟁에 쏟아부은 연간 200억 달러의 전비(戰費)는 월남의 모든 가구(평균 소득이 연간 수백 달러에 지나지 않는)에 연간 5,000달러를 분배할 수 있는 액수이다." 그의 비판은 이렇게 이어진다. "미국이 매달 전쟁에 쏟아붓는 돈은 '위대한 사회' 정책의 가난 퇴치 프로그램에 투입되는 연간 지출을 앞지른다." 그 밖에도 '부조리극'에 대한 그의 비판은 커다란 설득력을 가지고 있다.

진은 제2차 세계대전에 참전한 자신의 경험을 토대로 몇 가지 결론을 이끌어내는데, 그 가운데 하나는 이러하다. "독일 사람, 일본 사람, 러시아 사람, 미국 사람을 가릴 것 없이, 아무런 악의를 가지고 있지 않은 순수한 사람 ─ 나 자신도 그 중의 하나라고 믿는다 ─ 조차 더없이 잔혹한 행동을 자행하며 가증스러운 자기 합리화를 시도하게 된다." 그러면서 이렇게 덧붙인다. "역사학자로 교육받은 나는 우리의 조국이 도덕적 부조리를 자행할 '능력'을 가졌음을 알게 되었다." 이어서 주로 스페인-미국 전쟁에 초점을 맞춘 몇 가지 사례를 제시한 다음, "나의 결론은 미국이 다른 나라들보다 더 사악하다는 것이 아니라, 조금도 나을 것이 없다는 것이다"라는 주장이 이어진다. "현대사를 조금이라도 들여다본 사람은 누구나 국가가 악당으로 변질되는 사례가 많다는 결론에 다다를 수밖에 없다."[28]

"나는 관점이 대단히 중요하다고 생각하기 때문에 가능한 한 미국이라는 환경에서 벗어나 그 대신 일본의 시각으로 베트남전쟁을 바라보고자 한다." 그의 주장은 일본을 여행하면서 "베트남전쟁에 임하는 미국의 정책이 그저 조금 이상한 정도가 아니라 근본적으로 잘못되었다는 일본 사람들의 한결같은 신념"을 발견했다는 글로 이어진다. 일본 사람들 중에는 이렇게 말하는 이도 있을 것이다. "당신네들이 아시아에서 하는 행동은 한때 우리가 했던 짓과 조금도 다를 게 없어."[29]

다음으로 진은 「내부의 관점 — 흑인」을 분석한다. 아프리카계 미국인들이 반인종주의적 요소 때문에 제2차 세계대전을 크게 지지한 것은 사실이지만, 베트남의 경우는 근본적으로 다르다는 것이다. "이 전쟁은 인종주의에 물든 앵글로색슨이 아니라, 여러 면에서 미국 남부의 농촌에 거주하는 흑인들과 다를 바 없는 가난하고 까무잡잡한 농민 대중에게 총부리를 들이대고 있다." 흑인들이 베트남과 관련하여 존슨 행정부에 퍼부은 가장 중요한 비난은 단 하나의 단어로 요약된다. 바로 '위선(hypocrisy)'이다.[30] (독자들 중에 미국의 흑인과 베트남의 관계를 다룬 영화의 제목을 기억하는 이가 있을지 모르겠다. 「어떤 베트남 사람도 나를 깜둥이라 부르지 않았다」.)

진은 일본 사람과 미국 흑인의 관점을 소개한 다음, 「역사의 관점 — 어떤 국가를 신뢰할 수 있는가?」를 설명한다. 기본적으로 그의 답변이 믿을 수 있는 국가는 없다는 쪽으로 정리되는 게 크게 놀라운 일은 아니다. 미국 사람의 경우에는 다른 나라의 불평등한 행동을 굳이 증거까지 들춰가며 살펴볼 필요조차 없지만, 문제는 "우리 자신의 역사에 대해서는 까맣게 잊고 지내는 부분이 많다"는 점이다. 민족주의, 애국주의, 쇼비니즘, 어떤 이름으로 불리건 간에 근본적인 문제는 전세계적인 차원으로 나타난다.

그러나 미국의 경우는 또다른 요소 때문에 사태가 더욱 심각해지는데, 여기에는 비교적 근래에 경험한 제2차 세계대전이 미국 사람이 보기에 완벽하게 좋은 편과 완벽하게 나쁜 편의 싸움으로 비쳤으며 물론 미국은 완벽하게 좋은 편에 속한다는 믿음이 포함된다. "대부분의 미국 사람들에게는 국제무대에서 미국이 견지하는 정책은 우리가 국내에서 누리는 자유와 정의, 평등이라는 가치를 더욱 확산시키기 위한 것이라는 믿음이 뿌리박혀 있다." 그 같은 이념은 독립선언문과 권리장전을 도배하다시피 한다.

국가의 이념과 세계의 이념 역시 하나의 단어로 요약된다. 이른바 '자유세계'. 미국이 자유세계의 지도자이다. 하지만 제2차 세계대전 이후 미국의 외교정책이 과연 이 같은 이념을 뒷받침하는 방향으로 흘러왔을까? 진은 그렇게 생각하지 않는다. 이번에도 숫자를 언급하는 보충 설명이 이어진다. "(미국은) 1954년에 합법적으로 수립된 과테말라의 아르벤스 정부를 몰아내기 위해 적극적으로 개입했으며, 그 뒤에 등장한 독재정권을 지원했다."[31]

진은 집필 활동을 거듭하면서 이른바 '인용의 대가'가 되었다. 『미국 민중사』를 읽어본 독자라면 인용이야말로 이 책의 가장 큰 장점임을 실감했을 것이다. 중요한 것은, 만약 평범한 보통 사람들이 역사를 만들어간다는 사실을 인정한다면, 그들이 그 역사를 말할 수 있는 권리역시 허용되어야 한다는 점이다. 이 대목에서 진이 도널드 던컨(Donald Duncun)을 인용한 것은 아주 효과적이다. 베트남에 투입된 미군 특수

부대(이른바 '그린베레')의 상사 출신인 던컨은 1966년 초에 "반공은 정말 더러운 민주주의의 대용물이다"라는 말을 남기고 육군에서 퇴역했다. 그는 베트남 사람들에게서 정보를 캐내기 위해 부하들과 함께 고문 기술을 배워야 했다고 폭로하며 이렇게 결론을 내렸다. "우리는 자유를 지킨 것이 아니었다. 지켜야 할 자유는 있지도 않았다. 정부에 반대하는 발언은 곧 감옥 아니면 죽음을 의미했다. 중립적인 입장조차 금지되거나 처벌의 대상이 되었다. 우리는 자유의 전사가 아니다. 우리는 아시아의 헝가리가 품은 희망을 무참히 짓밟는, 러시아제 탱크와 다를 바 없다."

하지만 미국이 어떻게 월남과 같은 정권을 지지할 수 있는지를 묻는 진 자신의 표현도 그에 못지않게 강력하다. 더러는 공산주의보다 더 나쁜 것은 어디에도 없다는 논리를 앞세워 정당성의 필요성조차 느끼지 못하는 사람들이 있다. 그들은 "가난한 민중을 착취하는 소수의 부유층으로 구성된 독재정권조차 공산주의보다는 낫다"고 생각한다. 하지만 미국의 자유주의자 중에서 이 같은 주장을 받아들일 수 있는 사람은 그리 많지 않으며, 따라서 "미국의 외교정책은 자유와 정의를 지킬 수 있는 제3의 길"을 추구해야 한다. 하지만 그들이 미처 깨닫지 못하는 것(혹은 깨닫고 싶지 않은 것?)은 이 같은 방식이 외부에서부터 강요되어서는 안된다는 점이다. "미국은 외부인이 할 수 있는 일의 한계를 인정하지 않음으로써 거대한 모순에 빠져들고 말았다. 미국은 베트남에서 개혁이 이루어지고 있다고 주장하지만, 변화로 인해 잃을 것이 가장 많은 바로 그 극소수 부유층의 손에 개혁을 맡겨놓았다."

이렇게 해서 미국이 취해야 할 적절한 조치는 즉시 베트남에서 철수하는 길밖에 없다는 결론에 다다른 진은, 그 같은 입장을 분명히 피력하고 있다. "베트남에 쏟아부은 엄청난 액수의 돈과 수많은 사람의 목숨은 미국이 현지에서 추진하고 있는 사회 변화로는 결코 정당화될 수 없다." 우리의 기본적인 가치관이 생명과 자유를 추구한다는 가정에 동의한다면, "때로는 생명을 위해 자유를, 또 때로는 자유를 위해 생명을 희생해야 하는 경우가 생긴다는 점을 인정하지 않을 수 없다. 하지만 그 두 가지를 모두 포기해 버리면 무엇이 남는단 말인가. 그러니 미국은 당장 베트남에서 철수해야 한다."[32]

「폭력 — 도덕의 방정식」이라는 제목의 글은 원래 『네이션』지에 발표되었다가 훗날 『역사 정치학』에 재수록되었다. 여기에는 진이 쓴 글 가운데 가장 강력한 언어가 포함되어 있다. "미국은 목적을 달성하기 위해 수단을 가리지 않는 국가 가운데 하나로 규정되어야 한다"고 지적한 뒤 "이 '자유 국가'가 베트남에서 동원한 '수단'들을 열거하는데, 일일이 번호를 매긴 단락이 무려 스물여섯 개에 이른다. 하나같이 지극히 비열할 뿐만 아니라, 무고한 시민들을 죽이거나 불구로 만든 것들이다." 결론은 이러하다. "이 목록은 거대한 파괴적 행위 중에서 겉으로 드러난 일부분에 지나지 않는다. 그 전모가 밝혀진다면 현대사가 시작된 이래 지구상의 어떤 국가가 자행한 행동보다도 더 사악한 만행으로 기록되어야 마땅할 것이다."

물론 전쟁의 본성상 어쩔 수 없는 부분도 있다. 제2차 세계대전 때는 '터무니없는 판단 착오' 때문에 민간인을 오폭하는 사례가 발생한 반면, "베트남의 경우는 민간인 폭격과 포격이 의도적이고 조직적으로 자행되었다." 적군인 베트콩을 "베트남 농민과 구분하는 것은 불가능한 일이다. 실제로 베트콩이 곧 베트남 농민이기도 하다. 베트남전쟁은 시골을 무대로 펼쳐지는 게릴라전이며, 게릴라는 그대로 시골의 일부이기도 하다." 그런 이유로 미국은 "마을을 폭격하고, 논을 쑥대밭으로 만들며, 월남 전역에 화학 물질과 화염 세례를 퍼붓고 있다. 우리는 이것을 '방어작전'이라고 주장한다."[33]

이렇게 되면 두 가지 큰 논점만이 남게 된다. 하나는 미국이 베트남에서 수행하고 있는 공격적인 행위를 중단 혹은 축소해야 하는 한편, 외부의 침략 세력에 맞서 방어전쟁을 펼치는 월남 정부를 지원하기 위해 현지의 군사력을 완전히 철수해서는 안된다는 주장이다. 또 하나는 설령 미국이 방어전쟁이라기보다 반혁명적인 전쟁에 말려든 것이 사실이라 할지라도, 또한 무고한 베트남 양민을 대량으로 살상하는 것이 사실이라 할지라도 미국은 "공산주의 대 자유 진영이라는 대의명분을 위해 그 정도의 희생을 감당해야" 하기 때문에 군사력을 유지하거나 오히려 증원해야 한다는 주장이다.[34]

진은 이후의 두 개 장에서 그 같은 주장을 반박한다. 이 대목에서 가장 중요한 문장 가운데 하나는 바로 이것이다. "모든 측면에 비춰볼 때 미국이 인도차이나에 개입하기 시작한 이래 베트남에 대한 '외부의 침략', '외부의 공격'이라고 볼 만한 세력은 단 하나, 프랑스가 유일하다." 미국이 하고 있는 행동은 프랑스로 하여금 옛 식민지에 대한 지배권을 되찾도록 돕는 것일 뿐이며, 이는 "최근의 역사를 돌아볼 때 너무나 명백한 사실"[35]이다. 프랑스가 1954년 디엔비엔푸에서 패퇴해 물러간 이후, 미국이 그 자리에 뛰어들어 '외부의 침략'으로 비난받을 수 있는 유일한 대상이 되었다.[36]

공산주의를 막아야 한다는 또 하나의 주장은, 드와이트 D. 아이젠하워 대통령이 1954년 4월에 발표한 "인도차이나를 잃으면 동남아시아가 도미노처럼 와르르 무너질 것이다"라는 이른바 '도미노 이론'에 입각한 것이다. 진은 이것이 '뮌헨의 굴욕'(1938년 독일, 이탈리아, 프랑스, 영국 사이에 체결된 뮌헨협정이 나치에 대한 타협을 시도했다는 의미 — 옮긴이)과 상당히 흡사하며, 자세히 들여다보면 이내 그 허점이 드러난다고 지적한다. 이어서 씁쓸한 자조와 유머가 섞인 말투로 로버트 스칼라피노(Robert Scalapino)는 이 상황을 중국이 맹활약하는 체스판에 비유하고 싶어한다고 비꼰 다음, 이렇게 결론을 내린다. "사람들은 흔히 이것을 모노폴리 게임에 비유하며 미국에 부담을 주지만, 나는 이 모든 것을 차라리 러시안 룰렛이라고 부르고 싶다."[37]

진은 베트남에 관련된 논의 가운데 지나치게 많은 부분이 과연 미국은 '승리할 수 있는가'에 초점을 맞추고 있는 반면, 과연 미국이 꼭 '승리해야 하는가'를 고민하는 사람은 별로 없다고 지적한다. "냉전에서 미국의 '승리'는 대다수 민중의 요구를 무시한 채 독재정권의 권력을 유지시키는 것을 의미하는 경우가 많다." 1967년의 독자들 중에는 진의 이런 결론을 받아들이기 힘든 이들이 적지 않았을 것이다. "적어도 지금 이 순간, 베트남에게는 공산주의 정부가 최선의 대안일지도 모른다." 역사적인 관점으로 볼 때 "호치민 치하의 통일 베트남이 월남의 독재정권보다 낫다. 마오쩌둥 치하의 중국이 그 모든 결점에도 불구하고 장제스보다, 카스트로의 쿠바가 바티스타의 쿠바보다 나은 것과 마찬가지이다."[38]

진의 거침없는 주장은 여기서 그치지 않는다. "우리는 적어도 역사의 이 단계에서 공산주의란 아시아와 아프리카, 라틴아메리카(그리고 미국의 일부)에서 굶주리고 억압받는 민중들이 들고 일어나는, 보다 광범위한 운동의 일부일 뿐이라는 사실을 염두에 두어야 한다." 만약 이같은 사실을 망각하면 한 곳의 반란을 간신히 진압하고 돌아서면 사방에서 또다른 반란 ― "공산주의나 사회주의, 민족주의, 혹은 그 밖에 '주의'로 정의할 수 없는" ― 이 터져나오는 상황이 되풀이될 것이다. "우리는 전세계의 바다를 우리의 함정으로, 전세계의 하늘을 우리의 전투기로 뒤덮으며 엄청난 돈을 쏟아붓고 있지만, 바로 코앞의 쿠바에서 혁명이 일어나는 것을 막지 못했다." 미국은 "모든 혁명이 모스크바나 베이징의 음모에서 비롯된다고 믿는 경향"이 있지만, "사실은 세계 각국의 민중들이 원하는 것은 먹을 것, 그리고 자유일 뿐이다. 그들은 그러한 목표를 달성하기 위해서는 어떤 수단도, 어떤 사회 체제도 마다

하지 않는다."[39]

철군이 미국의 위신과 관련된 문제라고 생각하는 사람들에 대해서, 진은 "철군이 오히려 미국의 체면을 살리는 길이 되지 않겠는가?"라고 반문한다. 진은 이 같은 입장을 강조하기 위해 저명한 외교 전문가인 한스 모겐타우(Hans Morgenthau)의 말을 인용한다. "세계에서 가장 강한 나라가, 승리할 능력도 없고 그렇다고 패배를 감당할 형편도 못되는 전쟁에 발목이 잡혀 있는 건 체면을 살리는 데 어떤 도움이 되는가?" "무조건 철수하는 것이 미국 자신말고는 그 누구의 동의도 필요없이 전쟁을 끝낼 수 있는 가장 확실하고 신속하며 올바른 방법이다."[40]

『베트남 — 철군의 논리』 마지막 장에 진은 「LBJ(린든 B. 존슨)의 연설」이라는 제목을 붙였다. 여기서도 다시 한 번 진의 탁월한 글솜씨가 빛을 발하지만, 다른 한편으로 그의 역사 서술이 본류에서 얼마나 멀리 벗어나 있는가를 보여주는 단적인 사례라는 비판도 나름대로 일리가 있다. 물론 이것은 방법론상의 이야기이다. 그러나 진이 이 가상의 연설문을 통해 존슨 대통령이 해야 할 말을 지적한 것은 1967년 당시의 미국 사회 본류에서 크게 벗어나 있는 것 역시 사실이다. 이 연설문은 우리가 지금까지 살펴본 내용들을 간략히 요약한 다음, 이렇게 결론을 맺는다. "친애하는 미국 국민 여러분(존슨 대통령 특유의 말투이다), 발 뻗고 편안히 주무십시오. 우리는 드디어 베트남을 빠져나왔습니다."[41]

확실히 비정통적인 시도임에는 분명하지만, 이 책에 대한 주된 반응이 나타난 대목이 바로 이 존슨 대통령의 연설문이었다. 뉴욕의 어느 단체는 출판사 측에 이 연설문을 『뉴욕 타임스』에 게재할 광고에 삽입해도 좋겠는지를 물어왔다. 이 단체는 "대통령 각하, 우리는 당신이 이런 연설을 해주기를, 나아가 그에 입각해 행동해 주기를 원합니다"라는 문구 다음에 진의 연설문을 싣고, 이어서 많은 사람들의 서명을 실을 계획이었다.[42]

『클리블랜드 플레인 딜러』의 칼럼니스트 웨스 로렌스(Wes Lawrence)는 사설에서 "보스턴 대학 교수이자 제2차 세계대전에 폭격수로 참전했던 하워드 진 교수가 린든 존슨을 위한 연설문을 작성했는데, 만일 대통령이 이 연설을 실행에 옮긴다면 내가 보기에는 역사상 가장 위대한 인물 가운데 한 사람으로 기록될 듯하다"[43]고 썼다.

지금까지 진이 발표한 저서 중에서 이토록 폭넓은 반응을 이끌어낸 책도 없다. 대부분은 긍정적인 반응이었지만, 모두가 다 그렇지는 않았다는 사실 또한 그리 놀라운 일은 아니다. 예를 들어 한쪽 극단에서는 진이 공산주의자라는 비난이 터져나왔다. "하워드 진을 비롯한 공산주의자들은 아주 오래전부터 똑같은 소리를 지껄이고 있다." 뉴햄프셔 홀리스에 거주한다는 노드 데이비스 2세(Nord Davis Jr.)의 말이다. 그는 반전운동 전반에 대해 호의적인 입장을 취한 것처럼 보이는 기사 하나, 1969년 모라토리엄에 대한 기사 하나를 증거로 제시하며 진에게 공산주의자라는 꼬리표를 붙이는 것을 정당화했는데, 사실 이 두 기사 어디에서도 진의 이름은 언급되지 않는다. 프랜시스 X. 개넌(Francis X. Gannon)이 작성한 진의 인물평에서도 그를 공산주의와 연결시키려는 의도가 역력히 드러나 보인다. 예를 들어 진은 "공산주의자 베티나 애프테커(Bettina Aptheker)가 주도한 '평화를 위한 전국학생투쟁'이라는 단체의 후원자"라는 식이다.[44]

진의 베트남 관련 저서에 대한 반응이 이렇게 양극화된 것은 그리 놀라운 일이 아니다. 베트남전쟁 자체가 그러한 양극화된 반응의 대상이었기 때문이다. 예를 들어 몇몇 서평자들은 진이 "베트남전쟁을 비판하는 사람들이 대부분 생각은 하면서도 감히 말하지 못하는 부분, 즉 미국은 당장 철수해야 한다는 주장을 명쾌하게 내놓았다"며 칭찬했다. 그들은 진의 주장이 "철군으로 인해 얻을 수 있는 혜택을 지나치게 과장"한 점을 포함해 몇 가지 약점을 지니고 있음에도 불구하고, "우리가 선택할 수 있는 가장 덜 나쁜 길이라는 사실을 설득하는 데 성공"했다는 결론을 내린다.[45] 아마도 그 중에서 『뉴욕 타임스』의 서평이 가장 긍정적인 내용을 담고 있지 않나 싶다. 서평은 이 책을 "미국이 베트남에 관여해 온 역사를 간결하고 정확하게 묘사한, 대단히 합리적인 저서"라고 표현했다. 전쟁에 대한 일본의 입장을 분석한 진의 시각은 "대단히 날카로우며", 전쟁이 베트남 민간인에게 미치는 영향을 지적한 대목은 "강력한 도덕적 메시지"를 담고 있다고 썼다.[46]

물론 비판적인, 그것도 상당히 천박하게 비판적인 서평자들도 있었다. 예를 들어 『타임스 리터러리 서플먼트(Times Literary Supplement)』는 다분히 빈정거리는 말투로 폭격수로 참전한 진의 경험이 "역사에 대한 흥미를 일깨워주었는지는 모르지만 그의 책에서 드러나듯 큰 재능을 불어넣지는 못한 듯하다"고 썼다. (이 주장은 그냥 천박하기만 한 게 아니라 비논리적이기도 하다. 역사에 대한 진의 흥미가 폭격수로 참전한 경험에서 비롯되었다는 증거가 어디에 있는가?) 이 짧은 서평은 이렇게 이어진다. "진은 자기가 무슨 생각을 하고 있는지는 알지만, 자신의 주장을 뒷받침하지는 못한다."

또한 "'철군의 논리'에는 별다른 논리가 없다"는 비판도 있었다. 콜린 클라크(Collin Clark)는 『라이브러리 저널』에 실린 짧은 서평에서 진과 그의 저서에 대한 공세의 고삐를 당긴다. 이 책은 "30분짜리 텔레비전 다큐멘터리 수준을 벗어나지 못하며, 지극히 짧고 개인적인, 분노의 스크랩북에 지나지 않는다. 물론 그런 것도 존재할 권리는 있지만 별 도움은 되지 않는다." 이어서 "도서관이나 독자들은 보다 가치 있는 책에 돈과 시간을 투자하는 것이 좋다"는 충고로 마무리된다.

마지막으로, 『크리스천 사이언스 모니터』에 서평을 기고한 새빌 R. 데이비스(Saville R. Davis)는 진을 "직업적이고 집착적인 반공주의자를 비난하는 사람"들 가운데 하나로 묘사한다. 데이비스에 의하면 그 사

람들은 그 반대의 집착 ─ 자국 정부에 대한 분노 혹은 저주 ─ 에 사로
잡힌 나머지 공산주의자가 하는 행동을 외면하고 자기네는 다르다고
생각한다. 따라서 공정한 판결을 기대할 자격이 없다. 그의 글은 다음
과 같은 비열한 헐뜯기로 마무리된다. "만약 당신이 (하워드 진과 같은)
선동가라면, 그냥 자기 자신의 역사를 따로 만들면 된다. 역사란 어차
피 그런 것이라는 생각이 당신들의 입장이니까."[47)]

그러나 『베트남 ─ 철군의 논리』가 이끌어낸 반응 중에서 가장 중요
한 것은 서평이 아니었다. 진의 서류철에는 매사추세츠 주 상원의원인
에드워드 M. 케네디(Edward M. Kennedy)와 에드워드 W. 브룩(Edward
W. Brooke), 그리고 알래스카의 상원의원 어네스트 그루어닝(Ernest
Gruening)의 편지가 보관되어 있다. 그루어닝은 진이 그 이전에 같은
제목으로 발표한 에세이를 읽고 자신의 견해를 보내온 것인데, 그 에세
이가 대단히 사려가 깊다며 자기 자신의 견해와 함께 1967년 2월 3일자
『의회 기록(Congressional Record)』에 삽입했다고 했다.[48)] (그루어닝은 오
레곤 주의 웨인 모스 상원의원을 제외하면 1964년 통킹만 결의안에 반대표를
던진 유일한 인물이다.) 에드윈 뉴먼(Edwin Newman)은 1967년 7월 5일
NBC 뉴스에서 베트남전쟁 전반, 나아가 진의 저서에 대한 견해를 언급
했다. 그는 진의 입장을 비교적 충실히 요약한 다음, 이 책이 건전한 논
쟁의 촉매제가 되기를 기대한다고 말했다.[49)]

하워드 진에게 아주 중요한 존재는 뭐니뭐니 해도 그의 제자들이다.
그는 학생들의 태도에 영향을 미치고 싶어한다. 또한 그들을 현실의
장으로 끌어내기 위해 노력한다는 사실을 공공연히 인정한다. 그의 서
류철에는 그러한 의도가 성공했음을 보여주는 편지들이 수없이 보관
되어 있다. 그 중에서도 베트남전쟁에 대한 진의 견해, 그리고 그것이
어떤 영향을 미쳤는지를 여실히 증언하는 편지가 있다. 한 학생의 편
지는 "선생님이 저를 기억하실 거라고는 기대하지 않습니다"라는 겸

손한 말투로 시작된다. 1966년과 1967년에 걸쳐 진의 강좌를 몇 개 수강했으며, '많은 주제, 특히 베트남과 민권운동'에 대한 진의 견해에 큰 자극을 받은 학생이었다.

본인의 표현을 빌리면 지금은 2년간의 유급 휴가를 보내고 있는데, 이것은 곧 자신이 다음 달에 베트남으로 파병될 것이라는 의미였다. 그의 편지에는 영혼의 길을 탐색하는 지난한 과정이 언급된다. "과연 비도덕적이고 무의미한 싸움에 뛰어들어야 하는지, 아니면 군 복무를 거부해야 하는지를 놓고 오랜 시간 고민을 거듭했습니다." 그는 "미국이 밟고 있는 과정에 대한 환상에서 깨어났지만, 내가 이 나라에 진 빚을 외면할 수가 없다"고 했다. 그러면서 만약 — 자신의 바람대로 — 무사히 살아서 돌아오게 되면 "첫째, 더 이상 국가에 대한 부채 의식에 시달릴 필요가 없으며 둘째, 정의롭지 못한 전쟁에 참여했다는 사실 때문에 지금보다도 더 큰 소외감을 느낄 것" 같다고 덧붙였다.

"나를 살인자요 위선자로 만든 국가를 비난하기는 어려울 것"이라고 토로한 이 학생은, 다른 많은 학생들이 그러는 것처럼 군대 자체를 비난할 생각은 없다고 못박았다. "잘못은 전쟁 세력에게 있는 것이 아니라, 국민의 동의 없이 군사적인 수단에 의존하는 일이 벌어지도록 방치하고 정치, 군사, 재계의 복합체를 제대로 감시하지 못한 우리 자신에게 있습니다." 그는 자신이 베트남으로 가게 된 것이 "단순히 몇몇 장군들이 그렇게 결정했기 때문"이 아니라 "수백만의 미국 국민들이 그들을 가만히 내버려두었기 때문이며, 이제 와서 그 같은 기정사실을 되돌리기가 어렵기 때문"이라고 지적했다.

마지막으로 그는 자기가 돌아오면 진과 대화를 나누고 싶다고 썼다. "운이 좋으면 선생님의 강의를 몇 개 더 듣게 될지도 모르고, 또 어쩌면 우리가 반대하는 것을 공격하는 차원이 아니라 우리가 지지하는 무언가를 이루기 위한 프로젝트에서 선생님을 돕게 될지도 모르지요."[50]

그 무렵에 베트남으로 떠난 일반적인 젊은이들에 비해 훨씬 생각이 깊고 강력한 메시지가 담긴 편지였는데, 진이 학생들에게 권장한 것이 바로 이 같은 과정이었다.

진은 또한 1968년 브랜디스 대학의 졸업식 연설에서 베트남전쟁에 대한 자신의 입장을 적극적으로 개진했다. 다분히 열정적이고 감동적인 어조로 최근에 발생한 로버트 F. 케네디 암살사건과 베트남사태를 연관지은 것이다. "우리의 조국이 보여주고 있는 추모의 열기는 세계사에서도 유례를 찾아보기 힘든 위선적인 행동이다." 왜냐하면 "나라의 지도자들이 차례로 텔레비전 카메라 앞에 나와 무의미한 폭력(즉 케네디 암살)에 대한 반감"을 드러내고 있는데, 이 사람들이야말로 따지고 보면 "지난 3년 동안 어느 한 개인이 아니라 수백만 민중에 대한 무의미한 폭력에 관련해 온 이들"이기 때문이다. 다음과 같은 진의 결론은 베트남전쟁에 대한 그의 시각과도 정확하게 일치한다. "만약 미국이 진심으로 폭력에 반대하는 입장을 나타내고 싶다면 이제 그만 추모의 연설을 중단하고 베트남에서 병력을 철수하겠다는 의지를 발표해야 한다."[51]

더욱 중요한 것은 이후 30년 동안 진의 그 같은 마음, 그 같은 열정에 조금도 변화가 없다는 점이다. 사실 그는 반전운동이 이념적으로 올바를 뿐만 아니라 베트남에서 미군을 끌어내는 계기가 되었다는 믿음을 가지고 있다. 진은 1968년의 악명높은 이른바 '구정 공세'를 회고하며 제일 먼저 제수이트 성직자인 대니얼 베리건과 함께 북베트남에 의해 생포되었다가 석방된 세 명의 미군 조종사를 데리러 북베트남을 방문했던 당시를 돌아본다. 베트남전쟁의 '주모자' 가운데 한 사람인 로버트 맥나마라(Robert McNamara)조차도 지금은 이 전쟁이 "미국 역사상 가장 수치스러운 사건 가운데 하나"임을 인정하고 있다. 하지만 진은 미국이 그 전쟁에서 이기지 못했기 때문에 수치스러운 것이 아니라고 주장한다. 미국이 베트남에서 저지른 파괴 행위는 "승패를 떠나 도덕적으로 도저히 용납될 수 없는" 것이기 때문이다. 그 어떤 명분 ─ 공산주의의 확산 방지, 동맹국을 돕는다는 구실, 조약으로 인한 의무의 수행 등 ─ 도 그러한 행위를 정당화할 수 없다. "그 같은 변명 가운데 어느 하나가 사실이라 할지라도, 수많은 베트남 농민들과 5만 8,000명에 이르는 미국인의 목숨을 앗아간 대량 학살이 정당화될 수 있겠는가?" 진의 대답은 명쾌하다. 결코 그럴 수는 없다.

진은 또한 여론조사 결과에 비춰볼 때 그것은 비단 자기 혼자만의 생각이 아니라는 사실을 강조한다. 1965년 8월의 여론조사에서 전체의 61퍼센트가 미국의 베트남 개입에 찬성한 반면, 1971년 7월의 여론조사에서는 그와 똑같은 퍼센티지가 미국의 베트남 개입은 잘못되었다는 판단을 내렸다. 30년 후, 우리는 베트남에서 어떤 교훈을 배웠을까? 진은 두 가지 중요한 대답을 제시한다. 첫째, "무차별적인 살상 무기로 대변되는 현대의 군사 기술을 고려할 때, 모든 전쟁은 민간인을 대상으로 하는 전쟁에 불과하며 따라서 본질적으로 비도덕적인 전쟁일 수밖에 없다." (진은 그 예로 "사담 후세인을 제거하기 위한 '좋은 전쟁', 즉 걸프 전쟁은, 국제연합 보고서에 의하면 수십만 명의 이라크 어린이를 죽이고서야 성공을 거두었다"는 점을 언급했다.) 두 번째 교훈은 이러하다. "국민에게 전쟁을 촉구하는 정치 지도자는 절대로 믿으면 안된다."[52]

진은 자신이 『베트남 ─ 철군의 논리』를 좋아하는 이유 가운데 하나로 이 책이 짧다는 점을 꼽았다. "나는 100쪽에서 125쪽 가량의 책들을 좋아한다." 하지만 그는 이 책이 "반전운동에 관심을 둔 사람들에게 널리 읽혔고, 8쇄를 찍었다는 점" 등을 상당히 자랑스럽게 생각하고 있음이 분명하다. 진이 스스로 마음에 든다고 고백한 또 한 권의 저서 역시 짧은 책이다. 약 7만 5,000부가 팔려, 『미국 민중사』에 이어 그의 저서 중에 베스트셀러 2위로 기록되어 있는 이 책의 제목은 『불복종과 민주주의 — 법과 질서에 대한 아홉 가지 착각(Disobedience and Democracy: Nine Fallacies on Law and Order)』이며 1968년에 출간되었다.[53] 대체로 이 책의 내용 역시 베트남에 대한 것이다. 그러나 좀더 자세히 들여다 보면 이 책은 대법관 에이브 포르타스(Abe Fortas)가 쓴 「반대와 시민 불복종에 대하여(Concerning Dissent and Civil Disobedience)」라는 소책자에 대한 반론이라는 사실을 알 수 있다. 진은 이 소책자가 현재의 '법과 질서'가 어떤 위상을 차지하고 있는지를 보여주는 좋은 예라고 판단했다. 그는 또한 이 책자가 대량으로 유포되었으며, 포르타스의 견해가 대다수 법조인에게 영향을 미친다는 점, "포르타스 씨가 하는 말은 중요하다"[54]는 점에 주목했다.

진은 서문에 이런 뜻을 밝혔다. "내가 이 에세이를 통해 말하고 싶은 것은 이것이다. '반대와 시민 불복종에 대한' 포르타스 씨의 오류는, 법이 미국 역사상 가장 중요한 두 가지 위기에 대처하는 데 실패했다는 사실이 그것을 입증해 준다는 점이다." 그가 언급한 두 가지 위기는 "독립을 쟁취하기 위해 영국과 식민지 헌법을 뛰어넘어야 했던" 미국 혁명, 그리고 "노예제도를 종식하기 위해 우리 자신의 헌법적 한계를 뛰어넘어야 했던" 남북전쟁을 일컫는다.

이어서 진은 포르타스의 견해가 아주 중요한 의미를 담고 있음을 지적한 다음, "만약 그가 우리를 잘못된 방향으로 인도한다면 이는 아주 심각한 문제가 아닐 수 없다"고 강조한다. 또한 진은 아홉 가지 구체적인 논점을 제시하며 실제로 포르타스가 미국 국민을 잘못된 방향으로 인도했다는 견해를 피력한다. "이 같은 아홉 가지 착각은 의견을 달리하는 소수파의 자유를 억압할 뿐만 아니라 미국 전체의 민주주의의 성장을 질식시킬 거라고 믿는다."[55] 진은 그 아홉 가지 착각을 거론하기에 앞서, 아마도 이 책에서 가장 중요한 문단이라고 할 만한 일반화를 시도한다.

개혁의 지체, 저항과 불복종의 한계, 그리고 포르타스 판사 같은 자유주의자들이 제안하는 혁신 등은 우리 시대의 위기를 극복하는 데 적절하지 않다. 국민의 목숨과 자유를 위협하는 정부의 정책에 대항하고, 어떤 충격을 가해서라도 정부의 변화를 유도하며, 사람들을 조직화하여 권력의 교체가 가능하도록 하기 위해, 우리에게는 강력하면서도 잘 절제되는, 폭발적이면서도 잘 제어되는 효율적인 장치가 필요하다. 그런 과정을 통해 정치적 쇄신이 지속적으로 이루어져야만 폭정을 예방할 수 있다.[56]

『불복종과 민주주의』의 핵심은 역시 '아홉 가지 착각'이다. 각 항목마다 몇 가지 보충 설명을 곁들인 정확한 인용이 필요할 듯하다.

"첫번째 착각 ─ 법의 지배는 도덕적 목적과는 별개의 고유한 가치를 지닌다('도덕적 목적'이라는 것은 문화적 관습이 아니라 인간의 필요성을 의미한다)." 진에 의하면 대부분의 사람들은 대체로 법의 지배를 신봉하며, 그 이유는 과거, 적어도 대헌장까지 거슬러가는 과거에 뿌리를 두고 있다. 하지만 "몇몇 법률이 민주적인 목적을 가지고 있다고 해서 모든 법률에 복종해야 한다는 생각은 정부의 손에 백지수표를 쥐어주는 것과 다를 바 없다. 정말 민주적인 국가의 국민들은 절대 그런 짓을 하면 안된다."

진은 일부에서 우려하는 것처럼 "시민 불복종의 정신에 입각해 법률을 위반하는 것이 모든 법에 대한 경멸로 이어진다는 증거가 없다"고 주장한다. 그러나 진 역시 "시민 불복종 운동이 왕성한 속도로 증식될 거라는 생각에는 어느 정도 일리 있음"을 인정한다. 예를 들어 민권운동의 시민 불복종 사상이 베트남전쟁 반대운동을 자극하는 효과가 있었을지도 모른다는 것이다. "하지만 그것은 전반적인 법과 질서의 붕괴가 아니다. 잘못된 법과 질서에 대한 조직화된 반대의 확산일 뿐이다. 따라서 그러한 효과는 발전을 원하는 국가에서는 오히려 환영을 받아야 한다."

이어서 진은 다음과 같은 의문을 제시한다. "우리가 시민 불복종의 어떤 행동을 정당화한다고 해서 그 모두를 정당화해야 하는가? 만약 어느 학생에게 징병 법안을 거부할 권리가 있다면, 이것이 KKK에게도 민권법에 불복종할 권리를 주지 않겠는가?" 진은 이 같은 이의에 답하면서 말과 행동 사이의 근본적인 차이를 강조한다. 괴짜에게는 괴팍한 행동을 할 권리가 있지만, 그렇다고 다른 시민의 인권을 침해할 권리까지 주어지는 것은 아니다. 진은 미국이 안고 있는 가장 심각한 문제점 가운데 하나는 자기 자신의 혁명적 전통으로부터, 또한 고통받는 다른 나라 국민들의 현실로부터 너무 멀리 동떨어져 있다는 사실이라고 주장한다.

그 결과 "우리는 실제로는 가벼운 행동에 지나지 않는 법과 질서의 위반을 용서할 수 없는 것으로 간주한다." 진은 그 예로 "자기네는 거대한 부를 축적하고 있으면서 흑인들을 고향에서 몰아내는 정책을 펴고 있는 대학 당국에 저항"하는 수단으로 건물을 점거하고 있는 학생들, "가난에 대한 저항의 표시"로 정부 소유의 재산을 점거하고 있는 미시시피의 흑인들, "마을에 폭탄을 투하하고 농작물을 파괴하며 수많은 인명을 살상하는 정부 당국에 대한 저항의 표시"로 징병 통지서를 불태운 젊은이 등의 사례를 제시한다.

결론적으로 진은 시민 불복종이란 "관용의 대상이 아니다. 만약 우리가 정말로 민주적인 사회를 가지고 있다면 그것 역시 필수적인 요소 가운데 하나이다"라고 주장한다. 나아가 진은 정부가 아니라 국민들을 향해 이렇게 호소한다. "양심에 따라 행동하는 사람이 많아지면 정부도 법과 정책을 바꾸지 않을 수 없게 된다." 시민으로서 우리의 임무는 "법보다 양심을 앞세우는" 것이며, "지속적으로 법과 정의 사이의 간극을 메워가는" 것이다.[57]

"두 번째 착각 — 시민 불복종을 실천하는 사람은 처벌 역시 정당한 것으로 받아들여야 한다." 그러나 진은 왜 시민들이 스스로 비도덕적이라고 생각하는 법률이나 법원 판결을 받아들여야 하는지를 자문한다. "추상적인 '법의 지배'를 지지하기 위해서? 우리는 이미 (첫번째 착각에 대한 반론에서) 법의 잘못된 지배를 지지하는 것이 자동적으로 법의 정당한 지배를 강화하지 않으며 오히려 약화시킬 수도 있다는 입장을 살펴보았다." 법의 성역화는 때때로 더 중요한 가치를 외면하는 결과로 이어진다.

진은 1968년 6월, 워싱턴에 천막을 친 랠프 애버나시(Ralph Abernathy)를 비롯한 수백 명의 사람들이 투옥된 사례, 또한 『뉴욕 타임스』가 이 사건을 기사화한 것을 예로 든다. 이 신문은 시위자들이 평화적으로 체포에 응함으로써 시민 불복종 운동을 펼치면서도 "모든 미국 국민들의 권리와 자유가 토대를 두고 있는 법과 질서를 저해하지 않고도" 강력한 반대 의사를 표현할 수 있다는 사실을 보여주었다고 언급했다. 포르타스는 그 같은 결론이 마음에 들었을지 모르지만, 진은 그렇지 않았다. 그러한 태도는 '법과 질서'를 '사람의 안녕'보다 우위에 두는 결과를 초래한다는 주장이다. "법과 질서는 아무런 피해를 입지 않았다. 하지만 가난한 사람들을 위한 정의는 어디로 갔는가?" 진은 투옥이 더 큰 시민 불복종 운동으로 이어졌어야 한다고 생각한다. "시민 불복종 운동의 종착점으로서 감옥행을 순순히 받아들이는 스포츠맨십은 축구 경기에서라면 괜찮을지 모르지만 묵은 오류들을 씻어내고자 하는 사회를 위해서는 적당하지 않다."[58]

"세 번째 착각 — 시민 불복종은 잘못된 법률에 대해서만으로 국한되어야 한다." 여기서 가장 중요한 문제는 그 같은 입장으로는 나쁜 법과 나쁜 조건을 구분할 방법이 없다는 점이다. 이 같은 기준의 시민 불복종 운동으로는 가난, 인종 차별, 베트남전쟁 등 우리 시대의 가장 집요하고 기본적인 악에 반대할 수가 없다. "나쁜 법안이 통과되면 이 법을 위반함으로써 저항할 수 있다. 만약 법은 통과되지 않았지만 똑같은 나쁜 조건이 존재한다면, 시민 불복종과 같은 적극적인 행동으로 저항할 방법이 없다." 물론 진도 실제로는 이런 논리가 성립되지 않는다는 것을 안다. 교통 법규, 무단 통행 금지 법규, 세법 등은 용인되지 않는 조건에 저항하는 시민 불복종의 핵심이 될 수 있다.[59]

"네 번째 착각 ― 모든 시민 불복종은 반드시 절대적인 비폭력 노선을 따라야 한다." 진에 의하면 시민 불복종이란 "필수적인 사회적 목적을 이루기 위해 의도적으로 법을 위반하는 행위"로 정의된다. 이렇게 되면 합법성을 떠나, 부도덕한 법률, 법률 그 자체가 이슈로 부각되느냐 아니냐에 관계없이 그 법을 위반할 가능성이 열린다. 또한 불복종의 수단에 대해서도 의문이 제기된다. 물론 진에게서는 폭력을 옹호하고자 하는 의도를 찾아볼 수 없다. "나에게 가장 중요한 도덕적 규범의 원칙 가운데 하나는 폭력을 감소 혹은 배제해야 한다는 점이다." 하지만 때로는 폭력이 긍정적인 사회 변화를 이끌어내는 경우가 있으며, 온전한 비폭력을 주장하던 사람들 중에도 실제로는 그 같은 원칙을 지키지 못하는 경우도 있다는 사실을 지적한다.

근본적으로 비폭력을 지향하던 헨리 데이비드 소로(Henry David Thoreau)는 노예들의 반란을 선동하기 위해 무기를 잡으려 했던 존 브라운(John Brown)을 지지했다. 심지어는 간디조차도 "비겁과 폭력 사이에서 어느 한쪽을 선택할 수밖에 없는 상황이라면, 차라리 폭력을 선택하라고 충고할 것이다"라고 말한 적이 있다. 물론 어떠한 경우에도 폭력은 최후의 수단으로 보류되어야 한다는 것이 진의 믿음이다. "불의의 근원을 겨냥해야 하고, 철저한 통제와 제한 하에서 이루어져야 하며, 사람보다는 재산을 대상으로 하는 것이 바람직하다."

그러한 기준을 생각한 첫번째 이유는 물론 도덕이다. "폭력은 그 자체가 나쁜 것이기 때문에 자기 방어, 혹은 더 큰 악을 제거하기 위한 최후의 수단으로서만 정당화될 수 있을 뿐이다." 두 번째 이유는 효율성의 문제와 관련되어 있다. "시민 불복종의 목적은 다른 사람들과 의사를 소통하는 것인데, 무차별적인 폭력은 사람들로 하여금 서로 등을 돌리게 만든다." 따라서 "모든 희생자는 평등하게 창조되었다"라는 원칙을 고수해야 한다. 그러한 결론은 독립선언서에서부터 명확하게 드러나며, "이것은 한 인간에 대한 폭력이 다른 모든 사람에 대한 폭력과 동등하게 취급되어야 한다는 사실을 의미한다." 마지막으로 진은 이렇게 덧붙인다. "이 문제가 너무나 변수가 많고 복잡하다는 사실을 알기 때문에 처음부터 시대와 조건을 초월하는 원칙을 주장하는 것, 다양한 범주의 전술을 비폭력이라는 엄격한 울타리 바깥으로 몰아내는 것은 어리석은 일이 아닐 수 없다."[60]

"다섯 번째 착각 ― 미국의 정치 구조와 과정은 미국 사회의 질병을 고치려는 목적을 가지고 있기 때문에 타당하다." 포르타스는 기존 시스템의 타당성을 확신하는 근거로 민권운동 속에서 흑인들이 이뤄낸 진보를 꼽고 있는데, 여기에 대한 반박으로 진은 시민 무질서에 대한 국가 자문위원회의 1968년 보고서를 인용한다. "정치 시스템은 다른 집단과는 달리 흑인들에게는 잘 맞지 않는다." 나아가 "우리의 기본적인 결론은 이러하다. 우리나라는 흑인 사회와 백인 사회라는 두 개의 분리된, 또한 불평등한 사회를 향해 나아가고 있다"라는 주장까지 대두된다.

포르타스는 '투표함에 대한 접근'을 가장 중요한 요소 가운데 하나로 꼽았지만, 진은 "투표함은 외교정책에 대한 접근을 보장하지 못한다"고 반박한다. "미국의 시스템이 드러내는 모순 가운데 하나는 삶과 죽음의 문제 ― 즉 전쟁과 평화의 문제 ― 로 접근하면 할수록 민주주의의 기능이 턱없이 약해진다는 점이다." 베트남이 그 좋은 예이다. 미국 국민들은 1964년 선거에서 "동남아시아에서의 확전을 반대하는 후보에게 표를 던졌는데, 그 사람이 선거에서 승리를 거두자 전쟁은 오히려 확대되었다."

진의 결론은 이러하다. "현재의 방법론은 전혀 성공적이지 못하다. 새로운 사회 변화의 방법론이 필요하다. 전통적인 정치 관계나 자발적인 폭력보다 더욱 효과적이고 비용이 적게 드는 새로운 정치적 기법을 찾아내는 실험에 몰두할 필요가 있다." 마지막으로 그는 이렇게 덧붙인다. "민주주의 사회의 시민들에게 시민 불복종이라는 무기가 필요한 이유는 고등학교 공민학 교과서에 나오는 투표 등의 접근 방법만으로는 문제가 해결되지 않기 때문이다."[61]

"여섯 번째 착각 ─ 법원, 특히 대법원이 수정 헌법 제1조가 보장하는 표현의 자유를 지켜준다." 여기에 대해서는 더 이상의 설명이 필요 없을 듯하다. 진은 이 대목에서 마크 트웨인을 인용한다. "우리가 이루 말로 표현할 수 없을 만큼 소중한 것 세 가지를 누리게 된 것은 하느님이 이 나라에 내린 은총이다. 하나는 언론의 자유, 또 하나는 양심의 자유, 마지막 하나는 그 두 가지를 실천에 옮기지 않는 신중함이다." 진은 또한 징병 통지서 소각 사건의 당사자를 처벌해야 한다는 대법원 판결의 다수파 가운데 한 사람인 포르타스가 "어떻게 우리의 저항할 권리를 지켜주겠다고 약속할 수 있는가?"라는 의문을 제기한다.

결론적으로 진은 시민 불복종 ─ "법의 테두리를 넘어서는 저항" ─ 이 중요한 이유를 이렇게 설명한다. "법이 이론상으로 어떤 주장을 하든 간에, 연방법원과 대법원이 실제로 내놓는 판례를 보면 그것이 표현의 자유를 보장해 주는 믿을 만한 방패가 아님을 알 수 있다." 한마디로 이 문제에 대한 법원의 판결은 너무 "변덕스러워서" 믿을 수가 없다는 것이 진의 주장이다.[62]

"일곱 번째 착각 ─ 시민 불복종의 행동 원칙은 국가가 아니라 각 개인에게 적용되어야 한다. 세계 속의 미국이라는 국가가 아니라, 미국 내의 각 개별 당사자에게 적용되어야 하는 것이다."[63] 진은 그 같은 이중적인 잣대가 초래하는 문제점을 강하게 비판하며 이 문제를 효과적으로 베트남전쟁과 연결시킨다.

"여덟 번째 착각 — 세상이 어떻게 변할지라도 국가와 국민 사이에 이해관계의 '균형자'로 기능하는 대법원의 전통적인 역할이 약화되어서는 안된다." 진은 미국혁명, 남북전쟁, 1930년대의 노동문제, 민권운동 등등 지난날의 급박한 위기 상황을 돌아보며 "법원의 판결을 포함한 정부의 전통적인 역할은 그보다 훨씬 더 활발한 활동으로 보완되어야 했다"고 지적한다. 이어서 그는 "현재 미국이 처해 있는 상황은 극적인, 심지어는 혁명적인 변화가 필요한 또 한 번의 위기 상황이며, 이 시대는 다양한 표현 양식과 저항의 수단, 시민 불복종의 영역을 더욱 확장시키기 위한 노력을 요구하고 있다"고 주장한다.

그의 논점은 인종과 가난, 특히 외교정책 분야에 집중되는데, 이것은 다시 한 번 "여기가 선거에서 가장 취약한 정책 영역이기 때문"이다. 이어서 진은 대법원을 향해 다음과 같은 충고를 내놓는다. "대법원은 질문의 폭을 최대한 좁히기보다는 가장 근본적인 의문을 돌아볼 필요가 있으며, 어떤 문제에 대한 결정은 대통령이나 의회가 내려야 하며 대법원은 관여하면 안된다는 가정을 폐기해야 한다." (물론 여기서도 가장 중요한 사례는 베트남이다.) 마지막으로, 가장 중요한 충고는 이러하다. "법원은 '생명, 자유, 그리고 행복의 추구'라는 천부적인 권리를 보호해야 하는 특별한 사명을 다시 한 번 돌아봐야 한다. 헌법이 어떻게 되어 있든 간에, 그것이야말로 가장 근본적인 정부의 목적이기 때문이다." 진의 이 같은 입장을 한마디로 요약하면 이러하다. "법원이 법을 지지하지 못하는 경우는 있을 수 있지만, 정의를 지지하지 못하는 경우가 있어서는 안된다."[64]

"아홉 번째 착각 — 우리 시민들은 우리가 곧 국가이고, 우리와 국가의 이해관계가 일치한다는 전제 아래에서 행동해야 한다." 진은 존 로크(John Locke)의 『제2논고(Second Treatise on Government)』와 독립선언서를 인용하며 여기에 반론을 펼친다. 정부는 생명과 자유, 행복 추구권의 보호를 비롯한 특정한 목표를 달성하기 위해 존재한다. 정부가 이 같은 목표를 파괴할 때, 국민은 그 정부를 바꾸거나 몰아낼 권리가 있다. "정부는 국민과 동의어가 아니다. 정부는 특정한 목적을 위해 국민에 의해 설립된 인위적인 기관에 지나지 않는다. 정부는 어떤 성스러운 권한을 가진 것이 아니다. 국민은 끊임없이 정부를 감시하고 조사하고 비판하고 반대하고 변화시키고, 필요할 경우에는 완전히 교체하기도 해야 한다."[65]

진의 주장은 이렇게 이어진다. "사실 포르타스가 얘기한 착각보다 더욱 중요한 것은 그 근저에 흐르는 정신이다. 국가와 국가 기관(대통령, 의회, 대법원)을 무조건 존경해야 한다는 정신 말이다. 그것은 역동적인 민주주의의 정신이 아니며, 그런 정신으로는 변화하는 세계를 쫓아갈 수 없다. 우리의 자신감을 북돋기 위해 갖은 수사를 동원하지만, 실제로는 인위적인 냄새가 나는 정체된 과거의 그림자일 뿐이다." 거기에 속아넘어가서는 안된다. "우리 시대는 맥킨리와 그로버 클리블랜드(Grover Cleveland), 심지어는 홈즈와 윌슨의 정신을 요구하는 것이 아니라 톰 페인(Tom Paine)과 프레드릭 더글라스(Frederick Douglass), 소로, 그리고 유진 뎁스의 정신을 요구한다." 간단히 말하면 이런 뜻이다. "정부의 권력은 정부가 걱정하도록 내버려두자. 우리 정부 — 모든 정부 — 의 역사는 폭력과 잔혹성, 무정함과 강압으로 점철되어 있다. 우리, 시민은 우리 자신의 권력을 키우는 쪽에 몰두하는 것이 낫다. 우리의 자유를 지켜낼 가장 믿을 만한 수호자는 바로 우리 자신이기 때문이다."[66]

『불복종과 민주주의 — 법과 질서에 대한 아홉 가지 착각』이 시민 불복종 운동에 대한 에이브 포르타스의 견해를 비판하는 데 많은 비중을 두고 있는 것은 분명한 사실이다. 하지만 그것을 통해 진은 대단히 긍정적인 원칙, 규범, 혹은 이론을 설득력 있게 제시한다. 그는, 혁명적인 변화가 필요하지만 미국에서 고전적인 혁명전쟁이 일어나기란 쉬운 일이 아니라는 생각을 가지고 있기도 하다. 따라서 시민들은 "이 지구상에서 우리 자신과 타인들이 더욱 인간다운 삶을 살 수 있도록, 이제 껏 상상해 내지 못한 수많은 가능성과 전술을 개발해서, 시민 불복종 운동의 무질서를 인정하고 활용하며 통제해야 한다." 이 책의 마지막 단락은 진의 글 그대로 꼼꼼히 읽어볼 충분한 가치가 있다.

> 안락한 삶을 누리는 미국의 중산층 입장에서는 시민 불복종 운동의 혼란만 없다면, 때가 되면 투표에 참여하거나 의원들에게 편지를 보내 우리의 생각을 정중하게 전달할 수 있다면 모든 면에서 훨씬 살기 좋아질 거라는 생각을 버리기가 쉽지 않다. 하지만 그 울타리 바깥에 살고 있는 사람들은 지금도 그다지 안락한 삶을 누리고 있지 못하다. 이 세상의 많은 사람들이 굶주리고, 잠을 잘 곳도 마땅치 않으며, 몸이 아파도 제대로 치료를 받지 못한다. 폭격을 피해 달아나야 하는 사람들도 있다. 우리도 이제 냉방 장치가 가동되는 안락한 밀실에서 벗어나, 그들이 얼마나 어려운 삶을 살고 있는지, 그들에게 무엇이 필요한지를 느끼기 시작해야 한다. 우리가 아무리 부유하다 해도, 다같이 잘 살게 되기 전까지는 진정한 평화를 누릴 수 없다. 우리는 언제나 정의의 발전과 함께 해온 건강한 혼란으로, 거짓 '질서'를 지키는 자들과 맞서는 싸움에 동참해야 한다.[67]

『불복종과 민주의』가 출간된 1968년은 그야말로 격동의 한 해였다. 베트남에서는 구정 공세가 감행되었고, 마틴 루터 킹과 로버트 F.

케네디가 암살되었으며, 시카고에서 벌어진 민주당 전당대회에서는 시위대를 진압하는 과정에서 경찰 폭동이 일어났고, 리처드 M. 닉슨이 대통령으로 당선되었다. 진의 이 저서에 서평을 쓴 사람들은 이 같은 시대상에 영향을 받은 것이 분명해 보인다. 『뉴 리퍼블릭』과 같은 저명한 매체에 기고한 서평자조차 "대립 그 자체를 부추기는 진 씨와 같은 열성론자들의 낭만주의"[68] 등의 천박한 어휘를 남발함으로써 스스로 자기 글의 신뢰도를 무너뜨려 버렸다.

새빌 R. 데이비스 역시 이번에도 『크리스천 사이언스 모니터』에 서평을 실었는데, 1968년의 위기 상황을 의식한 듯 진과 포르타스 사이의 논쟁에 대해 이렇게 언급했다. "닉슨의 임기를 포함해 앞으로 이어질 격동의 5년 동안 어떤 결과가 빚어질지 전혀 예측할 수 없는 상태에서, 노골적으로 이 같은 논쟁을 벌이는 것은 적절하지 않다." 하지만 데이비스는 마음을 가라앉히고 나름대로 날카로운 통찰력을 발휘한다. "대법원 판사인 에이브 포르타스의 견해를 시민 불복종의 지침으로 받아들일 사람은 없을 것이며, 그렇다고 시민 불복종 운동의 적극적인 지지자인 저술가 겸 교수 하워드 진의 견해를 미국 법체계의 바람직한 방향으로 인정할 사람도 그리 많지는 않을 것이다."

이어서 그는 이렇게 덧붙인다. "하지만 두 사람이 각자 자신의 입장을 정리하고 상대방의 견해에 귀를 기울인다면 의외로 바람직한 결론이 나올 수도 있다. 그렇게 되면 양측의 당파적인 독자들 역시 꽤나 불편해질 것이다." 데이비스는 "얼핏 보기에 진 씨는 골치아픈 말썽꾼처럼 보인다. 조금 더 자세히 살펴보면 그 같은 생각이 더욱 굳어진다. 그는 진짜 프로다"라고 몰아붙이지만, 진의 저서가 가지고 있는 가치를 완전히 외면하지는 않는다. 심지어는 포르타스와 진 사이에 "동거가 이루어질 가능성"도 존재한다고 주장한다. "마틴 루터 킹의 고뇌에 찬 언급이 그의 마지막을 앞당겼듯이, 미국 사회가 비폭력적인 운동에 더 많은 관심을 기울이지 않는 이상 많은 사람들이 폭력적인 수단으로 눈을 돌리게 될지도 모른다."[69]

『불복종과 민주주의』에 대해 가장 사려깊은 서평을 쓴 사람은 미시건 대학의 철학 교수 칼 코언(Carl Cohen)이다. 그는 『네이션』지에 발표한 서평에서 이 책을 "정말 놀라운 저서"로 평가했다. 비록 진의 견해가 전적으로 정확하지도, 심지어는 일관적이지도 않으며 몇 가지 주제에 대해서는 오해하고 있는 부분도 있다고 전제하지만, "그럼에도 불구하고 이 책은 뛰어난 성찰과 통찰을 담고 있으며, 지극히 인간적이다. 많은 사람들이 이 책을 읽고 폭넓은 토론을 벌여볼 가치가 있다"고 칭찬한다. 진의 저서는 "우리의 눈과 마음을 열어주며, 다른 여러 곳에서 찾아볼 수 있는 난잡하고 피상적인 진실보다도 오히려 그의 오류를 통해 더 많은 것을 배울 수 있다"는 것이다. 어쩌면 이 "난잡하고 피상적인 진실"에는 포르타스 대법관의 저서도 포함되지 않을까? 코언은 포르타스를 "상당한 정신력과 관대한 성향을 가지고 있음에도 불구하고 일관성과 치밀함이 부족해 피상적이고 부당한 주장을 내세우는" 인물로 평가한다.

이어서 코언은 『불복종과 민주주의』에 '세 가지 박수'를 보내는 것으로 자신의 글을 마무리하는데, 서평에서 이런 표현이 등장하는 것은 상당히 이례적인 일이다. 첫번째 박수는 "평이하고 아름다운 문장으로 쓰인, 짧으면서도 강력한 책"이라는 칭찬이다. 학자들의 글에서는 좀처럼 찾아보기 힘든 직선적이고 솔직한 문체가 마음에 든다는 것이다. 두 번째 박수는 "미국의 현실에 대해 설득력 있는 비판을 제기한 점이다. 신랄하지만 그렇다고 희망이 배제되어 있지는 않다. 그는 우리 모두에게 입에는 쓰지만 몸에 좋은 약과도 같은 존재이다." 마지막 박수는 "부드러운 연민의 정으로 읽는 이의 마음을 사로잡는 저자에게 돌린다. 그는 우리의 조국이 우리 모두의 이름 아래 자행하고 있는 잘못으로 인해 커다란 아픔을 느끼고 있다."[70]

『불복종과 민주주의』가 출간된 지 30년이 지난 뒤에도 역사학자 찰스 앤젤레티(Charles Angeletti)는 여전히 "시민 불복종에 대한 진의 견해는 정말 혁명적이며, 흔히 생각하는 것보다 훨씬 중요한 의미를 담고 있다. 그의 입장에서는 시기가 좋지 않았다. 그 같은 패러다임이 용납되지 않는 시대였던 것이다"라고 평가했다.[71]

만약 진이 코언의 서평을 읽었더라면 — 그 당시의 진은 학생들을 가르치고 저항운동에 참여하고 다음 저서를 집필하느라 무지하게 바쁜 상태였다 — 희망이 없지 않다는 평가가 가장 마음에 들었을 것이다. 그의 다음 저서에서도 그와 비슷한 희망의 메시지가 대미를 장식한다.

> 우리가 해야 할 일은 바로 이것이다. 우리는 전쟁을 수행하는 국가 기관으로부터, 끝없이 이윤을 추구하는 기업들로부터, 모든 권위와 도그마로부터 우리 자신을 격리시켜야 한다. 그 대신 우리는 함께 어울려 살아가는 새로운 방식을 제안하고 실천에 옮겨야 한다. 결코 쉬운 일은 아니지만, 우리는 변화의 주체가 됨으로써 후손들에게 새로운 역사를 물려줄 수 있다.[72]

이것은 1970년에 출간된 『역사 정치학』의 마지막 단락이다. 여러 해가 지난 뒤, 진은 이 책이 다사다난했던 1960년대의 소산이자 "내가 그 당시에 하고자 했던 일, 즉 운동과 함께 하는 역사학자가 됨으로써 역사학자의 역할과 역사의 용도를 이론화하고자 했던 노력을 대변한다"[73]고 술회한 바 있다.

『역사 정치학』은 진의 저서 중에서, 적어도 지금까지 우리가 살펴본 그의 모든 저서 중에서 가장 중요한 책이라고 할 만하다. 역사학자로서의 진을 평가할 때, 『역사 정치학』과 『미국 민중사』는 가장 돋보이는 두 권의 저서이다. 진 본인은 자신의 저서 중에서 가장 마음에 드는 책으로, 정확히 말하면 가장 큰 영향력을 행사한 책으로 『미국 민중사』에 이어 『역사 정치학』을 두번째로 꼽았다. 그는 『역사 정치학』이 역사 선생들에게 가장 큰 영향을 미쳤다고 생각한다. "나는 역사학자들, 특히 젊은 역사학자들에게 내 생각을 들려주고 싶었기 때문이다. 나는 그들이 객관성을 강조하는 전통적인, 혹은 중립적인 역사학자가 아니라 현실에 참여하는 역사학자가 되기를 원한다." 그래서 이 책에서 "역사적인 사건에 대한 에세이뿐만 아니라 그 같은 주제에 대해서도 적지 않은 비중을 할애했다."[74]

이것은 『역사 정치학』을 정확하게 묘사한 설명이다. 헌사에는 "로슬린에게, 로슬린을 위해, 로슬린과 함께"라는 문구가 적혀 있고 "훌륭하게 자라준 마일라와 제프에게"라는 구절까지 잊지 않은 것을 보면, 그의 인생에서 가족이 차지하는 비중이 얼마나 큰지가 고스란히 드러난다. 이 책의 앞부분에는 또 데니스 디드로(Denis Diderot)의 볼테르에 대한 문장이 인용되어 있다. "다른 역사학자들은 여러 가지 사실들을 서로 연결시켜 우리에게 정보를 제공한다. 당신은 그것들을 연결시켜 우리에게 거짓과 무지, 위선과 미신, 폭압의 증오를 불러일으킨다. 그리고 분노는 사실에 대한 기억이 사라진 뒤에도 여전히 남는다." 진이 이 인용문을 선택했다는 것은 자신이 원하는, 또한 다른 사람들도 가져주기를 원하는 '역사에 대한 접근 방법'을 제시한다는 점에서 상당히 중요한 의미를 갖는다.

진은 서문에서 1968년에 세상을 떠난 어느 정치 풍자 단추(간단한 문안과 디자인으로 정치적 견해를 표현하는 일종의 배지 — 옮긴이) 제조업체 사장 이야기를 들려준다. 그는 늘 "나는 누가 승리하건 관심없다. 나는 단추 장수일 뿐이다"라고 적힌 단추를 달고 다녔다고 한다. 이것은 진에게 '수동적인 보고자' 역할에 만족하는 역사학자를 상징한다. "창밖에서 치열한 전투가 벌어지고 있는데 과거의 싸움을 연구하느라 여념이 없다. 대개의 경우, 사적인 일을 더욱 중요하게 생각한다. 그는 '역사 장수'일 뿐이다." 하지만 과연 그런 태도가 바람직한가 하는 것이 『역사 정치학』의 가장 핵심적인 질문이다. "수많은 어린이들이 굶주림과 폭격 아래 신음하는 세상에서, 역사학자는 자신이 믿고 있는 목표를 이루기 위해 무엇을 해야 하는가? 역사학자도 학자이기에 앞서 한 사람의 인간이지 않은가?" [75)]

진은 "우리에게는 물리학자와 기하학자, 화학자와 천문학자, 시인과 음악가, 화가가 수없이 많지만, 더 이상 우리들 가운데 시민은 존재하지 않는다"라고 비판한 루소의 말을 인용하며 18세기 이후 사회학자와 정치학자, 심리학자와 역사학자가 그 명단에 추가되었음에도 불구하고 "학자는 많지만 열정을 가진 학자는 많지 않다"고 지적한다. 그가 말하는 열정이란 "보다 나은 세상을 만들기 위한 절박한 욕구"를 의미한다. 이 절박한 욕구는 "'중립을 지킨다'라는, 가능하지도 인간적이지도 않은 직업적 규칙을 뛰어넘어야 한다." 진의 목적은 역사를 과학으로부터 분리시키는 것이 아니라 고대 인본주의자들의 목표를 과학에 접목시키고 '과학'의 진정한 의미를 파악하는 것이다. 역사 서술의 접근 방법을 통일시킨다거나, 모든 형태의 역사 연구를 금지하는 것도 진의 의도와는 거리가 먼 이야기들이다.

그렇다면 어떻게 하자는 것인가? "목표는 격려와 모범을 통해 역사 연구의 사회적인 측면, 가치 지향적이고 행동 지향적인 측면의 비중을 높이자는 것이다." 그러기 위해서는 사실에만 집착하는 것이 능사가 아니다. "나의 논점은 미리 예상 답변을 머릿속에 넣은 채 역사적 데이터에 접근하는 것이 아니라, 예상 질문을 가지고 접근하자는 것이다." 물론 정확성은 반드시 필요한 전제조건임을 부정하지 않지만, "역사는 정확성만 가지고 완벽하게 해석되지 않는다. 프로이트는 늘 안경을 닦기만 할 뿐 한 번도 끼지는 않는 사람들의 이야기를 언급한 적이 있다."[76]

『역사 정치학』은 3부로 구성되어 있다. 각 부분이 어떤 내용을 담고 있는지는 진 자신의 설명이 가장 정확할 것이다. 제1부 「접근 방법」과 제3부 「이론과 실천」은 '역사 서술'에 대한 내용을 담고 있다. 이 부분에 실린 글들은 "전반적인 지식의 활용에 대한 논의에서 특정한 역사의식에 대한 논의"로 나아가는데, 그 속에서 진은 역사학자를 '한 사람의 행위자'로 규정하고자 한다. 그러기 위해서는 전문적인 표현을 빌리자면 '역사철학'의 범주에 속하는 많은 문제점들을 논의해야 하는데, 여기에는 결정론, 인과율, 현재성, 분석적 접근 대 명상적 접근, 서술적 접근 대 이론적 접근, 역사란 무엇인가, 역사학자의 책임은 무엇인가 등등 여러 가지 주제가 포함된다. 그 와중에 진은 급진적 역사관의 몇 가지 기준을 제시한다.

진은 제2부에서 계급, 인종, 그리고 민족주의라는 세 개의 소제목 아래 '역사 에세이', 정확하게는 '미국 역사 에세이'를 소개한다. 진 자신의 표현을 빌리면 "급진적 역사관의 그 같은 기준을 충족하기 위한 시도"인 셈이다. 주제는 다양하지만 한 가지 공통의 목표가 있다. "우리 시대의 사회적 전투에 참여한다"는 것이다. 마지막으로 다음의 한 문장은 이 책과 진을 이해하는 데 가장 핵심적인 내용을 담고 있다. "나의 가장 큰 희망은 아직 완전히 드러나지는 않았다. 하지만 어렴풋한 암시는 이미 벌어진 사건들에 대해 보다 의식적인 저술들이 많이 나와주었으면 하는 것이다."[77]

제1부의 첫번째 에세이에는 「권력의 한 형태로서의 지식」이라는 제목이 붙어 있다. 1970년이라는 시대적 배경에서, 아니 지금도 이 제목에는 강력한 메시지가 들어 있다. "이제 우리 학자들이 이 세상에서 우

리의 자리를 확보해야 할 때가 아닌가?" 진은 그렇게 서두를 연 다음, 학자들 사이에서 흔히 회자되는 "(논문을) 출간하지 않으면 사멸한다 (publish or perish)"라는 말을 "남들이 사멸하는 동안 우리는 출간한다 (We publish while others perish)"라고 바꿔놓는다.

학계를 '지식산업'이라는 말로 표현하듯, 아는 것(지식)이 힘인 것은 분명하다. 지식은 "현상을 유지하는 전통적인 방법으로 사용될 수도 있지만, (일부 학생들이 요구하는 것처럼) 현상을 변화시키기 위해서 사용될 수도 있다." 아무래도 진의 입장은 학생들 쪽에 더 가까워 보인다. 하지만 그렇다고 해서 그가 "당장 눈에 띄는 확실한 것 이외에 모든 학문을 폐기하고자" 하는 것은 아니다. 결국 그것은 균형의 문제이다. "우리가 곤경에 처한 것은, 좋은 쪽으로 머리를 써야 하는 새로운 필요성이 생겼음에도 불구하고 독버섯 같은 학문의 세계에 갇혀 헤어나지 못하기 때문"이다. 이 같은 현상은 "무관심한 학문", "열정이 없는 배움", "객관적 연구", "과학적 방법" 같은 표현으로 구체화된다.

이 모든 것들이 합쳐져서 "도덕적 목적을 심화하는 쪽으로 우리의 지성을 이용하는 것은 왠지 부적절하다는 두려움"으로 변질된다. 따라서 "우리는 대부분 자신의 직업적 신념에 도움이 되는 쪽으로 남고자 한다. 비록 그것이 한 사람의 인간으로서 가슴속 깊은 곳에서 우러나오는 감정에 위배되고, 학자의 중립성이라는 것이 우리가 가르치는 역사의 이상과는 달리 비중립적인 세상의 희생자들을 배신하는 결과로 이어질지라도." 그래서 진은 이른바 중립적인 학문이라는 개념을 다시 한 번 살펴보고자 한다. "만약 사회의 혁명과 맞먹는 지식 활용의 혁명이 존재한다면, (진은 이미 "우리 사회에 혁명적 변화가 필요하다"는 점을 언급한 상태이다) 그것은 지식의 낭비를 초래하는 규칙들에 대한 도전으로부터 시작되어야 할 것이다."[78] 이어서 진은 다섯 가지 규칙에 도전장을 내민다.

"규칙 1. '무관심한 학문'을 연구하라." 하지만 "'무관심한' 학자들에 대해서는 의문의 여지가 없다. 오직 학자들이 어떤 종류의 관심을 가지는가가 문제될 뿐이다." 이어서 진은 이렇게 덧붙인다. "학자들은 정부, 군부, 경제 등 한정된 관심 분야에 집중하지만, 중립성을 지켜야 한다는 이유로 더 포괄적인 가치에 대해서는 신경을 쓰지 않는다."[79]

"규칙 2. 객관적인 태도를 유지하라." 하지만 진은 많은 학자들이 생각하는 객관성이란 '미신'에 지나지 않는다고 주장한다. "궁극적인 가치 체계, 그리고 그것을 확보하기 위해 필요한 도구, 그 둘 사이의 차이"를 혼동하는 학자들이 너무나 많다. 가치는 상당 부분 주관적일 수밖에 없지만(이를테면 "인간의 필요에 의해 파생된다"), 도구는 반드시 객관적이어야 한다(이를테면 "정확성"). 간단히 말해서 "우리의 가치는 '대답'이 아니라 '질문'을 결정해야 한다."[80]

"규칙 3. 자신의 원칙을 고수하라." 하지만 전문성은 "의료계에서와 마찬가지로 교육계에서도 터무니없을 정도의 극단적인 양상"으로 나타나는데, 이는 "교육이 가치의 증진과 결별할 때" 자연스럽게 나타나는 현상이다. 현대 사회에서 문제가 되는 진정한 논점, 예를 들어 "해마다 8,000억 달러의 가치를 생산하는 국가에서 가난을 어떻게 몰아낼 것인가"라는 문제에 접근하기 위해서는 역사와 정치, 경제 등의 영역을 자유롭게 넘나들어야 하는데, 기성 학계에서는 그 같은 시도를 권장하지 않는다.[81]

"규칙 4. 과학적이기 위해서는 중립성이 필요하다." 하지만 "이것은 과학이 어떻게 작동하는지를 모르기 때문에 나오는 이야기이다." 과학자들도 누구나 나름의 가치를 가지고 있지만, 그것을 "결정한 지가 너무 오래되어서 잊고 있을 뿐"이다. 이 같은 가치에는 사람의 생명을 구하거나 인간의 행복을 증진하기 위해 환경을 통제하는 능력을 확장하는 등의 영역이 포함된다. "사회과학을 연구하는 학자들은 대개 자신의 목표가 사람을 살리고, 자원의 공평한 분배를 실현하고, 자유의 영역을 확대하는 것이라는 사실, 이 같은 목적을 달성하기 위해 노력해야 한다는 사실을 받아들이지 못하고 있다."[82]

"규칙 5. 학자는 '이성'을 유지하기 위해 '감정'에 휩쓸리면 안된다." 하지만 진은 감정이 사실을 왜곡하는 경우가 있는 것은 사실이지만 때로는 오히려 더욱 정확하게 사실을 드러내기도 한다는 점을 지적한다. 감정을 완전히 배제한 채 전쟁이나 노예제도 같은 것을 설명할 수 있는가? 그런 노력을 기울여야 하는가? "이성이 정확하게 작동하기 위해서는 감정의 도움을 받지 않으면 안된다." 진은 라인홀트 니버 (Reinhold Niebuhr)의 말을 인용하며 그렇게 결론을 내린다.[83]

진은 학계가 지금까지 어떤 활동을 해왔으며 어떤 모습을 가지고 있는지를 비판하면서 "학자들은 자신이 지켜온 규칙들을 재고한 다음, 우리 시대의 당면한 과제들을 향해 지적인 에너지를 돌려야 한다." 그러면서 진은 교육의 진정한 임무는 정체된 지식을 버리는 것이라는 알프레드 노스 화이트헤드(Alfred North Whitehead)의 말을 인용한다. "생선을 싱싱하게 보관하기란 쉬운 일이 아니다. 지식도 마찬가지이다." 진은 그것을 이렇게 표현한다. "우리의 지식은 언제나 팔팔하게 살아 있어야 한다." 진의 문장을 직접 읽어보자.

특히 우리는 모든 사회가 숨기고자 하는 사실들을 드러냄으로써 인식의 지평을 더욱 확대하는 데 우리의 학문적 시간과 에너지를 활용해야 한다. 이를테면 부와 빈곤의 문제, 공산주의는 물론 자본주의 국가의 독재 정치, 정치인과 언론, 교회와 대중 지도자들의 거짓말 등이 여기에 해당한다. 우리는 거짓 논리, 가짜 비유, 기만적인 슬로건, 사람들을 살인으로 몰고 가는 악의적인 상징과 개념(깃발, 공산주의, 자본주의, 자유 등)을 폭로해야 한다. 우리는 온갖 추상적인 개념들을 파고들어 우리의 동료 시민들이 정치적 수사(修辭)에 가려진 현실에 대해 올바른 판단을 내릴 수 있도록 도와야 한다. 우리는 일관성이 없고 이중적인 잣대를 폭로해야 한다. 간단히 말해서 우리는 문화의 변호자, 영속자가 되기보다 그 비판자가 되어야 한다.[84]

다음 장 「사기업으로서의 역사」는 "이제 그 범위를 학자 전반에서 역사학자로 좁혀보자"라는 문장으로 시작된다. 역사로 돌아온 것이다! 역사는 전통적으로 제몫을 다해 왔다고 보기 어렵다. "아주 오래전부터 역사학자들은 자기 자신의 인간성 때문에 곤욕스러워해 왔다. 빈곤에 가슴아파하고, 전쟁을 두려워하며, 인종 차별에 배신감을 느끼고, 반대파에 대한 무자비한 숙청에 분개하지만, 그럼에도 불구하고 언제나 넥타이를 단정하게 매고 침착한 목소리를 유지한 채 감정을 드러내지 않으려고 최선을 다한다. 때로는 연구 주제를 교묘하게 자신의 감정과 통일시키기도 하지만, 너무나 교묘해서 의회 위원회의 가까운 친구가 조사자가 아니면 그의 연민을 의심하지 못한다."

역사학자들은 "현안에 대한 깊은 관심이 과거의 진실에 대한 왜곡으로 이어지지 않을까" 걱정하는 듯하다. 물론 그럴 수도 있겠지만 더욱 걱정스러운 것은 "무관심은 또다른 형태의 왜곡으로 이어지고, 그렇게 되면 역사라는 금속은 쟁기도, 칼도 되지 못한 채 그저 녹아서 팔려나갈 뿐"이라는 점이다. 역사학자는 "글을 쓰고 학생들을 가르쳐서 생계를 유지하는 전문가이며, 자신의 직업을 유지해야 한다는 필요성 때문에 논쟁(점잖은 학문적 논쟁을 빼고)과 골칫거리를 피하려는 경향을 보인다."[85]

진은 역사학자들 사이에서 찾아볼 수 있는 몇 가지 예외를 인정한다. 찰스 버드(Charles Beard)의 『헌법의 경제학적 해석(An Economic Interpretation of the Constitution)』, W. E. B. 두 보이스의 『검은 재건(Black Reconstruction)』, 매튜 조셉슨(Matthew Josephson)의 『벼락부자들

(The Robber Barons)』, 아더 와인버그(Arthur Weinberg)의 『명백한 운명 (Manifest Destiny)』, C. 반 우드워드의 『짐 크로우의 특이한 경력』, 그리고 리처드 홉스태터의 『미국의 정치적 전통』 등이 그 예이다.[86]

훗날 역사에, 그리고 역사가 사회, 정치, 경제, 그 밖의 관련 분야에 미치는 영향에 매료된 이유를 묻는 질문에, 진은 이미 오래전부터 밝혀 온 감정과 별로 어긋나지 않는 답변을 들려주었다. "업튼 싱클레어와 찰스 버드와 존 스타인벡을 읽으며 정치의식을 가지게 되었고, 이 세상과 이 나라에서 어떤 일들 ─ 파시즘, 공산주의, 자본주의, 민주주의 ─ 이 벌어지고 있는지를 이해하기 위해서는 역사에서부터 출발하지 않으면 안된다는 결론을 내리게 되었다."[87]

하지만 1970년 당시 미국의 역사 서술 방식은 "현안과의 직접적인 대립을 회피하고, '객관성'으로부터의 일탈을 경계하며, 사회 활동과의 연계를 거부하는" 것이 대세였다.[88]

"참여를 두려워하는 심리의 밑바닥에는 궁극적인 가치와 도구적 가치 사이의 혼란이 자리하고 있는 듯하다." 특정한 도구적 가치 ─ 특정 국가, 조직, 지도자, 사회 시스템, 종교, 기술 등 "궁극적 가치를 발전시키는 데 나름의 효능을 주장하는 모든 것" ─ 에 대한 양보 없는 헌신은 "역사적 사건에 대한 은폐 혹은 왜곡의 강력한 압박을 초래한다."

반면 사소한 궁극적 가치 ─ "전쟁과 빈곤, 인종 간의 증오, 감옥 등은 반드시 없어져야 한다, 인류는 하나의 종으로 이루어진다, 애정과 협력으로 폭력과 증오를 대신해야 한다" ─ 에 대한 솔직한 집념을 가지고 역사적 탐구를 시작하면 그 "옹호자들에게 진실을 주물러 놓아야 한다는 압박이 생기지 않는다." 진은 이 문제를 더욱 집요하게 파고든다. 어느 역사학자가 거짓말을 하면 "금방 누군가가 그 사실을 알아낼 테니까" 거짓의 문제는 그리 중요하지 않다. 하지만 "확실한 입장을 드러내지 않는 역사학자를 대하기가 훨씬 더 힘들다. 우리는 진실을 기준으로 정했고 진실을 향해 달려갈 테지만, 관련성은 받아들이지 않았다."[89]

이것은 확실히, 전통적인 방식으로 훈련을 받은 역사학자를 겨냥하고 쓴 글인 듯하다. 이 장의 마무리로 넘어가면서 진은 "지구는 부자, 백인, 남성, 권력을 가진 사람을 향해 크게 기울어져 있기 때문에 그것을 바로잡기 위해서는 엄청난 노력이 필요할 것이다"라고 썼다. 연구 주제를 선택하는 행위 자체가 "특정한 가치의 사회적 척도를 가늠하는 첫번째 단계"이다. 1820년대의 관세 논쟁처럼 이미 죽어버린 과거의 문제가 아니라, 살아 숨쉬는 '현재'의 문제를 선택해야 한다. "역사 선생과 저술가는 '역사를 공부하는 것이 우리 시대를 이해하는 데 어떻게 도움이 되는지'를 이야기해야 한다." 하지만 이것은 흔히 "선생은 첫번째 강의에서 이 점을 분명히 언급해야 하고, 교재 역시 서두에서부터 이 점을 확실히 해두어야 한다. 과거에 대한 백과사전적이고 연대기적인 설명은 그 다음이다." 그렇게 되면 학생들은 "과거는 현재를 이해하는 데 유용하다. 그 이유는 이러하다"라는 설명을 듣게 될 것이다.[90]

제1부는 「급진적 역사란 무엇인가?」라는 핵심적인 장으로 마무리된다. "역사 서술은 늘 우리에게 영향을 미친다. 우리의 수동성을 강화할 수도 있고, 우리를 더욱 적극적으로 만들 수도 있다. 어떤 경우든 역사학자는 중립을 선택할 수 없다. 역사학자는 달리는 기차 위에서 글을 쓰고 있기 때문이다." (『달리는 기차 위에 중립은 없다』라는 회고록 제목도 이 문장에서 비롯되었다.) 그런 의미에서 자신부터 '달리는 기차'에서 쓴 다음의 문장은 대단히 중요한 의미를 갖는다. "그래서 나는 인간의 감수성을 확장하는 방식으로 역사 서술이 이루어져야 한다는 데서부터 논의를 시작하고자 한다. 단순히 이 책에서 저 책으로 옮겨다니는 것이 아니라, 사람들이 어떻게 살아야 하는지에 대한 논란으로 뛰어들어야 한다." 이어서 진은 약간 의외의 주장을 펼친다. "나는 가치 지향

적인 역사 서술을 강조한다. 우선 역사가 유용하게 활용될 수 있는 다섯 가지 방법을 생각해 보자."

1. 희생자의 입장에서는 사태가 얼마나 나쁜지에 대한 우리의 인식을 증폭하고 확장하고 날카롭게 할 수 있다.
2. 중립을 지키거나 은혜를 베푼다는 식의 정부의 기만성을 폭로할 수 있다.
3. 우리의 문화를 지배하고자 하는 이데올로기를 폭로할 수 있다. 여기서의 '이데올로기'란 만하임의 정의, 즉 질서를 잡아가는 원리를 의미한다.
4. 지금까지 지구를 지배해 온 방식보다 더 나은 생존 방식의 가능성을 보여주는 과거의 순간들을 포착할 수 있다.
5. 좋은 의도로 출발한 사회운동도 엉뚱한 방향으로 나아갈 수 있다는 사실, 지도자들이 추종자들을 배신할 수 있다는 사실, 혁명 세력이 관료주의자로 변질될 수 있다는 사실, 이상이 구체화될 수 있다는 사실을 보여줄 수 있다.[91]

진은 제2부에서 급진적인 역사관의 다섯 가지 기준을 만족시키는 '미국 역사 에세이'들을 선보인다. '계급'이라는 소제목 밑에는 주로 라과르디아와 뉴딜정책에 대한 연구, '인종'이라는 소제목에는 민권운동과 관련된 글, '민족주의'에서는 주로 베트남전쟁을 부각시키는 글들이 소개된다. 『역사 정치학』에 포함된 글들 가운데 약 절반가량은 주로 논문 형태로 이전에 발표되었던 글들인데, 제2부에 소개된 에세이들도 마찬가지이다.

하지만 제3부 「이론과 실천」에 포함된 네 개의 장에는 이전에 발표된 글이 한 편밖에 없고, 지금까지 우리의 관심을 끌어온 자료를 다룬 것은 하나도 없다. 이것은 역사학자로서의 진을 이해하는 데 대단히 중요한 자료이다. 그의 목표는 '역사철학'을 다루는 역사학자와 철학자들이 어디에 주목하고 있는지를 살펴보는 것이다. 사실 진의 이 글들은 대부분의 전통적인 역사철학보다 훨씬 이해하기가 쉽다. 또한 전통적인 범주의 역사철학자들은 진에게서 그다지 높은 평가를 받지 못한다. "그들(역사철학자들)은 자신도 모르는 사이에 길을 잃어버린 듯하다. 그들은 역사 연구의 인간주의적 목표를 망각했기 때문이다." 혹은 "만약 그들이 길을 잃지 않았다면 그것은 '재미'만 있으면 정처없이 방황하는 것도 괜찮다고 생각하기 때문이다." 이어서 진은 '재미(interesting)'라는 단어에 인용 부호를 한 것은 "단순한 호기심의 차원을 넘어, 때로는 이익(interest)이나 손해로 연결될 수도 있는 이 단어 원래의 의미가 크게 퇴색되었기 때문"이라고 설명한다.[92]

역사의 의미 문제를 파고들 때의 진은 "역사 서술의 '행위'에 따르는 결과에 관심을 돌림으로써 학문적인 논의를 외면하는" 모습에 관심을 둔다. 따라서 글을 쓰는 의미는 "그 사람이 하고자 하는 말, 혹은 실제로 한 말뿐만 아니라 살아 있는 현실에 대한 영향을 따져보아야 한다." 마찬가지로 "어떤 이념은 그것이 행동으로 변할 때 다른 무언가에 영향을 미침으로써 그 의미를 가지게 된다." 따라서 "우리는 (역사 서술을 통해) 크든 작든 인간으로서의 가치에 플러스, 혹은 마이너스가 되는 결과를 이끌어내는 행동에 관여하게 되는 것이다."[93]

진은 자유와 결정론의 문제를 고찰할 때도 이 같은 현실적인 측면을 강조한다. 그의 문장에서 가장 핵심적인 표현은 "마치 ~처럼(as if)"이다. "마치 우리가 자유로운 것처럼 행동하는 것은 결정론과 자유의 패러독스를 해결하고, 과거와 미래 사이의 긴장을 극복하는 방법이다." 진이 말하는 과거는 "당위성의 문제가 아니라 가능성의 문제이다. 과거는 필요한 것을 모두 보여주는 것이 아니라 가능한 것 가운데 일부만을 보여줄 뿐이다." 역사를 통틀어 인류가 이룩한 몇 가지 위대한 도약은 '마치 ~처럼' 행동했던 사람들의 공이다. 예를 들어 노예제도 철폐를 외쳤던 사람들은 "마치 온 나라가 노예제도를 반대하도록 만들 수 있는 것처럼" 행동했고, "극소수에 불과했던 카스트로와 그 추종자들은 마치 쿠바 전역을 장악할 수 있는 것처럼" 행동했다.

다른 한편, 진은 "자유는 책임을 수반한다"는 사실을 일깨운다(사실 「자유와 책임」은 이 책 마지막 부의 제목이기도 하다). 하지만 '책임' 역시 '자유'와 마찬가지로 추상적인 개념에 불과할 수도 있다. "그것은 역사학자가 자신의 글이 자신이 책임져야 할 일종의 행동이라는 사실을 인식할 때에만 의미를 지닌다." 또한 역사에서의 책임은 즉각적인 행동 속에서만 의미를 지닐 수 있다. "오늘날의 관점으로 카이사르가 좋은 사람이었는지 나쁜 사람이었는지, 나폴레옹이 진보적이었는지 반동적이었는지, 루스벨트가 개혁가인지 혁명가인지를 따지는 것은 아무런 쓸모없는, 역사학자들 사이의 유희에 지나지 않는다. 과거의 범죄를 돌아볼 때 '누구에게 죄가 있는가?'를 묻는 것은 의미가 없다. 그 질문이 '지금의 우리가 감당해야 할 책임은 무엇인가?'로 이어지지 않는 한."[94]

진은 『역사 정치학』을 통해 역사철학과 관련된 주제로 넘어가면서 먼저 역사학자를, 그 다음에는 철학자를 다룬다. 그의 입장은 단호하다. "어떤 행위를 철학적으로 고찰하는 사람에게 제일 먼저 던져야 할 질문은 '그것은 무엇을 위한 것인가?'이다." 이어서 진은 존 하이햄 (John Higham)과 레오나드 크리거(Leonard Krieger), 펠릭스 길버트(Felix Gilbert)가 함께 쓴 『역사 ─ 미국 역사 연구의 전개 과정(History: The Development of Historical Studies in the United States)』을 거론한다.

우선 진은 이 책이 그 당시 미국의 역사 서술 방식을 압축적으로 보여준다는 점에서 그 중요성을 인정한다. 하지만 오늘날 미국의 역사 서술에서 많은 비중을 차지하는 형식주의와 학문적 일탈을 요약한다는 측면에서는 부족한 점이 많다고 지적한다. "1950년대 중반 이후의 역사 서술에 대해 만족해 하는 분위기"가 드러나지만, 이 같은 분위기가 나타난 것은 "역사학자들이 미국 사회에 중요한 공헌을 했다기보다 그들의 직업적 위상이 개선되었기 때문일 뿐"이다. '미국역사학회'의 회원수가 늘어나고 그 활동량이 많아진 것은 중요한 게 아니다. 그보다 훨씬 더 중요한 문제는 "미국역사학회와 그 회원들의 활동이 1950년대와 60년대의 미국, 나아가 전세계를 압박하던 문제의 해결책에 대해, 어떤 방식으로 역사적 지식에 초점을 맞추었는가?"이다.[95]

진은 몇몇 역사학자들이 지나치게 현실에 집착한다는 하이햄의 비판을 소개한 다음, "존재하는 것은 오로지 현실뿐"이라는 알프레드 노스 화이트헤드의 말을 인용하며 어떻게 그 같은 지나친 집착이 성립될 수 있느냐고 반문한다. "삶 그 자체가 최고의 가치를 갖는다는 점을 고려하면, 현재와 미래 이외에 달리 집착할 것이 무엇이 있는가?"

이어서 진은 "과거는 죽었다"고 단언한다. "물론 과거는 유용하다. 해부학자에게 시체와 기념품과 사진이 유용한 것과 마찬가지이다. 하지만 우리는 어떤 의미로도 과거에 '집착'할 수는 없으며, 그런 측면이라면 역사를 차라리 시체에 대한 애착 정도로 불러야 할 것이다." 이른바 '과거 지향'은 가능하지도, 바람직하지도 않다는 것이 진의 믿음이다. "과거 지향을 강조하는 역사학자라면 실제로는 현재의 가치가 역사를 하나의 직업으로 평가할 뿐이라는 의미가 아닐까 싶다."

나아가 "그런 역사학자의 관심은 사회적이라기보다 학문적이며, 역사라는 분과를 다른 분과와 힘을 합쳐 사회문제를 해결하려고 노력하는 주체로 판단하기보다 다른 학문과 경쟁하는 주체로 판단하는 듯하다"라고 지적하는 진의 목소리에는 고통스러운 진실의 한 면이 담겨 있다. "역사학자가 마음속 깊은 곳에 자리한 가치관에 근거한 학문을 거부한다면, 그 결과는 방법론에 대한 공허한 논란으로 귀결되는 경우가 많다. 이것은 뚜렷한 목적도 없이 학문적 성층권을 배회하는 엉터리 '이론화'에 지나지 않는다."

진은 서사적 역사(narrative history)와 해석적 역사(explanatory history) 사이의 논쟁에 대해서는 크게 신경을 쓰지 않는다. "역사가 오늘날의 우리에게 무엇을 해줄 수 있는가, 라는 질문을 출발점으로 삼는다면 서사적이건 해석적이건 아무 문제가 되지 않기 때문이다." 둘 다 유용할 수도 있고 둘 다 쓸모없을 수도 있다.[96]

마찬가지로 역사의 일반화 문제 역시 핵심은 일반화가 유용한가 아닌가에 달려 있다는 것이 진의 입장이다. 사실은 유용하지 않을 때가 훨씬 많다. "이것은 마치 연인 사이인 두 사람이 관계에 아주 중요한 문제가 생긴 결정적인 순간에 '곰곰이 생각해 봤는데, 우리는 늘 화요일에만 데이트를 한 것 같아' 하고 말하는 것과 다름없다." 역사학자가 자기 연구의 잠재력에 대해 겸손한 태도를 취하는 것은 좋은 일이다. 하지만 잠재력을 발휘하는 것을 목적으로 삼아서는 안된다는 태도는 절대 용납되지 않는다. 역사학자의 전통적인 반응은 이러하다. "나는 세상에 대한 당신의 지식을 늘려주고자 한다. 당신이 행동하도록 돕는 것은 내 임무가 아니다. 하지만 불안해 할 필요는 없다. 과거에 대한 지식이 크게 많아지면 어떻게든 도움이 될 테니까." 진은 그것만으로는 충분하지 않다고 믿는다.

마지막으로, 일반화라는 주제에 대해 진은 루이스 고트샬크(Louis Gottschalk)가 1963년에 편집한 『역사 서술의 일반화(Generalization in the Writing of History)』라는 책을 소개하며 이 책 자체가 "적어도 하나의 일반화가 갖는 정확성을 확실하게 보여주고 있다. 역사학자들은 (극소수의 예외를 제외하고) 자신의 일반화가 우리 시대의 문제점을 해결하는 데 유용한지 아닌지를 주요한 관심사로 삼지 않는다"는 결론을 내린다. 사실 "학문적인 역사학자는 우리 시대의 학문에 대해서 관심이 없기 때문에 역사학계로 들어서고자 하는 젊은이들, 특히 그들이 세상을 걱정하는 젊은이들일 경우에는 경쟁의 대상이 되지 못한다."[97]

역사학자에서 철학자로 논의의 대상이 바뀐다고 해서 진의 태도가 더 부드러워지는 것은 아니다. "바람직한 목표를 향해 나아가도록 도와주는 방식으로 과거를 연구해야 한다"는 기본적인 전제가 성립된다면, 철학자들이 할 수 있는 중요한 일들이 많이 있다. 윤리학자로서의 철학자는 역사학자들이 가치를 보다 명쾌하게 사고할 수 있도록 도와야 한다. 논리학자로서의 철학자는 역사학자가 전제에서 결론으로 나아가는 과정을 점검할 수 있다. 언어학자로서의 철학자는 역사학자가 사실에 입각한 주장과 이론적인 주장을 보다 명쾌하고 정확하게 표현하도록 도울 수 있다. 하지만 그 대신 "지난 10년 동안 미국에서 진행된 역사철학에 대한 논의의 상당 부분은 사소하고 기만적이고 피상적인 차원에 머물러 있었다."[98]

역사의 '설명'에 대한 논쟁에서 진은, "모든 논의가 역사를 '아무도 묻지 않은 질문에 대답하는 귀머거리'로 규정한 톨스토이의 견해를 넘어서지 못하고 있다"고 비판한다. 여기서 진은 칼 헴펠(Carl Hempel)과 윌리엄 드레이(William Dray) 사이에 벌어진 논쟁을 언급한다. 진은 일단 헴펠에 대한 드레이의 비판에 동의하는 듯하지만, 결론적으로는 "드레이의 논점은 논쟁의 여지가 없지만 지나치게 사소하다"고 지적한다.

그러나 모턴 화이트(Morton White)의 1965년 저서 『역사적 지식의 기초(The Foundation of Historical Knowledge)』에 대한 진의 견해는 더욱 비판적이다. 화이트는 "이 분야에서 가장 유명한 미국인 가운데 한 명"이지만, 그의 저서는 "역사철학의 최근 연구 동향이 얼마나 무기력한지를 보여주는 좋은 사례"이다. 화이트의 주요 관심은 "역사가 아니라 역사학자, 삶이 아니라 언어, 그들이 이 세상에 기여를 하고 있는지, 혹은 어떻게 하면 그럴 수 있는지 등을 비판적으로 판단하기보다는 그들이 무엇을 하고 있는지를 설명하는 데" 초점을 맞춘 듯하다.

진은 "철학은 세상을 변화시키지 않는다. 철학은 세상을 해석하여 스스로 자기 자신과 화해하도록 유도할 뿐이다"라는 게오르게 리히트하임(George Lichtheim)의 말을 인용한다. 화이트가 말한 "역사학자가 하는 일에 대한 확실한 관심, 그들이 과거를 이야기하는 방식에 대한 그의 해석"이 의미하는 것이 바로 이것이며, "살아 있는 인간의 문제에 대한 신중한 무관심이 역사철학에 대한 책 전반에 걸쳐 나타나는 이유"도 바로 이것이다.[99]

진은 인과관계를 다루는 장으로 『역사 정치학』을 마무리한다. 이 장에는 미국 남북전쟁의 인과관계에 대한 서로 다른 이론들이 사례 연구 형식으로 실려 있다. 그러나 진은 이 논쟁의 상당 부분, 그리고 "답을 찾아봐야 오로지 과거에만 의미가 있을 뿐인 질문"을 제기하는 다른 논쟁들이 시간 낭비에 지나지 않는다는 입장을 드러낸다. 철학자와 역사학자는 "죽은 학문에만 도움이 될 뿐 살아 있는 인간들에게는 전혀 도움이 되지 않는 역사의 이론적인 문제들만 다루는 경향"을 보인다. 이 대목에서 진은 E. H. 카(E. H. Carr)의 『역사란 무엇인가(What Is History)』를 인용한다. "훌륭한 역사학자는 의도하건 하지 않건 간에, 뼈 속에 미래를 가지고 있는 이들이 아닐까 싶다. 역사학자는 '왜?'라는 질문뿐만 아니라 '어디로?'라는 질문도 던져보아야 한다."[100]

초판이 출간된 지 20년 만인 1990년에 『역사 정치학』의 개정판이 나왔다. 본문 자체는 바뀌지 않았지만 새로운 서문이 추가되었다. 여기에서 진은 초판의 문제의식이 여전히 살아 있다고 주장한다. 한 가지 흥미로운 것은 진이 『역사 정치학』의 재발간을 '역사는 어디에 유용한가'를 보여주는 중요한 사례로 제시한다는 점이다.

레이건-부시 정권의 이른바 자유 기업 체제는 '역사적 건망증'에 지나지 않으며, 1790년대에서 대공황기에 이르기까지 보수적인 경제 정책이 미국 정부를 지배했다는 논리를 펼친다. 하지만 '자유 기업'은 한 번도 자유로웠던 적이 없으며, 언제나 정부의 협력 아래 사유재산의 지배를 받아왔다. 이 같은 체제는 심지어 이른바 '번영기'라고 불리는 시절에조차 가난한 사람들에게는 결코 바람직한 방향으로 작용해 본 적이 없다. 결국 이 체제는 1929년에 종말을 고했고, 미국 민중의 상당수를 굶주린 노숙자로 만들었다. 진은 "미국인의 공적인 삶에는 계급을 기준으로 국민들을 편가르고 그들 사이에 갈등을 부추기는 철학이 설 자리가 없다"는 부시의 말을 인용하며, "계급 간의 갈등이 현실, 즉 부자와 빈자의 존재에서 비롯되는 것이 아니라 '철학'에서 비롯된다"고 하는, 이 언급의 전제 자체가 '역사적 정확성'과는 동떨어져 있다고 지적한다.[101]

여기서 진은 다시 한 번 신화의 객관성을 주장한다. 이 주제에 대한 피터 노빅의 신작 『그 고귀한 꿈 — '객관성 문제'와 미국의 역사적 고백(That Noble Dream: The 'Objectivity Question' and the American Historical Profession)』이 "과거의 실제 모습을 재현하는 것 이상의 어떠한 의도도 없다고 주장하는 역사학자들의 '객관성'이라는 허울을 시원하게 벗겨낸다"고 칭찬하며 노빅의 다음 문장을 인용한다. "내가 보기에 어떤 역사적 연구물이 객관적이냐 아니냐를 따지는 것은 별다른 의미를 가지지 못하는 듯하다. 말하자면 별로 재미있지도, 유용하지도 않은 이야기를 늘어놓는 핑계에 지나지 않는 셈이다." 흔히 찾아볼 수 있는 일은 아니지만, 그는 『역사 정치학』을 대상으로 삼은 서평들 중에서 크리스토퍼 래쉬(Christopher Lasch)의 글에 관심을 표명한다.[102]

우리는 이 기회를 통해 노빅과 래쉬가 진을 어떻게 평가하는지를 확인할 수 있다. 노빅은, "그 골치아픈 '객관성'에 다가설 수 있는 최선의 방법은 주어진 상황에 대한 주관적 견해들을 모조리, 정확하게 기술하는 것"이라는 진의 말을 인용한다. 이어서 그는 좌파 역사학자인 허버트 애프테커(Herbert Aptheker)가 쓴, 『역사 정치학』 서평을 인용한다. "노예제도를 '노예 지향적'인 관점에서 서술한 역사는 단순히 노예제도라는 그림을 그려나가는 차원이 아니라 그것 자체가 하나의 그림이 되어버린다. 다시 말해서 노예제도의 실상을 알고 싶은 사람은 직접 노예를, 적어도 노예제도를 경험한 사람을 찾아가야 한다. 그것이 노예제도의 '객관적인' 그림을 그리는 방법이다." 하지만 진과 애프테커는 그 시대의 다른 좌파 역사학자들과 마찬가지로 "사회의 밑바닥 계층에 속하는 사람들의 확인된 신원은 설사 아무리 나쁠지라도 사회 상층부에 자리잡은 사람들의 확인되지 않은 신원만큼 심하게 왜곡되거나 객관성을 잃지는 않는다"는 사실에 동의한다.

노빅은 진을 스토턴 린드, 제스 레미쉬(Jesse Lemisch) 등과 함께 "대항문화와 활동가적 취향을 선호하는" 좌파 역사학자로 분류한다. 이것은 공산주의적 배경을 가진 유진 제노비스(Eugene Genovese)와 크리스토퍼 래쉬를 포함하는 다른 좌파 역사학자 그룹과는 대조적인 견해이다. 노빅은 진을 비롯한 이 그룹의 역사학자들이 "강력한 도덕적 목소리"를 가지고 있다고 평가한 다음, 『역사 정치학』의 서평을 쓴 사람들은 "진이 상대주의를 포용하는 것인지 배척하는 것인지에 대해 결정을 내릴 수가 없었다"고 주장하며, 래쉬의 서평에서는 "어떤 진실을 강조할 것인지에 대한 하워드 진의 도덕적이고 현실주의적인 기준이 비웃음을 사고 있다"고 지적한다.[103]

래쉬의 어떤 언급이 진으로 하여금 20년이라는 세월이 흐른 뒤 다시금 그의 서평을 살펴보도록 만들었을까? 그것은 진의 저서에 대한 서평이 아니라 「리처드 홉스태터에 대하여」라는 제목의 에세이였다. 래쉬는 '지나친 단순화'와 '이상한 당파성'에 대해 비난을 퍼부었지만, 각주를 통해 그가 염두에 둔 '신좌파' 역사학자는 진이 아니라 스토턴 린드, 특히 그의 1968년 저서 『미국 급진주의의 지적 기원(Intellectual Origins of American Radicalism)』임을 분명히 했다. 또한 그가 진을 언급한 곳에서 소개한 글은 『역사 정치학』이 아니라 「인종 차별 철폐론자, 자유승차운동, 그리고 선동의 전술」이라는 에세이였다. 하지만 래쉬의 표현은 더없이 강경하다. 그는 역사학자들에게 "지금 이 순간에 필요한 행동이 무엇인지에 대해 특정한 윤리적 기준을 가지고 그 같은 필요를 충족하는 진실에 집중할 것"을 요구하는 진의 글을 인용한 다음, "그 같은 비판에 대해 이미 합의에 도달한 역사학자들은 반론의 필요성을 느끼지 않는다"고 주장한다. 래쉬는 또한 신좌파가 '갈등'을 강조하는 것을 홉스태터가 『미국의 정치적 전통』에서 소개한 '합의적' 접근 방법으로 파악한다.[104]

진은 적어도 자신의 저서와 관련해서는 래쉬의 이 같은 비판이 오해에서 비롯되었다고 주장한다. 우리는 이미 홉스태터에 대한 진의 존경심을 확인한 바 있다. 진은 1990년판 『역사 정치학』 서문에서 이렇게 말한다. "사실 나는 서로 경쟁하는 우리 사회의 지배적인 그룹들 사이의 '합의의 존재'에 대해서는 전적으로 동의하지만, 그 같은 합의의 외부에는 역사학자들이 적절한 관심을 보여주지 않은 반대 의견이 존재한다고 주장했다."[105]

『역사 정치학』은 『미국 아카데미 연보』와 『미국 정치학 리뷰』에 주요 서평의 대상이 되었다. 흥미로운 것은 『미국 아카데미 연보』에 서평을 쓴 도널드 B. 로젠탈(Donald B. Rosenthal)이, 진은 정치학과에서 강의를 하고 있음에도 불구하고 "그의 학문적 관심은 미국 역사 분야임이 분명하다"고 언급했다는 점이다. 로젠탈은 진의 책에서 '상당한 힘'을 느낄 수 있지만, 동시에 가끔씩 '이상한' 부분이 있다고 주장한다. 그는 또한 진의 입장에 '약간의 이중성'이 있다고 주장한다. "비록 그는 여러 군데에서 동일한 궁극적 가치를 제시하고 있음에도 불구하고 — 예를 들면 '전쟁과 인종 간의 증오, 가난, 파괴적인 경쟁 등을 몰아낼 필요성' — 그러한 가치를 실현하기 위해 사회적 활동을 이용하는 문제를 너무 가볍게 처리하고 있다."

로젠탈은 진이 제기하는 대부분의 목표가 이미 정치적 수사에서 보편적으로 언급되고 있지만, 전반적으로는 정치적 현실과는 거리가 있다고 주장한다. 진은 이 같은 간극을 넘어서는 방법을 제시하지 못했다는 것이다. "역사도 사회성을 띠어야 한다는 진의 주장은 사회적 목표에 대한 명쾌한 개념 규정에 뿌리를 두고 있지 않을 뿐 아니라 적절한 정치적 수단을 제시하지도 못한다. 그보다는 스스로 자신도 포함된다고 여기는 듯한 인종 차별 철폐론자들과 마찬가지로, 진의 접근 방식은 역사적 상황을 초월하는 궁극적인 가치를 호소하는 것에 지나지 않는다."[106]

스미스 대학의 필립 그린(Philip Green)은 『미국 정치학 리뷰』에 서평을 실었다. 굉장히 신중하고 긍정적인 서평이었다. 그린에 의하면 『역사 정치학』은 '뛰어난 저서'임이 분명한데, 그 이유 가운데 하나는 객관성이 "우리의 말과 행동에 대한 실질적인 사회적 결과를 숨기는 가면에 불과하다는 사실"을 폭로했기 때문이다. 그린은 특히 미국 역사에 대한 진의 에세이들이 "한결같이 뛰어난" 글이라는 반응을 보인다. "진이 현재의 옹호론에 대한 비판을 상세하게 설명하고, 현대 세계와 권력 분할에 복무하는 역사가 아니라 사회 변화에 복무하는 자기 고유의 역사관을 제시한 것이 바로 이 에세이들이다."

그린은 인종 차별주의에 대한 전통적인 접근 방식을 비판하는 진의 논리가 대단히 탁월하다고 평가한다. "진은 미국의 급진적 전통을 다루는 역사 서술이 극도로 나태할 뿐만 아니라 방법론상으로도 적절하지 않다는 사실을 강조하면서, 우리 역사학자들이 급진주의자들의 잠재적인 동기를 심리적으로 분석하는 형태를 따를 뿐 지배 계급의, 또한 역사학자들 자신의 공공연한 원칙을 무비판적으로 수용하고 있다고 주장한다." 마지막으로 그린은 사회가 "최고의 시민, 혹은 평균적인 시민들에게 허용되는 권력과 자유가 아니라, 외부인들에게 허용되는 삶의 질에 의해서 평가되어야 한다"는 진의 통찰에 칭찬을 아끼지 않는다. 그린은 진을 제스 레미쉬, 스테판 던스트롬(Stephan Thernstrom), 마이클 파렌티(Michael Parenti) 등과 같은 그룹으로 분류하며, 자신의 서평을 이렇게 마무리한다. "이러한 학자들이 힘을 합쳐서 좀처럼 찾아보기 힘든 이 같은 지혜를 더욱 확산시키는 좋은 글들을 많이 발표해 주어야 할 때가 아닌가 싶다."[107] 그로부터 10년 뒤인 1980년에 출간된 진의 『미국 민중사』가 이 같은 그린의 바람을 충족시켜 주었는지 모르겠다.

『역사 정치학』 서평 가운데 네 편 가량을 간략히 살펴볼 필요가 있을 듯하다. 줄리안 F. 자프(Julian F. Jaffe)가 『라이브러리 저널』에 발표한 서평은 "세상은 이토록 위험한 곳이 되었고 그 문제들은 이토록 심각하니, 역사학자들은 더 이상 단순한 지적 훈련으로 역사를 서술하는 사치를 누릴 수 없게 되었다"라는 문장으로 시작하는데, 어투가 다분히 진과 비슷하다. 나아가 자프는 진의 접근 방법이 "그다지 새롭지도, 급진적이지도 않지만(요즘은 많은 역사학자들이 이런 접근 방법을 사용하고 있다)", 미국 역사의 다양한 주제에 대해 13편의 뛰어난 에세이를 쓸 수 있는 진의 능력이 아주 인상적이라고 말한다.[108]

『뉴욕 타임스 북리뷰』와 『크리스천 사이언스 모니터』에도 긍정적인 서평이 게재되었다.[109] 또 『아메리카』에도 아주 짤막한 서평이 한 편 실렸는데, 이 서평의 저자가 파악한 진의 주제는 '오늘날의 문제를 해결하는 도구로 역사를 활용하는 방안'이라고 한다. 그런데 그 다음부터 이야기가 조금 이상해진다. 급진적인 역사는 "과거의 불평등과 불의를 폭로하고 '진실'을 밝히며, 이 모든 것을 현재의 문제점과 연결시키는 것을 역사학자의 사명으로 삼는 것"을 의미하는데, 이 문제 때문에, 정확히 말하면 "'급진적인' 역사학자들이 '제도권' 역사학자들을 공격함으로써 미국역사학회의 1969년도 총회가 엉망이 되었다"는 것이다. 그러면서 이 서평자는 『역사 정치학』이 "고귀함이 유해해지고 급진주의가 득세할 올해 총회의 전조가 될 가능성이 높다"고 예측하며 "역사학자들조차 신경질적인 모습을 보이고 있다"고 주장한다.[110]

이 마지막 두 문장이 무슨 의미인지 정확하게 파악하기란 쉬운 일이 아니다. 고귀함과 급진주의는 서로 반대되는 개념인가? 누가 신경질적이라는 말인가? 진과 급진주의자들? 어쨌든 진이 전혀 신경질적이지 않은 것만은 분명하다. '치열하다'고 말할 수는 있겠지만 '신경질적'과는 거리가 멀다. 하지만 그 당시의 진이 어떤 삶을 살았는지를 엿보는 것은 그리 어려운 일이 아니다. 우리는 이미 진이 『역사 정치학』을 아내에게 바친다고 밝힌 점과 그에게 가족이 얼마나 중요한 비중을 차지하고 있는지를 살펴보았다. 진은 1994년 회고록에서 "혁명에 대한 열정이 아내와 아이들이 있는 집으로 돌아가고 싶은 마음과 충돌을 빚는 경우가 많았다"고 고백한다. 아마도 1968년의 밀워키 재판이 이 같은 고백의 직접적인 계기가 되었을 것이다.

그것은 열네 명의 활동가가 베트남전쟁에 반대한다는 명분으로 밀워키 징병 위원회에 난입한 뒤 수천 건의 서류를 불태워버린 사건인데, 진이 '전문가 증인'으로 이 재판에 참석한 것이다. 진이 시민 불복종 운동의 역사에 대한 증언을 시작하자 ― 진이 전문가 자격으로 증언할 수 있는 분야가 바로 이것 아니겠는가 ― 판사는 의사봉을 두들기며 이렇게 소리쳤다. "그런 증언은 용납되지 않습니다. 증인은 문제의 본질에 접근하고 있어요!"

진은 당시를 회고하며 쓸쓸한 미소를 머금는다. "맞는 말이다. 법정은 문제의 본질을 증언할 수 있는 장소가 아니니까." 하지만 그 당시의 진은 깊은 좌절감을 느끼며 이렇게 반박했다. "왜 중요한 이야기를 하면 안된다는 겁니까? 왜 배심원들이 중요한 이야기를 들어서는 안되는 거지요?" 그러자 화가 치민 재판관은 진에게 법정 모독죄를 적용하겠다고 위협했고, 진은 "이런 재판이라면 IBM 기계라도 판결을 내릴 수 있을 것"이라고 쏘아붙였다. 재판관은 다시금, 훨씬 위압적인 자세로 의사봉을 두들겼다. 진의 회고를 들어보자. "피고들을 위해 시민 불복종 운동의 논리를 더욱 강하게 밀어붙일 수도 있었지만, 내 용기는 거기까지였다." 그 다음에 혁명에 대한 열정이 '가족'에게 무릎을 꿇는 고백이 이어진다.[111]

가족이 얼마나 소중한 존재인지를 여실히 보여주는 사례인 것 같다고 하면, 진은 사명과 가족 사이의 균형점을 찾기 위해 고민하는 활동가라면 누구나 고개를 끄덕일 만한 이야기를 들려준다.

그다지 중요한 문제는 아닐지 모르지만, 어떤 면에서 내가 그들을 무시한 적이 있는 것은 사실이다. 설령 내가 정치적인 활동을 하지 않았다고 할지라도 아이들과 그렇게 많은 시간을 함께 하지는 못했을 것이다. 하지만 나는 늘 그 점을 의식하고 있었고, 그래서 항상 갈등을 느껴야 했다. 늘 긴장된 나날이 이어졌고, 늘 회의가 있었다. "이번 주에는 몇 번이나 회의에 참석해야 하나요?"라든가 "그냥 집에 계시면 안돼요?"라는 등의 질문과 맞닥뜨려야 했다. 베트남전쟁 당시에는 전국을 떠돌아다녀야 했다. 여기저기서 강연 요청이 밀려들었다. "요청이 온다고 늘 수락해야 하는 건 아니잖아요?" 그래서 어떤 때는 이런 결정을 내리고 어떤 때는 저런 결정을 내렸다. 때로는 가족을 선택한 결과 내가 꼭 있어야 할 곳에 있지 못했다는 죄의식을 느꼈다. 어떤 때는 정치적인 무언가를 선택한 결과 또다른 죄의식을 느껴야 했다.[112]

『역사 정치학』이 출간된 1970년, 진은 또다른 송사에 휘말렸다. 이번에는 증인이 아니라 피고의 신분이었다. 그 해 봄, 진은 베트남전쟁에 대해 — 자신의 표현을 빌리면 — "참을 수 없을 만큼 강렬한" 감정에 사로잡혀 있었다. 결국 100여 명의 다른 활동가들과 함께, 징병자들이 보스턴 육군 본부로 이동하는 도로를 점거하는 시위에 참여했다. 그것은 "하나의 상징적인 행동, 하나의 선언이자 게릴라 전술의 일환이었다." 물론 그들은 모두 체포되었고, "쓸데없이 빈둥거리고 어슬렁거림으로써 교통을 방해했다는 죄목으로 기소되었다." 대부분의 사람들은 유죄를 인정하고 벌금을 낸 뒤 석방되었다.

진은 다른 일곱 명의 동료와 함께 재판을 받겠다는 뜻을 굽히지 않았다. 변호인을 선임하지 않고 스스로를 변호하려고 했지만 뜻대로 되지 않았다. 전쟁에 대해서, 전쟁을 반대하는 이유에 대해서, 시민 불복종 운동의 전통에 대해서 발언할 기회가 주어졌다. 하지만 판사는 그런 것은 전혀 문제가 되지 않으며, 문제가 되는 것은 그들이 실제로 교통을 방해했는지의 여부라고 주장했다.

결국 그들은 유죄가 확정되었고, 구류 7일 혹은 벌금 21달러의 형을 선고받았다. 다섯 명은 벌금을 내고 풀려났고, 진도 그렇게 할 생각이었다. 하지만 끝까지 벌금형을 거부하는 다른 두 사람을 차마 배신할 수가 없었다. 판사는 그들이 마음을 돌리기를 기대한다며 48시간의 여유를 주었다. 한편 진은 볼티모어의 존스 홉킨스 대학에서 찰스 프랑켈(Charles Frankel)이라는 철학자와 시민 불복종을 주제로 토론을 벌이기로 되어 있었다. 토론 일정이 법정에 출두해야 할 시간과 겹친 것이다. 진은 "시민 불복종 운동을 주창하는 내가 법원의 명령에 복종하기 위해 수백 명의 학생들 앞에서 내 뜻을 이야기할 기회를 무산시키는 것은 얼마나 위선적인 행동인가"라는 생각 때문에 볼티모어로 가지 않을 수 없었다.

토론이 끝나고 워싱턴 D.C.의 공항에서 아내에게 전화를 걸었더니,

그녀는 "라디오 뉴스에서 그러는데, 당신 소재가 파악되지 않아 체포 영장이 발부되었대요"라는 소식을 전해주었다. 하지만 보스턴에 도착한 진은 보스턴 대학의 강의를 정상적으로 진행해야 한다는 생각을 떨칠 수 없었다. '미국의 법과 정의'라는 과목의 수업이었고, 시민 불복종에 대한 강의를 진행할 예정이었다. 진이 강의실에 나타나자 학생들은 경악을 금치 못했다. "경찰이 선생님을 찾고 있어요! 자진출두하지 않으실 건가요?" 진은 강의를 마치고 그렇게 할 거라고 대답했다. 하지만 그럴 필요가 없었다. 강의가 끝나고 나오니, 두 명의 형사가 사색이 된 학교 직원과 함께 그를 기다리고 있었다. 진은 법원으로 끌려갔고, 다시 한 번 벌금을 납부할 기회가 주어졌다. 이번에도 거부하자, 그들은 진의 손목에 수갑을 채워 보스턴의 찰스 스트리트 구치소에 수감해 버렸다.

진의 표현을 빌리면 그곳은 "아무리 죄수를 벌주는 곳이라 해도 사람이 기거하기에는 너무 형편없는, 낡은 지하실 같았다." 그날 밤 진은 제대로 잠을 이룰 수가 없었다. "말 소리, 고함 소리, 비명 소리가 터져 나왔고, 밤새 불이 꺼지지 않았으며, 바퀴벌레가 득실거리고, 쉴새없이 철문이 덜컹거렸다." 그래서 진은 내일 당장 이곳을 나가야겠다고 마음먹었다. 벌금만 내면 언제든 풀려날 수 있었다. "같은 감방에 있던 사람이 벌금 몇 달러만 내면 나갈 수 있는데 왜 이러고 있느냐면서 정신나간 사람 취급을 하는 것이었다. 게다가 오레곤에서 전쟁에 대한 강연을 하기로 일정이 잡혀 있었고, 무엇보다도 바퀴벌레를 견딜 수가 없었다!" [113]

진이 강의에 자신의 저서를 교재로 사용하는 경우는 아주 드물다. 그러나 보스턴 대학에서 강의한 마지막 해인 1988년, '정치와 역사'라는 이름의 대학원 세미나에서 『역사 정치학』의 몇몇 문장들을 교재로 사용했다. 강의 개요 역시 이 책의 내용과 상당 부분 일치한다. 강의 개요에는 "역사가 정치적 목적으로 사용된 사례에 대해 읽고, 생각하고, 토론한다. 관련 저서들의 방법론적, 철학적 문제점을 논의한다"라고 되어 있다. 뿐만 아니라 "역사 연구와 관련된, 또한 정치적 의도를 가진 글을 직접 써볼 기회를 마련할 것이다"라는 대목은 전형적인 진의 수업 방식과 일치한다. 또한 이 글들은 학생들끼리 돌려보고 마는 것이 아니라 신문이나 잡지, 팸플릿 등 "공공교육에 도움이 되는 모든 형태로" 발표하는 것을 목표로 삼았다.[114]

교육은 강의실 안에서만 진행되는 것이 아니다. 진 자신부터 항상 강의실 밖의 활동에 참여했다. 1970년대 초반에는 악명높은 '펜타곤 보고서(The Pentagon Papers)' 사건에도 관여했는데, 이것은 미국의 베트남 참전과 관련된 극비 문건이 유출된 사건이다. 이 문건들은 미국 정부의 실수와 판단 착오, 온갖 거짓말 등으로 점철되어 있다. 전쟁에 반대하는 입장으로 돌아선 대니얼 엘스버그(Daniel Ellsberg)라는 전 국방부 분석관이 1971년부터 『뉴욕 타임스』에 이 문건을 흘리기 시작했다. 엘스버그와 진은 친구 사이였다. 1971년 봄 워싱턴에서 벌어진 대규모 반전시위 때는 같은 단체 소속으로 함께 참여하기도 했다. 저명한 언어학자이자 미국의 외교정책에 대한 급진적인 비판으로 유명한 노암 촘스키 역시 같은 단체에 소속되어 있었다. 보스턴의 비컨 출판사 편집자이자 진의 저서를 몇 권 출간하기도 했던 아놀드 토벨(Arnold Tovell)은 진의 표현을 빌리면 '골수 반전론자'였다.[115] 그래서 비컨 출판사는 1972년에 '펜타곤 보고서'를 네 권으로 묶어서 출간하기로 결정했고, 진과 촘스키에게 관련 에세이를 엮은 제5권을 편집해 달라고 의뢰했다.

제5권의 표지에는 '비판적 에세이'라는 문구가 나온다. 정확한 표현이 아닐 수 없다. 진과 촘스키는 직접 쓴 서문에서 이 점에 대해 굳이 양해를 구하지 않는다. 정부의 견해에 대해서는 독자들도 이미 지겨울 만큼 들었을 거라고 생각했기 때문이다. 진과 촘스키는 펜타곤 보고서가 정부의 바람과는 달리 이미 '공공의 재산'이 되었다며 이렇게 결론을 내린다. "이 나라의 정부가 지난 7년 동안 인도차이나 사람들의 바람을 짓밟고, 나아가 미국 국민들의 바람을 무시한 채 절멸의 전쟁을 수행해 왔다는 사실을 고려할 때, 이 같은 시도는 적절한 것으로 보인다."

엘스버그를 비롯해 미국의 전쟁 정책을 공개한 주역들은 "정책 뒤에 가려진 냉혹하고 비열한 정신까지도 폭로했다." 하지만 "자유를 찬양하는 목소리와 함께 탄생한 이 나라가 실제로는 전혀 자유롭지 않다는 사실은, 자식을 전쟁터로 보내야 했던 결정의 이면을 공개한 사람들이 커다란 위기에 처해 있다는 사실만으로도 충분히 엿볼 수 있다." 엘스버그는 물론, 문건을 비밀리에 복사하는 데 도움을 준 앤소니 루소(Anthony Russo)까지 기소되었다.

하지만 진과 촘스키는 이 문건을 복사하고 공개한 행위를 옹호하는 입장이었다. "그들은 비밀주의의 원칙에 반기를 들었고, 정권이 아니라 자신의 조국과 국민들에게 헌신하는 진정한 애국심을 보여주었다." 이 책에 에세이가 실린 사람들은 대부분 미국인이었지만 베트남 사람과 프랑스 사람도 포함되어 있었다. 진과 촘스키는 그런 사실을 언급하며 "인도차이나에서 일어난 반식민주의 혁명을 경험한 프랑스는 물론, 미국의 정책 때문에 가장 큰 고통을 받은 사람들의 관점도 소개하고 싶었다"고 설명했다.

마지막으로, 이 편집자들은 이 책에 실린 에세이들이 다음과 같은 목표를 달성하는 데 도움이 되었으면 좋겠다는 희망을 피력한다. "무엇보다도 우리는 정부의 문건에는 충분히 드러나지 않는, 이 전쟁이 인간에게 어떤 영향을 미치는가, 라는 문제가 부각되기를 원한다. 그리하여 미국 국민들이 동남아시아의 대지와 사람을 짓밟는 이 용서받지 못할 전쟁을 중단시키는 데 시간과 에너지를 바칠 수 있었으면 좋

겠다." 116)

비판적 에세이를 편집하는 것으로 펜타곤 보고서와 관련된 진의 역할이 끝난 것은 아니다. 이번에도 진은 전문가 증인 자격으로 엘스버그와 루소의 재판에 참여했다. 진은 문제의 문건을 치밀하게 검토한 다음, 재판이 열리는 로스앤젤레스로 날아갔다. 로스앤젤레스에 도착한 진은 피고인들의 변호인 가운데 한 명인 레오나드 와인글라스(Leonard Weinglass)의 집에 여장을 풀었는데, 마침 이 집은 바다가 내려다보이는 해변에 위치하고 있었다. 진은 이 집에 묵으며 바닷가를 산책하는 등 즐거운 한때를 보내기도 했고, 심지어는 그가 가장 좋아하는 재즈, 블루스 뮤지션인 소니 테리와 브라우니 맥기의 연주를 즐기기 위해 근처의 클럽을 찾기도 했다.

이윽고 증인석에 선 진은 몇 시간에 걸쳐 베트남전쟁의 역사에 대한 열변을 토했다. "마치 강의를 하는 기분이었지만, 물론 보통 강의보다는 훨씬 사태가 심각한 상황이었다." 역사 강의가 끝나자, 와인글라스는 책으로 공개된 문건들이 미국의 '국방'에 위해가 된다고 생각하느냐는 질문을 던졌다. 진은 군사적으로는 미국에 해로울 것이 없지만, 미국 정부가 자국 국민들에게 거짓말을 했다는 사실이 폭로되었기 때문에 약간 난처하기는 할 거라고 답변했다. 이어서 진은 '국방'이라는 단어의 개념이 무엇이냐고 반문한 다음, "국방은 특수한 이해관계를 보호하는 것이 아니라 국민을 보호하는 것"임을 강조했다. 펜타곤 보고서를 통해 폭로된 '비밀'은 "정치인들을 당혹스럽게 만들지도 모르고 머나먼 타국의 주석과 고무와 석유에 눈독을 들이는 몇몇 기업의 이해관계에 피해를 줄지도 모른다. 하지만 그것이 곧 국가를, 아니 국민을 해치는 것은 아니다." 검사는 진에게 반대심문을 하지 않았다. 그 대신 보스턴에서 벌어진 1971년 시위 현장에서 경찰이 찍은 사진 — 진과 엘스버그의 모습이 함께 등장하는 — 을 제시함으로써 두 사람이 친구 사이라는 점을 강조했다.

모든 증언과 최후 변론이 끝나자, 재판관의 지시에 따라 배심원단의 심리가 시작되었다. 하지만 재판관은 며칠 뒤 그들을 모두 법정으로 불러 재판의 무효를 선언했다. 진의 설명을 들어보자. "머지않아 워터게이트 사건이 윤곽을 드러내게 된다. 닉슨 행정부는 불법적인 도청 행위에 관여하고 있었던 것이다. 그들은 엘스버그의 허점을 포착하기 위해 그의 정신과 진료 기록을 훔치는가 하면, 사람을 보내 반전 집회에서 연설하는 그를 폭행하기까지 했다." 진은 이 같은 비상식적인 사건의 전개 때문에 재판관에게도 선택의 여지가 그리 많지 않았을 거라고 생각한다. 그렇게 해서 펜타곤 보고서 사건은 종결되었고, 진은 만세를 불렀다. 하지만 진은 이 대목에서 한 가지 빠뜨리고 싶지 않은 부분이 있다. "훗날 인터뷰에 응한 배심원단의 증언에 의하면, 엘스버그와 루소는 어차피 유죄 평결을 받지 않았을 것이다." [117)

FOUR
달리는
기차 위에
중립은 없다
1973~1988

FOUR
달리는
기차 위에
중립은 없다
1973-1988

19^{73년에는 대니얼 엘스버그의 재판만 끝난 것이 아니다. 미국}의 징병과 동남아시아 폭격이 중단되었고, 파리 평화협정이 체결되어 월맹 측에 억류되어 있던 미군 포로들을 석방한다는 조건으로 미군이 완전 철수한다는 결정이 내려졌다.

그 무렵 진은 이미 다른 과제들에 돌입해 있었다. 1973년에 그의 다음 저서가 출간된 것도 그 가운데 하나이다. 『전후 미국(Postwar America)』이라는 간단한 제목이 붙은 이 책은 존스 홉킨스 대학의 잭 P. 그린(Jack P. Greene)이 편집한 '미국 사회의 역사' 시리즈 가운데 한 권이었다. 하지만 광의의 차원에서 제2차 세계대전 이후의 미국 사회를 다룬 이 책은 확실히 1973년 당시 미국의 정통적인 역사 서술과는 거리가 멀었다. 진의 주된 관심사는 전쟁, 인종, 불복종, 그리고 민주주의였다. 헌사를 보면 이 책의 내용을 어느 정도 짐작할 수 있다. "이 책이 다루고 있는 모든 시기에 걸쳐 전쟁과 불의에 맞서 싸우며 혁명적인 용기와 모든 인류에 대한 사랑을 여지없이 보여준 데이브 델린저(Dave Dellinger)에게 이 책을 바친다." 델린저는 물론 저명한 반전운동가이자 평화주의자, 혁명적 비폭력운동의 지지자였다.

진은 자신의 인생에서, 나아가 미국의 역사에서 이 시기가 차지하는 비중을 돌아보며 이 책이 1970년대 초반의 관점에서 미국 현대사에 대한 나의 입장을 정리해 볼 기회였다고 말한다. 특히 제1장이 중요한 의미를 가지고 있는데, "이는 내가 아는 한 '좋은 전쟁'이라는 제2차 세계대전의 위상을 '수정주의'의 관점에서 돌아본 최초의 시도였기 때문이다. 나는 이 장에 「최고의 전쟁들」이라는 제목을 붙였다."[1] (스터즈 터켈의 『좋은 전쟁』을 예감했던 것인지도 모른다.)

잭 P. 그린도 편집자 서문을 통해 이 책의 성격을 소개한다. "미국의 가까운 과거에 대한 대단히 강력하고 감동적인 책"인 동시에, "흔히 찾아볼 수 있는 역사책, 전통적인 성공담, 미국이 지난 사반세기 동안 이룩한 사회적, 정치적, 외교적 성과를 정리한 연대기"가 아니라는 사실을 강조한다. 뿐만 아니라 이 책은 역사학자들이 흔히 말하는 객관적인 책도 아니다. 오히려 논쟁적이고 열정적인 책이며, "미국이라는 나라가 존립의 근거를 두고 있는 원칙들을 지키지 못한 미국 사회의 지배 계층에 대한 통렬한 비판"이기도 하다. 그런 다음 그린은 다시 부정문으로 돌아가 이 책은 "절망의 산물이 아님"을 강조한다. 진은 흑인들의 혁명, 나아가 젊은이들의 혁명에서 희망을 발견했다. 이것은 "미국 대중의 마음을 움직일 잠재력을 가진 가치관과 행동의 혁명에 그 단초를 제공한다." 이러한 혁명, 나아가 "미국 사회, 정확히 말하면 미국 사회의 주류를 이루는 자유주의적 신조의 고통스러운 실패"가 전후의 미국을 바라보는 진의 주요 테마가 되었다는 것이다.[2]

그린의 서문도 많은 도움이 되지만 진 자신의 설명만으로도 충분하지 않나 하는 생각이 든다. 「미국의 신조」라는 제목을 단 저자 서문을 통해, 진은 『역사 정치학』을 비롯한 여러 글에서 주장한 것과 마찬가지로 "모든 역사책은 의도했건 아니건 간에 역사학자의 관심에 따라 과거의 데이터를 선택해 현재를 해석하는 성향을 보일 수밖에 없다." 또한 그 같은 관심은 "역사학자의 마음이 아무리 과거에 집착한다 해도 늘 현재의 것일 수밖에 없다." 이 책의 경우 진 자신의 관심은 "독자들이 지금까지와는 다른 미국 역사를 만들어가는 데 보다 능동적인 역할을 하도록 자극할 수 있으면 좋겠다는 희망"으로 두 가지 질문을 탐구하는 데 초점을 맞춘다.

"첫째, 세계에서 가장 강력한 군사력을 갖추고 가장 부유한 나라로 꼽히는 미국이, 왜 자국 국민들과는 그토록 많은 갈등을 빚고 있는가?"(여기에 대한 설명으로 진은 다음과 같은 점을 지적한다. "1950년대 후반부터 70년대 초반까지, 미국은 유례를 찾아보기 힘든 흑인 폭동과 학생 시위, 반전시위, 시민 불복종 운동, 감옥 폭동 등을 경험했으며, 심지어는 미국 문명이 흔들리고 있다, 부패하고 있다는 인식이 확산되고 있다.") 두 번째 질문은 "이 나라의 가능성, 전망, 새로운 출발점, 새로운 지향점은 무엇인가?"이다.

이 두 가지 질문을 신중하게 살펴보는 것은 위기에 처한 미국의 신조를 되살리는 지름길이다. 간단히 말해서 미국의 역사는 "미국인의 신조가 안고 있는 이중성을 극복하고 독립선언서의 원칙을 충족시키기 위한 기나긴 시도 — 비록 지금까지는 성공하지 못했지만 — 이다."

진은 미국 역사와 미국의 역사 서술에서 '합의(consensus)'와 '갈등(conflict)'이라는, 이제는 표준이 되어버린 이분법에 대해 재미있는 언급을 남겼다. 합의를 강조하는 역사 해석은 "미국 사회에 대한 근본적인 진실을 말해주며, 미국의 '진보'와 정치적 충돌을 엄격한 테두리 안에 묶어놓는 작용을 했다." 하지만 합의를 강조하는 분석은 "미국 역사에서 반복적으로 나타나는 집요한 저항정신"을 제대로 평가하지 못하는 문제점을 안고 있다. 다시 말해서 "미국의 신조에 도전하는 사람들, 국가의 입에 발린 약속을 용납하지 않는 사람들, 자본주의와 민족주의를 넘어, '식인(食人)의 문화' 속에 온존하는 위계질서를 뛰어넘는 사회의 가능성과 전망을 포기하지 않는 사람들의 목소리, 그들의 이념과 투쟁"을 외면한다는 것이다. 이 같은 면면한 흐름이 존재한다는 사실은 갈등을 강조하는 학파의 정당성을 뒷받침해 준다. 그들은 "미국이 아직 흑인 차별 폐지론자와 세계 산업 노동조합 운동가들, 사회주의자들, 무정부주의자들을 잊지 않았음을, 또한 우리가 톰 페인과 존 브라운, 엠마 골드만과 유진 뎁스, 그리고 말콤 X를 가슴 속에 품고 있음을 대변한다."[3]

진은 이 책 제1장의 서두에서 "정의의 탈을 쓴 잔혹함이 미국의 기술과 결부되어, 미국 대중의 저항을 전혀 받지 않고 도시 하나를 쑥밭으로 만들어버린 1945년의 히로시마"를 언급한다. 진의 두 번째 문제 제기는 이 책의 마지막 장을 장식한다. "1971년 벙커힐, 베트남전쟁 참전 용사들은 인도차이나에서 자행된 만행을 규탄하는 집회를 감행했다."

첫 장과 마지막 장 사이는 다음과 같은 내용으로 채워진다. 미국은 "자신의 시스템에 대한 엄청난 자부심, 그리고 그 같은 자부심을 뒷받침할 충분한 군사력과 경제력을 가지고" 제2차 세계대전에 뛰어들었지만, 1960년대에는 "인종 문제, 자원의 분배 문제, 외교정책 문제 등 무언가가 단단히 잘못되었음을 암시하는 위기 상황이 꼬리를 물어" 그러한 자부심이 여지없이 무너지기 시작한 상태였다. 게다가 더욱 곤욕스러운 것은 "미국 사회의 문제점이 더 이상 제국주의 흉내나 남부의 인종 문제, 기업의 착취 문제, 정치적 마녀사냥 등과 같은 자유주의적 신조로부터의 일탈 탓으로만 돌릴 수 없다는 점이었다." 그게 아니라 우리는 바로 그 자유주의적 신조 자체에 문제가 있지 않았는지를 되물어야 한다.[4] 진은 그 점을 분명히 느끼고 있었다.

지금 흔들리기 시작한 것이 바로 이 같은 신조에 대한 믿음이다. 그것은 헌법 수정과 법령, 대법원 판결을 통해 인종적 평등을 달성할 수 있다는 믿음, 노동조합과 복지정책을 통해 기업의 이윤 구조를 개선할 수 있다는 믿음, 표현의 자유를 보장하는 수단으로서 정당한 법적 절차와 권리장전·법원·배심원 제도에 대한 믿음, 민주주의를 보장하는 최선의 방법으로 선거와 대의 정부 그리고 양당제에 대한 믿음, 국내에서 치안과 평화를 유지하는 경찰 그리고 해외에서 법과 질서를 수호하는 군대에 대한 믿음, 현대적 시스템의 가장 중요한 부분일지도 모르는, 즉 국민이 일상적으로 판단, 비판·저항하지 않고도 정부의 보살핌을 받을 수 있다는 믿음이다.[5)]

"이 책은 이 같은 믿음에 대한 오해를 보여주기 위한 것이다." 진은 단언한다. "제2차 세계대전이 끝나고 25년 동안, 미국식 시스템에 대한 신조는 문화와 정치의 위기를 초래했다." 그러나 동시에 "이 책은 이러한 위기를 통해 두 세기 전의 독립선언에 나타난 약속을 행동으로 옮기기 위한 노력이 시작되었음을 보여주는" 것이기도 하다.[6)]

진의 이런 의도는 어느 정도나 달성되었을까? 『전후 미국』에 대한 서평에서 드러나듯, 이 질문에 대한 대답은 다양한 양상으로 나타난다. 『미국 역사 저널』이 제일 먼저 진의 저서에 대해 서평자를 지명했다는 사실은 재미있는 일이 아닐 수 없다. 그 서평이 그다지 우호적이지 않다는 것은 놀라운 일도 아니지만, 우선 진의 책 자체에 대해서 조금 더 살펴보도록 하자.

히로시마는 "문명 — 자유주의적이고, 합리적이며, 계몽된 유대-기독교 사회 — 이 지닌 최고의 능력이 최악의 전쟁 행위를 자행할 수 있다는 사실을 극명하게 확인시켜 주었다." 원자폭탄이 투하되기까지의 정책 결정 구조는 정책 입안자, 각종 위원회, 자문역, 행정가 등이 층층이 얽혀 있어 책임 소재를 따지기가 불가능한 현대 관료주의 특유의 병폐가 집약되어 있다. 마지막으로, 히로시마는 "그것만 아니었으면 정말 완벽했을 전쟁의 불행한 실수"가 아니라 "미국이 다른 교전국들과 공통점을 가지고 있음을 보여주는" 사례에 지나지 않는다. 이 같은 특징 가운데 첫번째는 "정치적 목적에 부합하는 폭력을 쉽게 정당화한다는" 점이다. 두번째는 "시스템의 기본적인 권력 동기를 국민들을 동원할 수 있는 다목적 이데올로기로 번역"하는 것이다. 이를테면 사회주의 국가는 "사회주의", 자본주의 국가는 "민주주의", 파시스트 국가는 "지배자 민족(master race)" 등의 호칭을 붙이는 식이다. 이 모든 것의 공통분모는 "체제의 생존이다. 모든 호전국의 전쟁 동기를 지배하는 것은 생명, 자유, 개인 및 사회의 행복 등과 관련된 인간적 목적보다는 권력, 권위, 팽창 등 정치적 목적이었다."[7]

진에 의하면 제2차 세계대전은 "끝난 것이 아니라 연기된 것이며, 국제적인 정치 문제를 해결하는 적절한 수단이 바로 전쟁이고, 일단 국가가 전쟁에 돌입하고 나면 승리를 거두기 위해 모든 수단이 정당화되는 파시스트의 사고방식 또한 여전히 유효하다." 진은 또한 "미군 폭격기가 교량이나 공장이 아니라 의도적으로 민간인을 겨냥하고 베트남의 촌락에 네이팜탄과 집속탄을 투하한 것"이 이러한 사고방식의 좋은 예라고 주장한다.

진은 이 책에서 1945년 이후의 미국을 주요 관심사로 삼고 있으면서도 제2차 세계대전의 기원을 돌아보는 작업을 게을리하지 않는다. 한마디로 그것은 미국의 국력, 다시 말하면 "미국에서 권력과 재력을 장악하고 있는 사람들의 힘과 권위"에 대한 도전에 다름아니었으며, 그것이 미국을 전쟁으로 이끌었다. 물론 그것은 미국 국민을 비롯한 그 누구의 복지와도 상관이 없다. 이를테면 헨리 루스(Henry Luce)가 1941년에 발표한 유명한 에세이 「미국의 세기(The American Century)」에서 드러낸 것과 같은 "미국의 참전을 정당화하는 권력자들의 과감한 주장"은 프랭클린 D. 루스벨트를 비롯한 국가 지도자의 언어에서 제외되었다. 그러나 "전쟁 이후 '세계의 책임'이라는 구절은 영국이 '제국'이라 부르는 것의 가장 중요한 완곡어법이 되었다." 진은 이와 같은 비판을 거듭한 끝에 "UN 기구조차 자유에 대한 꿈보다는 강대국의 국가적 이익을 반영하는 지경에 이르렀다"고 주장한다.[8]

진은 이 책에서 평소와는 달리 이따금 거의 냉소에 가까운 글을 선보인다.

제2차 세계대전 이후, 미국은 이른바 '냉전'을 언급하면서 공산주의를 제지한다, 혹은 자유세계를 구한다는 말을 자주 쓴다. 그러나 미국의 외교정책에 대한 진의 분석은 모두 「제국」이라는 제목을 붙인 장에 집중된다. 진이 주장하는 핵심은 "미국 자유주의의 수사적 가치가 실질적인 가치와 상치하는데, 정책 입안자들은 주로 후자를 근거로 삼는다"는 점이다. 하지만 "이러한 불일치가 동남아시아에 대한 미국의 정책보다 더 극명하게 나타난 영역도 없다."[9]

진은 「민주주의와 이윤」이라는 제목의 장에서 제2차 세계대전 이후의 미국 국내 풍경을 분석하면서, 미국의 참전을 찬양하기 위해 '자유 사회', '민주 국가', '풍요로운 사회', '풍요로운 국민', '공정 정책 (Fair Deal)', '뉴 프론티어', '위대한 사회' 등의 어구가 사용되었음에도 불구하고, 실제로 "지구상에서 가장 부유한 국가의 자원은 전쟁 물자와 사치품을 조달하는 쪽으로 비합리적으로 분배되었다. 주거, 보건, 학교 등과 같은 시급한 사회적 요구가 부차적인 것으로 밀려난 것이다." 또한 "경제라는 척도의 꼭대기에는 거대한 부가 축적된 반면, 그 밑바닥에는 극심한 가난과 기아가 자리잡고 있었다."

진은 또한 "기업의 힘과 이윤 추구가 언제나 '복지국가'에 대한 공론보다 더 현실적인 것으로 간주"되었으며, "정치에 대한 특별한 관심의 규칙이 언제나 '대의 정부'에 대한 공론보다 더 현실적인 것으로 간주"되었다고 주장한다. 진은 이 장의 말미에서 "제퍼슨 시대에서 루스벨트 시대에 이르기까지, 수사적 약속을 패배시킨 자유주의의 신조에는 무엇이 있는가?"라는 질문을 던진다. 이에 대한 진 본인의 대답은 민족주의, 이윤의 추구, 그리고 "가짜 대의를 뛰어넘어 진정한 자결의 단계로 넘어가지 못한 정치 체제의 한계" 등 세 가지 요소를 강조한다.[10]

대부분의 다른 저술에서 그러했듯, 진은 『전후 미국』에서도 「인종 문제의 해결」과 「정의」라는 주제에 적지 않은 비중을 할애한다. 진이 1970년 당시까지도 미국의 인종 문제가 해결되지 않았다고 생각한 것은 당연한 일이지만, 오히려 '한 가지 중요한 교훈'이 막 이해되기 시작했을 뿐이라는 주장은 큰 설득력을 가진다. "'누군가', 즉 백인 개혁가가 흑인의 문제를 해결해 줄 거라는 자유주의적 개혁의 전제는 허구에 지나지 않는다"는 사실이 그것이다. 따라서 특히 젊은 흑인들 사이에서는 "진정한 민주주의의 가장 핵심적인 요소가 간파되기 시작했다. 억압받는 사람이 진정한 존엄성을 쟁취하기 위해 의지할 수 있는 사람은 자기 자신밖에 없다는 믿음"이 그것이다.

정의 역시 마찬가지이다. 언론의 자유, 표현의 자유, 집회의 자유, 공정한 법 절차 등은 "다른 어떤 체제보다도 우월한 미국 사회 특유의 특징으로 간주된다." 하지만 진의 결론은 이것이 자유주의적 신조의 다른 모든 요소들과 마찬가지로 "이론상으로는 그럴 듯하지만 현실에서는 아무런 힘도 발휘하지 못한다"는 쪽으로 이어진다. 미국의 사법제도가 "빈자, 급진주의자, 소수파에게 적대적인 편향성을 보인다"는 것은 '일관된 역사적 현실'이었던 것이다.[11]

진은 평소와 달리 이 책에서 몇 장의 사진을 소개하는데, 그 효과는 실로 강력하다. 여기에는 피 흘리는 자유 승차 운동가, 미국의 네이팜 폭격으로 희생된 베트남인들, 오하이오 주 켄트 주립대학에서 주 방위군에 의해 살해된 네 명의 학생(진은 이 사건을 "시민들의 집회를 짓밟는 공식적인 폭력의 가장 충격적인 사례 가운데 하나"라고 규정한다)[12] 가운데 한 명을 붙잡고 오열하는 젊은 여인, 반전시위에 참여한 베트남전 참전 용사, 국회의사당 건물을 배경으로 한 워싱턴 D.C.의 비참한 빈민가의 사진 등이 그것이다.

설령 진과는 다른 관점을 가진 사람이라 할지라도 그의 언어와 논리가 보여주는 힘을 인정하지 않을 수 없다. 진은 『전후 미국』을 통틀어 최소한 두 군데에서 상식의 경계를 넘어선 것처럼 보인다. 그는 미국 항공우주국(NASA)의 설립과 특히 1969년의 달 착륙을 포함한 미국의 우주 계획을 자원의 낭비로밖에 보지 않았다. 이것은 "국가주의자의 목적을 위해 엄청난 자원이 낭비될 수 있음을 보여주는 가장 화려한 증거"라는 것이다. 그는 "애국적인 열정, 그리고 제일 먼저 달에 ─ 성조기를 든 ─ 사람을 보내야 한다는 강박관념이 국민보다는 국가적 자부심을 위해 막대한 돈을 쏟아붓도록 만들었다"[13]고 믿는다.

그러나 이것은 적어도 두 가지 기본적인 진실을 외면한 결과가 아닐까? 첫째, 진은 우주 계획에 투자된 돈의 과학적 가치를 '수상한' 것으로 보았다. 어쩌면 진이 그 책을 쓸 당시보다는 오늘날에 와서야 그 계획의 부산물이 갖는 중요성이 더욱 확실하게 드러나 보이는 것인지도 모른다. 둘째는 굳이 말하자면 모험정신이다. 만약 인류가 모험정신을 상실한다면 단기적이고 필수적인 사회 발전 계획에 자원을 투자하는 것보다 장기적으로 더 큰 어려움에 처하지 않겠는가?

공평하게 말하면 진은 이 부분에 대해서 자신의 입장을 좀더 정확하게 설명할 필요가 있다. 달 착륙 이후 20년이 지나도록 진은 여전히 당시와 다름없는 입장을 유지하고 있다. 진은 그 후에 쓴 책에서, 달 착륙 기념일에 텔레비전으로 방송된 좌담에 대한 소감을 피력한다. "마야 안젤루(Maya Angelou)라는 흑인 여류 시인이, 달과 화성에 유인 탐사선을 보내기 위해 더 많은 예산을 투입해야 한다고 주장하는 세 사람의 유명한 남성 저술가들과 맞서, 정중하게, 하지만 필사적으로 논쟁을 벌이고 있었다. 그녀는 마치 가파른 산을 기어오르는 것 같았다. 그녀는 그래요, 우주를 탐험하는 것에 대해서는 나도 가슴이 설레죠, 하지만 이 땅의 가난한 사람들, 흑인과 백인과 아시아인들을 도울 돈은 어디서 나오나요? 하고 반론을 제기했다."

진이 안젤루를 지지하는 입장인 것은 분명해 보인다. 진은 사회적 지출과 군사적 지출을 비교함으로써 이 같은 논란의 핵심을 더욱 명확히 드러낸다. "미국 국방부가 또 하나의 전쟁용 비행기(스텔스 폭격기라고 불리는 도덕적 괴물)을 개발하기 위해 700억 달러를 쓰겠다고 했다는 기사를 보면서, 수십만 명의 어린이를 비롯한 200만 명의 미국인이 집이 없어 고생하는 가운데 공공주택에 대한 정부의 보조금이 삭감되는 현실을 떠올렸다." [14]

두 번째 문제 영역은 사법제도, 특히 감옥과 교도소의 문제이다. 진은 감옥을 없애고 싶어한다. 미국의 사법제도는 부자들에게 일방적으로 유리하게 되어 있으며, 미국의 감옥과 교도소에서는 온갖 야만적인 사례들이 벌어지고 있다. 이러한 시스템은 범죄를 치유하기보다 오히려 재생산하는 것처럼 보인다는 진의 견해에 이의를 제기할 사람은 그리 많지 않을 것이다. 하지만 진은 거기서 그치지 않는다. 진 역시 '자유로운 미국'이 감옥의 조건을 개선하고, 형기를 줄이며, 보석금의 액수를 낮추고, 벌금형의 비중을 높이는 쪽으로 제도를 고쳐 왔음을 인정한다. 하지만 "고위 공직자 가운데 사법적 처벌 제도의 철폐를 주장하거나 남에게 피해를 입힌 사람에게는 그와 유사한 피해가 돌아가도록 해야 한다는 생각에 반대하는 사람은 단 한 명도 없다." 대법원에서 "잔인하고 비상식적인 처벌"인 사형제도를 철폐하는 문제가 논란이 되고 있는 반면, "'상식적인' 처벌을 철폐해야 한다, 감옥이 개인의 자유를 빼앗는다는 측면에서 본질적으로 잔혹하고 반드시 사라져야 할

제도라고 주장하는 목소리는 어디에서도 들리지 않는다."[15]

그러한 제안이 등장하지 않았던 것은 대부분의 사람들이 현대 미국 사회에서 그런 상황이 가능하지 않다고 생각하기 때문일지도 모른다. 대부분의 사람들은 하워드 진만큼 급진적이지 않은 것일까? 혹은 그렇게 이상주의적이지 않은 것일까? 그 두 가지는 근본적으로 같은 것일까? 우리가 감옥의 대안을 찾고, 범죄의 악순환이 아니라 진정한 재활의 길을 모색하는, 나아가 '잔혹하고 비상식적인' 사형제도를 철폐하기 위해 노력해야 하는 것은 분명하다. 하지만 우리 자신을, 우리 사회를 지키기 위해 다른 어떤 개인을 우리로부터 격리시키고 감금해야 할 필요가 전혀 없을 만큼 완벽한 사회를 상상할 수 있을까? 하워드 진이 보다 나은 사회를 만들기 위해 평생을 노력한 것처럼, 우리 자신도 그런 노력을 게을리 하지 말아야 한다. 하지만 아무리 열심히 노력한다 해도 가까운 시일 내에 감옥을 없앨 수 있을 거라고는 좀처럼 생각되지 않는다. 진은 다음 저서인 『일상생활의 정의(Justice in Everyday Life)』에서 이 문제를 좀더 깊이 있게 다룬다.

진은 『전후 미국』에서 정의에 대한 자신의 견해를 전매특허와도 같은 일련의 짧은 문장들로 정리한다. "최근 들어 나타나기 시작한 법과 정의의 새로운 개념들"의 목록을 소개하는 것이다. 그 가운데 하나는 "'법의 지배'가 현대 이전 시기의 모든 기본적인 불의를 성문화, 규격화, 합법화하며, 부의 이상한 분배, 권력의 전제적 남용, 광범위한 폭력의 행사, 사적인 인간관계, 심지어는 마음에 대한 권위적인 통제에 지나지 않는다는 사실을 인식하게 되었다."

또 하나는 "가장 추잡한 불의는 법의 위반이 아니라 법의 적용에 의해 비롯된다"는 것이다. 이것은 "개인이 저지르는 불법적인 행위는 이윤을 추구하는 기업, 혹은 권력을 추구하는 정부의 불법적인 행위와 비교하면 크게 중요하지 않다"는 의미이다. 하나 더, "사법제도 그 자체는 중립적이지 않으며, 통치를 받는 사람이 아니라 통치하는 사람들의 이해관계를 대변하는 정부 기관 가운데 하나이다." 마지막으로 하나만 더, "법정을 비롯한 각종 사법적 절차는 겉으로 보기에 조용하고 근엄해 보이지만, 법정 문 바깥에 존재하는 사회적 현실을 은폐하고 있다. 그것은 생존을 위한 일상적이고도 격렬한 경제적 투쟁, 그리고 사회 질서라는 이름의 폭력이다."[16]

마지막 장 「벙커힐 — 시작」은 역시 희망의 메시지로 마무리된다. 하지만 그것은 행동의 필요성에 바탕을 둔 희망이다. 진은 벙커힐에서 벌어진 베트남 참전용사들의 반전시위를, 그로부터 200여 년 전에 같은 장소에서 나타났던 미국 혁명 정신의 부활을 알리는 상징적인 사건으로 간주한다. 참전용사들은 전쟁에 반대하기 위해 시위를 벌였지만, 그들은 '전후 미국의 거대한 운동'을 웅변한다. 그것은 "오랫동안 미국 사회를 지배해 온 제도, 인간관계, 그리고 사고방식을 바꾸기 위한 시도"였던 것이다.

미국은 과거에도 개혁 운동, 심지어 급진적인 운동을 경험했지만, 이처럼 "인종주의와 전쟁, 남성에 의한 지배에 저항하고, 전통적인 자유주의적 해결책만으로는 충분하지 않다는 인식을 확산시킨 사건"은 찾아볼 수 없었다. 그들은 기본적인 변화가 필요하다는 사실을 인식하고 있었는데, 이는 "미국의 정치, 경제적 제도만이 아니라 성적이고 개인적이며 인간관계의 모든 측면을 포괄하며 미국인이 자기 자신을, 나아가 서로를 생각하는 방식에까지 해당되는" 문제였다.

진은 몽고메리 버스 안타기 운동을 "전후 미국의 저항과 반역의 시기의 개막을 알리는 사건"으로 간주한다. 여기서도 그는 비현실적인 공상을 고집하지 않는다. 예를 들어 "대부분의 학생들은 지난 60년대의 대부분을 통틀어 정치적으로 무기력한 모습을 보였으며", 그렇지 않은 이들 중에서도 "도피주의와 냉소주의에 사로잡힌 경우"가 많았다. 하지만 "전후 미국에서 혁명이 일어나고 있는가?"라는 그의 질문에서 "그렇다"라는 명쾌한 대답과 함께 그 속에서 희망을 발견하고 있다. 진은 마지막 두 문장에서 독립선언서의 약속, 그 약속을 현실로 만들기 위한 행동의 필요성으로 돌아간다. "독립선언의 목적, 생명과 자유와 행복의 추구라는 위대한 목적을 달성하는 것은 미래의 결실을 염두에 둔 것이 아니다. 그것은 그러한 목적을 실현하기 위한 노력이 지금 당장 시작되어야 한다는 의미이다."[17]

앞서 미국 역사학계의 정통이라 자처하는 『미국 역사 저널』이 하워드 진의 『전후 미국』에 대한 서평을 싣는 영광(?)을 베풀었다고 언급한 바 있다. 서평자는 브라운 대학의 제임스 T. 패터슨(James T. Patterson) 이었다. 그는 먼저 '미국 사회의 역사' 시리즈의 편집자인 잭 P. 그린의 글을 인용한다. 이 시리즈의 각 권은 "미국의 경제적·사회적·문화적 발전 과정, 그리고 그것과 미국인의 정치적 삶 사이의 상호작용을 폭넓게 조망해 볼 기회를 제공한다." 그런 다음 패터슨은 이렇게 주장한다. "애당초 객관성과는 거리가 먼 활동가인 진은 그러한 기회를 전혀 제공하지 못하고 있다." 그 대신 그는 미국의 외교정책에 대한 신좌파의 비판을 필두로, 미국의 정치 및 사법제도에 대한 날카로운 공격을 퍼부은 다음, "인간적인 새로운 사회주의, 민족국가의 붕괴, 감옥의 철폐, 그리고 개인 및 가족 관계에서의 권위주의의 철폐를 호소하는" 결론으로 치닫는다.

진의 '논쟁(polemic)'이 학생 운동가에게는 확신을 심어줄지 모른다는 점을 패터슨도 인정하지만, "그의 견해를 한 번도 접해보지 못한 소수의 학생들에게는" 상당히 충격적으로 느껴질 거라고 추측한다(1960 년대의 학생들이 대부분 어떠했는지에 대한 진의 언급을 상기하면, 패터슨의 이 같은 추측은 상당히 과장된 것임이 틀림없다). "같은 이야기가 되풀이되거나 부분적으로 지루한 대목이 있기는 하지만, 전후 미국인의 삶에 대해 부정적인 측면을 부각시키고 싶은 교수들에게는 도움이 될지도 모르겠다." 추천치고는 상당히 애매한 언급이 아닐 수 없다. 그러나 "사회 역사를 추구하는 교수라면 다른 교재를 찾아보는 것이 좋을 것이다"라는 언급에서는 그 같은 애매모호함이 전혀 느껴지지 않는다.

패터슨은 전후 미국 사회의 역사에 대해 진이 무시하거나 충분히 다루지 않은 여러 항목들을 열거한다. 여성, 가족, 결혼 및 이혼, 청소년 비행, 각종 인구 통계학적 추세, 종교, 민족 문제, 문화적 추세, 이민 및 (국내) 이주, 북부 지역의 도시 및 근교 지역의 삶, 흑인 공동체 내부의 계급 분화, 민권운동 내부의 인종적 갈등 등이 그것이다. 그러면서 패터슨은 진이 "분석이 들어가야 할 자리를 균형 잡히지 않은 단언이나 케케묵은 공론으로 채우고 있다"고 단언한다. 마지막으로, 패터슨의 서평에 대한 평가가 어떠하건 간에, 그의 마지막 문장만큼은 아주 정확하다. "진에게 문제가 되는 것은 과거가 아니라 미래이다." [18]

『초이스』라는 잡지에 서평을 기고한 사람 역시 '논쟁적(polemic)'이라는 단어를 떠올렸던 모양이다. '정열적인', '편견을 가진' 등의 단어도 눈에 뜨인다. 이 책이 "지난 사반세기 동안의 '신좌파'의 감상을 잘 요약하고 있는 것은 사실이지만, 전후의 미국을 보다 객관적이고 균형 잡힌 시각으로 돌아보고자 하는 독자에게는 추천할 만한 책이 아니다"라는 것이 이 익명의 서평자가 내린 결론이다. [19]

피터 미켈슨(Peter Michelson)은 『뉴 리퍼블릭』에 보다 신중한 서평을 기고했다. "자유주의자는 한 명의 아내와 두 명의 자식을 둔 급진주의자라는 우스개 소리가 사실이라면, 그것은 미국의 급진주의에 대한 많은 시사점을 던져준다." 미켈슨은 하워드 진을 염두에 두고 이런 문장으로 서평을 시작했을까? 아마도 아닐 것이다. 하지만 그 말은 우리로 하여금 개인적 삶과 정치적 삶 사이의 균형점을 찾기 위해 분투하던 진의 모습을 연상시킨다. 미켈슨은 『전후 미국』이 "미국의 자유주의라는 멜로드라마에 대해 관점을 제시하며, 그 속에서 미국의 급진주의가 안고 있는 모순을 감지하게 해준다"고 언급한다. "표면상으로는 역사책이지만, 실제로는 미국의 자유주의가 미국 국내 및 국제적인 역학관계의 변화 속에서 어떤 위치를 차지하고 있는지를 분석하는 정치적인 성격이 짙다."

진의 '중요한 업적'은 "이른바 '자유 진영'을 수호한다는 수사적인 깃발 아래, 자유주의가 기업의 이익을 보장하기 위해 어떤 노력을 기울여 왔는지를 보여주는, 역사에 대한 날카로운 분석이다." 그러나 "그 같은 날카로운 비판에도 불구하고, 이 책은 미국의 급진주의가 안고 있는 고통스러운 모순을 드러내는, 일종의 정치적 낭만주의라는 한계를 벗어나지 못하고 있다." 이것은 무슨 의미일까? 진이 "미국의 역사를 벙커힐이라는 괄호로 묶은 것"은 "희망의 여운을 남긴다. 어쩌면 그것은 오래된 자유주의적 환상일지도 모른다. 하지만 그 생각은 틀렸다. 그것도 급진적으로." 왜 그럴까? 왜냐하면 "그것은 급진주의와 혁명이 자유주의적 환상의 노리개가 되어버렸기 때문이다." 따라서 "진의 저서가 안고 있는 딜레마는 미국의 급진주의 전체가 안고 있는 딜레마이다. 급진주의는 자유주의라는 사기꾼 때문에 상처를 입었지만, 거기에 반대하기 위해 진이 내세운 수단은 너무나도 미약하고 비효율적이다."[20]

진이 감옥에 대한 견해 때문에 모종의 딜레마에 처해 있다는 이야기도 앞에서 언급한 바 있다. 1974년에 출간된 그의 다음 저서 『일상생활의 정의 ― 그것이 작동하는 방식(Justice in Everyday Life: The Way It Really Works)』을 읽어보면 이 문제를 보다 깊이 있게 탐구할 수 있다. 물론 진이 오랜 세월 동안 자신의 강의 제목으로 애용했던 '미국의 법과 정의'와 관련된 주제들도 다뤄진다. 진은 이 책이 바로 그 강의에서 비롯되었으며, 적어도 전체 내용 가운데 3분의 1은 학생들이 과제물로 제출한 보고서로 이루어져 있음을 밝힌다. "그 당시의 나는 감옥 문제에 대한 관심이 점점 더 높아지고 있었다." 진의 회고이다. 예를 들어 "그 무렵에 터진 아티카 학살사건이 나에게 큰 영향을 미쳤다."[21] (1971년 9월, 뉴욕 주 아티카의 주립교도소 재소자들이 처우 개선을 요구하며 40여 명의 인질을 억류한 채 교도소 내 일부 지역을 점거한 사건이다. 결국 협상이 결렬되자 당국은 최루 가스와 자동화 무기를 앞세운 채 진압 작전을 펼쳤고, 그 과정에서 재소자 31명과 인질 9명이 살해되었다.) 물론 진 자신도 감옥 신세를 진 적이 있다.

하지만 『일상생활의 정의』는 단순히 감옥에 대한 이야기가 아니다. 감옥 외에도 경찰, 법원, 주거, 노동, 건강, 학교 등의 주제를 다루는 장이 포함되어 있으며, 결론 부분의 제목은 「반격」으로 되어 있다. 진은 "정의는 미국의 대명제이다"라는 문장으로 서문을 시작한다. 그러나 책에서 읽는 정의와 직접 경험하는 정의는 크게 다르게 마련인데, 진이 이 책에서 중점을 두는 것은 후자 쪽이다. 그것이 훨씬 더 중요함에도 불구하고 "간과되거나 망각되고" 있기 때문이다. 앞서 말한 것처럼 이 책에는 학생들의 글이 많이 포함되어 있기 때문에 보스턴과 그 주변의 사례가 주로 거론된다. 하지만 이것은 단순히 편의상의 이유만은 아니며, "우리는 이 나라의 다른 도시에서도 비슷한 현상을 흔히 목격할 수 있다고 믿는다"는 것이 진의 입장이다.

그러나 보스턴은 노예제도 반대운동의 출발점이자 미국혁명의 고향, '사코와 반제티'(사코는 구두 수선공, 반제티는 생선 장수였다. 살인 사건의 용의자로 지목되어 오랜 재판 끝에 1927년 결국 사형이 집행되었는데, 문제는 이들의 범행을 입증할 만한 확실한 증거가 없다는 점이었다. 많은 사람들은 이들이 무정부주의자라는 사실이 판결에 영향을 미쳤다고 보고 있다. 미국 사법부는 1977년에야 이들에 대한 유죄 판결을 취소했다 — 옮긴이)가 목숨을 잃은 곳이기 때문에 이 책의 배경으로 손색이 없는 곳이기도 하다. "지난 4년 동안 학생들은 도시에 거주하는 많은 사람들이 이미 알고 있지만 한 번도 종이에 적어보지 않은 것을 발견했다." 다시 말해서 그들은 "보스턴 지역에서의 일상생활의 현실에 대한 공식적인 헌법적 권리를 점검한 결과, 그 같은 권리가 무의미하다는 사실을 발견한" 것이다. 만약 그 학생들이 강의실에 앉아서 유인물을 배포할 권리에 대한 대법원 판결이나 공부하고 있더라면, 아마도 그들은 자신들이 정말로 그 같은 권리를 누리고 있는 줄 알았을 것이다. "하지만 그들은 실제로 유인물이 배포되는 길거리로 나가본 결과, 그 같은 권리의 유무를 결정하는 것이 경찰이라는 사실을 알게 되었다. 혹은 현지의 판사가 그것을 결정한다. 대법원은 너무나 멀리 있어서 별다른 도움이 되지 못한다." 이와 유사하게, "의사 표현의 자유를 결정적으로 좌우하는 것은 돈이다. 돈이 있으면 황금 시간에 텔레비전 광고를 할 수 있다. 돈이 없으면 경찰에게 쫓겨가며 길거리에서 외쳐야 한다."[22]

그럼에도 불구하고 진의 핵심적인 관심사 가운데 하나가 감옥인 것은 분명하다. 그는 "감옥에 들어가 보면 그 사회의 문명을 알 수 있다"(『죽은 자의 집』)라는 도스토예프스키의 문장을 좋아한다. 만약 그것이 사실이라면 "한 사회의 정의 역시 같은 방법으로 판단할 수 있다." 나아가 "만약 감옥이 지극히 비인간적이고 잔혹하다면, 감옥을 없애지 않는 한 우리는 불의의 사회에 살고 있는 셈이다." 진은 대법원 판결을 신중하게 검토해 보면 감옥제도의 철폐가 합리화된다고 주장하기도 한다. 그가 언급하는 사건은 1879년의 '윌커슨 대 유타' 건인데, 법원은 이 판결문에서 헌법 수정 제8조를 해석하며 "고문을 비롯한 각종 불필요한 잔혹 행위가 이 조항에 의해 금지되었다고 보는 것이 안전하다"는 견해를 피력한다.

진의 결론은 이러하다. "따라서 우리에게 필요한 것은 한 인간을 새장 속에 가두는 것, 그에게서 인간으로서의, 어머니와 아버지, 아내와 자식과 친구로서의 동질감을 박탈하는 것, 그를 하등의 피조물로 취급하는 것, 그에게 일상적으로 모멸감과 무력감을 심어주는 것, 그의 일상적인 요구를 다른 누군가의 손에 전적으로 위임하는 것, 이 모든 것이 바로 대법원이 100년 전에 규정한 '고문'에 다름아니라는 사실을 인식하는 것이다."

마지막으로 한 가지 더, 어떤 처우가 고문인지 아닌지를 판단하는 것은 고문하는 사람인가, 당하는 사람인가? 당연히 당하는 사람이다. "특정한 조건 아래에서는 당하는 사람만이 그 본질을 판단할 수 있는 경우가 있지 않은가?" 예를 들어 "흑인말고 그 누가 자신이 조롱받고 있다고 판단하겠는가? 여성말고 그 누가 자신이 성희롱을 당하고 있다고 판단하겠는가?" 따라서 "우리는 죄수들이 고문을 당하고 있는지 어떤지를 그들 본인에게서 직접 들어봐야 할 것이며, 단순히 대법원의 판결문이 문제가 아니라 인간의 존엄성과 관련하여 과거의 행동을 처벌하기 위한 수단으로 사람을 감금하는 관행은 없어져야 한다." 이어서 진은 투옥 자체를 곧 고문이라고 생각하는 몇몇 죄수들의 말을 인용하는데, 그 중에는 이런 것도 있다. "만약 우리가 정말로 이런 대접을 받아야 하는 존재라면, 차라리 총살형을 당하는 것이 낫다." 23)

감옥에 대한 장 끝부분에 진이 '해결책'으로 제시하는 짧은 에세이가 붙어 있다. 진은 조지 버나드 쇼(George Bernard Shaw)의 『투옥의 범죄(The Crime of Imprisonment)』를 인용하며 '처벌의 범죄'를 해결하는 유일한 방법은 감옥을 철폐하는 것이라고 주장한다. "노예제도를 개혁할 수 없는 것과 마찬가지로, 감옥 역시 개혁의 대상이 아니다. 감옥은 철폐되어야 한다." 하지만 진 자신도 처벌에 대한, 법률에 대한, 범죄에 대한, 폭력에 대한, 재산에 대한, 인간에 대한 사람들의 생각이 바뀌기 전까지는 이 같은 일이 가능하지 않다는 것을 잘 알고 있다. "우리 사회가 돌아가는 방식이 바뀔 때까지, 부가 평등하게 분배될 때까지,

빈민가에 사는 사람들이 사라질 때까지, 범죄와 처벌에 대한 동기가 아주 약해질 때까지, 그리고 다른 사람들과 함께 협력하며 살고자 하는 열망이 아주 강해질 때까지" 감옥은 사라지지 않을 것이다. "우리의 출발점은 아래로부터 시작되어야 한다. 죄수들 자신, 그들의 가족, 그 친구들, 이 문제에 관심을 가진 지역 인사들이 그들이다. 그들 — 즉 우리 — 은 더 많은 사람들이 감옥의 비인간성과 비효율성을 인식하고, 감옥을 없앨 필요성을 자각할 수 있도록 스스로를 조직하고, 저항하고, 압력을 가하고, 요구하고, 설득해야 한다."

마지막으로, 진은 즉각적인 개혁의 필요성을 부정하지 않는다. 물론 "개혁만으로는 결코 충분하지 않으며, 근본적인 변화가 필요하다는 사실에는 변함이 없다." 진은 감옥에서 새로운 삶을 찾은 사람들에게서 희망을 발견한다. "하지만 이것은 정부가 말하는 갱생의 틀에 자신을 끼워넣는 개념이 아니다. 그들은 조직가, 활동가가 되어 감옥을 논리적인 제도로 보이게 하는 여러 가지 조건들과 맞서 싸우는 일에 헌신해야 한다."[24]

이제 『일상생활의 정의』가 다루는 그 밖의 영역들에 대해서도 어느 정도 윤곽이 드러난다. 진과 그의 제자들은 일상생활에서 나타나는 정의의 부재(不在)를 아주 효과적으로 예시하며, 그 같은 현실을 변화시키는 핵심은 앞서 소개한 감옥 문제에서와 동일하다. 다시 말해서 가장 직접적으로 영향을 받는 사람들이 먼저 일어나서 도화선의 역할을 해야 한다는 것이다.

이 책에는 조나단 코졸(Jonathan Kozol)이 쓴 「보스턴 빈민가의 이중적인 의료 보건」이라는 제목의 아주 강력한 에세이 한 편이 소개되어 있다. "정의는 우리의 몸, 우리의 마음에서부터 시작되어야 한다." 진이 이 에세이의 서문에서 밝힌 명제이다. "우리 모두가 건강을 유지할 기회, 병에 걸렸을 때 치료를 받을 동등한 기회를 보장받지 못한다면,

존재의 가장 기본적인 차원에서조차 불의가 싹트기 시작하는 셈이다."
진의 주장은 거침없이 이어진다. "한 나라가 보건 의료 분야에 거대한
자원을 가지고 있음에도 불구하고 그 자원이 각자의 부에 따라 할당된
다면, 그래서 돈이 없는 사람이나 그 자식은 더 짧은 수명을 감수해야
하고, 병에 걸릴 위험도 높고, 신속하게 혹은 죽을 때까지 치료를 받을
기회를 얻지 못한다면, 더 이상 정의의 문제를 논의할 여지조차 없는
셈이다."[25] 보스턴 시립병원을 모델로 한 코졸의 에세이는 이 같은 현
실을 생생하게 보여준다.

　진은 교육 분야 역시 모든 차원에서 변화가 필요하다고 역설한다.
「모든 학교는 진학 예비교이다」라는 제목의 절에서, 미국 사회의 가장
근본적인 구분은 성별과 인종, 그리고 계급이며, 대부분의 학교는 이런
구분을 일찍부터 시작함으로써 현실을 준비하게 하는 역할을 '훌륭하
게' 수행하고 있다고 강조한다. 이것을 뒷받침하는 사례로 보스턴 대
학이 언급되는 것은 전혀 놀라운 일이 아니다. 진은 존 실버의 이름을
직접 거론하지는 않지만, 그렇다고 비판의 강도가 약해지지는 않는다.
"미국의 민주주의는 현실이 아닌, 종이 위에 존재하는 것 같다. 보스턴
대학의 상황은 학생들이 이러한 현실로 나아가는 데 좋은 준비가 된
다."[26]

　진은 『일상생활의 정의』의 결론에 「반격」이라는 제목을 붙였다. 이
책에 소개된 자료들이 "미국 사회의 가장 심각한 불의를 보여주는 것
같다"는 것이 그의 소감이다. "우리가 일하고, 공부하고, 살아가는 모
든 일상생활을 불의가 지배한다. 이미 깊은 뿌리를 내린 제도들, 인간
관계, 사고방식 등도 마찬가지이다. 우리는 그 같은 불의에 맞서는 사
람들의 몇 가지 사례를 보았다. 탐욕스러운 지주에 맞서는 보스턴의
세입자들, 부패한 판사에 맞서는 도체스터의 거주민들, 스승들의 부당
한 해고에 맞서는 보스턴 주립대학의 학생과 교직원들이 그들이다."

모두 인상적인 사례들이기는 하지만, 근본적인 변화가 수반되지 않는 이상 그 한계가 너무나 뚜렷하다. "미국의 역사를 돌아볼 때, 박해를 받는 사람들은 반드시 거기에 맞서 싸웠다." 여기에는 농민과 노동자, 흑인이 포함된다.

그러면 체제는 개혁을 들고 나온다. "하지만 이 같은 개혁 ― 농민에게 보조금을 주고, 노동자에게 노동조합을 인정해 주며, 흑인들에게 시민으로서의 권리를 부여하는 등 ― 은 반대의 날을 무디게 하고 그들의 삶을 조금 더 개선해 주는 선에 그칠 뿐, 근본적인 불의의 구조는 건드리지 않는다." 사실 미국이라는 나라는 "저항에 직면할 때 개혁을 허락하는 면에서 세계 최고의 효율성을 발휘한다. 하지만 이러한 개혁은 부와 권력을 가진 자들을 조금도 변화시키지 않는다." 진은 이러한 현실을 자신의 책, 나아가 보스턴의 상황과 연결시킨다. "미국 최고의 도시 가운데 하나라는 이 보스턴에서조차 우리의 일상적인 삶 속에서 개혁은 결국 정의로운 사회를 만드는 데 실패하고 있다."[27]

진은 혁명과 개혁을 비교하며 유일한 대안이 혁명으로 판단되는 경우에조차 출발점은 개혁으로 시작해야 한다고 주장한다. 우리에게 가장 시급하게 필요한 것은 뚜렷한 전망이며 "전반적인 유토피아가 아니라 일상생활부터가 달라져야 한다는 점"이다. 그러한 전망은 "우리 모두가 깨끗하고 건강한 환경 속에서 살아가며, 자신이 무엇을 하고 있는지를 분명히 깨달을 수 있는 조건 속에서 일하며, 스승과 제자가 누구의 간섭도 받지 않는 자유로운 분위기 속에서 공부하고, 어느 한 인종이나 성별, 혹은 특정한 나이나 직업을 가진 사람이 남들보다 우월하다는 관념으로부터 자유로운 삶"을 꿈꾼다.

이런 꿈을 이루기 위해서는 금방 효과를 볼 수 있는 영역, 즉 우리가 이미 차지하고 있는 조그만 공간에서부터 출발해야 한다. 이를테면 강의실의 학생들, 일터의 노동자들, 집안의 세입자들이 이 같은 사실을 분명히 인식해야 하는 것이다. 우리는 굳은 의지를 가진 사람들이 힘을 합치면 "거대한 권력 구조조차 변화시킬 수 있다"는 사실을 알고 있다. 우리는 흑인, 학생, 노동자, 세입자, 그 밖의 몇몇 집단이 이러한 성과를 거두는 것을 지켜보았다. 또한 우리는 "이 모든 과정의 핵심은 자기 자신의 삶을 변화시키고자 하는 사람들이 조직을 갖추는 것"임을 알고 있다. 마지막으로 "이러한 노력이 처음에는 국지적으로, 그 다음에 사회 전체로 퍼져나가 전통적인 개혁의 한계를 뛰어넘고 진정한 변화의 길로 이어질지 어떨지는 아무도 모른다. 일단 시작해 보기 전에는 누구도 알 수 없다."[28]

스튜어트 A. 쉐인골드(Stuart A. Scheingold)는 『고등교육 크로니클』에 이 책의 서평을 실었다. 신문의 이름에서 짐작할 수 있듯, 쉐인골드의 주된 관심사는 교육에 대한 진의 입장이었다. 『일상생활의 정의』는 "진 교수가 적지 않은 자부심을 가지고 있는 것으로 보이는 교육 분야의 경험에서 비롯되었다." 하지만 그는 이 책이 "상당히 혼란스러운 책"이라고 평가한다. "첫째는 이 책이 소개하는 불의의 내용이 적지 않게 충격적이기 때문이고, 둘째는 나 스스로 공감대를 가지고 있음에도 불구하고 좀처럼 이해가 가지 않는 메시지가 많기 때문이다."

나아가 쉐인골드는 "책에 나오는 법과 현실 속의 법" 사이의 간극에 대해서는 이미 보다 정통적인 사회과학적 연구가 진행되고 있다는 점을 "진의 문제점 가운데 일부"로 지적한다. 만약 진의 이 책이 10년만 빨리 출간되었더라면 훨씬 더 인상적이었을 것이고, "시민 불복종 문제를 놓고 포르타스 판사와 논쟁을 벌였던 책과 맞먹을 정도의 성과를 거둘 수 있었을 것이다." 하지만 불행하게도 진의 이 책에는 "새롭다고 볼 만한 내용이 별로 없다. 단지 사람 이름과 지역 이름이 바뀌었을 뿐이다."

마지막으로 쉐인골드는 「반격」이라는 제목의 결론 부분이 솔 알린스키(Saul Alinsky)가 내놓은 그와 비슷한 수준의 주장을 뛰어넘는 것으로 평가한다. "『일상생활의 정의』에 담긴 감정은 그가 고려하는 다양한 사회적 환경의 일탈과 기본적인 유사점을 갖는다." 이 환경에는 학교, 일터, 사법제도 등이 포함되며, 이러한 영역에서는 "권위가 관계의 남용을 낳는다. 바깥에서 관찰하는 사람이라면 법정과 일터 사이의 차이점을 발견하고 적지 않은 충격을 받겠지만, 진은 참여자의 필수적인 현실을 구성하는 상위와 하위의 보편성을 강조한다."[29]

『라이브러리 저널』과 『퍼블리셔스 위클리』에도 짧은 서평이 실렸는데, 전자가 부정적인 평가를 내린 반면("분석이 치밀하지 못하다") 후자는 긍정적인 반응을 나타냈다("상당히 진지하고 효과적인 주장이 담겨 있다").[30]

진은 징병을 거부한 대가로 감옥 생활을 하고 있던 피터 아이언스(Peter Irons)라는 청년에게 『일상생활의 정의』를 헌정한다는 뜻을 밝혔는데, 여기에는 재미있는 뒷이야기가 있다. 아이언스는 훗날 정치학 교수 겸 변호사가 되었는데, 1988년에 『확신의 용기(The Courage of Their Conviction)』라는 제목의 저서를 발표했다. '대법원과 맞선 16명의 미국인'이라는 부제가 말해주듯, 유명한 대법원 판결에 대한 '민중사'적 접근인 셈이다. 그는 이 책을 하워드 진에게 바친다는 뜻을 밝혔고, 헌사에 "우리는 인간이기에 앞서 역사학자이며, 그래서 학자 대접을 받는 것인가?"라는, 『역사 정치학』에 나오는 진의 문장을 인용한다. 아이언스의 설명에 의하면, 진이 자신의 저서를 헌정할 때까지 한 번도 그를 만난 적이 없지만, 감옥에 있는 동안 편지를 주고받은 끝에 보스턴 대학에서 조교 역할을 하며 진의 친구 겸 제자가 되었다고 한다.[31]

『일상생활의 정의』가 출간된 것은 1974년이지만, 하워드 진의 다음 저서가 나오기까지는 그로부터 6년의 세월을 기다려야 했다. 그것이 바로 필생의 역작 『미국 민중사』이다. 왜 그렇게 평소보다 오랜 시간이 걸렸느냐는 질문에, 진은 가벼운 농담으로 말문을 열었다. "나도 그 생각만 하면 당혹스럽다. 도대체 내가 그 동안 뭘 하고 있었던 거지? 놀러라도 다녔나? 그렇지도 않은데." 그런 다음 그는 1974년에 프랑스에서 허버트 마르쿠제(Herbert Marcuse)와 함께 한 학기를 보낸 사실을 털어놓았다. 1968년 봉기 이후 좌파 교수와 자유 입학제로 들어온 학생들의 천국 같은 곳이던 파리 8대학, 즉 벵센 캠퍼스가 그곳이었다. 이후에도 진은 1978년과 1980년, 두 차례에 걸쳐 이 학교에서 학생들을 가르쳤다.

1975년에 베트남전쟁이 막을 내리자 진은 연설과 집필, 시위로 점철된 생활을 청산할 수 있었다. 이제 오래전부터 꿈꾸어온 희곡 작업을 시작할 엄두를 낼 수 있게 된 것이다. 진의 아내와 딸, 그리고 아들은 모두 연극 분야에서 일하고 있었다. 진은 역사학자인 리처드 드리넌(Richard Drinnon)을 만난 이후로 엠마 골드만에게 큰 관심을 갖게 되었다. 그가 쓴 엠마 골드만의 전기 『낙원에서의 반역(Rebel in Paradise)』과 그녀의 자서전 『나의 인생(Living My Life)』을 읽은 것도 그 무렵이다. 진은 특히 『나의 인생』을 학생들에게 권하며 "나에게 많은 영감을 불어넣었듯, 학생들도 이 책에서 느끼는 바가 많을 것이다"라고 말하기도 했다. 그렇게 해서 진은 골드만에 대한 희곡을 쓰게 되는데, 제목은 그냥 『엠마(Emma)』라고 붙였다.

진의 아들은 아마도 아버지가 쓴 역사 서적은 한 권도 읽지 않았을 듯한데, 아무튼 이 희곡을 읽고 자신이 활동하고 있던 뉴욕의 그리니치 빌리지에 있는 조그만 극장에 이 작품을 올리기로 결정했다. 이 공연은 몇 주 동안 이어졌는데, 진은 "혼자서 고독한 글쓰기에 익숙해 있던 나로서는 연출자와 배우들, 조명, 무대 디자이너, 살아 있는 관객 등이 조화를 이루는 이 무대가 더없이 감개무량했다"고 소감을 밝힌 바 있다.[32] 이 경험이 이후에도 연극 작업에 참여하게 되는 계기가 되었음은 물론이다.

진은 또 1975~76년 사이에 『보스턴 글로브』에 격주로 칼럼을 쓰기도 했다.[33] 그 가운데 일부를 1997년에 발간된 『진 읽기 — 불복종과 민주주의에 대한 글쓰기(The Zinn Reader: Writings on Disobedience and Democracy)』에 실었는데, 그 칼럼들을 읽어보면 진이 왜 늘 짧은 글을 쓰는 게 더 재미있다고 말하는지를 이해할 수 있다. 짧은 글이 더욱 효과적이라고 생각하기 때문이다.

1975년 9월 19일 자에 게재된 「해묵은 싸움은 언제 끝날 것인가?」라는 칼럼에서는 인종 차별주의가 단지 남부지방에 국한되는 것이 아닌, 미국 전역에 해당되는 현상이라는 『남부의 신비』에서의 주장으로 되돌아간다. 아프리카 흑인들을 태운 첫번째 배가 버지니아에 도착한 순간부터 인종에 대한 편견이 시작되었다는 것이다. 흑인에게 반감을 가지는 사람은 경제적인 어려움에 처한 백인들이라는 사실도 무시할 수 없다. 진은 자신의 아버지 역시 빈민가에 거주하는 이민자였지만 흑인에 대한 편견을 가지고 있었다는 사실을 고백한다. 결론은 흑백 간의 갈등이 과연 종식될 것인가 하는 질문으로 이어진다. 이에 대한 진의 답은 "흑인과 백인이 오랜 갈등의 원인을 발견하기까지는 종식되지 않을 것"이다. 그렇다면 그 '원인'은 무엇일까? "초창기에는 '건국의 아버지들', 그 뒤에는 이 풍족한 나라의 모든 자원에 눈독을 들이는 극소수 대기업들의 이익 때문에 흑인과 그 자식들을 수탈하는 경제 체제"가 바로 그 원인이다.[34]

1975년 2월 28일자에서는 에너지 문제에 초점을 맞춘다. 흔히 번영의 시대라고 일컫는 1970년대에도 계급, 가난, 억압의 문제는 여전히 기승을 부렸다. 진은 이 칼럼에서 자신이 어렸을 때 겪은 가난을 회고한다. 집에 와보면 요금을 내지 않았다고 전력회사가 전기를 끊어버리는 바람에 가족들이 캄캄한 어둠 속에 앉아 있곤 했다는 것이다. "보스턴의 전력회사가 지난달에 1,200가구의 전기를 차단했다는 소식을 접하자, 과거의 분노가 되살아났다." 진은 부유한 기업들이 난방을 할 연료와 요리를 할 가스, 어둠을 밝힐 전기 등을 차단할 권리를 가지는 것이 당연한 일인가에 대해 심각하게 의문을 제기한다. 이런 것들은 "음식이나 공기, 물 등과 마찬가지로 생활필수품이다. 그것이 기업의 사유재산으로 간주되어서는 안된다. 그렇게 되면 우리는 요금을 지불하기 전까지는 어둠과 추위의 볼모가 될 수밖에 없다." 진은 여느 때와 마찬가지로 이번에도 단지 탁상공론만으로 만족하지 않는다. 각종 공과금을 부과하는 정부 기관에 항의의 뜻을 전하고 청문회를 요구하여 이 절차가 진행되는 동안에는 누구도 에너지를 차단하지 못하도록 해야 한다는 것이 그의 주장이었다.[35]

1976년 1월 24일자 『보스턴 글로브』에 실린 「비밀의 단어(The Secret Word)」는 사회주의에 대한 내용을 담고 있다. 진은 1997년에 다시 이 칼럼을 소개하며 "스스로를 '사회주의'라 부르던 소비에트 연방과 동유럽 국가들의 정권이 무너진 이후, 그들은 더 이상 스스로를 그렇게 부르지 않는다"라고 썼다. "우리처럼 사회주의를 숭고한 이념으로 생각하는 사람들에게는 추악한 독재정권으로 인해 심하게 오염된 사회주의가 사라졌다는 사실이 차라리 잘된 일로 인식된다." 결론은 이러하다. "그들 정부는 무너졌고, 자본주의는 기본적인 인권 문제(독립선언서에 규정된 평등권, 자유 및 행복 추구권 등)를 해결하지 못하고 있으니, 지금이야말로 이 단어, 이 이념을 부활시킬 좋은 기회이다."

이 칼럼 자체는 토머스 페인에 대한 언급으로 마무리된다. "1776년은 톰 페인이 독립에 대한 '보편적인 상식'을 주장하여 미국 전역으로 확산시키기에 아주 적절한 시기였다. 1976년은 사회주의의 이념에 대한 논의를 시작하기에 적절한 시기가 아닐까?" 이어서 진은 많은 사람들이 거부감을 가지는 이 비밀스러운 단어에 대한 분명한 정의를 시도한다. "의식주와 일자리, 나아가 우리의 삶 자체를 지배하는 대기업의 횡포를 막기 위해서는 — 사람들이 필요로 하는 것을 생산하고, 모든 사람에게 보람있는 일자리를 제공하며, 이 나라의 부를 평등하게 분배하도록 하기 위해서는 — 그것을 사회주의라고 부르든 그렇지 않든, '보편적인 상식'에 의존해야 하지 않을까?" 36)

1976년 6월 2일자 칼럼에는 「우리는 전몰장병 기념일에 누구를 기려야 하나?」라는 제목이 달려 있는데, 진의 칼럼 중에서도 가장 열정적인 글 가운데 하나이다. 전몰장병 기념일을 기리는 사람은 "고인을 배신한 사람들, 더 많은 전쟁을 준비하는 사람들, 미래의 전몰장병 기념일에 더 많은 꽃을 바칠 더 많은 무덤을 원하는, 위선적인 애국심에 사로잡힌 정치인과 군수업자들"이라는 것이다. 하지만 진은 그와는 성격이 다른 추모를 생각하고 있다. "평화를 위해 싸우고, 정부에 도전하는 사람들"을 추모해야 한다. 그가 추모하고자 하는 사람들 중에는 헨리 데이비드 소로(멕시코전쟁), 마크 트웨인(스페인-미국전쟁), 존 도스 파소스(제1차 세계대전), I. F. 스톤(한국전쟁), 마틴 루터 킹(베트남전쟁) 등 전쟁에 반대한 사람들이 포함된다.

또한 베트남에서 전사한 남편의 군대식 장례를 거부한 뉴햄프셔의 젊은 여인, "닉슨과 키신저의 마지막 공습 명령을 거부한 B52 조종사" 등과 같이 그다지 유명하지 않은 사람들도 포함되어 있다. "결국 우리가 지켜야 할 것은 시체가 아니라 살아 있는 사람들이며, 파괴적인 분노가 아니라 창조적인 에너지이고, 우리를 죽이고자 하는 외국 정부에 맞설 뿐 아니라 역시 우리를 죽이고자 하는 우리 자신의 정부에도 맞서야 한다." 이 글이 불러일으킨 반향은 실로 직접적이다. "이 글이 나가고 나서 내 칼럼이 폐쇄되었다." 37)

베트남전쟁은 끝났지만 진에게는 전쟁과 평화의 문제가 여전히 진행형의 사안이었음이 분명하다. 진으로 하여금 미국 역사를 개괄적으로 살펴보는 책을 쓰도록 유도한 것은 1960년대와 그 이후에 이어진 일련의 운동이었던 듯하다. 그것은 미국 사회뿐만 아니라 우리의 역사 인식 전반에 커다란 영향을 미쳤다. 진의 기억으로는 1978년에 파리로 향하기 직전에 그런 구상을 했다고 한다. 케임브리지 대학 출판부에서 두 명의 편집자를 보스턴으로 보내 진에게 그런 작업을 제안한 것도 그 무렵이었다. 그러나 진은 '하퍼 앤드 로우'라는 출판사를 선택했는데, 이 출판사가 자신의 책을 보다 효과적으로 독자에게 전달할 수 있을 거라고 판단했기 때문이었다. 진은 프랑스에서 집필을 시작하기로 마음 먹고 건너갔지만, 정작 그곳에서는 "단 한 줄도 쓰지 않았다." 그 대신 미국으로 돌아온 다음부터 본격적으로 이 작업에 매달렸는데, "1978~79년 사이에 8~9개월은 집필에 할애한 것 같다."[38]

하지만 사실은 그렇게 쉬운 작업이 아니었던 모양이다. 무엇보다도 진은 이 작업을 끝까지 밀어붙이도록 압력을 가한 아내 로슬린에게 공을 돌린다. "솔직히 말하면 처음부터 거의 포기하고 싶은 심정이었다. 막상 뚜껑을 열고 보니 너무나 방대한 작업이었다. 하지만 아내는 포기하지 말라고 나를 자극하고 격려했다. 아무래도 아내가 나보다 훨씬 장기적인 안목을 가지고 있는 모양이다. 나는 아내에게 이렇게 말하곤 했다. '아무래도 안되겠어. 너무 방대해. 사람이 야구 구경도 하고, 좀 즐기면서 사는 맛도 있어야 하잖아.' (진은 보스턴 레드삭스의 팬이다.) 그러면 아내는 나를 이렇게 달랬다. '아니, 당신은 끝낼 수 있어요. 당신이 꼭 해야 하는 일이기도 하고요.'"[39]

결국 진은 이 작업을 끝마쳤다. 심지어 미국의 과거와 현재와 미래에 대한 하워드 진의 급진적인 견해에 동의하지 않는 사람에게까지도 그것은 아주 다행스러운 일이 아닐 수 없다. 『미국 민중사』는 하워드 진과 그의 사상을 이해하는 데 필수적인 저서일 뿐 아니라, 1960년대를 휩쓴 각종 운동 — 민권운동, 반전운동, 여성운동, 환경운동 — 과 그것이 미국 사회에 미친 영향을 이해하는 데도 결정적인 역할을 하기 때문이다. '신좌파'라는 개념을 이해하고, '민중사'라는 개념을 이해하며, 가장 중요하게는 미국의 역사 그 자체를 이해하는 데도 결코 빠뜨릴 수 없는 책이다.

어쩌면 모든 사람들이 처음부터 이 같은 주장에 동의한 것은 아니라는 사실을 미리 짚고 넘어가는 것이 좋을지도 모르겠다. 사실 『미국 민중사』가 출간된 1980년 당시, 반대하는 입장을 드러낸 사람도 적지 않았다. 예를 들어 진이 몸담고 있던 보스턴 대학과 강 하나를 사이에 둔 하버드 대학의 저명한 중견 역사학자 오스카 핸들린(Oscar Handlin)은 미국 역사를 보는 관점이 진과는 전혀 다른 듯하다. 『아메리칸 스칼라』에 실린 그의 글을 보면, 서평이라기보다는 '난도질'에 가깝다는 생각이 들 정도이다. 다음과 같은 표현들이 부지기수로 나오기 때문이다.

"혼란스러운…… 동화 같은…… 2차 자료를 무비판적으로 끼워맞춘…… 악의적인 왜곡…… 근거를 제시하는 것과는 거리가 멀고…… 사실의 정확성에 대해서는 거의 관심을 기울이지 않으며…… 단어의 가장 단순한 의미조차도 이해하지 못하는 진은…… 노골적으로 드러내기가 부끄러운 듯 교활한 수사적인 질문으로 확신을 이끌어내고자 하는 비열한 시도를 마다하지 않고…… 편견을 가지고 사건을 왜곡한다…… 자신의 주장과 맞지 않는 부분은 슬그머니 생략하기도 하고…… 순전한 날조…… 반미…… 위대한 인물의 저서를 무차별적으로 비난하며…… 따지고 보면 진은 미국의 민중을 논하고 있지 않다."[40] 이 정도면 충분하지 않을까?

하지만 또 한 사람의 저명한 역사학자 에릭 포너(Eric Foner) — 그는 핸들린보다는 후대에 속하는 학자이다 — 는 『뉴욕 타임스 북리뷰』에서 진이 "역사학계에서는 좀처럼 찾아볼 수 없는 열정"을 가지고 이 책을 썼으며, "신세대 학생들에게 필독 도서로 추천해야 한다"는 찬사를

보냈다. "역사학자들은 미국 역사의 새로운 전망을 향해 한 발 더 나아
갔음을 인정할 것이다." 적어도 한 사람은 이 책을 '현대의 고전'으로
추천한 셈이다. (물론 이 같은 찬사가 이 책을 출간한 회사의 직원에게서 나
왔다는 사실은 주목할 만하다.) [41]

　도대체 어떻게 된 것일까? 무슨 내용의 책이기에 그토록 상반된 반
응이 나온 것일까? (이것은 핸들린 교수가 "교활한"이라고 표현한 수사적인
질문이 아니기를 바란다.) 이 질문에 답하기 위해서는 우선 진 자신의 이
야기를 들어보는 것이 최선일 것이다. 사실 진이 『미국 민중사』에서 보
여준 가장 탁월한 기술 가운데 하나는 사람들로 하여금 스스로 자신의
견해를 드러내도록 하는 '인용의 예술'이다. 이것은 그의 철학적 입장
이 가져다준 산물인 듯한데, 다시 말하면 사람들이 자기 자신의 역사를
'만들어 가는' 것이 사실이라면 그들에게 그것을 '말할' 수 있는 권리
도 주어야 한다는 것이다. 그런 맥락에서 이 책의 앞부분에 나오는 다
음과 같은 문장은 대단히 중요한 의미를 갖는다.

　　역사를 바라볼 때, 선택과 강조에 의해 어쩔 수 없이 어느 한쪽을 편드
　　는 현상이 나타날 수밖에 없다면, 나는 아라와크(남아메리카의 인디언 부
　　족 - 옮긴이)의 관점으로 본 미국, 노예의 관점에서 본 미국 헌법, 체로키
　　인디언의 눈에 비친 앤드류 잭슨, 뉴욕의 아일랜드인들이 바라본 남북
　　전쟁, 스코트 부대 탈영병의 관점으로 본 멕시코전쟁, 로웰 직물 공장
　　의 젊은 여성 노동자가 바라본 산업주의, 쿠바인의 관점에서 바라본 스
　　페인-미국 전쟁, 루손의 흑인 군인들이 바라본 필리핀 점령, 남부의 농
　　민들이 바라본 '도금시대'(Gilded Age, 미국에서 경제 확장과 금권정치가
　　횡행하던 1870~98년의 시대 - 옮긴이), 사회주의자들의 눈에 비친 제1차
　　세계대전, 평화주의자들이 바라본 제2차 세계대전, 라틴아메리카 일용
　　노동자가 바라본 뉴딜정책 등에 대한 이야기를 하고 싶다. 그렇게 함으
　　로써 비록 제한된 시각으로나마 남의 입장에서 역사를 바라보는 일이

가능해진다고 생각하기 때문이다.[42]

이 문장은 아주 중요하기 때문에 다시 한 번 읽어볼 필요가 있다. 역사를 서술할 때 어느 한쪽의 입장을 취할 수밖에 없는 것은 불가피한 일이다. 진은 전통적으로 많은 역사학자들이 그래온 것처럼(그 같은 자신의 입장을 솔직하게 밝히지 않는 이들이 많으며, 때로는 자신이 어떤 입장을 취하고 있는지 의식조차 못하는 이들이 있다) 내부자(대통령, 왕, 여왕, 장군, 부자, 권력자, 소수자)의 입장을 취하는 대신, 외부자(소수 민족, 가난한 사람들, 노동 계급, 여성, 반대파, 저항자, 다수자)의 입장을 중요하게 생각한다. 진은 또한 역사학자들이 아무리 노력해도 '제한된 시각'을 가질 수밖에 없다는 점을 알고 있다. 따라서 다양한 인용문을 제시하는 것이 도움이 된다. 『미국 민중사』를 보면 인용문이 들어 있지 않은 쪽을 찾아내기가 힘들 정도이다.

위의 문장을 다시 한 번 읽어보면 포너가 "민주주의의 발전과 국력의 성장을 '진보'의 구현으로 간주하는 앞선 세대의 역사책에 익숙한 사람들은 진 교수의 서술 방식에 경악을 금치 못할 것이다"라고 말한 이유를 짐작할 수 있을 것이다. 어쩌면 바로 이것이 핸들린의 문제점이었는지도 모른다. 그 역시 경악을 금치 못했을 테니까. 포너의 주장은 이렇게 이어진다. "책을 펼치자마자 '아메리카 대륙의 인디언 거주 지역을 침략한 유럽인들'을 설명하는 대목에서 영웅과 악당의 자리바꿈이 이루어진다." 포너는 독자의 이해를 돕기 위해 "이 책과 전통적인 역사책의 관계는 네거티브 필름과 실제로 현상된 사진의 관계와 같다. 빛과 어둠의 영역이 역전되는 것이다."

『미국 민중사』는 대부분의 미국 민중을 포괄하는 역사이다. 1960년대부터 유행하기 시작한 표현을 빌리면 아래로부터의 역사인 셈이다. 그러나 이것은 또한 바깥으로부터의 역사이기도 하다. 다시 말해서 사회적 역사에 대한 관심은 반드시 좌파든 우파든 정치적 스펙트럼의 특정한 이데올로기적 위치를 암시할 필요가 없다. (말하자면 사회사에 대한 관심은 역사학자의 관점에서 반드시 좌 혹은 우의 어느 정치적 편향을 암시할 필요가 없고, 단지 오랫동안 외면되어 온 역사의 반대편을 바라보는 것이 중요하다는 믿음만 있으면 된다.)

진은 여기서 만족하지 않는다. 그의 작업은 노골적으로 급진적이고, 개념화된 정치적 스펙트럼 상에서는 왼쪽에 가깝다. 『미국 민중사』는 미국의 인종주의, 제국주의, 성차별, 계급 구조, 폭력성, 환경 파괴 등의 문제에 대해 강력한 비판적 입장을 취하고 있다. 하지만 긍정적으로 말해서 우리가 여기에서 발견할 수 있는 것은 미국의 과거에 대해 이 같은 부정적인 힘에 맞서 싸워온 자에 대한 축복이다.

첫번째 장에는 「콜럼버스, 인디언, 그리고 인류의 진보」라는 제목이 붙어 있지만, 단순히 제목이 암시하는 것보다 훨씬 심오한 내용이 담겨 있다. 말하자면 역사를 바라보는 진의 기본적인 철학이 소개된다고 해도 과언이 아니다. "나의 논점은 콜럼버스를 비난하거나 비판하자는 것이 아니다. 그러기에는 너무 많은 시간이 지났으며, 도덕성을 따지는 무모한 학문적 논란으로 이어질 소지가 크다. 하지만 우리에게는 여전히, 진보를 위해서는 싫어도 어쩔 수 없이 잔혹 행위를 받아들여야 한다는 사고방식 ― 진은 '서구 문명을 구하기 위한' 히로시마와 베트남, '사회주의를 구하기 위한' 크론스타트(2만 명의 소비에트 수병이 주둔하던 군항. 1921년 3월, 대부분 농민의 아들이던 수병들은 자기네 부모들이 당한 알곡 도난 사건에 항의하며 봉기를 일으켰다. 트로츠키의 명령을 받은 붉은군대는 빙판 위를 횡단하여 해군 기지를 함락한 후 수병들을 무차별 학살했다―옮긴이)와 헝가리, '우리 모두를 구하기 위한' 핵무기의 확산을 예로 들었다 ― 이 남아 있다."[43] 여기서도 과거를 공부함에 있어서 가장 중요한 것은 현재라는 진의 믿음을 엿볼 수 있다.

"역사는 국가에 대한 기록이다." 진 본인이 그런 말을 했을 리는 없지만, 헨리 키신저의 그 말을 인용하기는 한다. 진은 "미국의 역사를 이야기하는 나의 관점"은 그것과 다르다고 못박는다. "국가에 대한 기록을 우리 자신의 것으로 받아들여서는 안된다. 국가는 공동체가 아니며, 한 번도 그랬던 적이 없다." 만약 어느 한 국가의 역사가 어느 한 가족의 역사로 정리된다면, 그것은 오류를 피할 수 없다. 정복하는 자와 정복당하는 자, 주인과 노예, 자본가와 노동자, 인종과 성의 지배자와 피지배자 사이의 첨예한 이해관계의 충돌을 드러낼 수 없기 때문이다. "이 같은 갈등의 세계, 피해자와 가해자의 세계에서는 알베르 카뮈의 말처럼 가해자 편에 서지 않는 것이 역사를 생각하는 사람들의 임무이다."

진의 논점은 "피해자를 애도하고 가해자를 비난하는 것이 아니다. 과거에 매몰된 눈물과 분노는 현재를 바로잡기 위한 우리의 도덕적 에너지를 고갈시킨다." 이번에도 초점은 현재에 맞춰져 있다. 게다가 "언제나 분명한 선을 그을 수 있는 것도 아니다. 장기적으로는 압제자 역시 희생자의 범주를 벗어나지 않기 때문이다." 단기적으로도 "피해자는 절망에 빠지고 자신을 억압하는 문화에 물들어 다른 피해자들을 향해 눈길을 돌리게 된다." 따라서 진의 결론은 이러하다. "이 같은 복잡한 사정을 이해한다면, 평범한 보통 사람들을 정치와 문화를 통해 국가라는 거미집으로 옭아넣는 정부와 그들의 시도에 대해 회의적인 시각을 가질 수밖에 없다. 공동의 이익이라는 허울을 쓴 국가 말이다."[44]

이어서 진은 국가의 역할에서 민중의 역할에 대한 이야기로 넘어간다. "나는 민중 운동의 승리를 날조하고 싶지는 않다. 하지만 역사 서술의 목표가 과거의 실패를 요약하는 데 그친다면, 역사학자는 끊임없는 패배의 악순환을 강조하는 부역자가 될 뿐이다." 따라서 "만약 역사가 창조적이고, 과거를 부정하지 않고도 가능한 미래를 예측할 수 있게 하는 것이라면, 비록 잠깐 동안일지라도 민중이 저항하고, 단결하고, 때로는 승리할 수 있는 능력을 보여준 과거의 숨겨진 사건들을 드러냄으로써 새로운 가능성을 강조하는 것이 역사의 임무라고 믿는다." 나아가 "구체적인 전쟁의 시기가 아니라, 일시적인 연민의 과거에서 우리의 미래를 찾아야 한다는 것은 단순한 나의 희망 사항일지도 모른다." 여기서 우리는 진의 낙관주의, 혹은 적어도 일말의 희망을 찾아볼 수 있다. 진은 자신의 철학적 입장을 이렇게 마무리한다. "가능한 한 무뎌지는 것이 미국 역사에 접근하는 나의 태도이다. 물론 독자들은 이미 이 같은 사실을 알고 있겠지만 말이다."[45] 독자는 알고 있다! 특히나 이 같은 관점에서 써내려간 600쪽이 넘는 미국 역사를 읽고 나면, 정말로 알 수밖에 없다.

진은 서술의 전환에 아주 뛰어나다. 콜럼버스와 '인디언' 이야기에서 아주 자연스럽게 「색깔의 선 긋기」라는 제목의 장으로 넘어간다. 물론 이 장의 주제는 인종 차별인데, 제목은 W. E. B. 두 보이스의 글에서 따왔다. 진의 표현을 빌리면 인종주의는 아프리카계 미국인들이 미국의 역사가 시작됨과 거의 동시에 겪어야 했던 열등한 지위와 경멸적 사상의 결합이다. "세계 역사상 인종주의가 미국에서만큼 중요한 의미를 가졌던 나라는 어디에도 없다." 따라서 "인종주의가 어떻게 시작되었는가, 라는 것은 단순히 역사에 관련된 질문만이 아니다. 그보다 더욱 절박한 질문, 즉 어떻게 해야 그것을 종식시킬 수 있는가 역시 마찬가지이다. 이 질문을 바꿔 말하면 '흑인과 백인이 증오감 없이 함께 살아가는 것은 가능한 일인가?'가 될 것이다."

진이 이 장에서 가장 중요하게 강조하는 것은 노예제도에 대한 흑인들의 저항, 그리고 "백인과 흑인이 스스로 공동의 문제점, 공동의 임무, 공동의 적을 가지고 있다는 사실을 인식했을 때는 서로를 평등하게 대우했다"는 점이다. 그래서 "흑인들이 미국 땅에서 노예로 전락할 수밖에 없었던 역사적 복잡성"을 언급한 뒤, "그것의 구성 요소는 '자연적인' 것이 아니라 역사적인 것"이라는 결론을 내린다. "이것은 그러한 복잡성을 해결하는 간단한 비결이 있다는 의미가 아니다. 그보다는 아직 실현된 적이 없는 역사적 조건이 충족되면 해결될 가능성이 있다는 의미일 뿐이다." 진은 그러한 조건 가운데 하나를 '계급적 착취의 제거'로 보았다. 계급적 착취는 "가난한 백인들로 하여금 그래도 자신보다 못한 사람들을 악착같이 착취하게 만들고, 흑인들과 힘을 합쳐 문제를 해결하는 것을 불가능하게 만든다."[46]

이어서 진은 계급 문제에 초점을 맞추어 「비열하고 야비한 조건의 사람들」이라는 장으로 옮아간다. 식민지는 "투쟁하는 계급의 사회였다는 사실이 전통적인 역사에서는 영국에 대항하는 외적 투쟁을 강조함으로써 희석되어 버렸다." 진은 가난한 백인과 가난한 흑인이 힘을 합칠지도 모른다는 우려가 부유한 백인 농장주들에게 커다란 위협으로 작용했다는 점을 지적한다. 진은 하류 계급을 통제하고자 했던 상류 계급의 의도에 초점을 맞춘다. 그 가운데 하나가 인종주의였다. 또 하나는 "소규모 농장주와 자작농, 도시의 장인 등으로 구성된 백인 중산층을 형성하는 것이었다. 그들에게 약간의 보상을 주어 흑인 노예와 인디언, 아주 가난한 백인들과 맞서는 완충지대를 구축하게 한 것이다." 진은 이 대목에서 아주 효과적으로 리처드 홉스태터의 "그것은 상류층에 의해 지배되는 중산층 사회였다"라는 문장을 인용한다.

마지막으로 진은 상류층이 지배력을 유지하기 위해서는 자신의 부와 권력에 손상이 가지 않는 한도 내에서 중산층에게 약간의 특혜를 양보할 필요성에 봉착하지만, 그로 인한 손해는 노예와 인디언, 그리고 아주 가난한 백인들을 통해 벌충한다는 점을 지적한다. "이것은 충성심을 매수하는 행위에 해당한다." 게다가 "그러한 충성심을 물질적인 이득보다도 더욱 강력한 무언가와 결합시키기 위해 1760년대와 1770

년대의 지배 계층은 대단히 유용한 장치를 찾아냈다. 그것이 바로 자유와 평등의 개념이며, 이것을 통해 노예제도나 불평등을 해소하지 않고도 영국과 맞서 싸우기에 충분한 수의 백인들을 단결시킬 수 있었다."[47]

이것은 「폭군은 폭군이다」라는 장에서 독립혁명을 다루는 진의 근본적인 입장이다. 여기서는 미국의 역사학자들 사이에서 "미국의 독립혁명은 얼마만큼 혁명적이었는가?"라는 논쟁이 지속되고 있다는 사실을 언급하는 것만으로도 충분할 듯하다. 이 논란에 대한 진의 입장은 '그다지 혁명적이지 않다'와 '전혀 혁명적이지 않다'의 중간 정도가 될 것이다. 사실 『상반된 관점들(Opposing Viewpoints)』이라는 유명한 시리즈에도 미국 독립혁명에 대한 주제가 포함되어 있는데, 마지막 장인 「미국 독립혁명의 의미 ― 역사학자들의 논쟁」은 진과 고든 S. 우드(Gordon S. Wood, 『미국 독립혁명의 급진주의』의 저자)를 대립시킨다. 『미국 민중사』의 내용을 요약한 진의 에세이는 「미국 독립혁명은 사회혁명이 아니다」라는 제목을 달고 있는데, 편집자는 진의 해석을 이렇게 요약한다.

"진은 미국 독립전쟁이 대부분의 미국인들의 일상생활에 긍정적인 영향을 거의 미치지 못했다고 주장한다. 독립혁명의 지도자 가운데 상당수가 자신의 부와 권력을 유지하고자 하는 식민지 시대의 엘리트 출신이다. 그들은 미국 사회에서 대규모의 내적 변화가 일어나는 상황을 예방하기 위해 전쟁을 이용했다. 이런 측면에서 미국 독립혁명은 미국의 현상을 유지하기 위한 성공적인 노력이었을 뿐이다."[48] 상당히 정확한 요약이 아닐 수 없다.

어쩌면 딱 한 군데 고칠 데가 있는지도 모른다. 그러니까 『상반된 관점들』의 편집자가 아니라 진의 관점에서 고칠 데가 있다는 뜻이다. 다시 말해서 만약 우리가 독립전쟁에 의해 직접적으로 초래된 최소한의 변화를 강조하려 한다면, 그것이 가져온 변화의 '잠재력'을 강조해서는 안되는 것 아닐까? 실제로 그러한 변화 가운데 일부는 현실화되었다. 노예제도가 사라졌고 여성도 투표권을 갖게 되었다. 하지만 그렇다면 굳이 진의 관점을 수정할 필요가 없을지도 모른다. 이미 살펴보았듯 그는 독립선언서의 이념을 실현하기 위한 미국의 지속적인 노력을 자신의 핵심적인 주제 가운데 하나로 삼고 있기 때문이다.

「폭군은 폭군이다」가 독립선언서를 통해 독립혁명 시기를 다루고 있다면, 「일종의 혁명」은 헌법을 주요 테마로 다루는 장이다. 진은 가난한 백인들이 자신의 조건을 개선하기 위한 수단으로 군대를 활용하는 경우가 있음을 지적한다. "이것은 사회의 질서를 유지해야 하는 사람들이 반대 세력을 동원하고 기강을 잡는 전통적인 수단이다. 가난한 국민들이 대의명분을 위해 싸울 수 있도록 군 복무의 모험과 보상을 제공하는 것이다." 독립혁명은 아메리카 원주민이나 아프리카계 미국인에게는 그다지 큰 의미를 갖지 않는다. 사실 진은 흑인들의 열악한 처지와 원주민들이 새로운 사회에 편입되지 못하는 현상은 독립혁명 시대부터 이미 정착되기 시작했다고 본다. "영국이 물러간 대신, 그것은 이제 헌법에 의해 기록되고, 구체화되고, 합법화되었다."

이 대목에서 진이 찰스 버드(Charles Beard)라는 역사학자, 특히 그의 1913년 저서 『헌법의 경제학적 해석(An Economic Interpretation of the Constitution)』에 주목하고 있다는 것은 그다지 놀라운 일이 아니다. 진은 헌법이 "미국식 시스템의 복잡성을 보여준다"고 주장한다. "헌법은 부유한 엘리트 계층의 이익을 대변하지만, 동시에 소규모 자영업자와 중산층으로부터 광범한 지지 기반을 확보하기 위해 그들의 이익 역시 충분히 대변해 주었다." 뿐만 아니라 "이러한 지지 기반은 흑인과 인디언, 아주 가난한 백인들의 불만을 잠재우는 완충지대 역할을 하기도 했다. 집권 세력이 최소한의 강제력과 최대한의 법률만으로 통제력을 유지할 수 있었던 것도 그들 덕분이었다. 이 모든 것이 애국심과 통일이라는 기치에 딱 들어맞는 것이었다." 마지막으로 진은 '건국의 아버지들'이 미국 국민 가운데 약 절반가량을 전혀 고려하지 않았다는 사실을 지적한다. "그들은 독립선언서에도 언급되지 않고 헌법에도 빠져 있다. 새로운 정치적 민주주의조차 그들을 외면했다. 그들은 초기 미국의 여성들이었다."[49]

진은 이어서 1948년의 세니카 폴스 회의(Seneca Falls Convention)를 통해 미국의 여성운동사에 한 장을 할애한다. 이 장의 주요 테마는 「본질적인 억압」이라는 제목에서 여실히 드러나며, 다음과 같은 문장을 통해 여러 차례 표현되고 있다. "여성운동에 나서는 이들은 아주 특별한 난관에 부딪힐 수밖에 없다. 그들은 일상적으로 '주인'의 감시 아래에서 생활해야 하며, 각각의 가정에 고립되어 있고, 따라서 다른 운동 세력을 결집시켜 주는 일상적인 동지 의식을 형성할 여유가 없다." 특히 진이 여성의 조건을 "노예와 다를 바 없다"고 규정한 부분은 오스카 핸들린의 심한 반발을 불러일으키기도 했다.[50]

진은 「풀이 자라고 물이 흐르는 한」이라는 장에서 아메리카 원주민들, 그들과 미국 국민(과 정부)들 사이의 갈등, 나아가 '인디언 박멸'이라는 궁극적인 현실을 다룬다. 이 장에서 가장 눈에 띄는 것은 "서구 자본주의 정신으로 표현되는 경쟁과 묵인"이다. 여기서는 주로 데일 반 에버리(Dale Van Every)의 『상속권을 빼앗긴 사람들(The Disinherited)』을 인용한다. "1832년 이전에 인디언과 백인 사이에서 벌어진 지루한 외교 관계의 역사에는 백인 측에 의해 협정이 파기된 사례가 단 한 건도 기록되어 있지 않다." 진은 반 에버리의 이 문장을 인용하며 인디언을 몰아낸 힘은 그들의 이웃인 가난한 백인 개척자들이 아니라 산업과 상업, 인구 성장, 철도와 도시의 확산, 땅값의 상승, 그리고 사업가들의 탐욕에서 비롯되었다고 주장한다. 나아가 앤드류 잭슨이야말로 "초기

미국 역사에서 인디언의 가장 공격적인 적"이었다는 사실을 지적하기도 한다.[51]

진은 『휘그당의 첩보원(Whig Intelligencer)』을 인용해 텍사스와 '명백한 운명'(Manifest Destiny, 미국은 텍사스, 뉴멕시코, 캘리포니아 등으로 영토를 확장해야 할 운명을 타고났다는 주장 – 옮긴이), 멕시코전쟁 등을 다룬 장에 「우리는 그 무엇도 정복을 통해 손에 넣지 않습니다, 감사합니다 하느님」이라는 제목을 붙였다. 진은 멕시코전쟁을 "포크(제임스 K. 포그 대통령)가 원했던 전쟁"이라고 표현하며 이에 반대했던 에이브러햄 링컨과 헨리 데이비드 소로 같은 사람들에게 찬사를 보낸다.

진은 또한 널리 알려진 사실은 아니지만 군 내부(당시의 군은 탈영병 때문에 골머리를 썩고 있었으며, 심지어는 멕시코 편에 가담한 병사들도 있었다)를 비롯해 상당한 반대 세력이 존재했다는 사실을 지적하며 미국인들이 가지고 있던 동기의 복잡성을 언급한다. "미국은 더 많은 사람들에게 자유와 민주주의의 축복을 베풀겠다는 구실로 자신의 공격성을 위장했다." 이것은 또한 "인종적 우월의식, 뉴멕시코와 캘리포니아의 아름다운 땅을 차지하고 싶은 욕심, 태평양 건너편까지 뻗어나가고 싶은 욕심과 결부되었다."[52]

남북전쟁과 재건기에 대한 진의 입장은 「복종 없는 노예, 자유 없는 해방」이라는 장 제목에서 여실히 드러난다. 여기서도 미국 역사에 대한 기존의 관점과는 상당히 거리가 먼 진 특유의 해석을 찾아볼 수 있다. 개인에 대한 해석 역시 마찬가지이다. "1859년, 존 브라운(John Brown)은 소규모의 폭력을 기도했다는 이유로 교수형에 처해졌다. 그로부터 몇 년 뒤, 링컨은 그보다 훨씬 더 큰 규모의 폭력을 시도하게 된다. 노예제도를 종식시키기 위해서." 이 시기에 대한 전체적인 해석도 크게 다르지 않다.

정부의 명령에 의해 노예제도가 철폐되자 해방의 수위를 조절할 수 있
게 되었다. 위로부터의 해방은 지배 계층이 허락하는 한도까지만 진행
될 뿐이다. 전쟁의 관성, 십자군의 수사로 그 한계가 위협받으면, 그들
은 재빨리 안전지대로 물러난다. 따라서 노예제도의 종식이 전국적 정
치, 경제의 재건으로 이어진 것은 사실이지만, 그것은 온전한 재건이
아니라 지극히 제한적인 재건에 지나지 않았다.[53]

진은 "노예제도를 어떻게 설명할 것인가?"라는 질문을 던진다(이것
이 그토록 교활한 수사적 질문인가?). "아마도 실제로 경험해 보지 못한
사람은 설명할 수 없을 것이다." 그런 이유로 진은 다양한 1차 자료에
의존한다. "그들은 노예가 행복하다고 말한다." 존 리틀이라는 이름의
옛 노예가 한 말이다. "왜냐하면 노예도 웃을 수 있고, 즐거움을 느낄
수 있기 때문이다. 나를 비롯해 서너 명의 다른 노예들은 하루에 200대
씩 채찍질을 당했고 발에는 족쇄가 채워져 있었다. 그래도 밤에는 노
래하고 춤을 추었으며, 쇠사슬을 달그락거리며 남들을 웃게 만들었
다." 왜 그랬느냐고? "고통을 잊기 위해서, 심장이 완전히 부서지는 것
을 막기 위해서 그랬다."
한 가지 흥미로운 것은 진이 '기묘한 제도'를 설명하기 위해 크게
의존하는 역사학자 가운데 한 사람이 바로 유진 제노비스, 특히 노예제
도에 대한 그의 중요한 저서 『굴려라, 조던, 굴려 ― 노예들이 만든 세
상(Roll, Jordan, Roll: The World the Slaves Made)』이라는 사실이다. 짐작
하다시피 진과 제노비스는 그리 공통점이 많은 사람들이 아니다. 하지
만 진은 제노비스가 노예제도를 분석하면서 계급을 강조한 사실이 무
척 인상적이었던 듯하다.[54]
진이 노예제도 폐지론자들, 특히 그 중에서도 급진적인 주장을 펼치
는 이들에게 찬사를 보내는 것은 당연한 일이지만, "널리 알려지지 않

은 흑인들 가운데 노예제도 반대운동의 중추를 형성하는 이들"의 역할을 강조하며 프레드릭 더글라스의 업적을 자세히 소개하기도 한다. 물론 노예제도 폐지에는 링컨의 역할이 적지 않지만, 진은 보다 현실적인 입장을 취하고 있다. 링컨은 "사업상의 필요성과 공화당의 정치적 야심, 그리고 인본주의의 수사학을 완벽하게 결합시킨" 인물이라는 것이다. 따라서 그는 "노예제도의 폐지를 최우선 과제로 꼽지는 않았지만 폐지론자들의 압력이 있거나 정치적인 이점이 있을 경우에는 일시적으로 최우선 과제로 격상시킬 수 있을 정도의 위치를 유지했다." 혹은 노예제도 폐지론자 웬델 필립스(Wendell Phillips)의 표현대로, 링컨의 성장은 "우리가 물을 주었기 때문"이라는 입장이다.[55]

재건기에 대한 진의 언급에는 이런 내용이 포함되어 있다. "남북전쟁 이후의 짧은 기간 동안 남부의 흑인들이 투표권을 행사해 주 의회에 흑인 대표를 보내고 남부 지역에 자유로운 공교육을 도입한 사례가 있다." 하지만 인종 간의 평등에 대한 진지하고 지속적인 집념이 결여된 결과, 위의 문장에서 가장 핵심적인 단어는 '짧은'이 되어버렸다. 남북전쟁 당시 북군에 참여했던 어느 문맹의 흑인은 왜 남부(그의 경우는 루이지애나)를 떠났느냐는 질문에 이렇게 대답했다. "우리는 남부지방 전체가 우리를 노예로 부려먹은 바로 그 사람들의 수중에 들어갔다고 생각했다."[56]

핸들린은 진의 이 저서 중에서도 「또다른 남북전쟁」이라는 장에 비난의 초점을 맞췄다. "편견과 허위 사실로 점철된"이라는 비판은 주로 이 장을 예로 든 것이다. "여기에는 뉴욕 주에서 벌어진 반지대 폭동(anti-rent riot)과 뉴욕 시의 애스터 플레이스 폭동, 로드아일랜드의 도르 전쟁, 1877년의 철도파업 등이 포함된다." 핸들린의 불만은 이렇게 이어진다. "아무런 관련도 없는 폭력 사태들을 한데 묶어 나라 전체가 끊임없는 내분에 휩싸인 듯한 인상을 자아내려는 의도이다." 얼핏 보기에는 타당한 지적으로 들릴지 모르지만, 이 사건들이 "아무런 관련도 없다"는 주장은 정확하지 않다. 그가 그런 주장을 펼치는 이유는 진이 제시한 근거를 제대로 파악하지 못했거나, 혹은 의도적으로 외면했기 때문이다(후자의 가능성이 더 높을 듯하다).

진은 이 장에서 소개된 여러 가지 사례들이 "대부분 미국 역사를 다룬 교재에서는 찾아볼 수 없는 것들인데, 이는 19세기의 계급투쟁에 대한 책이 거의 없기 때문이다." 그 대신 "남북전쟁 이전과 이후는 정치, 선거, 노예제도, 그리고 인종 문제로 채워진다." 심지어는 예를 들어 잭슨 시대와 같이 노동 및 경제 문제를 다루는 특별한 책들조차 "대통령에 초점을 맞추기 때문에 민중의 투쟁보다는 영웅적인 지도자에 의존하는 전통적인 경향에서 벗어나지 못한다."[57] 그런 이유로 진은 전통적인 역사책의 수정 방안을 제시하는 셈인데, 이것은 『미국 민중사』 전체에 일관되는 그의 의도이기도 하다.

「벼락부자와 반역자들」이라는 장은 이렇게 시작된다. "1877년은 대단히 상징적인 의미를 갖는 한 해였다. 흑인들은 집요한 탄압을 받고, 백인 노동자의 파업 역시 용인되지 않으며, 남부와 북부의 산업 및 정치 엘리트들은 나라 전체를 장악하고 인류 역사상 유례를 찾아볼 수 없는 경제 성장을 이룩한다." 그들이 이런 성과를 거둘 수 있었던 것은 "흑인 노동력, 백인 노동력, 중국인 노동력, 유럽 이민자 노동력, 여성 노동력 등을 인종과 성별과 국적과 계급에 따라 차별화된 보상을 지급하여 최대한 활용함으로써 부의 피라미드의 토대를 탄탄히 다진 덕분이었다." 이 같은 논리에 굳이 이의를 제기한다면, 진의 어투에서 그의 의도가 매우 치밀한 계산을 통해 작용하고 있다는 느낌 정도일 것이다.

진은 연방 정부가 추진한 '개혁'에 회의적인 입장을 고수하는데, 예를 들어 1887년의 운송교통법(Interstate Commerce Act)은 소비자를 위해 철도 사용을 규제하려는 의도로 만들어졌으며, 1890년의 셔먼 반독점

법은 스스로를 "불법적인 규제에 저항하는 거래와 통상을 금지하기 위한" 법이라고 규정하고 있다. 이러한 산업화와 도시화의 시대를 통틀어 "미국 정부는 카를 마르크스가 묘사한 전형적인 자본주의 국가의 모습을 거의 그대로 답습하고 있다. 중립을 지킨다는 미명 아래 실제로는 부자들의 이익을 대변했던 것이다." 진이 1893년을 "미국 역사상 최대의 경제 위기"로 바라보는 것은 약간 과장이 아닐까. 설마 1929년보다 더 심각한 상황은 아니었을 테니까 말이다. 하지만 인민주의 운동(과 농민 동맹과 같은 그 전조들)을 "미국 역사상 최대의 농민 저항운동"이라고 규정한 진의 관점에는 이론의 여지가 없다.[58]

진은 「제국과 민중(The Empire and the People)」이라는 장에서 수정주의 외교역사학자인 윌리엄 애플먼 윌리엄스(William Appleman Williams)의 연구에 크게 의존하고 있다. 그러나 "나는 거의 모든 종류의 전쟁을 환영할 수밖에 없다. 왜냐하면 이 나라는 전쟁을 필요로 하고 있기 때문이다"라는 시오도르 루스벨트의 말을 인용하며 이 장을 시작한다. 루스벨트는 스페인-미국 전쟁이 일어나기 직전인 1897년에 어느 친구에게 보낸 편지에서 그 말을 썼다. 이것은 미국이 '강대국'으로서의 위상을 다진 전쟁이기도 하지만, 동시에 현대적인 제국주의의 길로 들어서는 전쟁이기도 했다.

진이 "야비한 수사적 질문"에 의존한다는 핸들린의 비난으로부터 완전히 자유로울 수는 없을지도 모른다. "외국 땅에서의 모험이 파업과 저항운동으로 향해졌을 반역의 에너지를 외부의 적으로 굴절시키는 효과를 가져오지 않았을까?" 이런 질문도 있다. "그 같은 (제국주의적) 취향이 본능적인 공격성이나 절박한 이윤 추구의 욕망을 통해 국민들의 입맛에 길들여지지 않았을까? 혹은 (만약 그러한 취향이 정말로 존재했다면) 백만장자 언론과 정부, 군부, 그리고 그 시대의 아첨꾼 학자들에 의해 만들어지고, 고무되고, 홍보되고, 과장된 것은 아닐까?" 하지만 표현하지도 않은 의도를 가지고 진을 비난할 수는 없다. 진은 "그것(외국에서의 모험)이 국민을 정부 혹은 군부와 통합시키지 않았을까?"라는 또 하나의 질문을 던진 뒤, "아마도 이것은 대다수의 엘리트 사이에서 의도적인 계획에 따라 진행된 것은 아니겠지만, 자본주의와 국가주의라는 쌍두마차의 자연스러운 귀결인 것은 분명하다."[59]

「사회주의자의 도전」이라는 장에서는 사회주의자 외에도 훨씬 많은 내용이 다뤄진다. "전쟁과 주전론(主戰論)이 일상생활의 현실에서 비롯되는 계급적 분노를 잠시 잠재울 수는 있었지만 영원히 억누를 수는 없었다." 물론 진은 이 장에서 사회주의를 다루는데, 다분히 긍정적인 뉘앙스가 강하다. "허공에서 움튼 사상 하나가 카를 마르크스의 이론 속에서만이 아니라 수많은 작가와 예술가들의 꿈속에서 점점 더 뚜렷해지고 강력해지기 시작했다. 소수를 위해서가 아니라 모두를 위해, 보다나은 삶을 만들어가기 위해 대지의 소중한 보물들을 함께 활용한다는 사상 말이다." 하지만 이 장에서도 여성과 흑인들의 지속적인 싸움에 대한 이야기가 빠지지 않는다. 이른바 '진보의 시대'라 불리는 개혁에 대한 이야기도 있다. 마지못해 따라가는 변화는 "근본적인 변화를 이끌어내는 것이 아니라 민중 봉기를 잠재우려는 의도를 가지고 있을 뿐이다."[60]

진은 제1차 세계대전을 다룬 장에 「전쟁은 국가의 건강」이라는 제목을 붙여 급진적인 작가 랜돌프 보른(Randolph Bourne)을 인용한다. 진은 이 전쟁에서 목숨을 잃은 수백만 명의 희생자를 언급하며 "그날 이후 전쟁이 한 사람의 목숨보다 가치가 있으며 인간성 회복에 도움이 된다고 주장할 수 있는 사람은 아무도 없다"고 결론내린다. 이것을 '제국주의 전쟁'으로 규정하는 사회주의자들의 견해는 "지극히 온건하며, 누구도 이의를 제기할 수 없을 것"이다. 진은 이 장에서 사회주의자 유진 V. 뎁스, 무정부주의자 엠마 골드만, 저술가 달턴 트럼보(『총을 든 조니』) 등 자신이 존경하는 인물들을 소개하는데, 이들은 하나같이 전쟁에 반대한 이들이었다.

진은 또한 이 무렵에 제기된 '미합중국 대 76년의 정신'이라는 이름의 소송을 언급하기도 한다. 「76년의 정신」이라는 제목의 미국 독립혁명을 다룬 영화의 제작자가 간첩법 위반 혐의로 기소된 사건인데, 판사는 이 영화가 "우리의 우방인 대영제국의 신의(信義)에 의문을 제기했다"[61]는 이유로 징역 10년형을 선고했다.

진은 1920년대와 30년대를 다룬 장에 「고난기의 자조(自助) 정신」이라는 제목을 붙였는데, 이는 뉴딜시대 이전에도 민중들은 — 다른 선택의 여지가 없었기 때문에 — 자조의 정신을 가지고 있었음을 강조하기 위한 것이다. 진이 이 시기를 다루는 방식을 보면 그의 초창기 저서 가운데 하나가 떠오른다. 이는 1920년대에 가난한 사람들을 대변했던 몇 안되는 정치인 가운데 하나였던 피오렐로 라과르디아에게 찬사를 보낼 기회가 주어졌기 때문이기도 하고, 다른 한편으로 급진주의적인 관점에서 뉴딜정책을 비판할 기회가 주어졌기 때문이기도 하다. 뉴딜정책이 마무리된 이후에도 "자본주의는 멀쩡하게 살아남았다. 부자들은 여전히 미국의 부를 지배했을 뿐 아니라 법과 법원, 경찰과 신문, 교회와 대학을 장악하고 있었다." 많은 사람들이 루스벨트를 영웅으로 칭송하기에 부족함이 없을 만큼 도움을 받은 것은 사실이지만, "불황과 위기를 초래한 시스템 — 낭비와 불평등, 인간의 욕구보다 이윤을 앞세우는 시스템 — 그 자체는 전혀 변하지 않았다."[62]

진이 『전후 미국』에서 제2차 세계대전을 다룬 장에 「최고의 전쟁」이라는 제목을 붙인 것은 단순히 풍자적인 이유 때문만은 아니었다. 같은 맥락에서 『미국 민중사』에서는 이 시기를 「민중의 전쟁?」이라는 제목으로 다루었다. 그러나 진은 이 장의 서두에서 "그게 사실인가?"라고 되묻고 있다. 제2차 세계대전은 "말로 표현할 수 없을 만큼 사악한"

적들과 맞서 싸운 전쟁이고, 어떤 측면에서는 미국이 관여한 전쟁 가운데 가장 높은 인기(?)를 누린 전쟁이었다는 사실은 진도 부정하지 않는다. 하지만 진은 ─ 야비하게도? ─ 이런 질문을 던진다. "하지만 모든 국력 ─ 정부뿐만 아니라 언론과 교회, 심지어는 가장 급진적인 조직조차도 ─ 이 총력전에 투입되었으니, 이것을 날조된 지원으로 간주할 수는 없을까? 드러나지 않은 반대의 목소리는 없었을까? 공개되지 않은 저항의 징조가 있지는 않았을까?"

그러나 약소국을 보호하기 위해 분연히 일어서는 미국의 모습은 고등학교 역사 교과서에는 어울릴지 모르지만 세계사에 기록된 미국의 모습과는 일치하지 않는다. 미국은 자기 자신의 인종주의조차도 극복하지 못했다. 군대는 분열되었고, 적십자조차 '검은 피'와 '하얀 피'로 갈라섰다. 진이 소개하는 역사적 이미지는 상당히 강력한 설득력을 발휘한다. "1945년 초, 유럽 전선으로 전투 요원을 실어나르는 퀸메리호 선상에서, 흑인 병사들은 갑판 위의 신선한 공기와는 최대한 멀리 떨어진 기관실 근처의 제일 밑바닥에 처박혔다. 과거에 있었던 노예들의 항해가 연상되는 것도 무리는 아니었다."

진은 또한 일본계 미국인에 대한 처우에서도 "미국은 파시즘을 거의 그대로 모방하다시피 했다"는 점을 지적한다. 이것은 "그 최대 수혜자가 부유한 엘리트 계층인 미국 정부에 의해 결정된 전쟁"이었고, 따라서 "미국의 외교관과 사업가들은 전투와 폭격 소식으로 장식되는 머리기사 이면에서 전쟁이 끝나고 나면 미국의 경제력이 세계를 지배할 것이라는 확신을 심어주기 위해 조용히 최선을 다했다."[63]

진은 '민중의 전쟁'이라는 개념을 추적하며 다음과 같이 언급한다. "독일과 일본의 도시에서 자행된 민간인 대상의 무차별 폭격은 그 어떤 전쟁에서도 유례를 찾아보기 힘들 정도인데, 이를 지지하는 층이 존재했다." 하지만 "만약 '민중의 전쟁'이 공격에 저항하는 전쟁, 방어

전쟁을 의미한다면 — 만약 그것이 특권층의 이익을 위해서가 아니라 인간적인 이유 때문에, 다수가 아니라 소수에 맞서는 전쟁의 의미라면 — 독일과 일본의 인구 밀집 지역을 대상으로 자행된 전면적인 공습은 그 같은 개념에 들어맞지 않는다." (우리는 이미 진 자신이 이 같은 작전에 참여했고, 그것이 그의 전쟁관에 어떤 영향을 미쳤는지 살펴본 바 있다.) 그렇게 해서 독일과 일본의 파시즘은 파괴되었다. 하지만 과연 군국주의와 인종주의, 제국주의를 비롯한 파시즘의 필수적인 요소들까지 모두 사라졌다고 할 수 있을까? 진은 이 대목에서 혁명적 평화주의자 A. J. 머스트(A. J. Muste)의 문장을 인용한다. "전쟁이 끝나고 나면 문제가 남는 것은 승리자 쪽이다. 승리자는 전쟁과 폭력의 대가를 입증했다고 생각한다. 누가 그에게 교훈을 가르칠 것인가?" 진의 입장은 이러하다. "전쟁은 미국이 세계의 많은 부분을 지배할 수 있는 위치로 올라서도록 했을 뿐 아니라 국내적으로도 보다 효과적인 통제력을 발휘할 수 있는 조건을 만들어주었다." 전쟁 직후 정부는 "위기감과 냉전 분위기를 조성하기 위해 노력했다."[64]

보류된 꿈은 어떻게 되었는가?
햇볕에 내놓은 건포도처럼
말라버렸는가?
종기처럼 곪아서
고름이 흐르는가?
썩은 고기처럼 악취를 풍기는가?
혹은 달콤한 사탕처럼
설탕을 발라놓았는가?

그저 무거운 짐처럼 축 늘어져 있거나
혹은 폭발을 일으키지 않겠는가?[65]

진은 민권운동에 대한 장의 제목을 랭스턴 휴스의 유명한 시 마지막 행에서 따왔다. 「그것은 폭발을 일으켰다」. 하지만 우리는 진 자신이 그토록 헌신적으로 참여했던 이 운동에 대해서는 이미 충분히 살펴보지 않았나 싶다. 여기서 가장 주목할 점은 아마도 진이 대단히 광범위하고 효과적으로 인용문을 활용했다는 사실일 것이다. 하지만 학생비폭력조정위원회(SNCC)와 같은 단체의 역할에 대한 진 자신의 개인적 견해 역시 주목할 필요가 있다.

베트남전쟁에 대한 진의 분석 또한 더 이상 언급할 필요가 없겠지만, 다음과 같은 그의 요약은 아주 인상적이다. "1964년부터 1972년까지, 세계 역사상 가장 부유하고 강력한 국가가 작은 농업국가의 민족주의적 혁명운동을 분쇄하기 위해 원자폭탄을 제외한 모든 군사적 역량을 총동원했지만 결국 실패하고 말았다." 미국의 베트남전쟁은 "조직화된 현대적 기술과 조직화된 인간의 싸움이었는데, 승자는 인간이었다." 이 전쟁은 또한 "미국이 일찍이 경험해 보지 못한 강력한 반전운동을 초래했고, 이것이 전쟁의 종식에 결정적인 역할을 했다." 솔직하게 털어놓고 말하자면 쌀과 고무를 언급해야 했겠지만, 그 대신 공산주의와 자유가 언급되었다. 통킹만 사건은 순전히 '날조' 된 것이었다. 결국 이 전쟁은 "제2차 세계대전 이후에 형성된 미국 제국이 최초로 경험한 패배"로 기록될 것이다.[66]

여성운동, 감옥 폭동, 인디언 공동체 내부의 새로운 투쟁 정신 등은 「놀라움」이라는 장의 주제들이다. 그 다음에는 「70년대 ─ 통제?」라는 질문을 던진다. 진은 워터게이트 사건 이후의 1970년대 중반에 "시스템이 악당들의 나라를 정화하고 건강한 ─ 혹은 쫓겨나지 않을 정도의 ─ 국가를 복원하기 위해 노력한다는" 인상을 받았다. 그러나 진은 모든 것이 '잘 통제되고 있다'고 볼 수 없는 여러 가지 징후를 발견했다. 여기에는 미국인들이 비즈니스와 군, 정치인에게 부여하는 신뢰도가 크게 떨어졌다는 사실도 포함된다. 진은 국민들의 불만 가운데 상당수는 경제, 특히 실업과 인플레이션에서 비롯되었다고 본다. 이 같은 관점은 보스턴에서 거행된 '보스턴 차(茶) 사건'(1773년, 당시 영국의 식민지이던 보스턴의 주민들이 영국에서의 차 수입을 저지하기 위해 정박 중이던 선박에서 차를 탈취해 바다에 던져버린 사건으로, 미국 독립혁명의 직접적인 계기가 되었다 – 옮긴이) 200주년 기념식 때 벌어진 현상을 설명하는 데 도움이 된다. "군중들은 공식 행사와는 별개로 '민중의 200주년' 행사를 마련하여 '걸프 석유'니 '엑슨' 같은 상표가 찍힌 포장지를 보스턴 항구에 내다버리며 기업들이 누리는 막강한 영향력에 반대하는 뜻을 나타냈다."[67]

한 가지 흥미로운 것은 현대로 접근할수록 대통령에게 더욱 초점을 맞춘다는 점이다. 이전에는 대통령의 이름조차 언급되지 않은 경우가 많았다. 진은 「카터 · 레이건 · 부시 — 초당파적 합의」라는 제목의 장을 독립시켰다. 이 장에서는 홉스태터가 『미국의 정치적 전통』에서 제기한 논쟁을 돌아본다. "주요 정당 내부에서 벌어지는 논쟁들은 어떤 일이 있어도 재산과 기업의 이익을 침해해서는 안된다는 차원을 넘어서지 못한다." 물론 이것은 다분히 자본주의적이고 민족주의적이다. 지미 카터는 "흑인과 빈곤층에 대한 몇몇 유화적 몸짓과 해외에서의 '인권' 옹호 발언에도 불구하고 기업의 부와 권력을 보호하고, 국부를 빨아들이는 거대한 군부를 유지하며, 해외의 우파 독재정권과의 동맹을 유지함으로써 미국식 시스템의 역사적, 정치적 범주 내에 안주했다."

또한 로널드 레이건, 조지 부시로 이어지는 10여 년은 "카터의 재임 기간에 엿볼 수 있었던 희미한 자유주의의 흔적조차" 사라진 시기였다. 따라서 이 시기의 정책은 "빈곤층에 대한 복지 혜택을 축소하고, 부유층에 대한 세금을 인하하며, 군사 예산을 증액하고, 연방 법원을 보수적인 판사들로 채우고, 카리브 지역의 혁명운동을 말살하기 위해 능동적으로 참여하는" 방향으로 점철되었다. 결국 "'아메리카 주식회사'가 레이건-부시 시절의 최대 수혜자가 되었으며", 이 시기가 끝날 무렵에는 "미국 내 부유층과 빈곤층의 간극이 엄청나게 벌어졌다." 진은 냉전이 끝났음에도 불구하고 군사 예산을 크게 줄이지 못한 정부의 행태를 아쉬워하는 한편, '국익'과 '특권층의 이익'을 혼동하는 경향을 강하게 비판한다. 예를 들어 정치, 특히 1992년 대통령 선거를 앞둔 정치계는 중동 지역의 석유를 통제하고자 하는 욕망에 사로잡혀 걸프 전쟁에 뛰어들기로 결정했지만, 미국 국민들은 미국의 목표가 '쿠웨이트를 해방시키는 것'이라는 주장을 들어야 했다.[68]

진은 「보도되지 않은 저항」에서 희망을 이야기한다. 1980년도에 투표권을 가진 미국 국민 가운데 불과 27퍼센트만이 레이건에게 표를 던졌으며, 여론조사를 통해 나타난 "유권자들의 견해에 공화당은 물론 민주당도 관심을 기울이지 않았다." 진은 특정한 사례들을 여러 가지 제시한 다음, "널리 알려지지는 않았지만 일부 주류 언론에서 '영구적인 적대 문화'라고 표현한 현상 — 보다 평등하고 보다 인간적인 사회의 가능성을 포기하지 않는 — 이 나타나고 있었음은 의문의 여지가 없다"는 결론을 내린다. "만약 미국의 미래에 희망이 남아 있다면, 그것은 바로 이 같은 현상에서 비롯된다."[69]

진은 이 책의 마지막 장에 「호위병의 반란」이라는 제목을 붙였다. 이것은 "예측이 아니라 희망"이라는 것이 그의 설명이다. 진은 이 장에서 애초에 출발점으로 삼았던 미국의 역사, 나아가 역사 전반에 대한 이야기로 돌아간다. 『미국 민중사』라는 이 책의 제목은 사실 별로 정확한 것이 아닌데, 이는 "민중사라고 하면 어느 한 개인이 서술할 수 있는 것보다 훨씬 더 포괄적인 내용을 다루어야 하며, 역사 중에서도 가장 다루기 어려운 성격을 가지기 때문이다." 그럼에도 불구하고 그런 제목을 붙인 것은 "많은 한계가 있지만 그것이 정부를 경멸하고 민중의 저항운동을 존중하는 역사이기 때문이다." 진 본인도 그것이 "특정한 방향으로 기우는 나 자신의 편견"임을 알고 있다. 하지만 거기에 대해서는 크게 개의치 않는다. "산더미처럼 많은 역사책들이 모두 어느 한 쪽 방향으로 완전히 치우쳐 있기 때문이다. 그것은 곧 국가와 정치인을 존경하고, 민중운동에 대해서는 철저하게 외면하는 방향이다." 따라서 "우리에게는 그러한 현상을 바로잡을 수 있는 무언가가 필요하다."[70] 이 같은 진의 입장을 이해하기 위해서는 다음의 인용문을 꼭 읽어보아야 한다.

> '건국의 아버지들'과 대통령들에게 초점을 맞추는 모든 미국 역사는 평범한 시민들의 행동 능력을 과소평가한다. 그들은 위기가 닥치면 누군가 우리를 구해줄 사람을 찾아야 한다고 주장한다. 독립혁명 때는 건국의 아버지들, 노예제도의 위기 때는 링컨, 대공황 때는 루스벨트, 베트남-워터게이트 위기 때는 카터가 미국의 구세주로 등장했다. 그처럼 간헐적인 위기의 사이사이에는 별다른 문제가 나타나지 않고, 따라서 우리는 평소의 생활로 돌아가면 된다. 시민이 할 수 있는 최고의 행동은 4년에 한 번씩 투표소를 찾아가 별 하자 없는 인품과 정통적인 견해를 가진 두 명의 부유한 백인 남성 앵글로색슨 가운데 한 명을 구세주로 선택하는 것이다.
> 이러한 구세주 이념은 정치를 넘어 문화 전체에 확산되었다. 우리는 모든 분야의 스타들, 지도자들, 전문가들을 본받기 위해 우리의 힘을 포기하고, 우리 자신의 능력을 비하하며, 우리의 자아를 말살해야 한다고 배운다. 그러나 이따금, 미국인들은 그런 이념을 거부하고 반란을 일으킨다.[71]

진이 희망을 발견한 지점이 바로 이 같은 반란이 아닐까 싶다. 물론 그도 지금까지는 이런 반란이 성공을 거두지 못했음을 알고 있다. "미국은 세계 역사상 가장 교묘한 통제 시스템을 가지고 있기 때문이다."

골칫거리가 될 만한 소수파의 불만을 잠재울 수 있을 정도만의 부(富), 딱 그 정도만의 자유가 주어진다. 하지만 진은 역사를 한번 돌아보라고 호소한다. 기득권자들은 "약자들이 가진 저항의 힘, 불만을 가진 자들이 변화를 요구할 능력"을 우리가 망각하기를 바라고 있다.[72]

하지만 제목에 있는 '호위병'이란 누구를 말하는 것일까? 제도권은 "시스템을 유지하기 위해서는 수많은 사람들에게 조그만 보상을 주어 복종과 충성을 이끌어내지 않고는 살아남을 수 없음"을 알고 있다. 따라서 그들은 어느 정도의 권력을 행사하며 자기네와 합세할 사람들을 고용한다. "그들은 시스템의 호위병이 되고, 상류 계급과 하류 계급 사이의 완충지대가 된다." 그리고 "만약 그들이 더 이상 복종하지 않으면 시스템은 무너진다." 진은 그런 사태가 벌어질 거라고 생각하지만, "그것은 약간의 특혜와 약간의 불편함을 느끼는 우리 모두가, 봉기가 일어난 아티카 교도소의 호위병과도 같은 존재라는 사실을 인식하기 시작할 때에만 가능하다. 제도는 우리에게 보상을 안겨주기도 하지만, 자신의 통제력을 유지하는 데 필요하다면 우리를 죽일 수도 있다는 사실을 알아야 한다." 실로 강력한 발언이 아닐 수 없다.

진은 또한 "호위병 내부에서의 불만이 증가"하고 있음을 보여주는 증거가 있다고 생각한다. 자본주의는 "하류층에게는 언제나 좌절감을 가져다준다. 지금은 중산층도 좌절감을 느끼기 시작하고 있다." 진은 결론을 향해 나아가며 이렇게 말한다. "근본적인 변화를 이루기 위해 민중이 — 미국 역사상 처음으로 — 단결하는 모습을 상상해 보자. 이전에 그랬듯이, 엘리트 계층은 사람들을 제도권으로 흡수시키기 위해 자신의 궁극적인 무기, 즉 전쟁이라는 카드를 꺼내들 것인가?" 그들이 그러한 시도를 보여준 가장 최근의 사례는 1991년의 이라크전쟁이었고, 그것은 그들이 원했던 만큼, 혹은 옛날만큼 완벽하게 들어맞지 않았다. "기득권 세력이 국내의 심각한 경제 문제를 해결하거나 국내의 불만 세력을 잠재울 안전장치를 해외에서 마련할 능력도 없는 상태에서, 미국인들은 단순히 땜질용의 개혁적 법안이나 또다른 뉴딜정책이 아니라 급진적인 변화를 요구할 준비가 되어 있는지도 모른다."[73]

진은 자신이 약간 '유토피아적'이라는 것을 알고 있지만, "우리가 현실주의적인 입장을 취할 때 기득권 세력이 우리의 행동을 방해하기가 쉽지 않을 뿐 아니라 '현실주의'는 공허한 역사에 뿌리를 두고 있기" 때문에 어쩔 수 없는 노릇이라고 주장한다. 이어서 진은 "거대 기업과 군부, 그리고 그들에게 동조하는 정치세력"이 아니라 민중 전체의 손에 권력을 안겨주는 새로운 사회적, 경제적 질서를 수립해야 한다고 역설한다. 의식주는 물론 보건과 교육, 교통까지도 만인이 평등하고 자유롭게 이용할 수 있어야 한다. 그러기 위해서는 "미국 역사에서 찾아볼 수 있는 과거의 운동 에너지 — 노동자, 흑인, 원주민, 여성, 청년 등 — 와 화난 중산층의 새로운 에너지를 결합시켜야 한다." 그렇게 되면 민중은 학교와 일터, 공동체를 포함한 자신의 주변 환경을 지배하기 시작할 것이다.

여기에는 이전까지의 민중운동에서 사용된 모든 전술이 동원되어야 한다. "시위, 가두행진, 시민 불복종 운동, 파업, 불매운동, 총파업, 부의 재분배와 제도의 개선을 겨냥하는 직접적인 행동 등을 조직해야 하며, 음악과 문학, 연극 등은 물론 일상적인 일과 놀이를 아우르는 모든 분야에서 나눔과 존경의 정신이 뒷받침되는 새로운 문화를 창출해야 한다." 진은 '많은 패배'가 뒤따를 수밖에 없음을 알고 있다. 하지만 "전국 각지의 수많은 현장에서 이러한 운동이 펼쳐지면 누구도 그것을 막을 수 없다. 그러한 운동을 분쇄하고 시스템을 지켜야 하는 호위병들조차도 더 이상 힘을 발휘할 수 없기 때문이다."[74]

마지막으로, 진은 이러한 과정이 "우리를 미국 역사에서 떼어내 상상의 영역으로 데려갈 것"임을 알고 있다. 하지만 그것이 역사로부터의 완전한 일탈은 아니라고 주장한다. "적어도 그러한 가능성을 엿볼 수 있었던 시대는 과거에도 분명히 존재했기 때문"이다. 그가 특별히 염두에 두는 시대는 "기득권 세력이 처음으로 전쟁에 대한 전국적인 입장 통일과 애국적 열기를 이끌어내는 데 실패한" 1960년대와 70년대이다. 또한 그 시기에는 "성, 가족, 인간관계 등의 영역에서 미국이 일찍이 경험해 보지 못한 거대한 문화적 변화"가 일어났으며, 그러한 상황은 "전통적인 권력의 핵심층이 쉽사리 통제할 수 없는" 특징을 가지고 있었다. 따라서 "시스템의 틀에 갇힌 죄수들은 이전과 같이, 때로는 전혀 예측할 수 없는 방식으로 저항을 계속할 것이다."

하지만 "우리 시대의 새로운 사실은 호위병들이 그들에게 합류할 수도 있다는 점이다. 호위병 중에도 우리의 책을 읽고 쓰는 사람들은 얼마든지 있다. 만약 우리가 그 같은 사실을 인식하고 거기에 입각해 행동한다면, 당장 우리 자신의 삶이 훨씬 더 만족스러워질 뿐만 아니라 우리의 후손들 역시 지금과는 전혀 다른, 멋진 세상에서 살아갈 수 있을 것이다."[75] 이것이 하워드 진이 바라보는 급진적인 미국의 전망이다. 그가 이토록 간결하고 열정적으로 자신의 전망을 밝힌 적도 없지 않나 싶다.

진은 『미국 민중사』 1995년 판에서 클린턴 대통령 재임 기간에 대한 짧은 후기를 추가했다. 예를 들어 클린턴이 민주당 지도자 협의회(Democratic Leadership Council)의 지원을 받았다는 사실, 그가 닉슨을 존경한다고 밝힌 점 등을 언급하며 그를 레이건을 비롯한 다른 대통령들과 동일 선상으로 평가한 것은 그리 놀라운 일이 아니다. "조금이라도 기회의 평등을 구현하기 위해서는 혁신적인 부의 재분배, 일자리 창출과 보건, 교육, 환경 분야에 대한 집중적인 투자가 필요하다." 이 같은 예산을 확보하기 위해서는 군사비를 줄이거나 최상류층의 재산을 이용해야 하는데, "클린턴 정부는 그런 의도를 전혀 보여주지 않왔다."76)

진은 이례적으로 오스카 핸들린의 비판에 대해서도 반응을 보였다. 그 가운데 일부는 한번쯤 짚어볼 필요가 있다. 핸들린의 비판에 대한 진의 반응은 첫 문장부터 아주 현명하면서도 과감하다. 이것을 이해하기 위해서는 핸들린이 상당히 비중 있는 인물이라는 사실을 고려해야 한다.

진은 『아메리칸 스칼라』의 편집자에게 보낸 글에서 이렇게 쓰고 있다. "지난 호에 실린 졸저 『미국 민중사』에 대한 서평에서, 오스카 핸들린은 크게 흥분하고 있는 듯하다." 진은 핸들린의 '분노'를 언급한 다음, 그가 "미국 역사를 해석하는 관점이 다를 뿐인" 다른 역사학자들, 이를테면 칼 데글러(Carl Degler)와 윌리엄 애플먼 윌리엄스 같은 학자들을 어떻게 매도했는지를 상기하게 한다고 지적한다. 이어서 핸들린은 베트남전쟁과 닉슨 대통령을 지지한 인물인 만큼, "그런 신념을 가진 서평자가 나 같은 사람의 책에 대단히 비판적인 시각을 가지는 것은 그다지 놀라운 일이 아니다"라고 주장한다. 하지만 우리는 핸들린과 달리 진의 입장이 아주 솔직하다는 사실을 인정하지 않을 수 없다. 핸들린은 "진실을 왜곡하고 독자들을 엉뚱한 곳으로 끌고 가려 한다."

여기서는 여러 가지 예 가운데 한 가지만 살펴봐도 충분할 듯하다. 진은 자신이 미제국주의는 신랄하게 비판하면서 "소비에트 연방에 대해서는 한 마디도 하지 않는다"고 한 핸들린의 주장을 인용한 다음, 자신이 소련의 1956년 헝가리 침공을 비판했다는 사실, 소련이 "'사회주의'의 미명 아래" 제2차 세계대전 이후 자신의 제국을 확장하기 위해 발벗고 나섰다는 사실을 지적하며 "소비에트 연방은 미합중국과 마찬가지로 자신이 통제할 수 없는 혁명을 지지하려는 의사가 전혀 없는 듯 보였다"고 썼다는 사실을 상기시킨다. 그리고는 "그래도 한 마디도 하지 않은 것인가?"라고 되묻는다.

또한 자신이 "사실의 정확성에 대해서는 거의 신경을 쓰지 않는다"고 말한 핸들린의 비판에 대해서는 그가 지적한 몇 가지 주제에서 자신의 입장을 뒷받침하는 자료를 일일이 제시하기도 했다. 결론적으로, 진은 핸들린의 '왜곡'에 대해 짚고 넘어가지 않을 수 없다고 말한다. "아마도 그러한 왜곡의 이면에는 근본적인 관점의 차이가 존재하기 때문에 핸들린이 그렇게 화를 낸 것 같다." 진이 생각하는 핸들린의 논리는 이러하다. "휴머니티는 국가로 구성된다. 진은 국가를 긍정적으로 평가하지 않는다. 따라서 진은 휴머니티를 싫어한다."

여기에 대한 진의 반론을 들어보자. "나는 민중의 힘, 반대와 저항 운동을 긍정적으로 평가한다. 사실 이 책은 순전히 그것에 대한 책이라 해도 과언이 아니다. 하지만 핸들린이 주목하는 것은 국가이다. 나는 휴머니티란 국가의 울타리를 뛰어넘는 것이라고 생각한다. 사실 국가는 휴머니티를 억압하는 경우가 많다. 물론 여기에는 논쟁의 여지가 있다." 진은 마지막으로 이렇게 덧붙인다. "그렇다고 발작을 일으킬 것까지는 없지 않은가."[77]

『미국 민중사』의 초고를 살펴보면 처음에는 이 책에 '민주주의를 위한 투쟁'이라는 제목을 붙이려 했다는 사실을 알 수 있다.[78] 이것은 이 책뿐만 아니라 진의 대부분의 저서에서 핵심적인 주제를 이루고 있다. 하지만 좀더 포괄적인 의미를 갖는 『미국 민중사』로 제목을 바꾼 것은 매우 좋은 결정이었던 듯하다. 자신의 저서 가운데 어떤 것이 가장 자랑스러운지, 어떤 책이 가장 큰 영향력을 미쳤다고 생각하는지에 대한 질문에서, 진은 주저없이 『미국 민중사』를 첫손에 꼽는다. 판매 부수만 봐도 그 같은 사실이 입증된다. 그가 받은 독자들의 편지를 비롯해, 각계각층의 반응 역시 크게 다르지 않다.

진은 이 책을 "적어도 비비 꼬이지는 않은, 꽤 솔직한 설명"이라고 생각하고 있다. 이것은 주로 문체에 대한 이야기이다. "나 자신의 문체에 대해서 한 가지 다행스러운 점은, 명쾌하고 이해하기 쉬운 글을 쓰기 위해 의도적으로 애쓸 필요를 느끼지 못한다는 점이다."『미국 민중사』를 읽은 독자들에게서도 그런 이야기를 많이 들었다고 한다. "우리 할머니, 혹은 열다섯살짜리 아들에게도 권할 수 있는 책"이라는 반응이 많았던 것이다.

이것은 진의 글쓰기에 대한 한 가지 의문을 불러일으킨다. "당신이 글을 쓰는 방법을 간단하게 설명한다면 뭐라고 말할 수 있겠는가? 한 마디로, 당신은 어떻게 책을 쓰는가?" 진은 『미국 민중사』를 예로 들어 이 질문에 답변한다. "우선 전체적인 뼈대를 잡는 정통적인 방법을 사용한다. 독립혁명 시대, 잭슨 시대, 남북전쟁 시대, 재건기 하는 식이다." 하지만 일단 뼈대가 잡히고 나면 "조금이라도 관련이 있다고 생각되는 모든 자료를 모은다. 그것들을 서재에 쌓아놓고 읽어본 다음, 참고하고 싶은 부분이 있으면 종이 조각을 끼워둔다."

물론 그 동안 꾸준히 정리해 둔 자료들도 큰 몫을 차지한다. "20년 동안 학생들을 가르쳤기 때문에 독립혁명과 남북전쟁, 산업 발전 등에 대한 자료는 꾸준히 축적되어 왔다." 따라서 "참고 서적과 메모, 그 동안 수집해 온 자료 등을 가지고 타자기 앞에 앉는다. 나는 『미국 민중사』를 수동식 '로열' 타자기로 집필했다." 진은 타자 속도가 꽤 빠른 편이고, 일단 원고를 쓰고 나면 수정할 부분이 그리 많지 않은 편이라고 스스로를 평가한다. "이런저런 자료를 참고하며 초고를 쓴다. 거기에 펜으로 몇 가지 수정 사항을 표시한 다음, 다시 한 번 타자를 치면 작업이 끝난다."

진은 이 책이 거둔 성공에 조금은 놀란 기색이 역력하다. "나 자신은 물론 출판사 측에서도 그렇게 반응이 좋을 거라고는 짐작하지 못했다." 그 이유는 "시기가 잘 맞아떨어졌고, 독자들이 그런 책을 원하고 있었던 모양"이라고 설명한다. "미국 사회가 수많은 운동을 경험한 직후에 이 책이 출간되었다. 민권운동과 반전운동에 영향을 받은 세대는 새로운 역사를 원하고 있었다." 한 가지 덧붙인다면 "물론 특정한 시기, 특정한 주제에 집중한 것은 사실이지만, 전체적인 방향 자체가 급진적인 관점으로 일관된 것은 아니다."[79]

하워드 진의 『미국 민중사』는 사실 '급진적인 관점'으로 미국 역사를 돌아보는 책이라고 할 수 있다. 오스카 핸들린의 맹렬한 비난에도 불구하고, 대부분의 서평자들은 이 점을 인식하고 있다. (어쩌면 핸들린 역시 이 점을 알고 있었을지도 모른다. 에릭 포너의 말처럼 "미국 역사에 대한 새로운 접근"이 그에게는 너무 부담스러웠던 것일까?) 『미국 민중사』는 진의 다른 저서들에 비해 상당히 많은 서평이 쏟아졌는데, 그 중에는 조금 의외의 매체에 실린 것들도 있었다. 예를 들어 뉴질랜드의 『크라이스트처치 프레스』는 「아래에서부터 본 미국 역사」라는 제목의 서평을 실었고, 『교육 저널』은 장문의 「서평 에세이」를 통해 "우리의 당면 과제에 대한 과거의 모든 목소리를 제대로 활용하기 위해 한 발 더 앞으로 나아갈 수 있게 해주는 책"이라는 결론을 내렸다.[80]

『라이브러리 저널』의 서평자는 진의 이 책이 "정치적, 경제적으로 착취당해 온 자들 — 대부분의 역사책에는 이들에 대한 이야기가 빠져 있다 — 의 관점에서 미국 민중의 역사를 바라보는, 아주 탁월하고 감동적인 책"이라며 "제도권 역사의 훌륭한 대안"이라고 소개한다. 그는 또 "인용문이 이토록 효과적으로 활용된 예를 거의 본 적이 없다. 흑인, 여성, 인디언, 가난한 노동자들의 입을 통해 그들 자신의 이야기를 들을 수 있다"라고 썼다.[81]

『네이션』의 브루스 쿠클릭(Bruce Kuklick)은 『미국 민중사』를 "급진적인 미국의 역사책"으로 규정했다. 그렇다고 그의 서평에 비판적인 요소가 전혀 없는 것은 아니다. 특히 여성 문제에 대한 언급이 지나치게 간결한데, "이는 마치 진이 뒤늦게 페미니즘에 관심을 갖게 되어 아직 여성 문제의 관점을 완전히 자신의 것으로 소화하지 못한 것이 아닌가 하는 느낌을 줄 정도이다."[82] 진 자신도 언젠가 "여성운동에 본격적으로 관여했다고 할 수는 없다"고 고백한 바 있다.[83]

『클리어트 청소년 도서 안내』라는 잡지에 아주 짧은 서평이 실리기도 했다. 이 서평은 진이 자신의 주장을 뒷받침하기 위해 구체적인 사실들을 제시하는 데 지나치게 많은 분량을 할애한 나머지 조금 '지루할' 수도 있다고 했지만, 그럼에도 불구하고 "기존의 역사책과는 전혀 다른 관점에서 쓰여졌기 때문에" 고등학교 도서관에 비치되어야 한다고 추천하기도 했다.[84]

『미국 민중사』를 다른 책들과 연결시켜 살펴보는 서평들도 흥미롭다. 예를 들어 잡지 『커먼윌(Commonweal)』에 실린 데이비드 오브리언(David O' Brien)은 페이지 스미스(Page Smith)의 여덟 권짜리 역사책,『미국의 형성 과정 — 젊은 공화국의 민중사(The Shaping of America: A People's History of the Young Republic)』가운데 제3권을 진의 저서와 비교한다. 그는 스미스와 진 둘 다 "학자들 중에는 미국의 보수 역사학계를 부정적으로 생각하는 동료들이 있다"고 믿고 있지만, 스미스가 "진보다는 덜 직접적으로 정치적이며, '우리의 과거를 가능한 한 공정하고 정확하게 서술하고자 하는' 의도를 가지고 있다"고 지적한다. 오브리언은 진과 그의 저서를 상당히 잘 알고 있는 인물인 듯하다. "오래 전부터 정의를 추구해 온 진의 투쟁을 알고 있는 사람, 그가 현재 보스턴 대학의 존 실버 총장과 어떤 싸움을 벌이고 있는지를 아는 사람이라면 그의 넥타이가 똑바르지 않다는 사실, 그의 목소리가 늘 불만에 사로잡혀 있다는 사실, 그가 감정을 속으로 삭이는 성격이 아니라는 사실 또한 잘 알고 있을 것이다." 따라서 『미국 민중사』는 "저자의 특징이 여실히 드러나는 저서이다. 거기에는 헌신과 분노, 단면과 극단, 그리고 온전한 진실이 담겨 있다."[85]

『뉴 스테이츠맨(New Statesman)』에서는 찰스 글래스(Charles Glass)가 샌디 보겔게상(Sandy Vogelgesang)의 『미국의 꿈, 세계의 악몽(American Dream, Golbal Nightmare)』, 대니얼 패트릭 모이니한(Daniel Patrick Moynihan)의 『우리의 축복 — 미국의 미래에 대한 성찰(Counting Our Blessings: Reflections on the Future of America)』과 함께 진의 저서를 살펴보고 있다. 글래스는 이 세 권의 저서 가운데 진의 책을 가장 높게 평가하지만, '극적인 요소'가 부족하고 저자의 논점을 뒷받침할 "근거가 충분하지 못하다"는 비판도 아끼지 않는다.[86]

『계간 뉴턴 교사들』에서는 1979년의 중요한 역사 서적으로 프랜시스 피츠제럴드(Frances FitzGerald)의 『개정판 미국』을 꼽았는데, 이 책과 진의 『미국 민중사』를 비교하는 서평이 게재되었다. 서평자는 진이 "피츠제럴드의 온화하고 평범한 역사에 대한 대응으로 이 책을 쓴 것 같다"는 느낌을 받았다고 한다. 나아가 진은 "애국자로서의 임무를 완수했으며, 미국 민중의 뿌리를 추적하고 그들이 처해 있는 다양한 갈등을 짚어봄으로써 토머스 제퍼슨이 독립선언문을 작성하던 당시에 꿈꾸었을 사회를 건설하는 데 튼튼한 토대를 제시했다"는 흥미로운 평가를 내리기도 한다.[87]

『윈(WIN)』의 머레이 로젠블리스(Murray Rosenblith)는 데이비드 암스트롱(David Armstrong)의 『무력의 나팔 소리 — 미국의 대안 매체(A Trumpet to Arms: Alternative Media in America)』와 진의 책을 묶은 서평을 게재했다. 그는 미국이 반대파와 급진적 정치인, 대안 운동의 풍부한 역사를 가지고 있음에도 불구하고 그런 것들은 좀처럼 역사책에 소개되지 않기 때문에 새로운 세대가 등장할 때마다 그것을 다시 찾아봐야 하는 문제점이 되풀이된다고 지적하며, "모든 고등학교 역사 선생님들의 서재에 이 책을 몰래 가져다놓고 싶은 충동에 사로잡힌다"고 덧붙였다.[88]

진의 저서에 무엇보다 흥미로운 반응을 보여준 것은 바로 학생들이었다. 『잉글리시 저널』의 서평에서 언급할 만한 것으로는 한 학생이 『미국 민중사』를 읽고 다음과 같은 소감을 밝혔다는 점이다. "독자는 더욱 예리해지고 의식적으로 변한다. 마치 처음으로 새 안경을 낀 듯한 느낌이다."[89)]

『코멘터리(Commentary)』에 실린 서평은 가장 중요한 것들 가운데 하나이다. 제임스 뉴터라인(James Nuechterlein)이 쓴 「급진적인 역사학자들」이라는 이 글은 서평이라기보다는 에세이에 가까운데, 주로 진의 저서를 다루고 있다. 그는 "(진의) 좌파 성향의 미국 역사를 통해······ 새로운 역사의 급진적 분파와 신좌파 사이의 공통분모가 명료하게 드러났다"는 평가와 함께 진을 통해 "아래로부터의 관점을 열망하던 제스 레미쉬의 꿈이 이루어졌다"고 언급했다.

하지만 뉴터라인의 분석에는 비판적인 요소도 적지 않다. 예를 들어 "어떤 식으로든 분석될 수 있는 명백한 가정"에 근거하고 있으며, 비록 진이 "희생자를 미화하거나 가해자를 비난하고자 하는 의도를 부정하고 있음에도 불구하고······ 실제로는 그런 의도를 배제할 수 없다"고 주장한다. 그는 또한 진의 문체가 수려하며 인용문을 효과적으로 배치했다고 찬사를 아끼지 않는다. 그러나 미래에 대한 진의 전망을 길게 인용하며 "결국 그러한 전망을 믿고 안 믿고는 개인의 자유지만, 믿는 사람들조차도 과거의 기록을 통해서가 아니라 종말론적인 희망 속에서 그 근거를 찾아야 할 것이다"라고 지적하는 대목에서는 그의 분석이 무척 성급하다는 느낌을 지울 수 없다.

뉴터라인은 또 진의 전망이 "지나치게 이상적이고, 인민주의적 낭만주의에 치우쳐 있으며, 현재의 목적을 위해 과거를 선택적으로 활용하고자 하는 경향"을 보인다고 지적한다. 따라서 "철저한 급진주의자일수록······ 『미국 민중사』가 급진적 역사학자들의 견해를 대변한다고는 인정하지 않을 것이다." 그러나 다른 한편으로 그는 "진의 책에서 예시된 문제점들이 다른 좌파 역사학자들에게도 영향을 미칠 텐데, 이는 미국의 역사 자체가 그러한 속성을 가지고 있기 때문"이라는 점을 인정한다. "진을 비롯한 급진적 역사학자들의 일반적인 문제점은 민중이 끊임없는 저항 속에서 살아간다는 그들의 믿음과는 달리 실제로 민중에게서 그런 모습을 찾아내기란 결코 쉬운 일이 아니라는 사실이다." 간단히 말하면 "사물은 변하게 마련이지만, 급진적인 관점에서는 아무 것도 변하지 않는다. 시스템은 굳건하게 제자리를 지키고, 제도 역시 철저하게 통제되고 있다."

결론적으로 뉴터라인은 "미국의 급진주의자들은 대부분 자신의 희망이 실현되기 위해서는 과거로 돌아가는 것이 아니라 과거를 초월해야 한다는 사실을 알고 있다"는 주장으로 자신의 에세이를 마무리한다.[90]

진의 책이 급진적인 관점을 대변하는 미국 역사책으로 간주되어서는 안된다는 뉴터라인의 주장은 다른 많은 사람들의 평가에 비춰볼 때 아주 흥미롭다. 따라서 이런 맥락에서 『급진적 역사 리뷰』라는 잡지의 편집자가 진의 저서를 다루는 방식을 살펴볼 필요가 있다. 마이크 월래스(Mike Wallace)라는 이 편집자는 미국의 '역사 살해 문화(historicidal culture)'에 대한 애도로 서두를 연 다음, 진의 『미국 민중사』는 "1960년대와 1970년대에 이루어진 비판적 연구를 집대성하고 그것을 일반 대중들이 접근하기 쉽게 소개하려 한 것으로 보인다"고 주장한다. 진은 "이 책을 통해 지배 문화의 반역사적 경향에 반기를 들고 싶었던 듯하다."

월래스 자신은 진의 책을 "지금까지 나와 있는 미국 역사책 중에서 가장 좋은 입문서"로 평가하지만, 몇 가지 방법론상의 문제점을 지적한다. 진은 "어떤 사건을 통제하는 특권층의 능력을 지나치게 강조하는 경우가 많고", "대중문화의 해부에 대한 우리의 경외심을 과소평가하며", "역사를 목적의식적인 행동의 기록으로 지나치게 극화하는 경향을 보이며", "역사의 구조와 과정에 대한 관심이 부족하다." 어쩌면 더욱 중요한 것은 『미국 민중사』가 "혁명적인 행동을 호소하는 진의 의도와는 달리, 차분한 숙명론으로 이어지지 않을까" 하는 우려일지도 모르겠다.[91]

이제 진의 책 뒤표지를 장식하는 에릭 포너의 서평을 살펴볼 차례이다. 물론 뒤표지에 인용된 부분은 가장 긍정적인 평가를 담은 문장들이다. 하지만 포너는 『미국 민중사』가 "미국의 경험을 대단히 비관적으로 해석한다"는 결론을 내리기도 했다. 진 본인이 자신의 낙관주의를 여러 차례 강조한 바 있으니, 포너의 이 같은 지적은 잘못된 것이라고 넘겨버릴 수 있을까? 그러나 우리는 포너가 월래스와 똑같은 부분을 지적하고 있다는 점을 주목하지 않을 수 없다. 이 책이 "'힘없는 민중들의 거대한 저항정신'을 크게 강조하는 것은 저항의 역사가 보여주는 초라한 결과에 대한 좌절감 때문이다." "저항과 파업과 반역은 그 어떤 결실도 이끌어내지 못한 듯이 보인다. 봉기는 분쇄되거나 굴절되거나 변절되었다. 노예해방과 같은 승리조차도 자본가들의 이익에 도움이 될 뿐이고, 1930년대와 같은 증분 이득 역시 시스템을 더욱 안정시키는 결과로 이어졌을 뿐이다."

포너는 또한 "아래로부터의 역사는 위로부터의 역사에 의해 제한될 수밖에 없다"는 견해를 피력한다. 그 예로 진이 잭슨 시대를 어떻게 다루고 있는지를 살펴본다. 진은 전통적인 방식대로 이 시대를 민주주의와 개혁의 시기로 규정하고 인디언 추방 정책을 외면하는 대신, 이 시대에 대해 우리가 관심을 가져야 할 부분은 오로지 인디언 추방밖에 없는 듯한 태도를 취한다. "그 결과는 잭슨 시대의 미국에 대한 또 하나의 편견일 뿐이다." 정말로 우리에게 필요한 것은 "토머스 제퍼슨과 그의 노예들, 앤드류 잭슨과 인디언들, 우드로 윌슨과 노동자들을 지속적인 역사적 맥락 속에서 함께 통합시켜 바라보고, 그 속에서 각각의 경험이 상대방과의 관계에 의해 어떤 영향을 받았는지를 살펴보고자 하는 노력이다."

그럼에도 불구하고 포너는 진의 책이 갖는 가치를 부정하지 않는다. 이 책이 급진적인 관점에서 바라본 미국 역사의 새로운 해석인가, 아닌가, 라는 논란에 대해서는 진이 "새로운 학문적 관점에서 미국 역사를 개괄하고자 노력한 최초의 역사학자"라는 평가를 내린다.[92]

서평, 특히 어떤 책을 역사적 맥락에서 분석하고, 요약하며, 평가하는 작업은 매우 중요한 의미를 갖는다. 하지만 그보다 더 중요하고 많은 시사점을 던져주는 다른 평가 방법들도 많이 있다. 『데일리 프리 프레스』라는 신문은 1981년 3월 30일자에서 『미국 민중사』가 권위 있는 전미 도서상 수상작으로 선정되었다는 소식을 전했다. 1980년 1월에 출간된 하드커버 판과 같은 해 9월에 나온 페이퍼백 판이 모두 매진되었고 영어판과 일어판 모두 중쇄에 들어갔다는 내용도 보인다. 하지만 진은 오랫동안 갈등을 빚어온 보스턴 대학 당국에 대한 자신의 입장이 이러한 성공 때문에 변화를 일으키지는 않을 것이라 생각한다고 보도되었다.[93]

진의 집에는 각각의 저서와 관련된 서평과 편지 등 각종 자료들을 모아두는 서류함이 있다. 그 가운데 가장 많은 분량을 차지하는 것은 역시 『미국 민중사』 서류함이다. 모두 세 개의 상자가 터져나갈 듯이 불룩하다. 여기서 그 가운데 일부를 소개해 본다.

초급 대학 강사라고 자신을 소개한 한 독자는 "미국 역사에 대한 개념 자체를 바꿔놓은 소중한 책"이라며 대학원 진학에 대한 조언을 구했다. 메릴랜드의 어느 죄수는 "지금까지 내가 읽은 책 중 가장 중요한 책"이라며 그 무렵에 새로 나온 진의 신간 『오만한 제국』을 공짜로 한

부 보내줄 수 없느냐고 부탁했다.

유니테리언 교파의 어느 성직자는 진의 친필 서명이 담긴 책을 보내주면 자기 교회의 기금 마련 경매에서 판매할 예정이라는 내용의 편지를 보내왔는데, 진의 이 책이 신도들 사이에서 가장 많이 거론되는 책이며, 자신의 교회는 전쟁에 반대하는 청년들의 아지트와도 같은 곳이라고 덧붙였다. 어느 대학원생은 "진실에 대한 열정과 '공식적 역사'의 틀을 뒤흔들어놓을 용기를 가진 당신 같은 역사학자들"에게 경의를 표하며, 그 전에 자신의 질문에 성실히 답해준 진의 성의에 감사의 뜻을 표했다.

예전에 진의 제자였다는 어느 학생은 자신이 퀸스 칼리지의 CUNY 법대에 다니고 있는데, 이 학교는 "인간의 필요에 부응하는 법률"이라는 모토를 가지고 있으며 수업시간에 진의 『미국 민중사』를 교재로 사용했다고 알려왔다. ("선생님은 롱아일랜드 출신의 한 유대인 여학생에게 지식의 세계로 들어서는 문을 열어주셨다"는 것이 진의 가르침에 대한 그 여학생의 감사였다.) '비폭력실천연구소'라는 단체에서 일하는 두 명의 변호사 역시 『미국 민중사』를 인용할 때가 아주 많다며 자기네가 맡은 사건에 전문가 증인으로 출석해 준 진의 성의에 고마움을 표했다.[94] 이런 편지는 셀 수도 없이 많다. 확실히 여기에는 공식적인 서평, 흔히 말하는 학계의 평가를 뛰어넘는 반응들이 많이 포함되어 있다.

1980년에 『미국 민중사』가 출간된 이후, 진의 다음 저서가 나오기까지는 이전보다 더 오랜 시간이 걸렸다. 은퇴 2년 후인 1990년에야 다음 저서가 출간된 것이다. 본인은 "그 시간이 어디로 사라졌는지 모르겠다"고 말하지만, 여기에는 『미국 민중사』가 거둔 성공이 개입되어 있는 듯하다. 간단히 말하면 하워드 진이라는 이름이 이전보다 훨씬 많은 사람들에게 알려지면서 그만큼 시간을 뺏길 일도 많아진 것이다. 미국 각지에서 강연 요청이 점점 늘어났는가 하면, 1986년과 87년에는 런던과 뉴욕에서 그의 희곡 『엠마』가 상연되기도 했다. 작품이 새로 무대에 오를 때마다 수정이 필요한 것은 당연한 일이었다.[95]

아무튼 진은 10년 만에 출간된 『오만한 제국』이 "오랫동안 맡아온 두 개의 강의에 토대를 두었다"고 밝혔다. 하나는 '미국의 법과 정의'이고 또 하나는 '정치 이론 입문'이다.[96] 이 두 강의가 어떤 성격을 가지고 있었는지는 진의 퇴임 전 해 강의 계획서를 보면 한눈에 드러난다. 예를 들어 1986년 봄 학기의 '정치 이론 입문' 강의 계획서에는 엠마 골드만과 달턴 트럼보의 저서가 필독 도서 목록에 포함되어 있지만, 그 밖에도 스토턴 린드, 스티븐 굴드, 조지 오웰, 플라톤, 투키디데스, 마키아벨리, 노암 촘스키, 카를 마르크스, 라인홀트 니버 등의 글을 읽도록 되어 있다.

강의 주제는 "이데올로기와 헌신 ― 사회과학과 역사에서의 객관성과 중립성", "인간의 본성과 폭력 ― 과학 및 역사학의 증거", "복종과 저항 ― 법과 시민", "전쟁 ― 수단과 목적", 그리고 보다 구체적인 것으로는 "우연와 구조 ― 베트남과 미국의 외교정책"이나 "미국의 자본주의 ― 어느 마르크스주의자의 비평" 등으로 이루어진다. 학생들에게는 에세이와 신문사 편집자에게 보내는 편지, 강의 출석 등이 과제로 주어졌다. 진이 어떤 방법으로 학생들의 출석을 점검했는지는 확실하지 않지만, 녹음된 강의 테이프를 들어보면 학생들의 참여를 이끌어내는 데 별 어려움이 없었던 듯하다.

진은 1986년 가을 학기에 '미국의 법과 정의' 강의를 위해 학생들에게 리처드 라이트의 『흑인 소년』과 론 코빅의 『7월 4일 생』을 필독 도서 목록에 포함시켰다. 그러나 이번에도 학생들이 실제로 읽어야 하는 내용은 그보다 훨씬 방대해서, 몇몇 재판 기록과 『연방주의자 논집 (Federalist Papers)』, 플라톤의 『크리토(Crito)』 등을 읽어야 했다. 과제물은 에세이와 '프로젝트'가 있었는데, 이것은 학생들끼리 소모임을 만들어 '정의, 인권, 혹은 표현의 자유'에 관련된 활동에 참여하는 것이었다. 강의 주제로는 헌법 수정 제1조, 언론의 자유, 헌법 수정 제14조, '법률 파기자로서의 정부 — FBI와 마틴 루터 킹', '대법원과 베트남전쟁', '여성의 권리와 법' 등이 포함되었다. 진은 일찍이 이 강의의 1970년도 계획서에서 "강의 주제는 갑자기 바뀔 수도 있다"고 밝힌 바 있는데, 1970년과 1986년의 강의 계획서가 겹치는 부분이 거의 없는 것을 보면 '갑자기' 또는 '서서히' 바뀐 적도 많은 것 같다.

진의 강의들 중에는 테이프에 녹음되어 있는 것들이 더러 있다. 그것들을 들어보면 접근 방식은 다분히 비공식적이고, 유머를 적절히 동원하며, 원전을 인용하는 경우가 많고, 학생들의 참여가 아주 적극적이라는 사실을 알 수 있다. 베이컨의 반역, 헌법, 엠마 골드만, 무정부주의, 기타 등등 주제를 가리지 않고 진이 줄기차게 고수했던 부분은 현대에서 그에 상응하는 실례를 찾아내고자 하는 노력이었다. 때때로 '버드 대 로버트 브라운과 포레스트 맥도널드 사건'을 언급할 때는 역사 편찬적 접근 방법을 사용하기도 했다.

진의 유머감각에 대해서도 한 가지 예를 들어 보자. 한번은 엠마 골드만의 『나의 인생』을 다루다가, 학생들의 반응이 신통치 않다는 느낌이 들었던 모양이다. 그러자 진은 다음과 같은 질문을 연속으로 던져 결국 학생들의 웃음을 유도해 냈다. "읽어봤어요? 시작은 했습니까? 보기는 했어요? 손에 잡아는 봤습니까?" 학생들의 반응은 단순히 웃음만으로 그치지 않았다. 그 다음부터 이 책에 대한 학생들의 발언이 활발하게 이어진 것이다.[97]

30여 년 동안 학생들과 동고동락을 함께하던 진이 갑자기 은퇴를 결심한 것은 1988년이었다. "나 자신도 내가 이런 결정을 내린 것에 조금 놀랐다. 나는 가르치는 일을 아주 좋아하는 편이었기 때문이다. 하지만 이제는 좀더 글도 많이 쓰고, 여기저기 다니면서 사람들도 많이 만나고, 가족이나 친구들과 더 많은 시간을 함께 보내고 싶다는 생각이 들었다." 진의 아내 로슬린도 봉사활동에서 손을 떼고 음악을 연주하거나 그림을 그리는 등의 일에 몰두하고 있었다. 진은 그런 아내와 더 많은 시간을 함께 하고 싶었다. 그들의 딸인 마일라 부부가 보스턴 부근에 살고 있었기 때문에 진은 그들 사이에 태어난 세 명의 손주들을 더 자주 만나고 싶었다. 아들인 제프 부부는 극장 일 때문에 케이프 코드에 살고 있었는데, 마침 그곳에 진이 스펠먼 대학 시절의 오랜 친구들과 함께 여름 별장을 공유하고 있었기 때문에 아들 가족과도 함께 시간을 보낼 기회가 많았다.

진은 자신이 은퇴를 결심한 소식이 금방 퍼져나간 모양이라고 회고한다. 마지막 수업에 들어가 보니 "평소보다 훨씬 많은 학생들이 몰려들어 벽에 기대서거나 복도에 앉아 강의실을 가득 채우고 있었는데, 그중에는 원래 그 강의의 수강생이 아닌 이들도 많았다. 나는 나의 결정에 대해 그들의 질문에 답변했고, 정의와 대학의 역할, 그리고 세상의 미래에 대해 마지막 토론을 나누었다."[98] 그럴 듯한 마무리가 아닐 수 없다.

그런 다음 나는 평소보다 30분 일찍 수업을 끝내겠다고 말하고 그 이유를 설명했다. 당시 보스턴 대학에서는 학교 당국과 간호대학 사이에 심각한 갈등이 빚어지고 있었다. 학교 당국은 적자를 이유로 간호대학을 폐쇄하기로 결정했고, 그 결과 적지 않은 관련자들이 해고될 위기에 처해 있었다. 바로 그날, 간호사들이 교내에서 시위를 벌이고 있었다. 나는 그 시위에 참석할 예정이었는데(그 전날 로슬린이 들려준 충고에 따라) 학생들에게 나하고 같이 가지 않겠느냐고 권해보았다. 내가 강의실을 나서자, 100여 명의 학생이 따라나왔다. 간호사들은 반갑게 우리를 맞이해 주었고, 우리는 함께 교내를 행진하며 시위를 계속했다.

나의 교직 생활을 마무리하는 데는 아주 이상적인 하루였던 듯하다. 나는 언제나 좋은 교육이란 책을 통한 배움과 사회활동에 대한 참여가 통합되는 과정이라고 강조해 왔다. 그렇게 되면 그 두 가지가 서로를 보완하고 상승작용을 일으킨다. 나는 내 제자들이 지식을 쌓으며 그 자체의 기쁨에 매료되기를 원했지만, 이 세상의 너무나 많은 사람들이 그런 기회를 누리지 못하는 상황에서는 결코 그것만으로 교육이 완성되지는 않는다고 생각한다.[99]

FIVE
중단의
실패
1988 — 현재

FIVE
중단의
실패
1988-현재

하 워드 진은 이런저런 저항운동과 시위에 참여했다가 모두 아홉 차례 체포된 경험이 있다. 대부분은 민권운동이나 베트남전쟁과 관련된 사건이었다. 그 밖에도 경찰의 잔혹행위와 엘살바도르 '죽음의 부대'를 지원한 미국 정부에 항의하는 시위, 그리고 매사추세츠주 에베레트에서 노동조합을 결성했다는 이유로 해고된 이민자 여성 노동자의 복직 투쟁에 참여했다가 체포된 적이 있다. (애틀랜타에서 어느 제자와 함께 차를 타고 있었다는 이유만으로 체포되었던 첫번째 사건은 제외.)[1]

그 사건들 가운데 하나는 이 장의 제목을 설명해 준다. 진은 레이건 정부의 니카라과 정책에 반대하며 보스턴의 존 F. 케네디 연방 청사 앞에서 연좌시위를 벌이다가 연행된 500여 명 가운데 한 명이었다. "공식적으로 우리에게 적용된 혐의는 일종의 무단침입죄였다. '진입 중단에 실패'했다는 것이었다." 그러나 진은 이 사건이 취하되었다는 편지를 받게 되는데, 그 이유는 아마 "우리의 숫자가 너무 많았기 때문"일 것으로 추측된다. 아무튼 그 편지에는 혐의를 "중단의 실패(failure to quit)"라고 줄여서 적어놓았는데, 진은 이 말이 아주 마음에 들었다. "나에게는 권리장전이 살아 있음을 한 마디로 요약한 말 같았다."

진은 1992년, 보스턴의 파뉴일 홀에서 벌어진 권리장전 선포 기념식 행사에서 이렇게 말한 바 있다. "대통령도, 의회도, 대법원도, 막강한 재력을 갖춘 언론도 아닙니다. 중단하기를 거부하는 사람들, 자기 자신의 권리와 다른 사람들의 권리, 모든 인간의 권리를 되찾기 위해, 평등과 생명과 자유와 행복을 추구할 권리를 지키기 위해 끊임없이 나아가는 모든 사람들이 권리장전의 정신이며, 독립선언문의 정신이고, 76년의 정신입니다. 그들이야말로 중단을 거부하는 사람들입니다."[2]

중단의 실패. 퇴임 이후의 하워드 진을 설명하는 좋은 비유가 아닐까 생각한다. 예를 들어 1988년 이후 그는 아홉 권의 저서를 출간했고(희곡과 이전 저서의 재발간은 제외), 이탈리아 볼로냐 대학에서 풀브라이트 석좌교수를 지냈으며(1995년, 당시 그의 나이 73세였다), 여러 편의 희곡을 썼고, 젊은 사람들조차 엄두를 내지 못할 만큼 왕성한 강연 활동을 펼쳤다.

퇴임 이후에 출간된 진의 저서는 대부분 선집, 혹은 회고록의 성격을 띠고 있다. 예를 들어 1990년에 출간된 『오만한 제국 — 미국의 이데올로기로부터 독립』은 '정치 이론 입문'과 '미국의 법과 정의' 강의를 정리한 것이다. 이전까지 진이 발표한 글들에 익숙한 독자에게는 새로운 내용이 별로 많지 않은 책이기도 하다. 앞서 발표된 글들을 다시 수록한 부분도 있다. 그런 이유로 진 본인은 이 책을 가장 덜 만족스럽게 생각한다고 밝힌 바 있다. 정확히 말하면 "전쟁, 법률, 대의 정부, 인간의 본성 등 모든 주제에 대한 에세이들을 긁어모은, 일종의 잡탕"이라고 표현했다. 하지만 우리는 그의 다음 말을 끝까지 들어볼 필요가 있다. "그런 의미에서 결코 성공적인 책은 아니다. 그 가운데 어느한 가지 주제를 잡아서 좀더 짧은 책을 쓰는 게 좋았을 뻔했다. 아무튼지금 돌아보면 그런 생각이 든다." 이어서 "각각의 재료가 아무리 좋아도 모두 한데 섞어놓으면 소화하기가 힘든 경우가 있다"고 덧붙이며, 결론적으로 만약 다시 한 번 기회가 주어진다면 절대로 그런 식으로는책을 내지 않았을 것이라고 말했다.[3]

하지만 진은 자기 자신에게 너무나 엄격한 사람이다. 『오만한 제국』 서류함에 들어 있는 많은 편지 가운데 몇 장을 읽어보면 금방 그런 사실이 드러난다. 로스앤젤레스의 어느 변호사가 보내온 편지에는 최근에 『미국 민중사』와 『오만한 제국』을 읽었는데, 둘 다 아주 '뛰어난' 책이라고 생각하지만 개인적으로 후자가 더 마음에 든다는 견해가 적혀 있다. 스스로를 무정부주의자라고 밝힌 이 남자의 다섯 장에 달하는 친필 편지에는 발신인이 그냥 '다람쥐'라고만 되어 있다. "강력한 역사적 근거를 가지고 미국 주류 사회의 사고방식을 그토록 체계적으로 비판한 것을 보니, 직관적으로는 느낄 수 있지만 말로 설명하기는 힘든 많은 사실들을 어느 정도 깨달을 수 있었다."

보스턴의 어느 독자는 카프카의 문장을 인용하며 자신의 격한 감정을 드러냈다. "책이란 자고로 우리들 마음속의 얼어붙은 바다를 깨부수는 도끼가 되어야 한다"며 "당신의 책이 바로 그런 책이었다. 읽는이의 삶을 바꿔놓을 수 있는, 몇 안되는 책 가운데 하나이다." 뉴욕의어느 여배우는 자신이 참여하는 「미국의 민주주의」라는 공연과 진의책을 비교하며 감사의 뜻을 전했다.

코네티컷 주 윈저에 사는 어느 고등학생은 『오만한 제국』이야말로자신이 읽은 가장 훌륭한 책 가운데 하나였으며, "숙제가 아닌데도 스스로 찾아서 읽은 유일한 책"이라고 고백했다. 그 편지의 마지막 문장은 이렇게 쓰여 있다. "설령 당신이 이 편지에 답장을 보낼 시간적, 정신적 여유가 없다고 해도 충분히 이해할 수 있다. 한 2년쯤 지나면 나도 그 충격으로부터 벗어날 수 있을 테니까." 이 학생은 서명을 한 다음, 추신으로 이렇게 덧붙인다. "마지막 문장은 당신의 동정심을 유발하기 위한 나 나름대로의 얄팍한 계략(?)인 셈이다. 부디 성공했으면 좋겠다."

진이 이 편지에 답장을 보냈는지 어떤지는 자료가 남아 있지 않지만, 그는 대체로 답장을 보내는 성격이다. 로스앤젤레스의 변호사에게도 답장을 보냈고, 뉴욕의 어느 나이 지긋한 독자도 진의 답장을 받았을 것이다. 그는 법대 1학년인 자신의 딸에게 『오만한 제국』을 선물했는데, 여기에는 "너무 늦기 전에 이 책으로 딸의 영혼을 구할 수 있기를 희망하는 마음"이 담겨 있다고 썼다. 그는 그 당시에 한창 진행중이던 걸프전쟁 때문에 무척 걱정이 많은 듯했다. "불행하게도 이것은 우리의 전쟁이다. 우리 국민의 손으로 의원들을 뽑았고, 우리 국민의 손으로 대통령을 뽑았으며, 우리 국민의 손으로 이라크를 폭격할 병사들을 파견했다." 그는 민주적 절차에 대한 자신의 신념이 "크게 흔들리고 있다"고 털어놓았다.

캘리포니아 주 댈리 시티에 사는 독자도 걸프전쟁을 진의 책과 연관시키고 있다. "마크 트웨인이 『신비로운 이방인(The Mysterious Stranger)』에서 얘기한 것이 제1차 세계대전으로 검증된 것과 마찬가지로, 당신이 『오만한 제국』에서 얘기한 것이 지금 페르시아 만에서 검증을 받고 있다." 뉴햄프셔의 어떤 독자는 『오만한 제국』에 쏟아부었을 진의 노력을 치하한 다음, 『뉴요커』에 실린 만화 한 편(거실로 들어온 아버지가 책을 읽고 있는 아들을 향해 "아들아, 텔레비전을 보지 않으면 세상 돌아가는 모습을 알 수가 없는 법이다"라고 말하는 내용이다)을 소개하며 "굳이 이 편지에 답장을 하기 위해 애쓸 필요는 없다"[4]고 덧붙였다.

『오만한 제국』의 서평을 쓴 이들 중에도 이 책을 진보다 훨씬 높게 평가하는 이들이 있다. 그 가운데 몇몇은 이 자리를 빌려 자세히 살펴볼 필요가 있는데, 그것은 『오만한 제국』뿐만이 아니라 진의 사상 전반에 걸쳐 많은 시사점을 던져주기 때문이다. 예를 들어 『프로그레시브』의 편집자인 어윈 크놀(Erwin Knoll)은 『오만한 제국』이 "놀라운, 현대의 고전"이 된 『미국 민중사』의 뒤를 잇는 역작이라고 평가했다. "급진주의라는 용어가 잘못 쓰이는 경우가 많지만, 진이야말로 참다운 의미의 급진주의자"라는 그의 말은, 진이 공공정책의 가장 중요한 안건들을 논의하면서 "왜 우리는 지금과 같은 믿음을 가지고 있는가? 우리의 믿음 가운데 어디까지가 진실인가? 왜 사태가 그렇게 돌아가는가? 누구의 이익을 위해서 그런 사태가 벌어지는가? 고통받는 민중의 보편적인 이익을 대변하려면 어떤 변화가 이루어져야 하는가? 등의 가장 핵심적인 본질을 추구한다"는 의미이다.[5]

브루스 프랭클린(H. Bruce Franklin) 역시 진의 급진성에 대한 크놀의 견해에 동의한다. 하지만 그는 한 발 더 나가는 편이다. 그가 진의 주장을 "정말로 급진적"이라고 말하는 이유는 이러하다. "그의 주장은 이같은 이데올로기에 필수적인 '검증되지 않은 가정의 뿌리'를 파고들어 '인간의 본성'과 인종, 계급, 사회주의, 그리고 수많은 사람들의 희생을 바탕으로 소수의 권력과 부가 유지되는 '자본주의'라는 환상을 폭로한다." 또한 "비폭력 직접 행동에 대한 진의 확고한 신념은 한 번도 흔들린 적이 없다. 이는 진이 생각하는 '현대적 정치 사조'의 핵심, 즉 '올바른 목적을 위해서라면 어떤 수단도 정당화된다'라는 명제와는 명백히 다르기 때문이다."

하지만 프랭클린은 진의 '목적'이라는 것이 그렇게까지 급진적이지는 않다고 주장한다. 진의 입장은 "부의 평준화, 권력의 분산, 시장의 기능에 대한 도덕적 가치의 개입 등을 통해 자본주의를 개혁해야 한다는 것이지, 국가 권력 자체에 대한 근본적인 도전에까지는 미치지 못한다"는 것이다. 마찬가지로, 진은 "마르크스주의가 갖는 폭발력, 특히 자유로부터의 소외를 극복해야 한다는 동기 부여를 적극적으로 옹호하는 반면", 이데올로기에 대한 진의 분석은 "다분히 비(非)마르크스주의적이다. 왜냐하면 역사적인 운동의 동인을 사상에서 찾을 뿐, 그러한 사상을 낳는 물질적인 힘을 발견하고자 하는 노력은 좀처럼 찾아볼 수 없기 때문이다."

프랭클린이 시도한 진의 급진주의에 대한 분석보다 오히려 더욱 인상적인 것은 그가 쓴 서평의 서두에 잘 나타나 있다. "만약 정의로운 전쟁이라는 개념이 성립될 수 있다면, 제2차 세계대전이야말로 거기에 해당된다." 프랭클린은 제2차 세계대전에 대한 상투적인 평가를 인용한 다음, 진이 이 같은 평가를 집요하게 파고든 끝에 "자신의 최근 저서, 나아가 이 뛰어난 학자 겸 선생 겸 활동가의 생애 전체를 관통하는 뿌리를 드러낸다"고 쓰고 있다. 『오만한 제국』은 "중요한 역사학자 겸 정치학자의 연구 결과인 동시에 학생들을 비롯해 수많은 사람들에게 영감을 제시한 도덕철학자 겸 활동가의 명상이 담긴 책이다." 이 책에는 "진 특유의 명쾌함과 간결함은 물론, 학문적 연구와 분석, 도덕성과 행동주의가 훌륭하게 결합되어 있다."

하지만 프랭클린은 "『오만한 제국』의 가장 인상적이고 감동적인 부분은 그러한 모든 성과가 저자 자신의 개인적인 경험에서 우러나오고 있다는 점"[6]이라고 덧붙인다. 확실히, 프랭클린의 지적에는 일리가 있다. 우리도 이미 살펴보았듯이, 진의 글은 자기 자신이 직접 관여했거나 깊이 고민했던 일들과 직접적인 관련을 가지고 있다. 진은 직업적 삶과 개인적 삶, 개인적 삶과 정치적 삶을 따로 떼어놓고 생각하는 성격이 결코 아니다.

역사학계 및 정치학계의 유력한 조직들도 이번에는 진의 저서에 관심을 보였다. 『계간 정치학』과 『미국 역사 저널』이 둘 다 『오만한 제국』의 서평을 실은 것이다. 『계간 정치학』의 서평자는 텍사스 대학의 마크 그래버(Mark A. Graber)였다. 그는 진의 저서가 "미국의 이데올로기의 단면을 여실히 보여주는 작업"이며 "미국의 정부나 역사를 공부하는 이들에게 좋은 입문서가 될 것"으로 평가했다. 그래버는 진의 문체에 대해, 이 책은 "급진주의자들이 미국의 계급, 인종, 성 문제를 비판할 때 유려한 탈구조주의적 문체를 구사할 필요가 없다는 점을 보여준다"고 썼다. 진의 결론에 동의할 학생이나 교수가 그리 많지는 않겠지만, "만약 그들이 '독립적인 사고를 하기 위해서는 다른 사람들의 생각에 회의적인 시각을 가질 필요가 있다'는 점을 깨닫는다면 대학 교육은 나름대로의 의미를 갖는 셈이다."

하지만 그래버는 보스턴 대학의 존 실버 총장과 관련하여, 진에게 적지 않은 상처가 될 만한 언급을 남기기도 했다. "진은 이념에 헌신하는 학자치고는 자신의 생각에 동의하지 않는 사람들을 경멸하는 경향이 있는 듯하다. 그런 점에서 진은 그의 숙적이라 할 수 있는 존 실버와 닮은꼴이다."[7]

미국역사학회의 『미국 역사 저널』은 아메리카 대학의 마이클 카진(Michael Kazin)을 서평자로 내세웠다. 하워드 진의 "역사 서술은 일반적인 학자들이 경멸하는 방식을 따르고 있다." 카진이 이런 문장으로 서평을 시작하는 것으로 보아, 그 역시 그런 방식을 '경멸'하고 있다는 분위기가 느껴진다. 이어서 그는 진의 문장을 인용한다. "나에게 역사는 세상의 잘못을 인식하고 그것을 바로잡는 유일한 방법이다." 그런 다음 카진은 이 책이 "미국 사회 변혁의 주역이 될 이들에게 과거의 교훈을 가르쳐주기 위한 한 헌신적인 급진주의자의 최신 저서"라고 자리매김한다. 전통주의자들은 대부분 좌파 학자들이 역사를 다분히 '논쟁적으로' 서술한다고 비판하지만, "진은 한 번도 자신의 입장을 위장한 적이 없다"는 카진의 지적은 일리가 있다. "지배자들에게서 합법성이라는 가면을 벗겨내기" 위해서 "왜 그들이 지배력을 유지하는지를 이해해야 한다. 물론 쉽지 않은 일이지만, 진은 이 부분에서 남다른 능력을 보여준다."

카진은 진이 "자기 자신의 입장만 고수한 나머지 세련된 역사 이론으로 무장한 급진주의자의 면모보다는 불만에 사로잡혀 추문을 폭로하는 데 급급한 인상을 준다"고 주장한다. 이것이 진의 "가장 큰 약점"이라는 것이다. "그는 반대파들도 그들 나름의 세계관을 가진다는 사실을 인정하지 않기 때문에 대다수의 미국인들이 지배 엘리트(혹은 그들의 대변자)들이 내세우는 이념에 동조하는 이유를 설득력 있게 설명하지 못한다." 이 같은 약점에도 불구하고 『오만한 제국』은 "교재로 삼을 만한 책"이다. "명쾌한 문체와 열정적인 목소리를 통해 대부분의 대학생들이 가지고 있는 정치적 편견에 도전하기 때문"이다. 게다가 이 책은 "지금은 거의 추종자가 없는, 2세기 전의 전통을 계승하는 역할을 한다." 카진은 진이 톰 페인이나 헨리 조지와는 다른 인물임이 분명하지만, 진 역시 "그러한 몽상가들과 마찬가지로 역사의 해석이 단순히 정보의 제시에 그칠 것이 아니라 미국을 해방시키는 역할을 해야 한다고 믿는다."[8]

『오만한 제국』은 진이 이미 다뤄왔던, 더러는 여러 차례에 걸쳐 누이 다뤄왔던 내용을 담고 있지만, 그럼에도 불구하고 강력한 힘이 느껴진다. 특히 서문을 유심히 살펴볼 필요가 있다. "폭력이 억제되고 통제가 완벽하지 않기 때문에 우리 사회를 '민주주의'라고 부를 수는 있다." 또한 그는 "개방성과 유연성 덕분에 조금 더 살기 좋은 사회가 된 것도 사실이다. 하지만 그들은 보다 효과적인 통제의 수단을 만들어낸다." 우리는 "일당 독재가 아니라 양당제를 통한 다원론을 채택하고 있기 때문에, 한 사람이 모든 권력을 움켜쥐는 대신 삼권분립의 원칙이 통용되기 때문에, 또한 누군가의 공식 발표 외에도 다양한 언론을 가지고 있기 때문에, 반대의 기치를 들기가 어려운 상황이다." 하지만 이것은 "대단히 제한된" 다원론일 뿐이다. 특정한 이념이 모든 것을 지배한다. 부모에게서, 학교에서, 교회에서, 신문과 라디오와 텔레비전에서 끊임없이 그것을 들어야 한다. "그것이 미국의 이데올로기, 즉 지배적인 이념을 구축한다. 대부분의 사람들은 그것을 받아들이며, 그것을 받아들일 때 곤란한 상황에 처할 위험성은 줄어든다." 그러한 이념이란 무엇을 말하는 것일까? 진이 제시한 몇 가지 예를 살펴보자.

현실적으로 생각해라. 세상은 어차피 '이렇게' 돌아간다. '어떻게' 돌아가야 하는지를 아무리 고민해 본들 별 소용이 없다.

학생을 가르치거나 글을 쓰거나 뉴스를 보도하는 사람은 '객관적'이어야 한다. 자기 자신의 견해를 앞세우려 해서는 안된다.

세상에는 불의에서 비롯되는 전쟁도 있지만, 정의로운 전쟁도 있다.

법을 지키지 않으면 설령 의도가 좋았다 해도 반드시 벌을 받아야 한다.

열심히 일하면 누구나 잘 살 수 있다. 만약 당신이 가난하다면, 자기 자신말고는 누구도 비난할 사람이 없다.

표현의 자유는 바람직한 것이지만, 그것이 국가 안보를 위협할 때는 반드시 그렇지만도 않다.

인종 간의 평등은 바람직한 것이지만, 그 문제에 대해서는 이미 할 만큼 하고 있다.

미국의 헌법은 자유와 정의를 수호하는 최고의 보증수표다.

미국은 공산주의를 저지하고 민주주의를 확대하기 위해서라면 때때로 무력을 동원해서라도 세계 각국에 간섭해야 한다.

변화를 원한다면 반드시 적절한 절차를 거쳐야 한다.

전쟁을 방지하기 위해서는 핵무기가 필요하다.

세상에는 정의롭지 못한 일들이 많이 벌어지지만, 부와 권력이 없는 보통 사람들은 거기에 대해서 할 수 있는 일이 없다.

이 모든 것을 다 받아들이면 "아주 순종적이고 수동적인 시민"이 된다. 하지만 "민주주의에 치명적인 해독"을 끼친다. 다른 한편으로 "이러한 믿음을 다시 한 번 돌아보고, 그것이 우리의 내면적인 감정이나 자발적인 욕구에서 자연스럽게 나타나는 것이 아니라는 사실, 우리의 독립적인 사고의 결과물이 아니라는 사실, 우리가 경험하는 현실 세계는 그러한 믿음과 일치하지 않는다는 사실을 깨닫는 순간, 우리의 인생은 중요한 전환점을 맞게 된다. 미국의 이데올로기를 면밀히 살펴보고 거기에 대항하게 되는 것이다." 간단히 말하면 "내가 이 책에서 의도한 것이 바로 그것이다."[9]

진의 인생 전체가 그런 의도를 가지고 있다고 생각할 사람이 있을지도 모르겠다. 진은 "플라톤이나 마키아벨리, 루소나 마르크스의 진짜 의도가 무엇이었는지에 대한 학계의 그 많은 논쟁"을 언급한 다음, "비록 나는 20여 년 동안 정치학을 가르쳤지만 거기에 대해서는 전혀 신경을 쓰지 않는다. 내가 이런 사상가들에게 관심을 가지는 것은 그들의 이론이 우리 시대에도 여전히 살아 있고, 문제를 조명하는 데 유용하다는 판단이 설 때뿐이다"라고 단언한다. 마찬가지로, 가르침에 대해서도 진의 입장은 명쾌하다. "선생이란 모름지기 객관적이고, 중립적이고, 전문적이어야 한다고 말하는 사람들의 충고에는 한 번도 귀를 기울여 본 적이 없다."

뉴욕 뒷골목에서의 어린 시절, 10대의 조선 노동자 시절, 공군에 복무한 경험, 민권운동에 참여한 경험 등을 비롯한 그의 모든 인생은 그와는 전혀, 완전히 반대되는 이야기를 들려준다. "왜 우리는 객관성을 그토록 소중하게 여겨야 하는가? 모든 이념은 순수하고, 어느 한쪽의 이익을 대변하지 않는다는 말인가?" 물론 객관성이 바람직한 경우도 있다. "우리가 보는 그대로의 진실을 이야기하고, 우리의 관점을 당혹스럽게 만드는 정보를 숨기지 않는다면 말이다." 하지만 객관성이라는 것이 "우리 시대에는 사회 투쟁에서 이념이 설 자리가 없다거나, 그러한 투쟁에 참여하면 안된다는 의미"로 해석된다면, 그런 객관성은 바람직하지 않다.

진은 이후에 쓰게 될 책의 제목을 암시하듯, "중립을 지킨다는 것은 불가능하다. 이미 특정한 방향으로 나아가고 있는 세상, 이미 부와 권력이 특정한 방향으로 분배되고 있는 세상에서, 중립은 곧 지금과 같은 상태를 받아들인다는 의미일 뿐이다"라고 주장한다. 우리가 살고 있는 세상은 "전쟁과 평화, 국가주의와 국제주의, 평등과 탐욕, 민주주의와 특권주의가 서로 부딪히는, 갈등의 현장이다." 이러한 상황을 감안하면 "내가 보기에 중립을 지키는 것은 가능하지도, 바람직하지도 않다."[10] 우리는 달리는 기차를 탄 채 중립을 지킬 수가 없다.

진은 또한 참여민주주의의 중요성을 강조하며 "위대한 사상가, 권위자, 전문가에게 의존하는 것은 민주주의의 정신에 위배된다"고 주장한다. 민주주의란 "전문가가 필요한 기술적인 문제가 아닌 이상, 사회의 중요한 결정이 평범한 보통 시민들의 능력 안에서 이루어져야 한다는 이념에 근거를 두고 있다." 나아가 보통 사람들도 자기 자신의 역사를 이야기할 수 있어야 한다고 강조한다. "일반인도 이런 문제에 대해 결정을 내릴 수 있고, 또 내려야 한다. 그들이 전문가들보다 자기 자신의 문제를 보다 명확하게 알고 있기 때문이다." 1960년대와 같은 변혁기에 유래된 새로운 이념은 "조용한 시기에도 새롭게 점화되어 우리 주변의 세상을 변화시킬 기회를 기다리며 여전히 살아 숨쉰다."

마지막으로 진은 이 책의 제목을 설명한다. 반대자들도 "자기 자신의 정통성을 만들어갈 수 있다. 따라서 우리는 끊임없이 우리의 눈과 귀로 입력되는 증거들, 우리가 경험한 현실을 면밀히 재검토할 필요가 있다." 간단히 말하면 "우리는 모든 국가, 모든 정당, 모든 프로그램, 나아가 모든 경직된 도그마로부터의 독립을 선언할 필요가 있다."[11]

이후 진은 약 300쪽에 걸쳐 이 서문에서 밝힌 이념을 추구하며, 그것을 외교, 폭력, 역사, 전쟁, 법, 정의, 언론의 자유, 대의 민주주의(주로 아프리카계 미국인의 경험에 초점을 맞추어), 그리고 공산주의와 반공주의 등의 영역에 적용시킨다. 지금쯤 독자들도 알아차렸겠지만, 진은 자신의 입장을 제시하는 데 아주 능숙해서 때로는 상대방이 자신도 모르게 거기에 말려드는 경우가 많다. 그러니 『오만한 제국』을 좀더 자세히 살펴보고 싶은 유혹이 생기는 것도 무리는 아니다. 하지만 이미 언급했듯이, 사실 이 책에는 완전히 새로운 내용이 그리 많지 않다. 「마키아벨리의 현실주의와 미국의 외교정책 — 수단과 목적」이라는 장에서 진은 미국의 교실에 독립선언문이 걸려 있는 한편 미국의 외교정책은 마키아벨리의 입장을 따르고 있다고 지적한다.

「폭력과 인간 본성」에서는 유전학, 심리학, 인류학, 동물학, 역사학, 기타 등등 어떤 분야를 살펴봐도 전쟁에서 나타나는 공격적인 폭력성을 인간의 본능 가운데 하나로 간주할 만한 증거가 없다고 주장한다. 「역사의 이용과 오용」에서는 다시 한 번 진의 역사철학이 드러난다. (대부분의 역사는 민중운동을 외면함으로써 '수동적이고 순종적인 시민'을 양산한다. 이것이 역사학자의 의도는 아니겠지만, "논쟁을 피하고, 항상 그래왔던 분위기에 어울리며, 항상 강조되어 온 것들을 강조하고, 일자리를 유지하며, 곤란을 피한다. 저서를 발간하기 위해서는 어쩔 수 없는 선택일지도 모른다.") [12]

진이 「정당한 전쟁, 부당한 전쟁」이라는 장을 쓸 당시, 그는 "세상에 정당한 전쟁 따위는 존재하지 않는다"는 믿음을 가지고 있었다. 따라서 우리 시대의 가장 큰 과제는 "전쟁이 아닌 투쟁으로 정의를 이룩하는 방법"을 터득하는 것이었다. [13] 「법과 정의」에서는 그 둘의 차이를 강조한다. 「경제 정의 — 미국의 계급제도」에서는 미국 사회에 예나 지금이나 굳건히 존재하고 있는 계급 구조를 언급한다. 그와 함께 흔히 생각하는 것보다 훨씬 강력한 계급의식, 빈자를 위한 방임주의와 부자를 위한 정부의 간섭 역시 늘 존재하고 있었음을 지적한다. 결론은 부의 평등한 분배가 이루어질 때만 자유의 평등, 나아가 진정한 정의가 이루어질 수 있다는 것이다.

「대의 정부 — 흑인의 경험」에서는 아프리카계 미국인들의 역사를 돌아볼 때 미국인들이 그토록 자랑해 마지않는 민주적 제도(대의 정부, 투표, 헌법 등)들이 기본적인 인권 문제를 해결하는 데는 적절하지 않다는 사실이 입증된다고 결론내린다.

이 대목에서 다음의 두 가지 주제를 좀더 자세히 살펴볼 필요가 있을 듯하다. 「공산주의와 반공주의」는 익살이 넘치는 좋은 글이다. 진은 먼저 1948년에 하원 반미활동위원회가 배포한 1문 1답 형식의 「공산주의에 대해서 반드시 알아야 할 100가지」라는 제목의 팸플릿을 언급한다. 첫번째 질문 "공산주의란 무엇인가?"에 대한 답은 "세계를 지배하고자 하는 소수 집단이 만든 체제"라고 되어 있다. "내 서류함에서 이 팸플릿을 발견했을 때(그 위원회는 나에 대한 자료를 가지고 있을 테니, 나도 그들에 대한 자료를 가지고 있어야 하지 않겠는가), 나는 그렇게 복잡한 이론을 불과 몇 개의 단어로 요약한 것을 보고 그 사람들이 정치학과 작문 강좌의 최고급 과정을 이수하지 않았을까 하는 생각을 했다."

진은 또 "일상생활 속에서 공산주의자를 발견할 수 있는 곳은 어디인가?"라는 질문에 "이 질문은 나의 관심을 끌었다. 나도 가끔 공산주의자가 필요한 경우가 있는데, 어디로 가야 그런 사람을 찾을 수 있는지 몰랐기 때문이다"라고 썼다.[14] 진은 보다 진지한 어조로 맥카시 시대의 반공주의 광풍은 냉전시대에도 전혀 사그라들지 않았으며, 베트남을 비롯한 세계 각국에서 벌어지는 모든 종류의 끔찍한 일들을 정당화하는 데 사용되고 있다고 지적한다. 또한 모두가 풍요로운 무계급 사회를 지향하는 공산주의의 이념과 소비에트 연방의 추악한 배신행위를 구분하는 것은 아주 중요한 의미를 갖는다고 강조하기도 한다.

또 하나 주목할 부분은 「언론의 자유 — 수정 헌법 제1조에 대한 재고찰」이라는 제목이 붙은 장이다. 진은 이전에도 여러 차례 이 장에서 시도한 분석을 암시한 바 있다. 예를 들어 1967년의 『불복종과 민주주의』에서는 이렇게 말했다. "우리는 공적인 문제를 판단하는 데 필요한 정보가 부유층의 손에 집중되어 있다는 사실을 잊고 있다(우리에게 언론의 자유가 있는 것은 사실이지만, 그 '언론'의 청중이 몇 명이나 되는지는 우리가 어느 정도의 돈을 가지고 있느냐에 따라 좌우된다)." [15] 1974년에 출간된 『일상생활의 정의』에서는 대법원을 표현의 자유를 지키는 수호자로 간주할 수 없으며, 대부분의 사안은 현지의 경찰관이나 하급 법원에서 결정되는데, 그들은 "헌법이나 대법원 판결 따위에는 별로 신경을 쓰지 않는다" [16]고 주장했다.

진은 『오만한 제국』에서 50쪽 가까이를 이 주제에 할애하여 보다 자세하게 자신의 입장을 설명한다. "단순히 수정 헌법 1조가 있다고 해서 표현의 자유가 무조건 보장된다고 생각하는 것은 우리의 자유뿐만 아니라 때로는 생명까지 앗아가는 심각한 오류가 아닐 수 없다." "사전 억제령(prior restraint)을 금지하는 교묘한 장치"를 설명하는 대목에는 이런 구절이 나온다. "당신은 당신이 원하는 무슨 말이든 할 수 있고 무엇이든 출판할 수 있다. 정부는 사전에 당신을 제지하지 못한다. 하지만 일단 말을 하거나 출판을 한 다음에는 만약 정부가 그것을 '불법'이라거나 '유해'하다, 혹은 '부적절한' 것으로 판단할 경우, 당신은 체포될 수도 있다."

진은 미국 역사에서 찾아볼 수 있는 모든 전쟁에서 표현의 자유가 얼마나 심각하게 억압되었는지를 보여준다. 법률이 표현의 자유를 구속하는 경우도 많다. 여기서 우리가 배워야 할 기본적인 교훈은 이러하다. "표현의 자유에 대한 우리의 권리는 헌법의 구절이나 대법원 판결에 의해 좌우되는 것이 아니라, 우리가 우리의 권리를 행사하고자 하는 곳에서 권력을 장악하고 있는 자들에 의해 좌우된다." 길거리에서의 표현의 자유는 경찰관에게 달려 있다. 일터에서의 표현의 자유는 사장 혹은 회사에 달려 있다. 미국이라는 나라는 "민주적 제도를 너무나 자랑스러워하는 나머지", FBI와 CIA 같은 '비밀경찰'까지 가지고 있다.[17]

하지만 "정작 미국에서 가장 심각한 표현의 자유와 관련된 문제"는 따로 있다. 정말로 누구나 하고 싶은 말을 아무 두려움 없이 마음대로 할 수 있다고 가정해 보자. 그런 상황이 되어도 여전히 두 가지 문제, 그것도 아주 '심각한' 문제가 남는다. 첫째, 우리의 메시지를 몇 사람에게나 전달할 수 있을까? 답은 간단하다. "그것은 우리가 얼마나 많은 돈을 가지고 있느냐에 따라 달라진다. 가난한 사람은 아무리 똑똑하고 말을 잘한다 해도 지극히 제한된 표현의 자유밖에 가질 수 없다. 그러나 돈이 많은 기업이라면 이야기가 달라진다."

두 번째 문제는 이것이다. "정부도, 경찰도, 사장도, 그 누구도 우리의 발언을 막지 않는다고 하자. 하지만 정작 할 말이 없을 때는 아무 말도 할 수 없다." 얼핏 보면 도대체 무엇 때문에 이런 주장을 펼치는 것일까 의아하게 느껴진다. 진의 설명을 좀더 들어보자. "바꿔 말해서 우리가 나라 안팎에서 어떤 일이 벌어지고 있는지에 대해 충분한 정보를 가지고 있지 않다면, 미국 정부가 나라 안팎에서 무슨 일을 하고 있는지 알고 있지 못하다면 어떻게 될까? 그런 상황에서는 아무리 표현의 자유가 보장되어도 큰 의미가 없다." 여기서 진이 우려하는 것은, 이른바 '국가 안보'라는 미명 아래 중요한 정보가 일반 시민에게는 공개되지 않는 경우가 많다는 점이다. 진은 민주주의 사회라면 이 같은 현상이 용납되어서는 안된다고 믿는다. 만약 정부와 언론이 정보를 독점한다면, 심지어 국민을 기만한다면, 수정 헌법 1조의 존재는 우리에게 별 도움이 되지 않는다. 법원이나 의회, 대통령이 표현의 자유, 집회와 청원의 자유를 보호해 줄 거라고 기대할 수 없기 때문에, 정부나 주류 언론이 충분한 정보를 제공해 줄 거라고 기대할 수 없기 때문에, 언론을 장악하고 통제하는 자들이 우리에게 우리의 뜻을 널리 알릴 수 있는 기회를 줄 거라고 기대할 수 없기 때문에, 우리가 선택할 수 있는 방법은 하나밖에 없다. 이 대목에서 진은 영국의 소설가 올더스 헉슬리(Aldous Huxley)를 인용한다. "자유는 주어지는 것이 아니라 쟁취하는 것이다." 진은 우리에게 필요한 것이 바로 이것이라고 믿는다. "역사를 돌아볼 때, 늘 그런 과정이 되풀이되어 왔다." [18]

진은 자신의 다음 저서 『중단의 실패 ─ 한 낙관적 역사학자의 성찰(Failure to Quit: Reflections of an Optimistic Historian)』의 서문에서 "앤솔러지라는 것이 원래 '꽃을 따서 모은 것'이라는 의미"이기 때문에 자신의 책에는 너무 과분하다는 뜻을 밝히고 있다. 하지만 사실 『중단의 실패』는 흔히 쓰이는 용법 그대로의 선집일 뿐이다. 이 책에 실린 모든 글들은 『Z 매거진』 같은 다른 매체에 발표되었던 글들이다. 진은 이 글들 속에서 일관되는 공통점을 찾아내기가 쉽지 않았다고 고백한다. 가장 그럴 듯한 것은 "모든 글들이 역사학자의 관점으로 평화와 정의의 절박한 문제를 제기하고자 하는 한 사람의 생각을 표현하고 있다"는 점이었다. [19] 이 책에서도 역시 하워드 진의 전형적인 주제들이 다뤄진다. 낙관주의, 객관성(「객관성에 반대한다」), 시민 불복종("우리의 문제점은 '시민 복종'이다) [20], 권리장전(특히 수정 헌법 1조가 다시 한 번 언급된다), 전쟁, 콜럼버스 등이 그것이다.

그 가운데 두 편의 글을 좀더 자세히 살펴볼 필요가 있다. 데이비드 바사미언은 1992년 콜로라도 주 볼더에서 진을 인터뷰하며 그의 생애와 철학에 대해 허심탄회한 대화를 나누었다. 진은 그 경험을 이렇게 표현한다. "그는 내가 다음 책을 쓰기 위해 아껴두었던 내 인생 이야기들을 끌어냈다." 이 인터뷰는 조지 오웰의 유명한 말 가운데 하나인 「과거를 지배하는 자가 미래를 지배한다」라는 제목으로 게재되었다 (물론 「현재를 지배하는 자가 과거를 지배한다」라는 부분도 있다).

진은 오웰이야말로 자신이 가장 좋아하는 작가 가운데 하나임을 고백하며 이렇게 덧붙인다. "이 인용문은 나에게 아주 중요한 의미를 갖는다. 만약 당신이 역사를 지배할 수 있다면, 사람들이 역사에 대해서 알고 있는 지식을 지배할 수 있다면, 사람들이 알아야 할 것과 몰라야 할 것을 결정할 수 있다면, 당신은 그들의 사고를 지배할 수 있다. 당신은 그들의 가치관을 지배할 수 있다." 진은 전통적으로 이런 종류의 지배력을 발휘해 온 자들이 대부분 부유한 백인 남성이라고 믿는다.

인터뷰 말미에 바사미언은 이렇게 말한다. "우리의 상대방은 대중문화 속에서 이데올로기와 프로파간다의 힘을 가지고 있다. 민주주의를 신봉하는 우리에게는 그런 것이 없다." 진담인지 농담인지는 확실하지 않지만, 아무튼 그는 이 대목에서 진에게 이런 질문을 던진다. "미국 사회에 엄청난 프로파간다와 이데올로기가 존재한다는 사실을 사람들에게 어떻게 설득하는가?" 진은 "역사를 통해 사례를 제시하고 정부가 우리의 정보를 어떻게 조작해 왔는지를 보여주는 것"이 최선의 방법이라고 대답했다.[21] 진은 이 인터뷰 직전에 출간된 『오만한 제국』 역시 그러한 노력의 일부분이라고 덧붙일 수도 있었을 것이다.

또 하나 눈에 띄는 부분은 「Je Ne Suis Pas un Marxiste(나는 마르크스주의자가 아니다)」라는 제목의 장이다. "내 글에 이렇게 화려한 제목이 붙을 줄은 몰랐다." 사실 이 에세이는 『Z 매거진』에 「나에게 인간이 아닌 것은 모두 외계인이다」라는 제목으로 실렸던 글이다(어떤 제목이 더 화려한지는 모르겠지만). 그 인용문은 물론 마르크스 본인이 카를 마르크스 클럽에서 연설을 해달라는 요청을 거부할 때 한 말이다. 당시 마르크스는 런던에 거주하고 있었는데, 그의 말 한 마디 한 마디를 신성시하는 어느 독일 출신 망명객을 무척 성가시게 생각하고 있던 차였다. 진이 이 인용문을 사용한 것은 자신과 마르크스주의의 관계를 논하기 위해서였다.

진은 자신이 공개적으로 '마르크스주의자'로 소개된 두 건의 사례를 언급한다. 그 가운데 한 번은 어느 보수 단체의 대변인이 현재 미국에는 5,000명의 마르크스주의자 교수들이 활동하고 있다는 우려를 표명했을 때였다. 그 소식을 들은 진은 "나의 가치가 떨어진 것 같기는 하지만, 그만큼 덜 외로워져서 다행이다"라는 언급을 남겼다. 이어서 진은 좀더 진지한 태도로 이렇게 덧붙인다. 마르크스는 "몇 가지 아주 유용한 생각을 가지고 있는데 그 중에는 자본주의 제도가 지극히 비인간적이라는 점"이 포함되어 있으며, 마르크스주의의 가장 소중한 유산은 아마도 국제주의일 거라는 입장을 밝혔다.[22]

진은 『중단의 실패』가 『오만한 제국』보다 더 마음에 들지 않았던 듯하다. 『중단의 실패』는 "집필이 아니라 편집"에 의해 만들어진 책이라고 말하기도 했다. 어떤 면에서는 맞는 말이지만 어떤 면에서는 지나친 겸손이기도 하다. 이 자그마한 책 ― 진은 원래 작은 책을 좋아하지만, 이 책은 단일한 주제에 초점을 맞추고 있지 않다는 이유 때문에 별로 마음에 들어하지 않는 듯하다 ― 은 진의 다른 저서들에 비해 그리 많은 서평자들의 관심을 끌지 못했지만, 일단 서평을 쓴 사람들은 한결같이 그 가치를 인정하고 있다.

예를 들어 『브룸스베리 리뷰』는 아주 간략하면서도 진과 이 책에 대한 찬사로 가득 차 있다. "좌파 활동가가 자기 자신과 세상에 대해 유머감각을 발휘하는 것이 가능할까?" 서평자는 이런 질문과 함께, 적어도 진의 경우에는 "그렇다"라고 대답한다. "진은 정말 대단한 사람이다. 자기 자신의 인간성에 대한 뚜렷한 입장을 유지하는 동시에 정의를 이루기 위한 싸움에 헌신하는 인물이기 때문이다." 『중단의 실패』

는 "의식적인 행동에 대한 개인적 헌신을 자극한다는 점에서 아주 좋은 책"이다.[23]

『프로그레시브』는 특히 이 책의 마지막에 실린 「중단의 실패」라는 에세이가 마음에 들었던 모양이다. "이 글은 1980년대 후반의 자기 학생들을, 흔히 말하는 무관심과 보수주의, 이기주의로 뭉친 '자기중심 세대(me generation)'로 비판하기보다는 굳건한 희망의 시선으로 바라보는, 진 최고의 걸작 가운데 하나이다."[24]

사람은 나이가 들면서 점점 보수적으로 변해가는 것일까? 하워드 진의 경우에는 그다지 적용되는 것 같지 않다. 반면 그의 유머감각은 더욱 발전했다. 『중단의 실패』와 관련된 자료들을 모아둔 서류함은 물론 『미국 민중사』 서류함만큼 불룩하진 않지만, 거기에는 진이 『중단의 실패』를 펴낸 커먼 커리지 출판사의 편집자 겸 발행인 그렉 베이츠(Greg Bates)에게 쓴 편지 한 통이 들어 있다. 주요 내용은 『네이션』지에 실릴 광고에 대한 것이었다. 진은 그 광고에 책의 목차를 나열하는 것은 너무 "심심하다"고 주장한다. 그러면서 뒤표지의 그림을 광고에 실어 독자들로 하여금 내용을 짐작하게 하자는 아내 로슬린의 아이디어를 소개한다. "평범한 사진 한 장이 1,000개의 단어와 맞먹는다고 한다면, 내 책에 실린 사진은 적어도 50개 정도는 대신할 수 있을 거라는 것이 로슬린의 생각이었다."

진은 또 『브룸스베리 리뷰』에 나온 "진은 정말 대단한 사람"이라는 문구를 사용하고 싶어했다. "내가 어떻게 그 말에 반론을 제기할 수 있겠는가?" 또한 『프로그레시브』의 "진 최고의 걸작(vintage Zinn)"이라는 표현도 마음에 들어했다. 사실 여기에는 약간의 문제가 있었다. "'vintage'는 어떤 명사를 수식하느냐에 따라 의미가 달라진다. 이를테면 'vintage vinegar(최고급 식초)'와 'vintage horse manure(오래된 퇴비)'를 비교해 보라." 결국 광고에는 두 인용문, 그리고 책의 내용과

사진이 모두 실렸다.[25]

그 서류함에는 또 『볼티모어 크로니클』에서 복사한 기사도 하나 들어 있는데, 말하자면 서평 겸 진의 어느 노동자 단체 창립 25주년 기념 강연 광고가 반씩 섞인 기사였다. 거기에는 이런 구절이 나온다. "『중단의 실패』에 실린 에세이들은 진이 제일 잘 하는 것을 할 수 있는 여지를 마련해 준다. 이데올로기의 신화를 분쇄하고, 우리의 과거(와 현재)를 대다수 민중들의 살아 있는 경험과 일치시키는 것 말이다."[26]

마지막으로, 그 서류함에는 여느 때와 같이 독자들이 보내온 편지도 보관되어 있다. 예를 들어 그냥 '루스'라고만 이름을 밝힌 어느 독자는 "『중단의 실패』를 읽다가 중단하는 데 실패했다"고 썼으며, 또 어떤 독자는 "이런 책을 써주셔서, 중단하기를 거부해 주셔서 정말 감사드린다"고 썼다.[27]

이 책에서 이미 『달리는 기차 위에 중립은 없다』라는 책 제목은 여러 차례 언급된 바 있다. 『달리는 기차 위에 중립은 없다 — 우리 시대의 개인사』라는 정식 제목을 단 책은 1994년에 출간되었다. 진이 정확하게 무엇을 염두에 두고 이런 제목을 정했는지는 짐작하기가 쉽지 않다. 우리는 부제에 포함되어 있는 '개인사'라는 문구에 주목할 필요가 있는데, 이 표현을 두고 이 책을 자서전이라고 부를 수도 있다. 실제로 자전적인 내용이 많이 담겨 있기도 하다. 하지만 본인은 회고록이라는 꼬리표를 더 좋아한다.

「컬래머주에서의 질문 시간」이라는 제목을 단 이 책의 서문에서 진은 왜 이 책을 썼는지를 설명한다. 1992년 대통령 선거를 앞두고 마지막 텔레비전 토론이 벌어진 날 밤, 진은 콜럼버스의 아메리카 대륙 상륙 500주년을 맞아 『미국 민중사』의 콜럼버스를 다룬 부분에 대해 강연을 하게 되었다. 물론 장소는 미시건 주의 컬래머주였다. 진은 특유의 겸손한 말투로 무엇 때문에 수백 명이나 되는 청중들이 자신의 강연을 들으러 왔는지 모르겠다고 운을 떼었다. "잠시나마 선거 열풍에서 벗어나기 위해서일까?" 그런데 강연 말미에 누군가가 던진 질문이 진의 가슴에 깊이 박혔던 모양이다. "세계 곳곳에서 들려오는 가슴 아픈 소식들을 생각해 보면 당신은 놀랄 만큼 낙관적인 견해를 가지고 있는 것 같다. 어디서 그런 희망이 비롯되는가?"

이것은 이미 오래전부터 여러 가지 다른 형태로 진에게 날아들었던 질문이기도 하다. 우리도 이미 이 질문에 그가 어떻게 답변했는지 살펴본 바 있다. 물론 그날 밤에도 진은 그 질문에 나름대로의 답변을 내놓았다. 하지만 "정말 제대로 그 질문에 답하기 위해서는 내 인생을 돌아봐야 할 것 같았다. 그러기 위해서는 책을 한 권 써야 했고, 그래서 그렇게 하기로 마음먹었다."[28] 이 책의 초점은 민권운동과 반전운동, 그리고 그 속에서 진 본인이 어떤 역할을 했는지에 맞춰져 있다. 그 밖에도 어린 시절에 대한 장, 감옥과 법원에 대한 장, 보스턴 대학에서의 시련 등도 포함되어 있다.

『북리스트』에 『달리는 기차 위에 중립은 없다』의 서평을 실은 롤랜드 울버트(Roland Wulbert)는 독자들이 진의 이번 저서 역시 "여느 때와 마찬가지로 매력적이고, 개방적이며, 많은 정보가 있고, 뚜렷한 정치의식이 담겨 있다"는 사실을 발견할 것이라고 썼다. 그런데 그 다음부터 이 서평은 조금 이상한 방향으로 흘러가기 시작한다. "엘리트를 무조건 존경하는 듯한 자세가 무척 놀랍게 느껴진다"는 것이다. 울버트는 진이 줄리언 본드, 스토크리 카마이클, 존 루이스, 에타 베이커, 딕 그레고리, 짐 포먼, 제임스 볼드윈 등과 개인적으로 친분이 있다는 점을 지적한다. "진이 스펠먼에서 가르쳤던 18살짜리 학생들이 유명한 민권 변호사가 되거나 어린이보호재단의 설립자가 되거나 애틀랜타 시장의 어머니가 되었다. 그들은 모두 성공한 사람들이다. 진 역시 마찬가지이다. 그럼에도 불구하고 진은 미국 사회의 억압이 여전히 야만적이라는 사실을 지적한다. 자신이 '선한 싸움(Good Fight)'에 참여했다는 사실은 굳이 언급하지 않는다. 아 제길, 진은 훌륭한 삶을 살아왔다. 조금 일관성이 없어 보인다고 해서 그를 비난할 수 있는 사람이 누가 있겠는가?"[29]

진은 이 같은 지적이 별로 마음에 들지 않는 듯, 이런 의문을 제기한다. "그 사람들과 내가 성공적인 삶을 살고 있다는 것은 곧 급진주의자들이 주장하는 것만큼 상황이 나쁘지 않다는 증거라는 뜻인가?" 울버트의 언급은 확실히 그런 의미를 담고 있는 것으로밖에 받아들여지지 않는다. 진은 이것이 "급진주의자에 대한 아주 보편적인 비판"임을 인정한다. 하지만 그럼에도 불구하고 논점이 빗나갔다는 느낌을 떨칠 수 없다. "우리가 자리에서 벌떡 일어나 '미국 사회에는 진정한 언론의 자유가 없다'고 말하면, 사람들은 '그것 봐라, 당신이 지금 그런 소리를 하고 있다는 게 당신의 주장이 틀렸음을 보여주는 산증거다' 하고 말한다. 하지만 그들이 미처 생각하지 못하는 부분이 있다. 미국이라는 나라는, 그 누구도 계급의 한계를 뛰어넘어 성공을 거둘 수 없는 억압적인 나라보다 훨씬 더 복잡미묘한 상황이 얽혀 있는 나라라는 점이다."

진은 이 서평과 관련하여 이렇게 덧붙인다. "미국을 그토록 복잡하고 미묘한 불의의 나라로 만드는 것은 몇몇 사람들이 성공을 거둘 수 있는 여지를 허락하기 때문이다. 하지만 근본적인 구조, 계급 구조와 인종 구조 등은 그대로 유지되고, 따라서 이 서평을 쓴 인물은 미국의 시스템이 안고 있는 복잡성을 인정하지 않는다는 비판으로부터 자유로울 수 없다. 우리는 모든 사람이 실패하고 아무도 성공을 거둘 수 없다고 주장하는 것이 아니다." 진은 자신이 남다른 성공을 거두었으면서도 억압적인 체제를 지적하는 것은 잘못이라는 비판을 받아들일 수 없는 듯하다.[30]

자기 자신도 급진적 역사학자 가운데 한 사람인 폴 불(Paul Buhle)은 가장 길고 신중한 서평을 『네이션』에 게재했다. 불은 먼저 상상력을 마음껏 발휘한다. "진이 노예제도 철폐와 여성의 권리, 복장 개혁, 비폭력운동을 주장하는 1840~50년대의 급진주의 운동에 참여한 인물이 아닐까 하는 상상을 해보곤 한다." 진은 "양키와 아프리카계 미국인 사이의 희귀한 유대인"이었고, "수전 B. 앤소니와 프레드릭 더글라스 같은 인물들과 함께 운동을 지휘하고, 적대적인 청중들을 상대로 보편적 자유의 전망에 대해 열변을 토하던 사람" 같은 느낌을 받았다는 것이다. 나아가 불은 진에게서 "그 당시의 급진주의자들에게서 흔히 찾아볼 수 있었지만 지금은 너무나 귀해진 예언자적인 풍모"를 느낀다고 덧붙였다.

불은 또한 진의 생애와 경력을 멋지게 요약했다. 진은 민권운동에 참여했다는 것 외에는 어떠한 자기 과시의 유혹에도 넘어가지 않으며, "자신의 스승이 운동의 전개 과정에 커다란 영향을 미쳤다"고 증언하는 마리안 라이트 에덜만의 말을 소개한다. 불은 진의 가장 큰 장점 가운데 하나가 '대중적인 화술'이라며 『SNCC — 새로운 철폐론자들』을 예로 들었다. "문학 작품과도 같은 필력과 불타는 열정이 역사와 결합되어 이미 고전의 반열에 오른 이 책보다 더 효과적으로 현대사를 기록하기란 불가능한 일일 것이다." 불은 진의 『미국 민중사』역시 "레이건 정부의 현실에 맞서는 모범적인 역사책"으로 평가했고, 진과 존 실버 사이의 갈등에 대해서는 실버를 "신보수주의의 왕세자"라고 지칭하며 진의 편을 들었다.

이 같은 찬사에도 불구하고 불이 『달리는 기차 위에 중립은 없다』를 진의 최고의 걸작으로 평가하지 않는다는 점은 다소 의외가 아닐 수 없다. 그의 표현을 직접 읽어보자. "만약 『달리는 기차 위에 중립은 없다』가 진의 최고 걸작으로 꼽기에 조금 부족한 듯이 보인다면, 이는 그가 자신의 경험을 통해 세계관을 구축하기에는 너무 겸손한 탓이 아닌가 싶다."[31]

불의 이 같은 언급을 거론하자, 진은 아주 신중한 태도로 자신의 민주적인 접근 방법과 사람들의 능력에 대한 믿음을 언급했다. "음, 세계관을 구축한다……. 누군가가 같은 맥락으로 『미국 민중사』를 비판한 적이 있는데, 나는 아직 미국이라는 나라를 전체적으로 분석하려고 시도해 보지 않았다. 다른 이야기는 다 괜찮지만 세계관에 대해서는 별로 이야기하고 싶지 않다." 이어서 진은 "세계관에 대해서는 회의적인 입장"이라고 덧붙였다. "나는 독자들에게 재료만 제공해 줄 뿐, 거기에서 세계관을 이끌어내는 것은 독자들 개인의 몫이기 때문이다. 잘 포장된 세계관을 배달하는 것은 너무 오만한 태도 아닐까?"

진은 '분석을 제시하는 것'에 대해서도 단서를 붙인다. 재료만 제시해 주면 독자들 스스로 분석할 능력을 가지고 있다고 믿기 때문이다. 이는 흥미로운 관점이지만, 진은 독자들이 자기 자신의 경험을 섞어서 "나 자신의 분석과 흡사한" 결과를 만들어낼 것이라고 믿는다. 불이 지적한 것처럼 '세계관을 구축하지' 않는 것은 결코 자신의 겸손 때문이 아니라는 것이다.[32]

『미국 역사 저널』의 서평은 언제나 미국의 역사학자들에게 중요한 의미를 갖는다. 이번에 그들은 진을 아주 높이 평가하는 것으로 알려진 해밀턴 대학의 모리스 이서만(Maurice Isserman)을 서평자로 선택했다. 그는 진의 책에서 다음과 같은 문장에 초점을 맞추었다. "가난했던 어린 시절, 조선소에서 일하던 시절, 전쟁터에서의 체험, 이런 모든 사건들이 경제적·군사적 힘이나 사회적 위치를 이용해 다른 사람들을 억누르는 깡패 같은 자들에 대한 적개심을 불러일으켰다." 이서만에 의하면 이 회고록은 "진의 다른 대부분의 글과 마찬가지로 명료하고 가식이 없다." 더욱 중요한 것은 "구좌파와 신좌파 사이의 연결고리"를 발견한 느낌이 든다는 점이다. 이서만은 이 말을 '10대 공산주의자'로 급진적 정치에 눈을 뜬 진이 제2차 세계대전 당시 소련의 모습을 통해 환상에서 벗어났지만, 1960년대에 새로운 기회가 나타나자 자신의 급진적 신념을 행동으로 옮겨놓을 길을 발견한 '독립적 사고방식의 사회주의자'로 남게 되었다는 뜻이라고 설명했다.[33]

그 밖에 중요성이 조금 떨어지는 서평도 있다. 패트리샤 오코넬(Patricia O'Connell)은 『뉴욕 타임스 북리뷰』의 '한 줄 서평'을 통해 『달리는 기차 위에 중립은 없다』를 '회고록'으로 규정하고 "생동감 넘치는 이야기들"이 실려 있지만 "독자들 중에는 실망감을 느끼는 이들이 있을지도 모르겠다"고 덧붙였다. '제대로 된 자서전'을 기대했던 독자라면 진의 어린 시절과 가족에 대한 이야기, 나아가 그의 글에 대한 정보가 조금 부족하다는 느낌을 받을 것 같다는 이유였다.[34] 이것은 어느 정도 일리가 있는 지적인지도 모른다. 예를 들어 진은 이 책에서 자신의 다른 저서에 대해서는 전혀 언급하고 있지 않기 때문이다.

임머만(R. H. Immerman)은 『초이스』에서 진이 근 30년 동안 '전형적인 학자 겸 활동가'의 면모를 과시해 왔다고 운을 뗀다. 진의 이 '가벼운 회고록'은 '절충주의자'들의 관심을 끌 만한 책이며, "그의 가르침을 받은 여러 세대의 학생들, 그의 다른 저서를 읽은 독자들, 그와 함께 활동했거나 그의 영향을 받은 급진주의자들, 그리고 그를 이기기 위해서는 그를 더 잘 알아야만 하는 보수주의자들"도 이 책을 읽을 것이며, 그들 중 누구도 실망하지 않을 거라고 전망했다. 임머만은 또 이 책에 교훈적인 일화는 많은 반면, 날카로운 분석은 많이 보이지 않는다고 지적한다. "진의 정치철학이 갖는 지적 뿌리는 명확히 드러나지 않는다. 따라서 이 회고록은 식욕을 자극하지만 포만감을 주지는 않는다."[35]

진의 책에 대한 가장 흥미롭고 중요한 반응은 서평이 아니라는 점은 앞에서도 언급한 바 있다. 예를 들어 『달리는 기차 위에 중립은 없다』

의 경우, 진이 『7월 4일 생』으로 유명한 론 코빅으로부터 세 쪽에 달하는 강력하고 진솔한 편지를 받는 계기가 되었다. 코빅이 그 책을 읽었기 때문에 이 편지를 쓴 것은 사실이겠지만, 책 이야기는 편지 끝부분에 가서야 언급된다. "간단한 쪽지를 한 장 보내려고 시작한 편지가 쓰다 보니 이렇게 길어졌다. 그것만 봐도 당신의 훌륭한 저서가 어떤 영향을 미쳤는지 알 수 있을 것이다." 서두에는 이런 이야기도 나온다. "당신이 나에게 얼마나 중요한 영감을 불어넣어 주었는지를 말하고 싶어서 이 편지를 쓰게 되었다. 당신은 정말 대단한 인물이다. 당신이 미국과 그 국민들에게 얼마나 소중한 존재인지를 어떻게 말로 다 표현할수 있겠는가."

코빅은 편지 끝부분에서 다시 영감과 희망의 이야기로 돌아온다. "당신 덕분에 나처럼 큰 영감을 얻은 이들이 얼마나 될지 궁금하다. 당신 덕분에 나는 이 나라를 전혀 새로운 시각으로 보게 되었다. 당신 덕분에 그 모든 것이 현실로 바뀌었다. 당신 덕분에 나는 다시 한 번 모험을 감행하고 기회를 포착할 엄두를 내게 되었다. 당신 덕분에 자신감을 얻었다. 무엇보다도, 당신 덕분에 나는 나 자신의 역사를 믿게 되었다." [36]

콜만 맥카시(Colman McCarthy)는 『달리는 기차 위에 중립은 없다』 출간기념행사가 벌어진 워싱턴 D.C. 어느 서점에서의 감동적인 장면을 묘사하고 있다. "은퇴한 노교수가 오랜 세월이 흐른 후에 옛 제자들을 다시 만나 반가워하는 모습만큼 가슴 뭉클한 순간도 많지 않을 것이다. 하워드 진을 위한 행사장에서, 각자 어떤 길을 선택했고 어떤 진실을 보듬고 왔는지를 돌아보는 회고의 자리가 마련되었다." 맥카시는 진의 외모를 이렇게 소개한다. "72세의 나이에도 불구하고 190센티미터가 넘는 키(진 본인의 말에 의하면 실제 신장은 183센티미터 남짓이라고 한다)에 마라톤 선수처럼 날렵한 몸매, 숱 많은 머리칼에서는 건강미가 넘쳐흐른다. 그에게 필요한 것은 휴식이 아니다. 그의 육체적 활력은 지적, 정신적 충만함과 조화를 이루어 오히려 점점 더 젊어지는 느낌이 들 정도이다."[37]

그렉 사전트(Greg Sargent)는 『달리는 기차 위에 중립은 없다』 출간기념으로 뉴욕의 쿠퍼 유니언에서 개최된 진의 강연 소식을 『뉴욕 뉴스데이』에 기고했다. "아마도 진은 아직 은퇴할 때가 되지 않은 모양이다. 언제나 평화를 주장하는 한편, 치열한 논쟁 속에서 더욱 활력을 느끼는 듯하다." (사전트는 진이 보스턴 대학에서 실버 총장과 대립하던 모습을 그 근거로 삼았다.) 이어서 그는 진의 목소리를 직접 인용한다. "오늘날의 위기는 민권운동이나 베트남전쟁 당시처럼 뚜렷해 보이지는 않지만, 어떤 면으로는 더욱 치명적인 속성을 가지고 있다. 경제적 불안, 폭력과 범죄의 만연, 정치적 과정으로부터의 소외 등으로 대변되는 막연한 불안감을 지울 수 없다." 그런 다음 이렇게 결론을 내린다. "그러한 우울한 평가에도 불구하고 진은 여전히 전국을 돌아다니며 사회적 격변과 부의 재분배에 대한 희망을 역설한다."[38]

게리 수스만(Gary Susman)도 『보스턴 피닉스』에 그와 비슷한 맥락의 글을 발표했다. 그는 『달리는 기차 위에 중립은 없다』를 비롯해 여러 가지 주제를 놓고 진과 인터뷰를 했다. 그의 인용에 의하면, 진이 이 회고록을 쓴 주된 이유는 1960년대 진보의 몰락과 보수의 반동을 경험한 젊은 독자들에게 새로운 용기를 불어넣기 위해서였다. "지금은 민권운동과 반전운동에서 찾아볼 수 있었던 것과 같은 뚜렷한 이슈도, 해결책도 없다." 진의 진단이다. "그들은 1960년대에 존재했던 것보다 훨씬 강력한 운동과 아주 급진적인 변화를 필요로 한다." 하지만 물론 진은 "정치적·사회적으로 의식이 깨어 있는 자들, 환경 문제와 여성 문제, 군사비와 보건 의료 문제에 관심을 두고 열심히 활동하는 소수의 사람들"뿐만 아니라 오늘날의 미국을 1960년대와 다른 조건 속에 존재하게 만든 하부 구조에서도 희망의 싹을 발견한다. "상부 구조는 있었지만 하부 구조는 없었다. 대규모의 전국적 집회에 수많은 사람들이 참여했다. 하지만 그 사람들은 집회 현장을 떠나면 지속적인 운동의 핵이라 할 수 있는 현장의 소그룹으로 돌아가지 않았다. 나는 이 소그룹이 새로운 사회운동의 토대를 형성할 수 있다고 믿는다. 현재 벌어지고 있는 온갖 끔찍한 일들에도 불구하고, 내가 희망을 잃지 않는 이유도 바로 그것이다." 물론 이것이, 진이 여러 차례에 걸쳐 여러 가지 형식으로 누누이 밝혀왔던 입장이다.

수스만은 다시 한 번 진의 말을 인용한다. "어떤 이들은 학자란 모름지기 순수하고 정치에 무관심해야 한다고 생각한다. 때로는 정치학(political science)이 아니라 정치적 침묵(political silence)이 더 잘 어울릴 때도 있다. 나는 절대로 그렇게 되기를 원하지 않는다." [39] 물론 진은 그랬던 적이 없다.

은퇴 이후에 쓴 책들, 특히 『중단의 실패』와 『달리는 기차 위에 중립은 없다』가 모두 과거 지향적인 성격을 가지고 있다는 언급에 대해, 진은 그 밖에도 어느 출판사와 함께 그 동안 강의를 하면서 써온 글들을 묶어 '하워드 진 읽기'라는 주제의 책을 준비하고 있다고 대답했다. "이 작업이 글 쓰는 역사학자라는 당신의 위상에 어떤 영향을 미칠 거라고 생각하는가? 계획하고 있거나 쓰고 싶은 책들이 있는가?"라는 질문에는 "내가 회고록을 썼다는 사실, 그리고 40여 년 동안 써온 글들을 포괄하는 선집을 준비하고 있다는 사실이 그 질문에 대한 암시가 되지 않을까 싶다. 당신도 알다시피, 나는 이제 종착점에 가까워지고 있다"라고 대답했다.

이어서 그는 "이제 밥숟갈 놓을 때가 멀지 않았다"며 한바탕 웃음을 터뜨린 다음, 조금 더 진지한 말투로 이렇게 덧붙였다. "역사책을 더 쓸 수 있을지 어떨지는 나도 모르겠다. 쓸데없이 책꽂이만 무겁게 하고 싶지는 않으니까." 그 대신 그가 아직도 쓰고 싶은 두 가지가 남아 있었으니, 희곡과 '짧은 논문' 같은 것들이 그것이었다.[40] 뒤에서 살펴보겠지만, 진은 그 두 가지를 모두 해냈다.

『진 읽기 — 불복종과 민주주의에 대한 글쓰기(The Zinn Reader: Writings on Disobedience and Democracy)』는 1997년에 출간되었다. 이 책의 부제는 진의 글이 안고 있는 핵심적인 주제를 보여준다. 모두 여섯 부분으로 나뉜 이 책은 각각 인종, 계급, 전쟁, 법률, 역사, 그리고 수단과 목적의 문제를 다룬다.

『커쿠스 리뷰』는 "미국 급진적 역사학자의 대부"가 쓴 이 책이 "방대한 분량"을 자랑한다고 언급했다(거의 700쪽에 달한다). 서평자는 진이 "오랜 세월에 걸쳐 공정하고 정의롭고 파벌이 없는 미국을 만들자고 주장해 왔다"고 강조한다. 고객들이 서평을 올릴 수 있도록 되어 있는 인터넷 사이트를 훑어보면, 어느 독자가 쓴 글이 보인다. 그는 요제프 괴벨스와 케네스 스타를 놓고 열변을 토하지만, 하워드 진에 대해서는 상당한 호감을 가지고 있는 듯하다. "하워드 진을 읽을 때 나타나는 가장 보편적인 부작용 가운데 하나는 근본적인 평행감각의 상실이다. 요즘의 역사는 대체로 너무나 균형을 잡지 못하고 있다." 맞는 말이다. 그의 주장은 이렇게 이어진다. "진의 저서를 철저하게, 비판적인 시각으로 읽어보지 않고는 20세기의 미국 역사를 제대로 감상할 수 없다."[41] 역시 맞는 말이 아닐 수 없다.

위스콘신 주 매디슨에서 발행되는 『캐피털 타임스』는 역사학회에서 개최될 진의 강연을 앞두고 진과 진의 저서 전반을 훑어보는 기회를 마련했다. (진은 『프로그레시브』가 후원하는 기념행사에 특별손님으로 초대되기도 했다.) "미국의 역사학자 중에서 개인적으로나 직업적으로, 진만큼 자기 자신을 명확하게 드러내는 사람은 아무도 없다." 『캐피털 타임스』의 존 니콜스(John Nichols)는 특히 『진 읽기』에 나오는 '서정적인 머리말'을 언급한다. "지난 40년 동안 진이 써온 글들은 미국 사회를 왜곡해 온 '객관성'과 '중립성'의 허위의식을 벗기는 강력한 해독제이다." 60여 편의 글이 실린 이 선집은 그런 의미에서 '엄청난 자료'라는 것이다.

1969년 『새터데이 리뷰』와 1970년 『역사 정치학』에 실렸던 「학문의 사용」이라는 에세이와 관련하여 니콜스는 이렇게 말한다. "이 에세이는 학자들에게 도서관을 박차고 나와 우리 시대의 현안 속으로 들어올 것을 촉구한다. 더 이상 학자들이 '우리는 출간하고 남들은 망해간다'는 시나리오에 안주해서는 안된다는 것이다." 이것은 1960년대의 '절실한 요구'였지만 1990년대 후반에도 그 절박함은 조금도 사라지지 않았다. 그런 의미에서 『진 읽기』는 "정말 적절한 시기에 출간되었다. 학계에 몸담은 사람이나 그렇지 않은 사람들, 경제적으로나 직업적으로 안락한 삶을 누리고 있지만 그 같은 안락함이 대다수의 다른 사람들과 공유되고 있지 못하는 현실을 아는 사람이라면 누구나 행동을 호소하는 진의 열변에 귀기울일 필요가 있다."[42]

하비 와서만(Harvey Wasserman)은 『프로그레시브』에 『진 읽기』에 대한 탁월한 서평을 썼다. (진은 『하비 와서만의 미국 역사』라는 책에 민중사의 관점에 입각한 서문을 쓴 적이 있다.) 와서만은 제일 먼저 진 특유의 '순진함'을 언급한다. "진이 미국의 많은 저술가 겸 교수 겸 활동가 중에서도 독특한 위치를 차지하고 있다고 말하는 것은 그의 중요성을 과소평가하는 결과로 이어질 것이다." 그보다는 오히려 진을 '국보'라고 부르는 것이 정확할 텐데, 이는 그의 『미국 민중사』가 "미국 역사를 좌파의 관점에서 서술한 책 중에서 독보적인 위치를 차지하고 있기 때문이다."

와서만은 진의 "부드러운 문체"와 "더없이 겸손하고 상식적인 개념으로 급진적 변화를 주장하는 방식"에 큰 감명을 받았다. "진은 마치

'잘못된 일은 고쳐야 하지 않겠는가?' 하고 외치는 것 같다. 인종주의와 전쟁, 계급 문제는 머지않아 비폭력운동의 힘 앞에 무릎을 꿇고 말 것이다."

물론 와서만이 진의 시들지 않는 낙관주의를 처음으로 발견한 인물은 아니다. "진이 조지아 주도(州都)의 인종분리정책을 설명할 때의 문체는 우연히 진리와 정의의 투쟁에 맞닥뜨려 도저히 뛰어들지 않고는 견딜 재간이 없는 낙관적인 열정을 보여준다." 확실히 진은 초창기 민권운동의 우연한 동참자 수준에 그치는 인물이 아니다. "전국적인 주요 매체에 줄이 닿는 저술가로서의 진의 역량은 그 소식을 널리 퍼뜨리는 데 결정적인 역할을 했다." 진은 베트남전쟁 반대운동에서도 '저술가 겸 교수 겸 활동가'로서의 역할을 수행하며 '중요한 영향'을 미쳤다. 그의 글은 언제나 "합리적인 사고와 차분한 분노의 균형"에 충실한 독특한 능력을 보여준다.

"진은 동료 역사학자들로 하여금 미국의 과거를 오늘날의 사회 구조에 비추어 다시 한 번 생각해 보게 만드는 역할을 했다." 와서만은 『진 읽기』가 갖는 '특별한 마력'을 "한 인간의 자서전과 시대의 흐름을 결합시키는 능력" 때문으로 간주한다.

와서만은 '정당한 전쟁, 부당한 전쟁'을 분석하는 글에서 진이 "모든 해답을 가지고 있는 것은 아니다"라고 지적한 다음, 이렇게 결론을 내린다. "비록 모든 해답을 담고 있지는 않지만 놀라운 치유의 힘을 가진 책이다. 매일 잠자리에 들기 전에 이 책에 실린 에세이 두 편을 읽어 보라. 머지않아 자신이 제자리를 잡아가는 느낌, 심지어는 희망의 싹을 발견할 수 있을 것이다. 그런 다음에는 당신이 아는 모든 사람에게도 그렇게 하라고 권해 보라."[43] 그리 나쁜 충고는 아닌 것 같다.

하지만 진의 이야기를 직접 들어보는 것도 잊어서는 안된다. 그는 『진 읽기』를 자신의 손자와 '그 세대'에게 바친다고 썼다. 헌사에서는 여느 때와 마찬가지로 아내 로슬린에게 감사하는 마음을 전한다. 서문에서는 이 책이 "한 입에 삼키기에는 너무 큰 책"임을 자신도 안다고 썼다. (이런 종류의 과거를 돌아보는 선집의 경우, 작은 책을 선호하는 자신의 취향을 망각하는 듯하다.) 이어서 진은 친구의 아들인 댄 사이먼(Dan Simon)에게 비난의 화살(?)을 돌린다. 진은 1978년 파리에서 사이먼을 만났는데, 훗날 그는 '세븐 스토리스 프레스'의 편집자 겸 발행인이 되어 『진 읽기』의 아이디어를 냈다. "나는 겸손한 모습을 보여주기 위해 2년 동안 대답을 미루다가 결국 동의하고 말았다." 진은 그 결정이 "그리 나쁘지 않은 것"이었으면 좋겠다고 한다. "내 책 중에서 가장 많이 팔린 책(『미국 민중사』)을 알고 있는 모든 독자에게 다른 저서에 실린 글들도 맛볼 수 있는 기회를 주고 싶었다. 이미 절판된 책들, 아직 팔리고 있는 책들, 에세이와 논문과 팸플릿과 강연과 서평과 칼럼 등등. 지난 35년 동안 쓴 글들 중에는 좀처럼 찾아보기 힘든 것들도 있다. 이것은 하나의 기회일까, 아니면 내가 감당해야 할 벌일까? 그것은 독자들만이 결정할 수 있을 것이다."[44]

이것은 진 특유의 잔잔한 유머와 함께 『진 읽기』를 상당히 잘 묘사한 표현이다. 이 책의 시간적 배경은 1950년대(진이 처음으로 쓴 논문은 『하퍼』에 실린 「남부의 신비」인데, 이 글은 훗날 같은 제목으로 출간된 책에도 실렸다)부터 1990년대에 이르기까지, 거의 50년을 아우르고 있다. 우리가 이미 자세히 살펴본 진의 중요한 글들 중에도 이 책에 재수록된 것들이 많다. 하지만 매체를 잘못 만났거나, 이유는 모르지만 좀처럼 찾아볼 수 없는 글이 되어버린 것들도 많이 포함되어 있다.

예를 들어 「노예제도 철폐론자, 자유승차운동, 선동의 전술」은 마틴 두버만(Martin Duberman)이 엮은 1965년의 유명 서적 『노예제도 반대 전위(The Anti-Slavery Vanguard)』에 처음으로 실렸던 글이다. 이 글은 노예제도 철폐론자와 민권운동을 연결시켜 고찰한다는 점에서는 진의 다른 저서들보다 더욱 효과적이다. 진은, 정신분석을 통해 노예제도 철폐론자들을 '정서적인 문제점'을 안고 있는 것으로 분석한 몇몇 학자들을 비판하며 "나도 정신분석 놀이에 뛰어들어 역사상 가장 중요한 십자군전쟁 같은 사건을 군이 외면하는 학자들의 정신세계를 들여다보고 싶은 유혹에 사로잡힌다."

진은 또한 "급진주의자가 미래의 관점으로 현재 사회를 평가하는 것과는 달리, 남다른 역사적 식견을 갖추었다고 자부하는 역사학자들이 급진주의자가 활동하는 시기의 협소한 도덕적 토대에만 근거해 급진주의를 평가하려는 것은 잘 이해가 가지 않는 일이다." 진은 또한 역사를 통틀어 "사회 질서에 의해 처참하게 쓰러진 사람들에게 먼저 도움의 손길을 내미는 이는 언제나 급진주의자였다"고 주장한다. 노예제도 철폐론자들이 한 일은 전쟁을 일으키는 것이 아니라 "전쟁을 통해 사회개혁이 일어나도록 하는 것이었다." 진은 1965년에 쓴 글을 돌아보며 "인종적 평등을 향한 진보가 이루어졌다는 사실은 분명하지만, 이것은 선동가와 급진주의자들, '극단주의자들' ― 흑인과 백인을 가리지 않고 ― 이 미국도 한때는 혁명적인 국가였다는 사실을 끊임없이 상기시켰기 때문이다."45)

『진 읽기』에 재수록된 글들에 진이 짧은 머리말을 덧붙인 것은 아주 중요한 의미를 갖는다. 예를 들어 『오만한 제국』에 실렸던 「정당한 전쟁, 부당한 전쟁」을 소개하면서 진은 자신이 '열성적인 폭격수'로 제2차 세계대전에 참전했지만 그 전쟁이 끝날 무렵에는 "두 번 다시 이런 전쟁은 없어야 한다"는 글을 쓰게 되었음을 상기시킨다. "직접 전쟁을 경험해 보고 나니 세상에는 정당한 전쟁과 부당한 전쟁이 있다는 기존의 입장이 바뀌어 인간의 문제를 해결하기 위한 수단으로서의 전쟁은 보편적으로 거부되어야 한다는 믿음을 갖게 되었다. 오랜 세월 동안 역사와 정치 분야에서 여러 가지 입장을 취해 왔지만, 이것은 가장 많은 논쟁을 불러일으킨 주제 가운데 하나였다."[46]

『새로운 남부의 학생들(The New South Student)』이라는 제목의 소책자는 진이 1967년 12월에 쓴 흥미로운 에세이 한 편을 담고 있다. 「살인하지 말지어다」라는 제목이 붙은 이 에세이는, 원래 베트남에서 사용되는 네이팜탄 제조업체 '다우 케미컬'이라는 기업을 성토하는 강연으로 탄생했다. 이 에세이는 훗날 『진 읽기』를 비롯한 여러 곳에 재수록되었는데, 진 자신과 같은 급진주의자와 자유주의자의 차이점을 명쾌하게 보여준다는 평가를 받는 글이다.

몇몇 자유주의자들은 무단침입과 점거, 파괴 등의 행위가 시민의 자유를 침해할 수 있다는 견해를 피력했다. 진은 그러한 견해에 강하게 반대한다. '다우'의 생산활동을 저지하기 위한 '물리적 방해'는 "법을 당신 자신의 손에 움켜쥐는" 행위에 다름아니며, "바로 그것이 시민 불복종이다. 법이 어떠해야 하는지를 천명하기 위해 일시적으로 법을 장악하는 것이다. 이것은 법과 인간의 가치 사이에 부조화가 존재한다는 선언이며, 때로는 이러한 입장이 법을 어김으로써만 드러나는 경우가 있다."

물론 사소한 일을 가지고 무차별적으로 이런 수단에 의존해서는 안 된다. 시민 불복종의 권리에는 두 가지 필수 조건이 있는데, 첫째 "인간의 가치는 생명, 건강, 자유 등과 같은 근본적인 권리와 관련된 것이어야 한다." 따라서 신호가 너무 길어서 불편하다는 이유로 교통 법규를 지키지 않는 것은 용납될 수 없지만, '다우 케미컬'이 제조한 네이팜탄이 "현대 역사상 어떤 국가도 시도한 적이 없는 가장 잔혹한 행위"로 베트남을 '집중 폭격'하는 데 사용되는 것은 그것과는 차원이 다른 문제이다. 시민 불복종의 두 번째 조건은 "불만을 제기할 합법적인 통로가 마땅치 않을 경우"이다. 이것 역시 베트남의 경우에 적용되는데, 이 전쟁은 "미국의 헌법적 절차 바깥에서, 대통령과 극소수의 자문관

에 의해 야기되었기 때문"이다.[47]

진은 1985년에 위스콘신 주 매디슨의 『캐피털 타임스』에 리처드 닉슨의 회고록 『더 이상 베트남은 없다(No More Vietnams)』의 서평을 기고했다. 진은 『진 읽기』에 재수록된 이 서평의 머리말을 통해, 베트남에서 벌어진 일을 두고 미국의 특정한 대통령 한 사람에게 모든 비난의 화살을 돌릴 수는 없다는 점을 인정한다. '긴 비난의 명단'은 프랭클린 루스벨트에서부터 닉슨에 이르는 여러 대통령을 망라한다. 그러나 진이 닉슨의 이 책을 "암퇘지의 엉덩이로 비단 지갑을 만들고자 하는 절망적인 시도"라며 듣기 민망할 정도의 혹평을 퍼부은 것은 놀라운 일이 아니다.

이 책의 '허위와 누락'에 대해서도 조목조목 비판이 가해진다. "닉슨은 도대체 무엇 때문에 이제 와서 이토록 말도 안되는 책을 썼을까?" 진은 이 질문에 이렇게 답변한다. "그의 의도는 베트남에서 목숨을 잃은 미군과 베트남 사람들의 수가 부족하다고 강변하는 것인 듯하다. 만약 더 많은 사람들이 죽었더라면 우리는 '승리'할 수 있었을 것이다. 따라서 우리는 중앙아메리카에 개입하는 일을 망설여서는 안된다." 진은 이 서평에 「리처드 닉슨은 무엇을 배웠는가?」라는 제목을 붙였다. 그의 대답은 "아무것도 배우지 못했다"이다.[48]

『진 읽기』에 수록된 글들 중에는 진이 그 동안 써온 다른 저서의 머리말들도 포함되어 있다. 어떤 책들이 여기에 포함되는지를 살펴보는 것도 의미가 있을 듯하다. 예를 들어 사코와 반제티 사건에 대한 소설인 업톤 싱클레어(Upton Sinclair)의 『보스턴』이 재출간된 1978년, 진은 싱클레어가 "미국 사회의 치부, 철저하게 계급에 바탕을 둔 미국의 정치와 정의를 여실히 보여준다"고 썼다. 비록 그것이 "시대에 뒤떨어진 관점"일지언정 "여전히 근본적인 진실"이라는 것이다.[49]

비슷한 맥락에서 1971년에는 사회주의자인 잭 런던(Jack London)의 정치 소설 『강철 군화(The Iron Heel)』 개정판에 머리말을 썼다. 1906년에 쓰여진 이 책은 "미국의 기본적인 특징은 조금도 변한 것이 없다"는 점을 뚜렷이 부각시킨다. "부(富)가 모든 것을 지배하고, 나라 안팎에서 큼직한 몽둥이를 들고 반대파를 두들겨 패는 일에 몰두하고 있다"는 것이다. "런던의 (기본적인) 관점은 여전히 유효하다. 민중의 요구가 아니라 기업의 이익이 이 나라의 정책을 결정한다."[50]

약간 맥락이 다르지만 같은 1971년에는 미국에서 처음으로 출간된 무정부주의자 허버트 리드(Herbert Read)의 『무정부와 질서(Anarchy and Order)』의 머리말을 쓰기도 했다. 진이 오래전부터 무정부주의 사상에 관심을 가져온 것은 분명하다. 엠마 골드만을 소재로 한 희곡이 그 좋은 증거이다. 리드의 책에 대한 머리말을 소개하는 1997년의 글에서도 그런 경향이 뚜렷이 드러난다. "내가 현대의 가장 중요한 정치철학 가운데 하나인 무정부주의에 대해 아무것도 알지 못하는 상태로 미국의 유명 대학에서 박사 학위를 받을 수 있었다는 사실만 보아도 미국식 교육의 폭이 얼마나 좁은지를 알 수 있다."

1971년의 머리말에서는 '무정부'라는 단어 자체가 '무질서, 폭력, 불확실성' 등과 연결되어 "서구 사회에서는 많은 사람들에게 불안을 야기한다"는 점을 언급하며 이런 결론을 내린다. "우리에게는 그러한 상태를 두려워할 충분한 이유가 있다. 왜냐하면 우리는 아주 오랫동안 무정부 사회(그런 사회는 지금까지 존재한 적이 없다)가 아니라 무정부 사회를 무엇보다 두려워하는 사회(강력한 현대적 의미의 국가)에서 살아왔기 때문이다."

이어서 진은 가장 좋아하는 장치 가운데 하나인 '의도가 깔린 질문'을 던진다. "믿을 수 없을 만큼 야만적이고 낭비적인 미국의 경제 시스템보다 더 ('혼란'을 의미하는 보편적인 용법으로서의) '무정부' 상태에 가까운 것이 있을까?" 진은 무정부주의가 자본주의는 물론 사회주적 관료제도조차도 '민주주의의 정착이라는 가장 큰 약속'을 지키는 데 실패했음을 지적한다고 말한다. "현대 사회에서의 선거는, 돈이 경제의 통화인 것과 마찬가지로 정치의 통화에 지나지 않는다. 둘 다 현실에서 벌어지는 일, 즉 소수가 다수를 지배하는 현상을 신비화하는 역할을 한다." 진의 결론은 이러하다. "예술과 무정부주의에 대한 리드의 관심은 20세기와 잘 어울리는 반응인 듯하다. 혁명은 정치적인 것인 동시에 문화적인 것이어야 한다."51)

「존 리드의 발견」이라는 글은 책이 아니라 영화에 대한 에세이이다. 흥미로운 것은 진에게 워렌 비티의 걸작 「레즈(Reds)」에 대한 글을 의뢰한 곳이 그 몇 해 전에 진의 고정 칼럼을 취소했던 『보스턴 글로브』였다는 점이다. 진은 주인공인 공산주의자가 상당히 인상적으로 묘사된 이 영화를 '놀라운 작품'이라고 평가했다. 이 영화에서 "미국이 공산주의자에 대한 1950년대의 병적인 거부감에서 한 발 물러섰음을 보여주는 여러 가지 증거들 가운데 하나"를 발견했다는 것이다. 진은 언론인인 존 리드의 시신이 크레믈린 부근에 매장되었지만 "그의 영혼은 그 어디의 제도권에도 소속되지 않는다"고 주장했다. 진의 결론은 이렇게 이어진다. 만약 이 영화를 본 사람들 가운데 단 한 명이라도 "전쟁과 불의에 대해, 예술과 헌신에 대해, 국경을 뛰어넘어 보나 나은 세상의 가능성만으로 묶인 우정에 대해 생각해 볼 기회를 갖게 된다면, 그것은 그의 짧지만 치열했던 삶이 이룬 거대한 업적으로 남을 것이다."52)

진이 걸어온 길은 이른바 '정통'과는 사뭇 달랐다. 예를 들면 정석으로 자리잡을 만한 역사나 정치 논문은 거의 발표한 적이 없다. 하지만 때로는 자신과 전혀 어울리지 않을 듯한 매체에 글을 발표한 적은 있다. 예를 들어 『미국 예방정신의학 저널』은 1966년에 진의 「비폭력 직접 행동」이라는 제목의 에세이를 실은 적이 있다(예방정신의학은 특히 청소년의 초기 정신장애를 연구하는 분야이다). 전쟁과 혁명, 점진적 개혁("제도 변화의 필요성을 충족시키는 세 가지 전통적인 방법")으로는 "오늘날 미국과 세계가 직면해 있는 문제점을 해결할 수 없다"고 주장한 다음, "의회 개혁의 차원을 뛰어넘으면서도 원자폭탄 시대의 전쟁과 혁명의 위험성을 수반하지 않는 보다 강력한" 기법이 필요하다는 결론으로 이어진다. 물론 비폭력 직접 행동을 일컫는 말이다. "정의와 자유와 복지 등 전세계가 신봉하는 가치를 실현하기 위해 투표함의 한계를 뛰어넘어 국가를 상대로 지속적인 싸움을 벌이는 임무는 권력의 바깥에 존재하는 평범한 시민들의 몫이다."[53]

예방정신의학만큼은 아니지만, 역사학자나 정치학자가 기록 보관인들이 읽는 전문지에 글을 기고하는 것도 흔한 일은 아니다. 진은 1970년에 워싱턴 D.C.에서 벌어진 '미국 기록 보관인 협회' 연례회의에서 강연 요청을 받았다. 진은 이 강연 원고에 「기록 보관인과 좌파」라는 제목을 붙였는데, 몇 년 후(1977년) 이 글은 「비밀주의, 문서, 그리고 공중의 이익」이라는 제목으로 『중서부 기록 보관인(Midwestern Archivist)』에 게재되었다. 이 글은 개방주의와 민주주의라는 진의 핵심적인 개념이 평소와는 전혀 다른, 그러나 결정적인 중요성을 갖는 분야에 적용되었다는 점에서 의미를 갖는다.

진은 이 글의 말미에 문서 보관인들로부터 두 가지 요청을 받았다고 적고 있다. 첫째, 그들은 "모든 정부 문서를 일반인에게 공개하는 운동에 참여해야 한다." 둘째, 그들은 "보통 사람들의 삶과 욕망과 필요성에 대해, 이전과는 전혀 다른 새로운 문서의 세계를 개척하는 수고를 감당해야 한다." 진의 결론은 이 두 가지가 "국민은 정부가 하는 일을 알아야 한다"는 민주주의 정신을 살리는 길이라는 것이다. 나아가 이렇게 덧붙인다. "비민주적인 사회에서 사회 통제의 도구가 되기를 거부하는 것, 진정한 민주주의를 만들어가기 위해 자신의 역할을 충실히 감당하는 것은 역사학자와 문서 보관인, 우리 모두를 위해 소중한 임무가 아닐 수 없다." 『중서부 기록 보관인』의 편집자가 들려준 증언에 의하면, 진의 글은 많은 독자들에게서 '충격과 반감'을 불러일으켰지만, 일부 젊은 문서 보관인들은 이 글에서 영감을 얻어 "미국 문서 보관인 협회와 문서 보관인이라는 직업 전체를 개혁하기 위한 비공식 회의를 발족시켰다."[54]

『진 읽기』는 진이 은퇴 이후에도 활발한 활동을 이어가고 있음을 보여준다. 예를 들어 그는 1991년에 어느 대학의 심포지움에 참석했다. 그의 발표문은 「고등교육은 얼마나 자유로운가?」라는 제목으로 『가네트 센터 저널』을 통해 발표되었다. 진은 1997년의 관점으로 당시를 돌아보며 이렇게 술회한다. "그 당시에는 '다문화주의', 대학 내부의 언론 자유, 이른바 '정치적 올바름(political correctness)'에 대해 전국적으로 뜨거운 논쟁이 진행되고 있었다. 1960년대의 각종 운동의 결과 미국의 교육계에도 많은 변화가 일어났는데, 그 가운데 일부는 보수주의자들 사이에서 일종의 강박증세를 초래하기도 했다. 나는 나 자신의 경험에 근거하여 이 논쟁에서 나에게 주어진 몫을 감당해야 한다고 생각했다." "교육은 언제나 기존의 부와 권력의 분배 구조를 유지하고자 하는 자들에게 두려움을 불러일으킨다."

이어서 진은 미국 사회의 교육 환경은 상당히 독특한 데가 있다는 주장을 펼친다. "그것은 스승으로 인정받는 한 사람의 성인이 한 무리의 젊은이들을 상대로, 주어진 시간 동안 누구의 간섭도 받지 않고 상호작용을 주고받는 유일한 상황이며, 어떤 교재든 자신의 뜻에 따라 선택할 수 있으며, 하늘 아래 어떤 주제라도 학생들과 함께 토론할 수 있다." 물론 그 주제는 "커리큘럼과 강의의 성격에 따라 제한되겠지만 대담성과 상상력을 갖춘 선생이라면 사회적, 정치적 현안에 대해 자유로이 토론을 벌일 수 있다. 특히 문학, 철학, 사회과학 분야에서는 별다른 문제가 되지 않는다."

진은 자신도 초창기에는 "강의실 안에서 확보할 수 있는 특별한 자유를 최대한 활용하기로 결심했다. 나 스스로 가장 중요하고 가장 논쟁적이라고 판단하는 문제를 수업시간에 논의해야 한다고 생각했다." 진은 스펠먼 대학과 보스턴 대학에서 이런 결심을 실천에 옮겼고, 그 몇 가지 사례를 설명한다. "나는 오늘날의 근본주의자들이 '커리큘럼의 정치화'라며 펄쩍 뛸 만한 끔찍한 죄를 저질렀던 것일까? 정치적이지 않게, 즉 정치적 관점을 표현하지 않으며 헌법을 해석하고 미국 역사를 설명할 방법이 있는가?" 물론 진은 그런 방법은 없다고 생각한다. 예를 들어 시오도르 루스벨트를 영웅시하는 것은 그를 "초창기 제국주의자, 즉 미국이 카리브 해에 잔혹하게 개입하기 시작한 선구자"로 간주하는 것만큼이나 "정치적인 견해"라는 것이다.

진은 한 번도 자신의 정치적 입장을 숨긴 적이 없다고 자부한다. 기회가 있을 때마다 전쟁과 군국주의에 대한 증오, 인종 차별에 대한 분노, 민주적 사회주의에 대한 신념, 세상의 부를 합리적이고 공정하게 분배해야 한다는 믿음을 강조해 왔다.

"가능하지도, 바람직하지도 않은 '객관성'을 위장하는 것은 정직하지 못한 처사라고 생각했다." 진은 강의를 시작할 때마다 자신의 관점에 따라 수업을 진행할 것이지만, 다른 관점 역시 똑같이 소중하게 평가할 것이며, 따라서 학생들은 자신과 반대되는 의견을 피력할 절대적인 자유를 가진다는 사실을 명확히 했다. "학생들은 내 수업에 들어오기 전에 오랫동안 가정에서, 고등학교에서, 영화와 텔레비전을 통해, 특정한 정치적 입장을 주입받아 왔다. 그들은 다른 강의에서, 혹은 내 강의실 바깥에서, 그리고 세상을 살아가면서 나의 관점과 다른 관점을 접하게 될 것이다. 나는 나의 견해를 이념의 시장에 내놓을 권리를 한 번도 포기한 적이 없다."

'정치적 관점'이라는 표현은 교육 현실에서 결코 피할 수 없는 부분이다. "그것은 노골적으로, 솔직하게 표현될 수도 있고 미묘하게 표현될 수도 있다. 하지만 아무리 두껍고 지겨운 교재라 할지라도, 아무리 중립을 위장한다 할지라도, 아무리 중립적인 선생이라 할지라도 그것을 완전히 외면할 수는 없다." 그 이유는 "모든 교육은 선택 ― 사건, 목소리, 교재 등 ― 의 문제를 포함하고 있으며, 좋은 책이나 위대한 인물, 혹은 중요한 사건에 대한 비중은 언제나 우리의 문화적 유산으로부터 비롯되는 당파성을 지닐 수밖에 없기 때문이다." "고등교육에서의 진정한 표현의 자유를 위해 반드시 필요한 사고의 다원성은 한 번도 실현된 적이 없다." 왜냐하면 "그 결정적인 요소들은 언제나 대학 안팎의 거센 공격에 직면해 있기 때문이다."

  『종신 재직권을 가진 급진주의자들(Tenured Radicals)』의 저자인 로저 킴발(Roger Kimball)을 비롯한 몇몇 비판의 목소리에 대해서는 이렇게 반박한다. "급진주의자 가운데 일부가 종신 재직권을 얻는 데 성공한 것은 사실이다. 하지만 우리는 고등교육의 현장을 지배하기는커녕, 주도면밀한 감시의 대상이 되는 소수로 남아 있다." 진은 여기서 보스턴 대학에서 자신이 직접 경험한 사례를 제시한다. "내가 내 강의실에서 표현의 자유를 가지고 있었던가?" 진은 이 질문에 "그렇다"고 대답한다. 하지만 그것은 "내가 '자유는 주어지는 것이 아니라 쟁취하는 것'이라는 올더스 헉슬리의 충고를 따랐기 때문이다." 진은 결론을 향해 나아가며 이렇게 단언한다. "교육계의 근본주의자들은 고등교육에서 찾아볼 수 있는 독특한 토론의 자유에 내제하는 가능성을 두려워한다."[55]

  그들은 '보편적인 문화' 혹은 '공평한 학문' 혹은 '서구 문명'을 지킨다는 미명 아래 그러한 자유를 공격한다. 그들은 우리가 희망을 걸고 있는 바로 그 부분을 두려워한다. 만약 학생들에게 선거에 참여하는 것이상의 정치적 선택을 허용하면 그들이 사회적 반역자가 될 거라는 두려움이다. 학생들은 인종적·성적 불평등과 전쟁에 반대하는 운동, 심지어는 그보다 더욱 위험한 운동에 참여할지도 모른다. 우리는 거기에 희망을 걸어보자.[56)]

"모든 교육은 선택의 문제"라는 말에는 나름의 진실이 담겨 있다. 진은 몇 가지 참고서적을 제시하며 『진 읽기』를 마무리한다. 이것은 단순한 참고문헌 목록에 그치지 않고 자신에게 많은 영향을 미친 저자들을 학생들에게 소개하는 역할을 한다. 예를 들어 인종 문제에 대해서는 '아프리카계 미국인들의 글'을 읽어보는 것이 바람직하다며 코넬 웨스트(Cornel West), 리처드 라이트, 프레드릭 더글라스, W. E. B. 두보이스, 조라 닐 허스턴(Zora Neale Hurston), 앨리스 워커, 말콤 X, 토니 모리슨(Tony Morrison) 등을 언급한다. 아프리카계 미국인의 역사에 대해서는 존 호프 프랭클린(John Hope Franklin)을 높이 평가하며, 복합 문화의 역사에 대해서는 로널드 타카키(Ronald Takaki)를 언급한다.

계급에 대한 추천도서는 다음과 같은 제안으로 시작한다. "나 자신이 직접 체험한 노동 계급의 어린 시절을 다룬 책 중에서 내가 처음으로 읽은 책은 아마도 업튼 싱클레어의 『정글』인 것 같다." 진은 존 스타인벡의 『분노의 포도』도 언급했고, 역사 서적으로는 찰스 버드와 게리 내쉬(Gary Nash), 매튜 조셉슨, 리처드 홉스태터 등의 저서를 꼽았다. ("『미국의 정치적 전통』은 계급을 토대로 미국 역사를 분석하는 티를 내지 않으면서도 주요 정당의 논쟁 이면에 자본주의 체제를 둘러싼 기본적인 합의가 숨어 있다는 사실을 명확히 드러냈다.") 물론 진은 카를 마르크스의 저서들을 추천하는 것도 잊지 않았다.

전쟁에 대해서는 "군인 출신의 영웅에 대한 어린 시절의 경외심에 처음으로 일격을 가한" 책이 열여덟살 때 읽은 월터 밀리스(Walter

Millis)의 『전쟁으로 가는 길(The Road to War)』이었는데, 이 책은 "미국의 제1차 세계대전 참전에 대한 준엄한 비판"이었다. 하지만 "아마도 전쟁의 영광을 돌이킬 수 없는 공포로 바꿔놓는 데 더욱 강렬한 영향을 미친 것"은 헨리 바부스(Henry Barbusse), 에리히 마리아 레마르크(Erich Maria Remarque), 달턴 트럼보, 조셉 헬러(Joseph Heller), 커트 보네거트(Kurt Vonnegut) 등의 소설이었다. 미국의 외교정책 전반에 대한 역사학자 윌리엄 애플먼 윌리엄스의 저서와 베트남전쟁이라는 한정된 주제를 다룬 마릴린 영(Marilyn Young)의 저서 역시 높은 평가를 받았으며, 진의 친구이자 급진적 언어학자인 노암 촘스키의 현대 미국 외교정책에 대한 비판 역시 중요한 비중을 차지하는 것으로 소개된다.

마지막으로, 진은 전쟁의 대안으로 진 샤프(Gene Sharp)의 여러 저서들, 특히 『비폭력 직접 행동의 정치학(The Politics of Non-Violent Direct Action)』을 추천한다.

법률사에 대해서는 모턴 허위츠(Morton Hurwitz), 제차리아 차피(Zecchariah Chafee), 데이비드 코트(David Caute) 등의 저서를 높이 평가한다. 하지만 진은 클래런스 대로우(Clarence Darrow), 헨리 데이비드 소로, 레프 톨스토이, 알베르 카뮈, 마틴 루터 킹에게서 더 큰 영향을 받았다고 털어놓는다.

"나는 로버트 린드(Robert Lynd)의 『무엇을 위한 지식인가?(Knowledge for What?)』를 읽기 전까지만 해도 역사학자의 사회적 역할에 대해서는 그리 많은 생각을 해보지 않았다." 그 밖에 노스 화이트헤드, E. H. 카, 제임스 하비 로빈슨, 한스 마이어호프 등도 이 분야의 주요 저서로 꼽힌다. 피터 노빅의 『그 고귀한 꿈』은 "아주 탁월한 책"이라는 평가를 받았다. 진은 또한 동료이자 역시 급진주의 역사학자인 제스 레미쉬의 『전쟁과 평화의 현역 근무에 대하여(On Active Service in War and Peace)』도 높이 평가한다. 마지막으로 진은 "연구와 사회의식을 이상적으로 결합시킨 것으로 보이는 몇몇 역사학자들이 있다"며 두 가지 예를 제시한다. 『영국 노동 계급의 탄생(The Making of the English Working Class)』을 쓴 E. P. 톰슨, 그리고 "미국의 팽창주의에 대한 탁월한 저서 『서쪽을 향하여(Facing West)』"가 그것이다.

리처드 드리넌은 진의 추천도서 목록의 마지막 부분에서 다시 한 번 등장한다. 이번에는 엠마 골드만의 전기 『낙원에서의 반역』이 꼽혔는데, 진은 이 책을 읽은 뒤 골드만의 자서전을 읽었으며 나아가 그녀의 다른 저서와 다른 무정부주의자들의 글을 읽었다고 고백한다. 여기에는 또 스토턴과 앨리스 린드의 『미국의 비폭력운동(Non-Violence in America)』도 포함된다.[57]

하나같이 좋은 책들이다. 하지만 그 책들과 함께, 하워드 진 자신의 책들도 필독 도서 목록에 포함되어야 한다! 진은 아마 이것으로 저서 집필은 끝이라고 생각할지도 모른다. 하지만 아직 그의 글쓰기는 끝나지 않았다. 강연 역시 마찬가지이다.

엠마 골드만을 소재로 한 진의 희곡은 미국 전역은 물론 외국에서도 상연되었다. 그 밖에 진은 세 편의 희곡을 더 썼는데, 『안전하지 못한 거리(Unsafe Distances)』, 『소호의 마르크스(Marx in Soho)』(한국어판 제목은 『마르크스, 뉴욕에 가다』이다 – 옮긴이), 『비너스의 딸(Daughter of Venus)』 등이 그것이다.

서평을 쓰는 일은 잘해야 본전 정도로 치부되게 마련이지만, 진은 은퇴 이후에도 서평 쓰기를 마다하지 않았다. 예를 들어 런던의 『가디언(The Guardian)』은 진에게, 심심찮게 논란을 불러일으키는 보수주의적 학자 폴 존슨(Paul Johnson)의 『미국 국민의 역사(A History of the American People)』라는 방대한 저서의 서평을 의뢰한 적이 있다. 진은 이 책이 "명쾌하고 다채로운 서술, 생생한 인물 묘사, 치밀한 조사, 과감하고 자신감 넘치는 필체 등이 돋보이지만 완고한 보수적 관점 때문에 몇 가지 심각한 '누락'을 피할 수 없었던 것으로 보인다"고 운을 뗀다. 진이 생각하는 첫번째 사례는 콜럼버스이다. "그 부분을 어떻게 다루느냐, 거기에 대해서 어떤 부분을 다루기로 선택하느냐를 보면 그 사람이 장기간에 걸친, 지금 우리 세대에까지 이어지는 미국인들의 경험을 어떤 관점으로 바라보느냐가 드러난다." 존슨은 콜럼버스가 평화롭게 살고 있던 아메리카 원주민들을 고문하고, 납치하고, 노예로 삼고, 무참히 살해한 사실을 외면한다. 지면 관계상 어쩔 수 없이 생략된 것으로 보기는 어렵다. 존슨은 로널드 레이건의 농담을 비롯해, 그보다 훨씬 더 사소한 부분들까지 상세하게 다룰 만큼 충분한 지면을 활용했다. 따라서 이 같은 누락이 발생하는 이유는 존슨이 "독자로 하여금 미국의 역사를 자비의 눈길로 바라보도록" 하고 싶었기 때문이었다.

물론 진이 안타깝게 생각하는 것은 존슨이 가지고 있는 편견이 아니다. 거기에 대해서는 전혀 불만을 토로하지 않으며, 이미 오래전부터 누구나 편견을 가질 수밖에 없다는 사실을 줄기차게 인정해 오고 있다. "그는 자신의 견해를 숨기지 않고 우리에게 털어놓는다. 거기까지는 좋다. 우리는 객관성이라는 허울 — 그의 것이든 우리의 것이든 — 의 방해를 받지 않고 그의 역사를 판단할 수 있다." 진이 가장 중요하게 생각하는 것은 존슨이 우리에게 무엇을 이야기하고, 무엇을 생략하며, 무엇을 경시하기로 선택했느냐 하는 점이다. "존슨이 바라보는 '미국 국민'의 역사는, 사회 정의를 위한 많은 사람들의 운동에 대해 그저 스쳐지나가는 정도의 관심밖에 기울이지 않는다."

예를 들어 존슨은 진이 『미국 민중사』에서 핵심적인 내용으로 다룬 내용을 완전히 외면한다. 진은 존슨이 "1932년에 발생한 제1차 세계대전 참전용사들의 '보너스 행진(Bonus March)' 같은 사건으로 대변되는, 미국 민중들의 저항과 반역을 외면하는 것"을 용납할 수 없다. 진은 또한 베트남에 대한 존슨의 관점에 경악을 금치 못한다. "베트남전쟁에 대한 그의 비판은 미국이 제2차 세계대전 때보다 세 배나 많은 폭탄을 투하함으로써 수백만 명의 목숨을 앗아갔음에도 불구하고, 충분한 군사력을 사용하지 않았다는 쪽에 초점을 맞추고 있다." 1960년대를 바라보는 존슨의 관점 역시 "자신의 권위에 대한 위기의식에 빠진 제도권의 시각"을 대변한다. 진은 존슨이 '연좌시위'나 '자유승차운동'을 다루는 태도는 다분히 '악의적'이라고 말한다. 이는 그가 '비폭력 저항운동의 고전적 사례'에 참여한 사람들을 오히려 폭력을 행사하거나, 폭력을 행사하겠다고 위협하거나, 혹은 폭력을 유발했다고 비난하기 때문이다.

진은 미국 역사를 연대순으로 훑어가는 존슨의 서술 전반에 대해 치열한 비판을 가한다. 스페인-미국 전쟁을 미국의 "제국주의적 모험"으로 묘사한 대목에서는 "미국의 기나긴 군사적 간섭주의의 역사에 대해 놀라우리만치 무지하다"는 비판이 이어진다. 현재에 대한 존슨의 접근 방식은 더욱 치열한 비판의 대상이다. "현재에 가까워질수록 존슨의 입장은 히스테리에 가까운 것으로 보인다." 레이건 대통령이 니카라과의 반혁명 세력에게 무기를 제공한 불법적인 행위에 대해 의회 차원의 조사가 이루어진 것을 '마녀사냥'이라고 몰아붙이는가 하면, 흑인과 라틴계, 여성의 요구에 대해서도 ("여성들은 효과적으로 평등을 달성했다"라는, 우파 성향의 '미국기업연구소' 보고서를 인용하며) 적개심을 드러낸다.

진은 자신이 말하는 미국 '민중사'의 개념과 존슨의 '미국 국민'의 역사 사이에 존재하는 근본적인 차이를 강력한 문구로 지적하며 이 서평을 마무리한다. "존슨은 미국이 '인류가 가진 최초의, 최고의 희망'이라는 입장을 선택했기 때문에 그러한 인식에 따라 역사를 바라볼 수밖에 없었다. 하지만 만약 우리가 정의를 이룩하고, 군국주의에 반대하며, 경제적 · 인종적 · 성적인 평등을 추구하는 끝나지 않은 미국인들의 투쟁으로 역사를 바라본다면, '국민'의 역사를 가장한 채 권력자에게 아부하는 것으로밖에 볼 수 없는 역사 해석으로부터 아무런 도움도 받지 못할 것이다."[58]

진은 1997년 말부터 1998년 초의 몇 달 동안 인터넷상의 '트리포드(Tripod)'라는 사이트에 칼럼을 썼다. 이것은 "뭔가 관심을 끄는 현안이 있을 때마다 짧은 기사나 사설 형식의 글"을 쓰고 싶다던 평소 그의 바람과 잘 들어맞는다. 여기에는 모두 일곱 편의 글이 실렸다.

콜럼버스 데이를 앞두고 실린 첫번째 글에서는 "우리는 콜럼버스의 신화가 붕괴되는 것, '서부 팽창'의 영광에 대한 새로운 회의론이 대두되는 것을 환영하지 않으면 안된다"는 결론이 내려진다. 두 번째 글 「투표를 넘어서」에서는 지금 현재 우리가 선택할 수 있는 정당, 선택할 수 있는 후보에게 표를 던지는 것은 그 전망이 너무나 제한되어 있기 때문에 '투표를 넘어서' 새로운 정치적, 경제적 민주주의에 헌신하는 새로운 전국적 운동을 구축해야 할 필요가 있다고 주장한다. 그 힘이 광범위하게 퍼져나가면 누가 선거에서 당선되건 우리의 요구에 관심을 기울일 수밖에 없을 테니까 말이다. 1997년 12월에 발표한 칼럼에는 자신이 옛날부터 좋아했던 찰스 디킨스의 작품에서 따온 「두 도시 이야기」라는 제목을 붙였다. 이것은 증권 시장의 호황세가 대부분의 미국인에게는 아무런 혜택도 가져다주지 못한다는 내용을 담고 있다.

진은 최근 들어 뜨거운 논쟁거리로 부각된 고등교육, 나아가 다문화주의와 정치적 올바름, 여성의 역사 등에 대한 일련의 칼럼으로 1998년을 시작했다. 그는 자신의 경험에 비추어 학생들에게 다양성을 소개할 필요성을 역설하는데, 이를테면 자신이 W. E. B. 두 보이스를 읽지 않고 재건 시대를 공부했다는 사실을 믿을 수가 없다는 식이다.

그는 또 미국 역사를 통해 전통적인 관점을 수정해야 할 필요성을 끌어내기도 한다. 그가 예로 든 것은, 아프리카계 미국인 역사학자인 레이포드 로건(Rayford Logan)에 의하면, 그토록 많은 찬사를 받고 있는 진보당의 개혁 시대 동안 미국 역사상 그 어떤 시기보다도 더 많은 흑인들이 린치를 당했다는 사실이다. 따라서 역사와 문학을 가르치는 방식을 변화시키고자 하는 다문화주의자들이 '정치적 문제'를 다루어야 할 필요성이 급격히 대두되고 있다는 것이다. "그러한 현안은 분명히 존재한다. 흑인과 백인, 남성과 여성, 미국인과 다른 나라 국민들 사이를 가로막고 있는 벽이 해체되기 시작한 것이다. 문제는 타인에 대한 무지가 불신과 증오로 상승하여 정치 지도자들로 하여금 전쟁을 계획하고 인종 청소를 감행하도록 부추기는 사태를 막아야 한다는 점이다." 물론 진은 교육이 젊은이들에게 '성공'을 준비하도록 하는 역할을 해야 한다는 사실을 인정한다. 하지만 그것만으로는 충분하지 않다. "다음 세기에는 우리 시대에 만연한 폐쇄성과 적대감을 뛰어넘어 인간적인 사해동포주의를 추구하는 새로운 세대를 길러내야 한다."

진은 다문화주의에 입각한 교육에서 '정치적 올바름'이라는 애매한 주제로 옮아가면서, 이 개념을 "미국 문화의 언어적 위협을 보여주는 사례"라고 정의한다. 말하자면 '마녀'나 '공산주의자'라는 단어와도 비슷하지만, "(정치적 올바름이라는 표현 자체가) 묘하게 뒤틀려 있어 표현의 자유를 수호한다는 명목 아래 논의의 폭을 제한하는 역할을 한다"는 것이다. 진은 "좌파 계열의 인물들 중에서 '정치적 통제 위원' 역할을 자임하는 이들이 있는 것이 사실"이라고 지적하지만, 1960년대의 각종 운동을 통해 교육과 사회의 변화가 일어나는 것을 경계하는 우파 진영에 의해 문제의 심각성이 크게 과장되었다고 주장한다.

정치적 올바름에 대한 경계심은 "엄청난 부를 축적한 기업들이 약간의 세금 인상에 죽는 소리를 하는 현상의 문화적 표현 양태"라는 것이다. 오래전부터 무엇이 '정치적으로 올바른 것'인지 — 콜럼버스는 영웅이다, '서구 문명'은 인류가 이룩한 최고의 업적이다, 조국을 위해 싸우는 것은 고귀한 행동이다, 노예제도와 인종 차별은 근본적으로 자유롭고 민주적인 사회의 아주 사소한 흠집일 뿐이다, 보건과 고용과 육아 등은 '민간 기업'의 손에 맡겨야 한다 ─ 를 결정해 온 사람들이 "이제는 이러한 믿음이 위기에 처해 있다며 불평한다. 그들이 부르짖는 '정치적 올바름'은 낡은 지배 이데올로기에 대한 합리적인 재검토를 회피하는 수단일 뿐이다." 간단히 말해서 정치적 올바름은 "무언가를 드러내기보다는 숨기기 위해 탄생한 표현이며, 따라서 대단히 신중하게 사용할 것을 세안하고 싶다."

진은 여성운동에 참여한 적이 그리 많지 않음을 고백한다. 하지만 「여성 역사의 달」이라는 제목의 1998년 2월 '트리포드' 칼럼은 과거와 현재를 불문하고 그가 여성 문제에 대단히 민감한 감수성을 가지고 있음을 보여준다. 그 글의 직접적인 계기가 된 것은 최근 의회에서 통과된 새로운 복지 관련 법안이었다. "나로서는 새로운 법률을 통해 여성과 그 자녀들이 받을 혜택을 생각하는 것보다 '여성 역사의 달'을 더욱 효과적으로 축하할 방법이 없다고 생각한다." 하지만 여기서도 그는 단지 '생각'만으로 그치지 않는다. "정부의 가혹한 취급을 받아온 그들은 우리의 관심과 지원과 저항을 필요로 한다."

이어서 진은 국경일을 축하할 '안전한' 방법과 '골치아픈' 방법이 있음을 지적한다. 우리는 마틴 루터 킹과 관련한 기념일이 돌아올 때마다 「나에게는 꿈이 있다」라는 그의 연설을 읊조리지만, 그가 베트남전쟁에 반대했고, FBI를 비판했으며, 자본주의 제도 자체의 도덕성에 의문을 제기했다는 사실에 대해서는 소홀할 때가 많다. '여성 역사의 달'을 맞아 애비게일 애덤스(그녀는 "남편의 손에 그토록 무제한적인 권력을 쥐어주지 말자"고 역설했다)와 다른 위대한 여성들을 기리는 것도 좋지만, 그렇다고 이름없는 대중을 잊어서는 안된다. 마찬가지로 우리는 똑같은 원칙을 이름없는 '오늘'의 여성들에게도 적용해야 한다.

이어서 진은 매사추세츠 주 뉴베드포드에 거주하는 어느 포르투갈 이민자 여성이 새로운 복지법 때문에 구호 대상자용 식량 카드를 받지 못할 위기에 처하자, 기자를 향해 "이제 어떻게 해야 하지요? 나에게는 아무것도 없어요. 나는 굶어죽고 싶지 않다고요. 아, 하느님" 하고 호소하는 장면을 묘사한다. 어쩌면 이 이민 여성들 중에는 자유의 여신상이 외치는 약속에 속아넘어간 이들이 있을지도 모른다. "자유를 숨 쉬기 열망하는 지치고 가난한, 누더기를 걸친 사람들, 그대의 거친 해변에서 거절당한 사람들을 나에게 보내주세요. 집 없고 폭풍우에 시달린 이들을 나에게 보내주세요. 황금의 문 옆에 내 횃불을 치켜들리니." 이어서 진은 "가난한 이들에게 특별한 연민을 가진 듯한 이 자유의 여신상은 지금의 뉴욕항을 떠나 워싱턴의 펜실베이니아 거리로 자리를 옮겨야 할 것 같다. 의회와 대통령에게 그 메시지를 상기시키는 역할을 해야 하니까"라고 덧붙인다.

진은 1998년 3월에 쓴 마지막 '트리포드' 칼럼에서 평화를 지키기 위해 노력하는 활동가들에게 찬사를 보낸다. 그들은 "'칼을 녹여 쟁기를 만드는' 히브리 선지자 이사야의 정신에 따라 행동하는 기독교 평화주의자들이다." 수십억 달러의 비용을 들인 미사일 발사대 건설을 저지하기 위해 배스 아이언 워크스(Bath Iron Works) 사에 진입한 여섯 명의 로마 가톨릭 평화주의자들을 일컫는 말이다. "히틀러에게 저항하는 독일인이 있다는 사실에 용기를 얻은 것과 마찬가지로, 우리는 이 미국인들의 행동을 통해 새로운 용기를 얻어야 한다. 그들은 아무도 알아주는 이가 없는 가운데서도 최소한 17년 이상 이 세상에서 핵무기를 없애기 위한 운동에 헌신해 왔다. 그들의 일차적인 목표는 지구상에서 가장 많은 핵무기를 보유하고 있는 나라, 바로 우리나라이다."

진의 찬사를 받은 평화운동가 중에는 베트남 반전운동으로 유명한 필 베리건의 딸이자 대니얼 베리건의 질녀인 프레다 베리건(Freda

Berrigan)이 포함되어 있다. "소비에트 연방은 해체되었지만, 미합중국은 여전히 엄청난 군사력을 유지하기 위해 모든 가상 적국의 군사비를 모두 합친 것보다 더 많은 돈을 쏟아붓고 있다." 수십억 달러에 달하는 이 돈은 "주거, 고용, 교육, 보건 등 많은 분야에서 훨씬 더 유용하게 쓰일 수 있을 것이다."[59)]

'트리포드'에 실린 진의 에세이들은 그의 지속적인 관심이 어디에 초점이 맞춰져 있는지를 보여준다. 칼럼이나 희곡, 서평 등과 같은 짧은 글을 쓰고, 가족과 함께 더 많은 시간을 보내고, 전국을 돌아다니며 강연을 하는 지금의 생활이 마음에 드느냐고 물었을 때, 진은 주저없이 "그렇다"고 대답한다. 특히 진은 강연 기회가 많아진 것을 감사하게 생각한다. "강연 요청이 많이 들어오는 편이다. 대부분은 『미국 민중사』의 영향이 아닌가 싶다. 『미국 민중사』를 읽은 사람들이 내 이야기를 직접 듣고 싶어서 나를 초대하는 것이다."

진은 특히 "숙제를 채점하거나 학교 당국과 씨름하지 않고도 다른 종류의 가르치는 일을 계속할 수 있어서 행복하다"고 말한다. 사실 이 것은 전혀 놀라운 일이 아니다. 진은 "보스턴 대학의 학생들과는 달리, 아주 이질적인 청중들과 대화하는 것"을 즐거워한다. 보스턴 대학의 학생들은 "상당히 동질적인 집단이다. 외국 유학생들과 장학금을 받는 노동 계급 출신의 학생들도 있지만, 대부분은 상류층 학생들이다." 하지만 전국 곳곳을 돌아다니다 보면 "조그만 시립대학이나 단과대학, 심지어는 고등학교에서 강연을 하는 경우도 많다."

얼마 전에 그는 새크라멘토 시립대학에서 "인도 출신, 스페인계, 아시아계, 흑인 등을 상대로 강연을 했는데 정말 즐거운 경험이었다." 진이 그런 강연을 좋아하는 또 하나의 이유는 "한 번도 들어보지 못한 곳에서 강연을 하다 보면 늘 새로운 사실을 깨닫게 된다. 가는 곳마다 정말 좋은 사람들을 만날 수 있다. 그때마다 나는 이 나라의 가능성을 엿

본다." 예를 들어 진은 걸프전쟁이 한창이던 시절 텍사스 시에서 강연을 했는데, "수백 명의 청중이 걸프전쟁에 대한 나의 비판에 전적으로 동의해 주었다. 사람들의 생각이 나와 크게 다르지 않다는 사실을 확인하는 순간이었다." 진은 심지어 '포로 청중'을 상대로 강연하는 것조차 즐겁다고 한다. "고등학교 학생들은 내가 누군지도 모르는 상태에서 강제로 내 강연을 듣게 된다." 진은 그런 종류의 강제성에 대해서는 전혀 개의치 않는다. "그들이라고 해서 평생 동안 갇혀 지내야 하는 것은 아니다. 그래서 나는 그런 상황에서도 만족감을 느낀다."[60]

피할 수 없는 결론 하나는 하워드 진이 아주 좋은 사람이라는 것이다. 때로는 '격렬한 논쟁'을 주도하기도 하지만, 그가 많은 사람들과의 상호작용을 필요로 한다는 사실에는 의문의 여지가 없다. 성품이 워낙 온화하고 차분한 말투로 자신의 급진적인 관점을 표현하는 데 능하기 때문에, 그의 말을 듣는 사람들은 자신도 모르게 고개를 끄덕이며 그에게 동화된다. 그러다 보면 어느 순간 그들은 그가 하는 말에 동의하지 말도록 세뇌되어 있었음을 깨닫게 된다. 진이 요즘도 가끔 모습을 드러내는 보스턴 대학 정치학과의 비서, "모든 사람이 그를 좋아한다"고 했던 그 비서를 기억하는가? 그녀가 모든 사람이 그에게 동의한다고 한 게 아니라, 그를 좋아한다고 말했다는 점에 주목할 필요가 있다.

진은 중단하지 않는다. 가르치는 일도 중단하지 않았다. 단지 자신이 좋아하지 않는 몇 가지 사소한 일을 피하기 위해 새로운 접근 방법을 선택했을 뿐이다. 1988년의 처음 6개월 동안, 진의 달력에는 서른 건에 달하는 강연 일정이 빽빽이 적혀 있었다. 감기 때문에, 그리고 플로리다로 휴가를 갔다가 그의 아내가 작은 물놀이 사고를 당하는 바람에 몇 건의 강연이 취소되었지만, 그렇다 해도 정말 대단한 일정이 아닐 수 없다. 여기에는 전국의 서점과 대학, 고등학교 등에서 주최하는 강연이 포함되어 있다. 그 밖에 버클리에서 진행된 '스터즈 터켈과의 대화', 포드햄 대학의 '올해의 가장 검열 많이 받은 이야기 상(Annual Most Censored Stories Awards)', 노샘프턴의 활동가들을 다루는 다큐멘터리 제작 기금 마련 행사, 케임브리지 레슬리 대학의 교사 비폭력 회의, 매사추세츠 주 콩코드의 미들섹스 아카데미에서 벌어지는 손녀의 졸업식 축사 등이 눈에 띈다.[61]

1999년에는 진의 이름이 적힌 또 한 권의 책이 출간되었는데, 이번에는 통상적인 의미의 저자가 아니다. 『역사의 미래(The Future of History)』라는 제목의 이 책은 저명한 좌파 저널리스트이자 '얼터너티브 라디오'의 설립자인 데이비드 바사미언과의 인터뷰를 묶은 책이다. 새로운 내용을 찾아볼 수 없는 소책자일 뿐이라고 주장할 사람이 있을지 모르지만, 사실은 그렇지 않다. 아주 재미있는 책이고, 게다가 진이 평생 동안 몰두해 온 중요한 주제들에 대한 입문서 역할을 할 수 있는 책이다.

바사미언은 뛰어난 인터뷰 솜씨를 보여주며 진과의 호흡을 잘 맞추고 있다. "글로 옮기는 과정에서 약간의 유머가 상실되었을 수도 있지만, 몇몇은 살아남아 독자 여러분의 입가에 미소가 번질 수 있었으면 좋겠다." 바사미언이 서문에서 드러낸 이 같은 바람은 충분히 이루어진 것으로 보인다. 바사미언은 또 이렇게 덧붙인다. "하워드 진처럼 고상한 인물 — '던킨 도넛'에서 마시는 커피를 무척 좋아하지만 — 과 함께 작업할 수 있어서 무척 영광이었다." 『역사의 미래』에 실린 모든 인터뷰는 '얼터너티브 라디오'에서 오디오테이프로 판매하고 있다.[62]

테러리스트들이 뉴욕의 세계무역센터와 워싱턴 D.C.의 펜타곤을 공격한 2001년 9월 11일 이후, 진은 79세의 고령에도 불구하고 열정적으로 강연 및 집필 활동을 계속했다. 남들과는 달리 은퇴 이후 오히려 더욱 바쁜 삶을 살고 있는 셈이다. 그의 인생을 아는 이들에게는 그가

『고등교육 크로니클』에 기고한 「복수가 아니라 연민」이라는 제목의 짧은 에세이를 충분히 이해할 수 있을 것이다.

텔레비전을 통해 목격한 영상은 "실로 충격적"이었다. 하지만 "그 다음에 미국의 정치 지도자들이 화면에 모습을 드러내자, 나는 다시금 두려움이 밀려들어 속이 불편해졌다." 그들은 하나같이 복수를, 보복을, 전쟁을 부르짖고 있었던 것이다. "나는 이런 생각이 들었다. 그들은 20세기의 역사를 통해 아무것도 배운 것이 없구나. 우리는 미국의 군사 행동 때문에 피해를 입은 전세계의 많은 사람들이 무슨 생각을 하고 있는지를 알 필요가 있다. 우리는 정치인들이 어떤 이유를 내세운다 해도 결코 전쟁을 일으켜서는 안된다. 우리 시대의 전쟁은 언제나 무차별적인, 어린이를 비롯한 무고한 사람들을 상대로 하는 전쟁이 될 수밖에 없기 때문이다. 전쟁은 백 배로 증폭된 테러에 불과하다."

진의 결론은 이러하다. "총과 전투기와 폭탄을 통해서가 아니라, 우리 국민과 다른 나라의 고통받는 민중들의 건강과 복지를 위해 우리가 가진 국부를 사용함으로써 우리의 안보를 지켜야 한다. 우리가 제일 먼저 생각해야 할 것은 복수가 아니라 연민이며, 폭력이 아니라 치유다."[63] 진은 9월 18일 MSNBC와의 인터뷰에서도 똑같은 메시지를 역설했다.

2001년은 세 권의 책에 하워드 진의 이름이 저자, 혹은 공저자로 등장한 해이다. 『세 건의 파업 ─ 광부, 음악가, 여성 판매원, 그리고 지난 세기 노동자들의 투쟁 정신(Three Strikes: Miners, Musicians, Salesgirls, and the Fighting Spririt of Labor's Last Century)』[64]이라는 제목의 책에 진은 1913~14년 콜로라도 광부들의 파업을 다룬 에세이를 기고했다. 이 책은 다나 프랭크(Dana Frank)가 일으킨 1937년 울워스 여성 노동자 파업 사건, 로빈 켈리(Robin D. G. Kelley)가 일으킨 1930년대 음악가들의 파업을 다룬 책이다.

『하워드 진, 역사를 말하다(Howard Zinn on History)』와 『하워드 진, 전쟁을 말하다(Howard Zinn on War)』(한국어판 제목은 『전쟁에 반대한다』이다—옮긴이)는 둘 다 이전에 발표된 해당 분야의 글들을 모은 책이다. 뒤표지에는 "새로 선별된 글들"이라는 문구가 적혀 있지만, 실제로 새로 추가된 것은 한 문단으로 이루어진 서문뿐이다. 그럼에도 불구하고 그의 글은 여전히 예리한 통찰력과 지성으로 가득 차 있다. 다른 곳에서는 좀처럼 찾아보기 힘든 글들도 많이 실려 있다. 따라서 나름대로 가치가 있는 책이라고 할 수 있다.

진은 『하워드 진, 역사를 말하다』에서 원래 『프로그레시브』에 실렸던 자신의 에세이가 긍정적인 것과 비판적인 것을 가리지 않고 아주 소중한 반응을 이끌어냈다고 언급한다. 그의 논점은 "유대인들이 경험한 홀로코스트의 참극을 과소평가하려는 것이 아니라 오히려 확대 해석하자는 것"이다. 다시 말해서 "유대인들에게 일어난 일을 기억하는 것은 세계 곳곳에서 벌어지는 잔혹 행위에 대한 분노로 이어지지 않는 한 별다른 의미가 없다"는 것이다.[65] 홀로코스트를 둘러싼 각계의 민감한 반응을 고려하면, 진의 이 같은 발언을 불편하게 생각하는 이들이 있는 것도 무리는 아니다. 하지만 진에게는 과거에 대한 우리의 관심이 오로지 현재와의 관련성 속에서만 파악된다는 사실을 명심할 필요가 있다.

이 책에 실린 글들 중에는 지금까지 별다른 주목을 받지 못했지만 아주 재미있는 내용을 다룬 것들이 더러 포함되어 있다. 『네이션』(1864년 11월 23일자)에 실렸던 '자유 학교(Freedom School)'에 대한 에세이, 그리고 프리실라 롱(Priscilla Long)이 1969년에 엮어낸 『신좌파(The New Left)』라는 책에 실렸던 「마르크스주의와 신좌파」라는 글이다. 진과 존 실버 사이의 알력을 보여주는 글도 찾아볼 수 있다. 1972년 『보스턴 피닉스』라는 대안 신문에 실렸던 「실버, 대학, 그리고 해병대」라는 글인데, 여기서 진은 해병대를 보스턴 대학 캠퍼스에 끌어들여 모병 활동을 하도록 하고 이에 반대하는 학생들을 체포하도록 한 실버를 신랄하게 비판한다. 실버 총장 시절의 보스턴 대학을 보다 일반적인 시각에서 다룬 글로는 1980년 『프로그레시브』에 실린 「억압의 전시장」이라는 제목의 에세이가 있다.

『하워드 진, 전쟁을 말하다』 역시 이와 비슷한 책이다. 이 책에는 코소보와 유고슬라비아, 리비아, 이라크 등 비교적 최근에 벌어진 사태들, 멀리는 베트남전쟁과 제2차 세계대전에 대한 진의 언급이 담겨 있다. 대부분의 글은 『중단의 실패』, 『베트남 — 철군의 논리』, 『역사 정치학』, 『오만한 제국』 등과 같은 이전 저서에 실렸던 것들이고, 그 밖에 『프로그레시브』와 『보스턴 글로브』 같은 매체를 통해 처음 발표된 글들도 포함되어 있다.

그 중에서도 유난히 관심을 끄는 것은 「라이언 일병 구하기」라는 유명한 영화에 대한 에세이인데, 원래 「홀로코스트를 존중하며」라는 제목으로 『프로그레시브』에 실렸던 글이다. 진은 이 영화를 보면서 내용에 '몰입'되었는데, 바로 그 이유 때문에 화가 난다고 썼다. 가장 기본적인 문제는 이것이 반전영화가 아니라 그냥 전쟁영화라는 점이다. 그 많은 비평들 중에서 "과연 이 영화가 이 같은 장면이 두 번 다시 되풀이되어서는 안된다는 메시지를 다음 세대에게 전달하는 데 도움이 될 것인가?"라는 가장 중요한 질문을 던진 것은 하나도 없었다. 결론은 이러하다. "「라이언 일병 구하기」 같은 영화가 마치 군사 퍼레이드 때처럼 오색 색종이 조각과 환호성 속에 스쳐지나가 버린다면 우리의 문화는 심각한 곤경에 처할 것이다." 하지만 "도덕적 감수성을 가진 사람들이 자기 자신의 문화를 만들어가야 한다는 것은 전혀 새로운 과제가 아니다."[66]

미국이 '테러와의 전쟁'을 선포하자 진의 활동 수위는 더욱 높아졌고, 2002년 후반으로 접어들면서 이라크전쟁의 가능성이 점점 높아지자 진은 더욱더 바빠지기 시작했다. 쇄도하는 전자우편에 답장을 보낼 시간이 부족할 정도였다. 진이 9월 20일에 쓴 어느 글에는 이런 대목이 보인다. "당신은 이 은퇴한 늙은이만큼 바쁘지 않았으면 좋겠다. 주로 '테러와의 전쟁'에 대한 강연을 하느라 쉴새없이 여행을 다니고 있다." 10월 7일에 쓴 글도 비슷한 맥락이다. "당신의 질문에 답변을 쓸 수 있으려면 아마도 이 소나기가 지나가야 할 것 같다. 지금은 강연 때문에 도저히 시간을 낼 수가 없다." 10월 15일도 미친가지다. "아직도 당신의 질문에 답변을 보내지 못했다. 출장 때문에 시간이 없다. 메인 주에서 막 돌아왔다. 그 지난주에는 위스콘신에 다녀왔다." [67]

진의 강연은 직접 현장에 참석한 것보다 훨씬 더 많은 사람들에게 영향을 미쳤다. 예를 들어 11월 3일 오클라호마 툴사에서는 20여 명의 청중이 '툴사 평화동지회'의 후원 아래 진의 강연을 녹화한 「전쟁, 테러리즘, 그리고 언론」 비디오테이프를 시청했다. 같은 해 3월 매사추세츠 공과대학(청중들에게 진을 소개한 사람은 노암 촘스키였다)에서의 강연 장면을 담은 것이었는데, 이 테이프는 정부와 언론이 엉터리 정보를 유포한다는 사실, 평화로운 대안 운동을 활성화하기 위해 이 테이프를 본 사람들은 적극적으로 다른 사람들에게 진실을 알려야 한다는 등 열띤 토론으로 이어졌다.

진은 세월이 한참 흐른 다음에야 답장을 보낼 시간적 여유를 가질 수 있었다. 2002년이 다 가기 전에 두 권의 책에 서문을 쓰고, 자기 자신의 책 한 권을 만들어낼 시간도 마련했다(설마 이것이 그의 마지막 저서가 되는 건 아니겠지?). 그가 서문을 쓴 책은 평소 그가 지대한 관심을 가지고 있던 분야에 대한 것이다. 대니얼 프리덴버그(Daniel M. Friedenberg)의 『최고가 입찰자에게 낙찰(Sold to the Highest Bidder)』은 백악관 거주자를 결정하기 위한 뭉칫돈의 역학관계를 다룬 책이다. 진의 서문은, 건국의 아버지들이 만든 헌법에서 부를 장악한 자들이 지배적인 지위를 유지하고자 하는 의도가 깔려 있음을 상기시킨다. 진은 "이른바 '자유선거'를 통해 더 많은 사람들이 투표에 참여할수록 보다 민주적인 사회를 만들어갈 수 있다는 아주 간단한 시험"을 언급한 다음, "하지만 선거 과정에 거액의 돈이 개입되어 후보자를 결정하고 그 후보자의 당락을 좌우하는 부자들의 이해관계가 관철되면 민주주의는 부패하기 시작한다"고 결론내린다. 프리덴버그는 아이젠하워에서 부시에 이르는 최근 10명의 대통령에 초점을 맞추어, 실제로 그러한 현상이 벌어지고 있음을 지적한다. 이어서 그는 나름대로의 해결책을 제시하는데, 진은 이것이 미국의 민주주의를 발전시키기 위한 대단히 소중하고 애국적인 제안이라고 평가한다.[68]

진이 서문을 쓴 두 번째 책은 낸시 챙(Nancy Chang)의 『정치적 반대 잠재우기(Silencing Political Dissent)』이다. 이 책과 진의 서문이 초점을 맞추는 것은 부시 행정부가 현재의 테러 위협을 이용해 국민들의 자유를 잠식하는 문제, 특히 미국 애국법(USA PATRIOT Act)이라는 기상천외한 이름을 가진 법률이다. (아무런 의문도 없이 이 법안을 지지한 사람들 가운데 그 이름이 무엇의 머리글자로 구성되었는지를 아는 이가 몇이나 될지 모르겠다. "테러리즘을 가로채고 방해하는 데 필요한 적절한 도구를 제공함으로써 미국을 통일하고 강화하는 법 Uniting and Strengthening America by Providing Appropriate Tools to Intercept and Obstruct Terrorism Act"이 그 원래 이름이다.) 진은 이 법이 "경찰국가에서나 찾아볼 수 있는 엄벌주의"에 입각해 있다며 이렇게 비판한다.

국민들이 자신의 생각을 이야기할 수 있는 최대한의 자유가 필요한 시점, 거기에 죽느냐 사느냐, 즉 전쟁이냐 평화냐가 걸려 있는 바로 지금 같은 시점에 우리의 자유를 빼앗겨야 한다는 것은 끊임없이 되풀이되는, 대단히 역설적이지만 역사적인 진실이다. 국가는 민주주의를 지키기 위해 싸운다고 말하지만, 전쟁의 수레바퀴는 민주주의를 무참히 깔아뭉개고 있다.

여기서도 문제의 핵심은 애국주의이다. 이른바 애국(PATRIOT)법은 "진정한 애국주의와 정면으로 대립된다. 애국은 정부가 아니라 조국에 대한 사랑, 권력자의 명령이 아니라 민주주의의 원칙에 대한 사랑을 의미하기 때문이나."[7]

『테러리즘과 전쟁(Terrorism and War)』(한국어판 제목은 『불복종의 이유』이다 - 옮긴이)이라는 제목을 붙인 진 자신의 저서는 2001년 9월 11일 사건과 그 이후에 대한 그의 입장을 담고 있다. 사회주의자 편집자 겸 출판인 겸 저술가인 앤소니 아르노브(Anthony Arnove)가 엮은 이 책은 그가 2001년 9월과 2002년 1월 사이에 진을 인터뷰한 내용, 그리고 진의 강연 내용에 토대를 두고 있다. 진의 이전 저술과 일맥상통하는 내용이지만, 이번에는 우리의 관심을 끄는 새로운 자료가 많이 포함되어 있다.

테러리즘에 대한 군사적 해법을 선호하는 사람들을 어떻게 생각하느냐는 질문을 받은 진은, 해마다 3,000억 달러가 넘는 돈을 쏟아붓는 것은 테러리즘에 "전혀 아무런 영향도 미치지 못한다"고 단언한다. "만약 우리가 진정한 안보를 원한다면, 우리는 세상을 대하는 우리의 자세를 바꾸어야 한다. 다시 말해서 군사력을 앞세워 남의 일에 개입하고 다른 나라의 경제를 지배하고자 하는 시도를 중단해야 한다." 그의 거침없는 주장은 여기서 그치지 않는다. "우리가 9월 11일에 경험한 테러는 다른 나라 사람들 — 여기서 진은 동남아시아, 이라크, 유고슬라비아 등을 예로 든다 — 이 우리의 폭격, 우리가 지원하고 무기를 제공한 자들에 의해 자행된 테러를 이미 경험한 것들이다. 그러한 사실을 인정한다면 군사적인 해결책에 의존하고 싶은 욕구를 이성적으로 억제하지 않으면 안된다."

진은, 조지 W. 부시 대통령이 미국은 우리의 자유와 민주주의에 반대하는 테러리스트들의 목표물이 되었다고 주장한 사실을 언급하며 더욱 목청을 높인다. 진은 중동 지방에도 자유와 민주주의를 사랑하는 사람들이 얼마든지 있다고 역설한다. 한 가지 '확실한 것'은 미국을 공격하고자 하는 사람들이 고민하는 것은 우리가 미국 내부에서 하고 있는 행동이 아니라 외부에서 하는 행동이다. "그들을 분노하게 만드는 것은 미국이 사우디아라비아에 군대를 주둔시킨다는 점, 군사적으로나 경제적으로 이스라엘을 전폭적으로 지원한다는 점, 이라크에 대한 제재 조치를 계속하여 그 나라를 황폐하게 만들고 많은 사람에게 고통을 안겨준다는 점이다. 그들은 자신을 곤경에 빠뜨리는 것이 무엇인지 확실하게 알고 있다." 미국이 왜 그렇게 이라크를 비롯한 중동 지역에 많은 관심을 기울이는가 하는 질문에, 진은 "석유"라는 단 하나의 단어로 답을 대신한다. "중동에서 미국이 하는 모든 일은 석유에 대한 관심, 또한 석유를 통한 이득에 초점을 맞추고 있다."

이어서 아르노브는 "우리는 9 · 11을 통해 무엇을 배울 수 있는가?"라는 질문을 던진다. 진은 미국의 이미지가 결코 평화를 중시하는 나라로 비치지 않는다는 사실을 깨달아야 한다고 대답한다. "우리는 세계 곳곳에 우리의 군대를 보내놓고 있다. 세계 곳곳에 우리의 군사 기지가 있다. 세계 곳곳의 바다에 우리의 해군 기지가 있다." 9 · 11은 우리의 그런 현실을 변화시켜야 한다는 사실을 가르쳐준다. 진은 스웨덴, 덴마크, 네덜란드, 뉴질랜드 같은 나라들을 예로 들며, 세상에는 테러리스트를 걱정하지 않아도 되는 지역이 있다고 주장한다. 미국이 그 가운데 하나가 되기 위해서는 "보다 겸손한 국가가 되어야 한다." 또한 "모든 종류의 가능성을 활짝 열어두어야 한다."

우리가 군사 대국의 위치를 유지하기 위해 해마다 쏟아붓는 3,500억 달러의 돈을, 사람들을 돕고 AIDS를 퇴치하고 굶주린 사람들을 먹이고 질병을 예방하는 데 쓴다고 상상해 보라. 군사 강국의 위상을 포기함으로써 생기는 재력이라면 모든 사람의 의료비를 면제하고, 모든 사람의 주택 문제를 해결하며, 다른 나라 사람들까지도 도울 수 있을 정도의 돈이 남아돌 것이다.

이런 정책이야말로 미국의 안보를 부강하는 지름길이다. 진은 다시 한 번 "폭격이 우리의 안보를 더욱 강화시켜 주지 않는다"는 사실을 강조한다.[70]

진은 여느 때와 마찬가지로, 특정한 전쟁 — 이 경우에는 임박한 특정 전쟁 — 에 대한 우려에서 전쟁 전반에 대한 우려로 논의를 진전시킨다. 이 대목에서 우리는 정당한 전쟁과 부당한 전쟁에 대한 그의 입장을 상기하게 된다. 어쩌면 그 사이에 그의 이 입장이 조금 더 발전한 것인지도 모른다. "전쟁이 일어나면 수단의 사악함은 확실한 반면, 목적 — 아무리 중요한 목적이라 할지라도 — 의 달성은 언제나 불확실할 수밖에 없다."

진은 정당한 전쟁에 가장 근접한 사례로 제2차 세계대전을 꼽을 수밖에 없다는 점을 인정한다. "당신이라면 어떻게 하겠는가?"라는 질문처럼 대답하기 곤란한 것도 없다는 점도 인정한다. 하지만 그 대답은 반드시 "나라면 대량 학살을 초래할 수 있는 해결책은 결코 받아들일 수 없다"는 문장으로 시작되어야 한다. "나라면 다른 방법을 찾기 위해 노력할 것이다." 여기서의 '다른 방법'이란 수동적으로 모든 것을 감수하는 것이 아니라 "전쟁을 하지 않고 저항하는 방법을 의미하는 것"이다. 진은 지하운동, 파업, 총파업, 불복종 등을 언급한다. "전쟁은 본질적으로 부당할 수밖에 없다. 우리 시대의 가장 큰 과제는 많은 사람을 죽이지 않고 악당들과 맞서는 방법을 찾아내는 일이다."

하지만 아르노브가 그렇다면 당신은 자기 자신을 평화주의자라고 생각하느냐는 질문으로 한 단계 더 밀어붙이자, 진은 이렇게 대답한다. "나는 나 자신을 설명하기 위해 '평화주의자'라는 단어를 사용해 본 적이 한 번도 없다. 왜냐하면 그 개념은 절대적인 무언가를 내포하고 있는데, 나는 절대성에 대한 의구심을 가진 쪽이기 때문이다." 이어서 진은 이렇게 덧붙인다. "나는 거대한 악의 무리와 맞서기 위해서라면 조그만, 초점을 맞춘 폭력 행위는 정당화될 수 있다고 생각한다. 간디와 마틴 루터 킹 같은 투철한 평화주의자들도 그 같은 사실을 인정한 바 있다." [71]

진은 절대적이라는 말에 상당히 신중을 기하는 모습이지만, 더러는 그렇지 않은 사람들도 있다. "내가 보기에 어느 정도까지는 전쟁을 지지할 수도 있다고 주장하는 자유주의자들 ─ 심지어 급진주의자 중에도 그런 이들이 있다 ─ 은 자신도 알지 못하는 사이에 악마와 협정을 맺은 이들이다." [72] 악마와의 협정이라…… 상당히 강경한 표현이 아닐 수 없다. 진이 이런 말을 했을 때 염두에 둔 사람 가운데 하나는 아마도 콜로라도 주 덴버의 메트로폴리탄 주립대학 역사학 교수인 찰스 앤젤레티(Charles E. Angeletti)였을 것이다.

좌파로 자처하는 그는 진과 진의 저술에 큰 찬사를 보내는 인물이지만, 적어도 이 문제에 대해서는 진과 입장을 달리한다. "진은 오늘날의 미국 외교정책에 대해 전혀 아는 바가 없다. 이것은 그가 위대한 '역사학자'인 이유이기도 하다." [73] 앤젤레티가 한 말이다. 다시 말해서 진의 접근 방식은 절대성, '닫힌 계(closed system)'를 추구하기 때문에 무력의 가능성을 포함한 다른 선택 사항들을 전혀 고려하지 못한다는 것이다. [74] 같은 좌파 사이에도 이 같은 분열이 나타나는 것은 안타까운 일이지만, 이것이 좌파의 오랜 고민이기도 하다. 실로 복잡하고 중요한 문제가 아닐 수 없다.

어쩌면 에드워드 허먼(Edward S. Herman)이 『Z 매거진』 2002년 11월 호에 기고한 글이 이 같은 분열을 보다 명확하게 규정하는 데 도움이 될지도 모르겠다. 그는 "공격적인 군사 개입을 지지하는 국가 지도자들과 입장을 같이 하는 좌파" ─ 다시 말하면 진과 입장을 달리하는 이들 ─ 를 "CML(Cruise Missile Left, 순항 미사일 좌파)"이라고 표현했다. "CML은 진정한 의미의 좌파, 즉 엘리트 계층이 아닌 대다수 민중의 이익을 위해 강자에게 반기를 드는 세력이 아니다." CML은 아프가니스탄 ─ 그리고 이라크? ─ 에서처럼 "악의 무리를 제거하기 위해" 무력을 사용하는 것은 나쁘지 않다고 생각한다. 문제는 일단 그 길로 접어들고 나면 멈추기가 힘들다는 점이다. CML은 "촘스키 좌파"(그리고 진 좌파?)를 "성난 극단주의자, 반미주의자"로 치부한다. 이어서 허먼은 급진적인 노예제도 폐지론자들을 비판하던 1850년대의 일부 이론가들과 CML을 비교한다. 그들은 "'정치 현실'과 대중의 정서를 고려하여 인종 차별과 노예제도에 반대하는 자신의 입장을 수정하거나 폐기하기까지 했다."[75]

진은 자신의 의도를 더욱 분명히 설명한다. "자유주의 진영의 언론에서는 수없이 이런 주장이 되풀이된다. 그들은 전쟁을 지지하지만, 존 애쉬크로프트(John Ashcroft) 법무장관이 사람들을 구금하고 비밀리에 청문회를 개최하라고 지시한 것은 잘못되었다고 생각한다. 그들은 그 둘 가운데 하나를 지지하고 하나는 반대하는 것이 논리적으로 불가능하다는 사실을 이해하지 못하는 듯하다. 이것은 자유주의자와 일부 좌파 인사들 사이에 체결된 악마의 협정이지만, 그들은 그 같은 사실을 인정하고 싶어하지 않는다."[76]

그럼에도 불구하고 여전히 낙관적인 전망을 포기하지 않는 진은 좌파 사이에서뿐만 아니라 모든 미국 국민들 사이에서 보편적인 합의점을 찾아낼 가능성에 주목한다. 진은 '연민에 대한 보편적 본능' 속에, '테러리즘을 극복한다'는 공동의 목표 속에, 부시 행정부가 '테러와의 전쟁'을 교묘하게 악용해 경제적·사회적 문제로부터 우리의 관심을 빼앗아가려 하는 의도를 우려하는 시선 속에, 그리고 마지막으로는 자유가 제한되는 것을 원하지 않는 모든 사람들의 우려 속에 그 같은 합의점이 가로놓여 있다고 주장한다.[77]

아르노브가 "미국은 평화를 사랑하는 나라"라는 부시의 말을 인용하자, 진은 "부시는 단 한 번도 역사를 공부해 본 적이 없는 게 분명하다"며 목소리를 높였다. 아르노브가 "전쟁은 이 나라 국민들이 자유를 얻고 자신의 권리를 확대해 가는 중요한 수단"이라는 부시의 말을 인용하자, 진은 "전쟁은 필연적으로 우리의 자유를 제한시킬 뿐"이라고 반박했다. 진은 『미국 민중사』의 핵심을 강조하며 "자유의 확장은 전쟁이나 정부의 활동에 의해서가 아니라 국민들의 행동에 의해 비롯되어야 한다"고 역설한다.[78]

진은 미국이 겪은 전쟁의 역사, 그리고 반전운동과 평화주의의 역사를 돌아봄으로써 자신의 주장을 뒷받침한다. 그는 또한 폭격수 신분으로 제2차 세계대전에 참전한 자신의 경험을 돌아봄으로써 폭격의 본질은 민간인을 대상으로 하는 전쟁일 수밖에 없다는 사실을 분명히 한다. 진은 당시 아프가니스탄에서 자행되고 있던 폭격을 언급하며 "이 전쟁을 수행하는 사람들은 살인을 저지르고 있는 것과 다름없다"고 주장했다. "바로 그들이 테러리스트들이다."[79]

미국의 역사를 돌아보는 진의 목소리는 언제나 열정으로 가득 차 있다. 진은 정치적 편향과 무관하게, 역사에 대한 지식은 현재와 미래의 문제점에 대해 보다 슬기로운 판단을 내릴 수 있도록 우리를 도와줄 것이라는 믿음을 가지고 있다. 아르노브가 2001년 9월 23일자 『뉴욕 타임스』의 머리기사 「과거는 잊어라 ― 이것은 과거의 어떤 전쟁과도 같지 않다」라는 표현을 언급하자, 진은 크게 격앙된 목소리로 대답했다. "그들은 우리 정부의 역사를 잊으라고 주장하고 있다. 어제 태어난 사람처럼 역사를 잊어버리면, 무슨 말을 들어도 그대로 믿을 것이기 때문이다. 미국 국민들이 역사를 알면, 선생들이 역사를 가르치면, 언론이 역사를 보도하면, 국민들은 전쟁을 선동하는 미국 의회의 경박함이 과거를 그대로 답습하고 있다는 사실을 알게 될 것이다."[80]

유명한 언론인 스톤(I. F. Stone)의 말을 인용하는 진의 모습은 역사학자보다는 한 사람의 좌파의 성향을 더욱 강하게 드러낸다. "내가 오늘 하고자 하는 말 중에서 여러분이 반드시 기억해야 할 것은 이 한 마디다. 정부는 거짓을 말한다(Governments lie)." 이어서 진은 이렇게 덧붙인다.

> 정부가 우리를 멕시코전쟁으로 끌고 가기 위해 했던 거짓말, 우리를 스페인-미국 전쟁으로 끌고 가기 위해 했던 거짓말, 우리를 필리핀의 전쟁터로 끌고 가기 위해 했던 거짓말, 우리를 제1차 세계대전으로 끌고 가기 위해 했던 거짓말, 베트남전쟁과 관련하여 수없이 되풀이된 거짓말, 걸프전쟁을 앞두고 쏟아져 나온 거짓말, 미국 정부가 국민을 속이고 기만한 이 모든 역사를 더 많은 국민들이 알게 된다면, 그들은 정부와 언론이 이번 전쟁을 정당화하기 위해 늘어놓는 말들에 의문을 품게 될 것이다.[81]

마지막으로, 진은 지금 우리가 살고 있는 이 시대는 냉전시대와 너무도 흡사한 점이 많다고 지적한다. "미국의 군사화를 위해, 미국의 군인들이 해외에서 경험할 모험을 위해, 국내 국민들의 자유를 억압하기 위해, 공산주의가 테러리즘으로 대체되었을 뿐이다."[82]

진은 특히 테러와의 전쟁이 아프가니스탄에서 이라크로 확대될 가능성을 우려한다. 2003년으로 접어들어 이 같은 우려가 현실화된 다음에도 진의 발언은 멈추지 않는다. 이 같은 사태는 "미국과 아랍 및 이슬람 국가들 사이의 관계에 엄청난 악영향을 미칠 것이다." 진은 미국 대중이 "이번 전쟁은 끝까지 계속될 것이라는 부시 행정부의 언급을 아직 제대로 소화하지 못한 듯하다"고 지적한다. 미국 국민은 스스로에게 이런 질문을 던져보아야 한다.

"우리는 정말로 우리의 자녀, 그 자녀의 자녀들이 미국 때문에 전세계에서 점점 더 많은 사람들이 살해되는 세상, 점점 더 많은 나라들이 미국에게 등을 돌리는 세상, 끊임없이 전쟁의 소용돌이 속에서 신음하는 나라에서 살기를 원하는가?" [83]

이 질문에 대한 하워드 진의 대답은 단연코 "아니다!"이다. 그런 이유 때문에 진은 편안한 안식이 필요한 나이에도 불구하고, 그 같은 사태를 막기 위해 믿을 수 없는 에너지를 쏟아붓고 있다. 진은 2002년 8월 24일로 80세가 되었다. 지금도 그의 '중단의 실패'는 여전히 계속되고 있다.

SIX

하워드 진,
급진적
미국의 전망

— 예비 평가

SIX
하워드 진,
급진적
미국의 전망
─예비 평가

하워드 진은 1960년대 이후 흔히 신좌파, 급진주의자, 수정주의자, 신진보주의자, 혹은 갈등주의 역사학자로 인식되어 왔다. 어떤 면에서는 타당한 평가지만, 또 어떤 면에서는 지나치게 단순화된, 애매한, 심지어는 잘못된 평가이기도 하다. 지금까지 살펴본 바와 같이 진은 언제나 소수파, 여성, 노동 계급의 관심을 공유해 왔고, 대중의 삶에 관심을 기울여왔다. 그래서 흔히 말하는 아래로부터의 역사, 혹은 간단히 민중의 역사를 추구하는 학자들과 일정한 관계를 맺고 있다.

또한 미국의 제국주의와 간섭주의를 맹렬히 비판하는 진의 시각은 갈등학파에 속하는 학자들과의 연결고리를 제공한다. 다른 한편으로 ─ 역시 지금까지 살펴본 바와 마찬가지로 ─ 진은 오래전부터 리처드 홉스태터와 그의 저서들, 특히 『미국의 정치적 전통』을 높이 평가하는 인물이기도 하다. 1948년에 출간된 이 책은 미국 역사학계에서 합의학파의 서막을 알리는 저서로 간주되기도 하고, 구진보학파 역사학자들에 대립하는 보수 반동이라는 평가를 받기도 한다. 어쩌면 진 본인이 밝혔듯, 갈등 대 합의의 이분법은 별 의미가 없는 것인지도 모른다.

진을 윌리엄 애플먼 윌리엄스, 스토턴 린드, 유진 제노비스 등과 함께 신좌파의 대표적 인물로 평가하는 것은 대단히 흥미로운 관점이다.[1] 진은 신좌파라는 용어가 생기기도 전에 미국의 외교정책을 신좌파적인 방식으로 비판하기 시작한 윌리엄 애플먼 윌리엄스를 아주 높이 평가한다. 진은 또한 스토턴 린드의 업적 — 역사학자는 모름지기 활동가가 되어야 한다는 모델을 제시하고, 역사학자의 중요한 임무 가운데 하나는 우리 자신의 시대를 깊이있게 기록하는 것이라고 주장한 — 에 찬사를 보낼 뿐 아니라, 그를 가까운 친구 가운데 한 사람으로 생각한다. 하지만 진과 제노비스를 같은 학파로 묶는 것은 물과 기름을 한데 섞으려는 시도와도 비슷해 보이며, 따라서 그 학파의 개념을 새롭게 정의할 필요가 있을지도 모른다.

린드와 제노비스의 관계에 대한 질문, 특히 그 두 사람이 "지면상으로 서로에게 아주 심한 말을 주고받는 관계"가 된 것 아니냐는 질문을 던졌을 때, 진은 재빨리 이렇게 대답했다. "린드와 제노비스가 지면상으로 서로에게 아주 심한 말을 주고받는 관계라는 말은 제노비스가 심한 말을 해서 린드가 반격을 했다 정도로 수정했으면 좋겠다. 린드는 원래 그런 말을 할 줄 모르는 사람이다." 그것은 편견일 수도 있지 않느냐고 몰아붙이자, 자신과 린드는 "스펠먼 시절부터 동료였고, 그 이후 지금까지 줄곧 친구로 지내오고 있다"는 대답이 돌아왔다. 진이 린드를 좋아하는 이유 가운데 하나는 그가 "확고한 관점을 가지고 있음에도 불구하고 본질은 아주 부드러운 사람"이기 때문이다.

반면 제노비스는 "존경할 만한 역사학자이고 좋은 책을 많이 썼다. 특히 노예제도를 다룬 『굴려라, 조던, 굴려』는 정말 뛰어난 저서이다. 하지만 제노비스는, 말하자면, 그의 책은 혁명이 일어날 때 아주 유용하겠지만, 나는 제노비스와 함께 혁명에 동참하지는 않을 것이다. 만약 그가 권력을 장악한다면 나는 총살을 당할지도 모른다." 농담처럼 들리지만 아주 농담만은 아니어서, 이 대목에서 진의 목소리를 직접 들어 보는 것이 좋을 듯하다.

제노비스와 린드의 차이점은…… 제노비스는 자신이 동의하지 않는 역사적 관점을 가지고 있는 린드에게 화가 났는데, 그것은 욕설을 퍼부을 것이 아니라 원만한 비판적 토론으로 이어져야 할 사안이었음에도 불구하고 일종의 탄핵으로 이어졌다. 그것은 부분적으로 견해 차이에서 비롯되었을 수도 있지만, 사안이 이 정도로까지 가열되면 그 이상의 무언가가 있는 것으로 의심할 수밖에 없게 되고, 무언가가 있긴 있는데 그건 개인적인 문제이다.

제노비스가 린드를 독선적인 사람이라고 생각한 이유는, 린드가 지극히 퀘이커 교도 같은 사람이라 자기 같은 사람은 영화도 보러 가고 싶고 가끔 게으름도 피우고 싶어서 절대로 그의 헌신적인 삶을 흉내내기가 쉽지 않다, 린드는 정말로 헌신적인 친구라 그 점에서는 크게 존경하지 않을 수가 없지만 그렇다고 흉내를 낼 수는 없다는 것이다.

내가 보기에 제노비스는 이것을 자신에 대한 비난이라고 받아들인 것 같다. 왜냐하면 그는 한 번도 활동가였던 적이 없고, 「빨강과 검정」(부제 '남부와 아프리카계 미국인의 역사에 대한 마르크스주의적 접근')이라는 제목의 에세이에서 학자는 영원히 그냥 학자로 남을 수 있다는 취지의 글을 썼다. 린드도 나도 우리는 어떻게든 세상과 관련을 맺을 수밖에 없기 때문에 그렇게 말하는 것은 급진주의적 학자의 자세가 아니라고 생각했다. 사실 학자가 그냥 학자로 남을 수 있는 방법이 없다는 것은 제노비스 자신이 입증한 바 있다. 베트남전쟁 당시 제노비스는 '미국 역사학회'가 전쟁에 반대하는 입장을 밀어붙이고자 하는 시도에 반대함으로써 부정적인 쪽으로 현실에 참여한 적이 있기 때문이다.

진의 결론은 이러하다. "보시다시피 나는 린드 편을 드는 쪽인데, 린드와 나는 합의점이 아주 많은 편이다."[2]

제노비스가 린드를 비판한 구체적인 사례는 1968년 『뉴욕 북리뷰』에 실린 서평에서 찾아볼 수 있는데, 당시 그는 린드가 쓴 『미국 급진주의의 지적 기원』이라는 책에 대한 서평을 썼다. 문제는 제노비스가 린드의 책을 "정치적 목적에 부합하려는 의도가 뚜렷"하다고 판단했다는 점이다. 좀더 구체적으로 말하면, 제노비스는 린드가 18세기의 급진주의자와 20세기의 급진주의자를 연결하면서 "계급의 역할 혹은 급진주의자들 사이에 벌어진 논쟁의 역사적 배경"을 파악하지 못하고 독립선언서의 이념을 시대를 초월하는 '도덕적 절대주의'로 사용한 것이 못마땅했다. 결국 제노비스는 이런 이유 때문에 린드의 책은 "역사의 졸렬한 모조품"이 되어버렸다고까지 비판했다.

물론 여기에 대한 진의 생각은 달랐다. 무엇보다도 진 자신이 독립선언서와 그 이념을 자신의 저서에서 같은 용도로 사용한 적이 있다. 게다가 진은 린드의 책을 "유용한 역사"로 평가하며 자신의 『역사 정치학』에서 급진주의 역사의 5대 표준 가운데 하나로 언급하기까지 했다. ("우리는 지금까지 세상을 지배해 온 것보다 더 나은 삶의 가능성을 보여주는 과거의 몇 되지 않는 순간을 새롭게 포착할 수 있다.") 따라서 진은 "제노비스가 잘못했다고 생각한다"고 말했다. 그러면서 "마르크스주의 역사학자들조차" 마르크스가 남긴 "현실과 괴리된 사고의 현실성에 대한 논쟁은 순전히 학문적인 문제일 뿐이다"라는 교훈에 충분한 주의를 기울이지 못했다는 사실을 상기하게 되었다고 말한다.

따라서 진은 '진정한' 역사에 대한 모든 논쟁은 이론만 가지고는 해결될 수 없다고 믿는다. "역사의 진실성은 급진적인 해석에 포함되는 도그마적인 개념에 비추어서가 아니라, 우리 시대의 사회 변화에 대한 실질적인 필요성에 비추어서 진실인지 아닌지를 따져야 한다." 마지막으로 "만약 제노비스가 못마땅해 하는 '정치적 목적'이 국가나 정당, 혹은 이데올로기라는 협소한 이해관계가 아니라 우리가 아직 확보하지 못한 인간주의적 가치에 입각한 것이라면, 역사가 정치적 목적에 도움을 주는 것은 오히려 바람직한 일이 아닐 수 없다."[3]

진과 제노비스 사이의, 혹은 적어도 두 사람의 역사에 대한 접근 방법 사이의 알력은 1968년의 문제만으로 끝나지 않는다. 제노비스는 '역사협회'라는 간단한 이름을 가진 새로운 조직의 대표가 되었다. "정치적·이념적 편향과 무관하게, 진지한 태도로 역사를 대하고자 하는 모든 사람에게 개방되어 있으며…… 한 번도 존재한 적이 없는 '좋았던 날들'을 복원하거나 현재의 비합리성을 온존하고자 하는 의도는 전혀 없고, 다양한 역사학자들이 의견을 교환하고 서로의 연구를 공유하며, 그 과정에서 깨달음을 얻을 수 있도록 모든 경제적·정치적·지적·사회적 토대를 제공"하고자 하는 이 단체의 설립 취지에도 불구하고, 진은 이것을 "'수정주의'의 의혹을 떨치기 힘든 보수적 집단이며, 따라서 내가 염두에 두고 있는 역사에 적대적인 단체"라고 규정한다.[4]

여기에 대해서는 스토턴 린드가 대단히 유용한 관점을 제시하고 있다. 그는 진을 친구일 뿐 아니라 가장 큰 영향력을 발휘하는 두 사람 가운데 하나로 생각한다(다른 한 사람은 E. P. 톰슨이다). "나는 '신좌파'를 '아래로부터의' 시각으로 바라본다." 그래서 그는 자기 자신과 진, 제스 레미쉬(약간의 의혹이 없는 것은 아니지만 일반적으로 '신좌파'라는 개념을 처음 사용한 것으로 알려진 인물이다), 알프레드 영, 빈센트 하딩(Vincent Harding) 등을 이 계파의 대표적인 인물로 꼽는다.

반면 윌리엄 애플먼 윌리엄스와 제노비스는 "전혀 다른 전통"을 가진 인물들이다. 린드는 그들의 접근 방법도 나름대로 가치가 없는 것은 아니지만, 윌리엄스가 "노예제도 폐지론자에 대해 적대적"이고 제노비스가 "남부의 농장주들을 이상화"한다는 사실 때문에 크게 실망

했다고 주장한다.[5]

2001년에는 『급진적 역사 리뷰』가 창간 13주년을 맞아 특별판을 발행했다. 진은 직접 글을 기고하지는 않았지만 린드의 에세이를 비롯한 몇 편의 글에 이름이 언급되었다. 진은 1969년 (린드와 함께) '신대학회의' 내에 '급진적 역사회의'를 만들었는데, 이는 급진적인 학자들을 전국적 조직으로 묶어 '운동'에 동참시키기 위해서였다.

또한 이 잡지에 글을 기고한 사람들은 하나같이 진의 저서들, 특히 『미국 민중사』가 엘런 캐롤 두보이스(Ellen Carol DuBois)의 정신을 구현한 것으로 인정했다. 그녀는 "미국 역사에 대한 접근 방법은 내 또래의 사람들에게 길들여진 무분별하고, 위에서부터의 시각으로 내려다본, 졸음만 쏟아지게 하는, 과거의 방식은 거의 남아 있지 않은 역사와는 너무나 다르다"고 말한 바 있다. "이제야 비로소 역사를 제대로 이해하기 시작했다는 점에서 60년대는 커다란 승리를 거두었다. 급진적 역사여, 무궁하라!"[6]

1960년대의 급진적 역사학자들은 틀림없이 커다란 충격을 받았을 것이다. 실제로 교과서들도 찬양 일변도의 접근 방식에서 벗어나기 시작했고, 사회적 역사, 즉 평범한 보통 사람들의 역사에 더욱 관심을 보이기 시작했다. 특히 이 같은 '아래로부터의' 접근 방식은 자기 자신을 좌파로 분류하지 않는 사람들에게까지 정당성을 인정받은 것으로 보인다. 하워드 진이 중요한 역할을 감당한 1960년대의 급진적 운동 역시 이러한 분위기의 영향을 받았으리라는 점에도 의문의 여지가 없다. 민권운동은 민권 및 투표권의 합법화로 이어졌고, 베트남전쟁 반대운동은 실제로 이 전쟁의 종식으로 이어졌다. (진은 여성운동과 환경운동에 크게 이바지한 바 없다고 고백하지만, 이 분야 역시 이러한 분위기의 영향을 받았음을 부정할 수 없다.)

진 자신이 개인적으로 미친 영향을 분석하기란 훨씬 더 까다로운 일이 될 테지만, 그래도 한번쯤 짚고 넘어가는 게 좋을 듯하다. 진 본인은 자신의 저서 중에서도 『미국 민중사』가 가장 큰 영향을 미친 것으로 생각하는 듯했다. 판매 부수나 관련 자료를 모은 서류함의 두께, 그리고 이 책과 관련하여 지금도 지속적으로 강연 요청이 들어오고 있는 것만 봐도 그런 사실은 누구도 부정할 수 없을 것이다.

반면 진은 다른 역사 교수들에게 가장 큰 영향을 미친 자신의 저서로 『역사 정치학』을 꼽았다. 맥락은 약간 다르지만 진은 미국이 베트남에서 완전히 철수해야 한다는 주장을 담은 최초의 저서 『베트남 ─ 철군의 논리』가 "필요성에 부합되는" 책이었다고 느끼고 있으며, "이따금 이 책이 자신에게 얼마나 중요한 영향을 미쳤는지를 이야기하는 사람들을 만나곤 한다." 이 책이 짧은 기간 동안 8쇄를 거듭했다는 사실만 봐도 전쟁을 종식시킨 운동에 일정한 영향을 미쳤다는 사실을 부정할 수 없을 듯하다. 전체적으로 진은 특유의 겸손한 말투로 "나는 나 자신이 새로운 역사의 탄생에 어느 정도 자극제로 작용했다는 사실에 만족한다"고 말했다.[7]

진의 영향력을 평가하기가 어려운 데는 또다른 이유가 있다. 그가 전통적인 역사학자의 범주에 속하지 않는 것은 분명한 사실이기 때문에, 그의 업적을 전통적인 방식으로 평가할 수가 없다는 점이 그것이다. 『급진적 역사 리뷰』에 실린 스토턴 린드의 에세이는 여기서도 중요한 의미를 갖는다. "나는 자기 자신을 급진적 역사학자라고 생각하는 사람들이 하워드 진의 『미국 민중사』야말로 나를 포함한 다른 모든 역사학자들의 저술을 모두 합친 것보다 더 많은 사람들(특히 젊은이들)에게 영향을 미쳤다는 사실을 인정해야 한다고 믿는다." 친구이기 때문에 너무 심하게 칭찬을 하는 것 아닐까? 그렇지는 않은 듯하다.

린드는 또한 진의 저서가 갖는 비전통적인 본성에 초점을 맞춘다. 그는 진이 왜 그렇게 큰 영향력을 행사할 수 있었는지를 고민한 결과,

"학계의 보편적인 상벌 체계에 무관심한" 진의 태도를 그 첫번째 이유로 꼽았다. 린드는 스펠먼 대학에 새로 부임해 진을 처음 만났을 때, "당신은 어떤 학술 논문을 쓰고 있으며, 어떤 학술 회의에 참석할 계획을 가지고 있는가?"라는 질문을 던졌다고 한다. 그러자 진은 "무슨 뜽딴지같은 소리냐는 표정으로 나를 바라보았다." 린드는 그 만남을 통해 "하워드 진이 대학교수를 직업으로 해서 생계를 유지하고 있음에도 불구하고" 그의 지적 관심은 어떻게 하면 자신의 학문을 더욱 넓은 사회적, 정치적 관심사와 연결할 수 있을지에 초점을 맞추고 있음을 깨달았다.[8]

린드가 "청중과의 정서적 유대를 이끌어내는 진의 마술 같은 능력"을 처음으로 발견한 인물은 아니다. 하지만 린드는 여기에 더욱 중요한 의미를 부여한다. "이 같은 재능은 그의 글에서도 고스란히 드러난다. 그는 강의실 바깥의 청중들에게 무슨 이야기를 들려주어야 할지를 철저하게 파악하고 있으며, 우리 모두는 그의 그런 능력에서 많은 것을 배웠다."[9]

린드는 또다른 글에서 진의 중요성을 '대중화'로 설명한 적이 있다. 진의 학문적 업적은 "내가 아는 한 그리 많이 인용된 편이 아니다." 린드 역시 진의 가장 중요한 저서로 『미국 민중사』를 꼽기에 주저하지 않으며, 『베트남 — 철군의 논리』가 2위 자리를 굳건히 지키고 있다고 평가한다. 이 두 권의 저서 모두 전통적인 의미의 학술 서적은 아니다. "내가 보기에 '대중화'라는 개념을 '2류'라는 단어와 차별화시키는 것이 가장 어려운 문제가 아닐까 싶다." 하지만 "하워드 진을 독창적인 학문의 개척자로 평가하는 것은 온당하지 않다. 그것은 그의 몫이 아니기 때문이다."[10]

또 한 사람의 좌파 진영의 중요한 인물 — 겸 진의 친구 — 도 진의 저서를 비슷한 맥락으로 평가한다. 노암 촘스키는 오래전부터 MIT의 언어학자로 활동해 왔지만, 그보다도 미국 외교정책의 신랄한 비평가로 더 유명한 인물이다. 로버트 바스키(Robert F. Barsky)가 쓴 그의 전기 『노암 촘스키 — 반대의 인생(Noam Chomsky: A Life of Dissent)』에는 진의 이름이 여러 차례 등장한다. 홍미로운 것은 그가 밝히는 촘스키에 대한 정보가, 진과 촘스키의 비슷한 점과 다른 점을 관찰할 기회를 제공해 준다는 점이다.

유대인 이민자를 부모로 둔 촘스키는 평범한 보통 사람들에 대한 믿음을 가진 낙관주의자이자 오랜 세월 동안 급진적인 활동을 이어온 인물이다. 촘스키와 진은 여러 가지 중요한 사안에서 의견의 일치를 보이며 같은 무대를 장식한 적이 많은데, 특히 베트남전쟁 반대운동에서 그런 모습이 더욱 두드러진다. 바스키는 이 두 사람이 "과소평가된 사상가"라는 공통점을 가지고 있다고 말하기도 한다. 차이점으로는 진이 촘스키만큼 적극적으로 자신에 대한 비평에 대응하지 않는다는 점, 또한 촘스키가 "나의 정치적 입장을 절대로 강의실 안에까지 가져가지 않는다"고 주장한다는 점을 꼽았다.[11]

진의 생애와 저술에 대한 촘스키의 평가에서 애매한 부분은 찾아볼 수 없다. 그 역시 진의 저서 가운데 『미국 민중사』가 가장 중요하다는 견해에 동의한다. 뿐만 아니라 그는 이 책을 "지난 세대에 나온 책 가운데 가장 중요하고 영향력이 큰 저서 가운데 하나"로 평가하는데, 이는 "한 세대 전체로 하여금 새로운 진실에 눈뜨도록 했기 때문"이다. 촘스키는 진이 1967년에 출간한 베트남 관련 저서에 대해서도 찬사를 아끼지 않는다. "불과 몇 년 사이에 그의 주장이 스며들어 전쟁에 반대하는 대중적인 운동을 이끌어냈다." 1968년도 저서 『불복종과 민주주의』 역시 마찬가지이다. 촘스키 자신이 워낙 중요한 인물인 만큼 진에 대한 그의 평가를 좀더 상세히 들어볼 필요가 있다. 그에게 "진이 역사 서술과 '운동' 등에 미친 영향이 무엇이라고 생각하는가?"라는 질문을 던져보았다.

그가 미친 영향은 다양한 차원으로 나타난다. 그는 지배 엘리트와 권력 시스템이 아니라 민중의 역사를 연구한 선구적인 인물이다. 민중의 삶과 투쟁, 그들의 희망과 우려, 그들의 승리와 패배를 고스란히 담아냈다. 이러한 관점에서 보면 역사 전체가 다르게 보인다. 진의 저서 덕분에 미국의 역사는 국내 및 국제 무대에서 삼사십 년 전에 팽배하던 교조적인 틀과는 전혀 다른 각도로 이해되기 시작했다. 더욱 현실적이고, 더욱 심층적이며, 기본적인 도덕적 가치에 입각한 시각을 가지게 된 것이다. 하지만 이것은 그가 이룬 업적의 일부분에 지나지 않는다. 그의 학문은 정의와 평화, 그리고 보다 나은 세상을 만들기 위한 투쟁과 맞닿아 있다. 나는 '영감'이라는 단어를 그리 좋아하지 않지만, 그는 자신의 저서와 인생을 통해 실로 많은 사람에게 영감을 불어넣은 인물이다.[12]

아무리 중요한 역사학자라 할지라도 상대적으로 좁은 학계 바깥에까지 널리 알려지는 경우는 그리 많지 않다. 반면 진의 『미국 민중사』는 엄청난 판매 부수를 기록했고, 많은 일반 독자에게 읽혔으며, 고등학교에서 교재로 채택되기까지 했다. (각 장 끝에 "혁명군의 지배 계층이 반항하는 식민주의자들을 통제하기 위해 사용한 수단은 무엇이었는가?"라는 식의 질문이 수록된 '교재용'이 따로 편집되었다.) 책의 내용에 따른 도표가 제작되었고, 스페인어와 중국어 · 일본어 · 힌디어 등을 포함한 여러 나라 말로 번역되었으며, 20세기 항목을 떼어내어 따로 편집한 개정판이 발행되는가 하면, 가장 인상적인 것은 1997년도 아카데미상을 수상한 「굿 윌 헌팅」이라는 영화에서 긍정적으로 묘사되었다는 사실이다.[13]

영화에서 윌 헌팅 역을 맡은 맷 데이먼은 로빈 윌리엄스와 정신과 상담을 하다가 하워드 진의 『미국 민중사』는 다른 역사 서적과 달리

"당신의 엉덩이를 걷어찰 것"이라고 말한다. 이와 관련된 뒷이야기가 재미있다. 이 영화의 주인공이자 시나리오의 공동 집필자이기도 한 데이먼은 보스턴 남부지방의 노동 계급을 영화의 배경으로 삼았는데, 사실은 그 자신이 하워드 진의 이웃이었다고 한다. 진의 이야기를 직접 들어보자. "우리 가족은 맷이 다섯살 때부터 알고 지냈다. 그 무렵에 아들 둘을 가진 이혼녀이던 그의 어머니가 우리 옆집으로 이사를 왔기 때문이다."

진의 눈에 비친 그 어머니는 "정치적 식견을 갖춘 인물이었고, 두 아들에게 철저한 사회의식을 심어주었다." 그러한 사회의식은 "영화 속에서 윌 헌팅이 국가보안국(NSA)에서 취업 제의를 받았을 때 내가 이 기관에서 일하게 되면 제3세계의 가난한 사람들에게 어떤 결과가 돌아갈 것인가에 대해 독백을 하는 장면에서 가장 잘 드러난다." 진은 데이먼이 영화에서 『미국 민중사』를 언급한 이유를 두 가지로 설명한다. "첫째는 그가 정치의식이 강한 젊은이이기 때문이고, 둘째는 그가 다섯살 때 우리 집에서 얻어먹은 쿠키에 보답하기 위해서가 아니었을까 생각한다." 아무튼 데이먼은 보스턴에서 이 영화가 개봉되던 첫날 진을 극장으로 초대했다.[14]

진과 데이먼의 관계는 진의 영향력을 텔레비전의 영역으로까지 확산시키는 결과로 이어질지도 모르겠다. 『TV 가이드』에 의하면 진과 데이먼, 그리고 몇 명의 관계자들이 『미국 민중사』를 텔레비전 미니시리즈로 제작하는 계획을 놓고 '폭스네트워크'와 협상을 벌였다. 어느 자료에 의하면 "미국 역사에 대한 이 책의 불경한 태도를 극화"[15]하기 위해 이 아이디어가 나왔다고 한다. 여기에 대해 진은 이렇게 말한 바 있다. "아직은 『TV 가이드』에 나온 기사말고는 별로 얘기할 것이 없다. '폭스'가 내 책의 미니시리즈 판권을 구입하기 위한 협상이 진행 중이다. 아직은 어떻게 될지 아무도 모른다. 어쩌면 '폭스'의 소유자인 루

퍼트 머독이 내 책을 읽고 모든 결정을 내릴지도 모른다."[16] 어쩌면 머독이 정말로 이 책을 읽었는지도 모르겠다. 진에게서 가장 최근에 들은 소식에 의하면 "계획 자체는 (폭스가 아니라) HBO를 상대로 여전히 살아 있지만 진행은 아주 더딘 편이다. 두 편의 대본이 만들어졌는데 (콜럼버스-라스 카사스와 미국혁명 부분), HBO의 승인이 떨어지면 영상화 작업이 시작되고 다른 에피소드들도 준비에 들어갈 것이다."[17]

한 학자의 영향력을 평가하는 전통적인 방법 가운데 하나는 그 사람이 길러낸 다른 학자들을 살펴보는 것이다. 보스턴 대학은 진이 재직하던 시절에도 정치학 박사 과정을 운영하고 있었는데, 진은 여러 건의 학위 논문을 지도했다고 한다. 진이 이러한 과정을 그다지 탐탁하게 생각하지 않았다는 사실은 그리 놀라운 일이 아니다. "솔직히 나는 학위 논문을 다루는 일이 별로 마음에 들지 않았다. 왜냐하면 학위 논문을 쓰는 과정이 엄청난 시간 낭비라는 생각을 하고 있었기 때문이다. 연구를 하고 논문을 쓰는 데 몇 년의 시간이 걸리는데, 대개의 경우 주제가 불분명하고 그 결과물을 실제로 읽는 사람도 극소수에 지나지 않는다."

진은 특별히 두 사람을 기억하고 있다. 한 사람은 데이비드 메이어(David Meyer)로, 핵무기 동결 운동에 대한 논문을 썼고 "지금은 어딘가에서 교편을 잡고 있다." 또 한 사람은 환경운동에 대한 논문을 쓴 존 터먼(John Tirman)으로, '월드 피스' 산하의 '윈스턴 재단'에서 활동하다가[18] 최근에는 '사회과학 연구위원회'로 자리를 옮겼다.[19] 터먼은 1986년에 '우려하는 과학자들의 모임(Union of Concerned Scientists)'에서 『공허한 약속 ─ 스타워즈에 반대하는 사례들(Empty Promise:The Growing Case against Star Wars)』이라는 책을 편집하기도 했다.[20]

각자의 분야에서 저명한 인물로 성장한 제자들이 있느냐는 질문에, 진은 앨리스 워커와 마리안 라이트 에덜만, 허쉘 설리번(Herschelle

Sullivan, 콜럼비아 대학에서 박사 학위를 받고 아프리카에서 국제연합 관련 활동을 하고 있는 인물) 등과 함께 "독특한 분야에서 좋은 일을 하고 있는" 보스턴 대학 출신의 제자들을 꼽았다. 그들은 워싱턴 D.C.에 연구소를 설립하여 "기업이나 정부의 오류를 지적했다는 이유로 해고당한 사람들의 소송을 돕는" 일을 하고 있다.[21]

앞에서도 밝혔듯이 『미국 민중사』를 출간한 출판사에서는 이 책이 이미 현대의 고전으로 자리잡았다고 평가하고 있다. 1980년에 출간된 책에 벌써부터 그런 평가를 내리는 것은 조금 성급한 처사일지도 모르지만, 그 책을 '고전'의 반열에 올려놓은 것은 비단 그 출판사뿐만이 아니다. 인터넷상의 '독립적인 독자(Independent Reader)'라는 사이트도 이 책을 "고전으로 인정받은 저서"라고 규정하고 있다.[22] 그렇다면 과연 고전이란 무엇일까? "가장 높은 등급 혹은 수준, 지속적으로 그 가치와 중요성을 인정받는 작품, 불멸의 역사적·문학적 저술, 일반적으로 가장 높은 수준에 올랐다고 간주되는 예술가나 저술가."[23] 『미국 민중사』 역시 그 같은 기준을 충족시키는 저서라고 해도 과언이 아니지 않을까.

필라델피아의 『시티 페이퍼(City Paper)』는 약간 다른 표현을 구사한다. "이 급진적 수정주의자의 저서는 불과 20년도 안되어 역사 분야의 필독 도서로 자리잡았다."[24] 『유튼 리더(Utne Reader)』는 "좌파의 『리더스 다이제스트(Reader's Digest)』"라고 불리는 잡지다. ('최고의 대안 매체'라는 부제를 달고 있기도 하다.) 이 잡지 역시 진의 『미국 민중사』를 새로운 필독 도서의 반열에 올려놓았다. 특히 제이 월자스퍼(Jay Walljasper)와 존 스파이드(Jon Spayde)는 1998년 5~6월호에 「느슨한 표준 — 당신의 상상력에 불을 지필 150편의 명작들」이라는 기사를 실었다. 이 목록에는 "살아 있음의 경험을 심화, 확대, 정의해 주는" 책, 영화, 연극, 텔레비전 드라마, 음악 등이 포함되었는데, 『미국 민중사』도

도서 부문에 이름을 올렸다. 월자스퍼와 스파이드의 말을 들어보자. "콜럼버스에서 기업의 권력에 이르기까지, 열렬한 저항의 전통을 촉발한 무지막지한 불의와 잔인한 계급 차별 등, 고등학교 역사 선생님들이 가르쳐주지 않는 사실들이 실려 있다."

이 같은 목록을 선정한 기준과 동기를 좀더 자세히 살펴보면 진의 저서가 갖는 위상이 드러난다. 편집자인 휴 델레한티(Hugh Delehanty)는 이 기사의 목적을 "백인 남성이라는 죽음의 계곡을 지나, 21세기를 위해 생각을 유도하는 책과 영화, 음악 작품 등을 정리"하는 것이라고 설명한다. 직접 기사를 쓴 제이 월자스퍼의 설명도 재미있다. "이 목록은 제3의 길을 찾는 것이 목적이다." 제1의 길은 "현재의 상황이 가장 합리적"이라는 사고방식이고, 제2의 길은 "'아냐, 이건 정말 끔찍해'라고 생각하는 쪽"이다. 제3의 길은 "'그래, 네 말이 맞아. 세상 돌아가는 꼴은 도저히 말이 안돼. 하지만 우리가 무엇을 할 수 있겠어?'라고 생각한다."[25] 진의 역사철학은 아무래도 제3의 길과 가장 가깝지 않을까 생각된다.

어느 역사학자는 에이브 포르타스 판사를 겨냥한 진의 『불복종과 민주주의 ─ 법과 질서에 대한 아홉 가지 착각』 역시 고전으로 평가할 수 있다는 견해를 나타냈다(비록 고전이라는 단어를 직접 사용하지는 않았지만). 이 책은 "톰 페인의 '상식'에 필적할 만한 20세기 최고의 정치 논문이지만, 페인의 명성에 필적할 만한 역사적 틀을 갖추고 있지는 않다." 이 역사학자는 진의 저서 전반에 걸쳐 찬사를 아끼지 않는다. 진은 "20세기의 가장 중요한 미국 역사학자 가운데 한 사람이다. 그의 저서들, 그가 보여준 모범, 그의 정신, 그의 용기. 그토록 많은 일을 해낸 사람이 또 누가 있겠는가? 그의 겸손한 성품, 그리고 미국 역사에서 꼭 알아야 할 1,000가지(100가지였던가?) 하는 식의 졸렬한 책을 쓰지 않는 성품 때문에 일반인들 사이에서 그렇게까지 '인기 있는' 역사학자는 아니다. 하지만 '진짜' 역사학자들은 대부분 그를 위대한 사상가로 인정하며, 그의 인생과 업적에 찬사를 아끼지 않는다."[26]

이것은 실로 강력한 찬사가 아닐 수 없지만, 글자 그대로 해석하기에는 약간의 무리가 따른다. 주류 역사학자들 중에는 진을 사상가로 인정하지 않거나 그의 저서가 갖는 중요성을 간과하는 이들이 없지 않기 때문이다. 물론 주류 역사학자라고 해서 모두 다 그런 관점을 가지는 것은 아니다. 이는 진의 저서에 대한 서평과, 그리고 무엇보다도 『미국 민중사』 같은 책의 판매 부수가 입증해 준다. 이 같은 상업적 성공은 강의 교재로 채택된 영향도 부정할 수 없을 것이다.

진이 일반인들 사이에 그리 널리 알려지지 않았다는 주장에 대해서도 생각해 볼 필요가 있다. 『미국 민중사』가 「굿 윌 헌팅」이라는 영화에서 언급되고 『TV 가이드』가 텔레비전 미니시리즈와 관련된 기사를 보도하는 등, 일련의 사건들은 진의 이름이 대부분의 학구적 역사학자들보다 더욱 널리 알려지는 계기가 되었을 것이다.

『롤링 스톤(Rolling Stone)』에 소개된 역사학자가 얼마나 될까? 「하워드 진의 기계에 대한 분노」라는 제목의 이 기사는 진의 급진적 사상과 '기계에 대한 분노(Rage Against the Machine)'라는 이름의 유명 록밴드를 연결시키고 있다. 이들은 "노골적으로 혁명을 선동하고, 농민이 무장하여 권력의 성채를 공격할 것"을 노래하는 밴드이다. 이 기사에는 상당히 잘 짜여진 진과의 인터뷰가 포함되어 있는데, 내용은 이미 다른 곳에서 다루어진 것들이다.

가장 흥미로운 것은 『롤링 스톤』이 40여 년에 걸쳐 "우리가 우리의 과거를 생각하는 방식을 바꾸어온" 인물로 진을 평가한다는 점이다(기사를 쓴 사람은 찰스 M. 영이라는 사람이다). 특히 진의 『베트남 — 철군의 논리』는 '쌍두마차'라 할 수 있는 노암 촘스키에 버금가는 영향을 미쳤다고 썼다. 진은 "독자의 마음을 녹이고 적절한 유머감각을 이용해 생

각하기조차 끔찍한 전쟁에 대한 논의를 차분히 이끌어낸다." 반면 촘스
키는 "미국의 외교정책에 대한 신랄한 비판으로 유명한" 인물이다.

『롤링 스톤』은 진의 『미국 민중사』를 "역사 인식과 역사 교육 분야
의 기념비적인 업적"으로 치켜세운다. "미국의 자아상과 관련된 수많
은 거짓과 기만을 어렴풋이 느끼면서도 뚜렷한 증거를 찾지 못했던 독
자라면, 『미국 민중사』를 읽으며 막혔던 속이 확 뚫리는 것을 느낄 수
있을 것이다." 진과 『미국 민중사』는 "'아래로부터의 역사'라는 전혀
새로운 시각을 만들어냈다." 마지막으로 『롤링 스톤』은 "우파에서 역
사 선생들 사이의 '정치적 올바름'을 떠들어대면 그것은 다분히 진의
영향 때문이라고 해도 과언이 아닐 것"이라고까지 언급했다.

진은 그 인터뷰에서 그 밖에도 1960년대의 다양한 운동이 미국 사회
에 미친 영향과 미래의 희망 등에 대해 언급했다. "캠퍼스에는 아직도
1960년대의 영향이 남아 있다. 극우파에 속하는 자들이 이른바 정치적
올바름과 다문화주의에 입각한 교육에 신경질적인 반응을 보이고 있
기 때문이다. 그들이 그런 반응을 보이는 것도 무리는 아니다. 그것이
오히려 우리에게는 유리한 방향으로 작용할 수도 있다." 진이 생각하
는 정치적 올바름이란 "선전하기 좋아하는 사람들이 말하는 '복지'와
비슷한 부류의 용어이다. 아무런 실체가 없다." 중요한 것은 "미국 전
역의 수많은 역사 선생들이 과거와는 다른 방식으로 강의를 하고 있다
는 점이다." 진은 "바로 이것이 우파가 그토록 소동을 부리는 이유이
다. 안타까운 일이지만, 다른 한편으로 그들이 소동을 부리게 만들었다
는 것도 나름대로 의미가 있지 않을까?"라고 덧붙인다.

진은 또한 국가적 차원에서 역사의 표준을 제정하자는 제안을 수용
한 상원의 표결 결과를 염두에 둔 듯, 이렇게 말하기도 했다. "최근 상
원에서는 역사 교육에서 서구 문명의 가치를 찬양해야 한다는 내용의
결의안 99-1을 통과시켰다. 이는 다시 말해서 서구 문명의 가치를 찬양

하지 않는 사람들이 많다는 의미이기도 하다. 이제는 그것이 낙관주의의 근거가 되었다." 27)

역사학자가 『롤링 스톤』 같은 잡지에 소개되는 것은 확실히 흔한 일이 아니지만, 역사학자가 록 스타에게서 인터뷰 상대로 선택받는 경우도 드물기는 마찬가지일 것이다. 『인터뷰』(앤디 워홀의 잡지)가 1999년에 유명 록밴드 펄 잼(Pearl Jam)의 리드 싱어이자 작곡가인 에디 베더(Eddie Vedder)에게 인터뷰하고 싶은 사람을 선택할 기회를 주었을 때, 그가 선택한 사람이 바로 하워드 진이었다. 진은 베더에게서 "정말 좋은 친구"라는 인상을 받았다고 했고, "노동 계급 출신"이라는 공통점을 확인했으며, 『미국 민중사』 텔레비전 시리즈에 삽입될 음악을 작곡하고 연주해 달라는 부탁까지 하게 되었다. 28)

인터뷰 자체는 오히려 진이 대부분의 질문을 던지는 특이한 양상으로 진행되었다. 물론 특별히 새로운 이야기가 나오지는 않았지만 아주 재미있는 인터뷰가 이루어졌고, 특히 베더가 『미국 민중사』를 읽었으며 진이 펄 잼의 공연을 관람했다는 사실이 더욱 흥미를 돋운다. 로커로서의 베더와 역사학자로서의 진이 전혀 다른 삶을 살아온 것은 사실이지만 "현실에 안주하기를 거부한다는 공통점 덕분에 두 사람 사이의 대화가 거침없이 이루어졌다"는 편집자의 설명은 충분히 공감이 가는 부분이다. 29)

1997년에 출간된 『냉전과 대학 ― 전후 지성사(The Cold War and the University: Toward an Intellectual History of the Postwar Years)』는 냉전이 대학의 각 학과에 미친 영향을 돌아보는 에세이를 묶은 책인데, 여기에서 역사학과의 대표로 진이 선정되었다는 것도 흥미로운 일이 아닐 수 없다. 이것을 두고 진이 역사학계에서 그만큼 인정을 받고 있다는 쪽으로 해석할 수도 있겠지만, 이 책이 대형 상업 출판사들과는 전혀 성격이 다른 '뉴 프레스(New Press)'라는 비영리 단체에서 출간되었다는 사실에도 주목할 필요가 있다. '뉴 프레스'는 스스로를 '공영 방송 시스템(PBS)'나 '전국 공영 라디오(NPR)'의 '원래 취지'와 비슷한 성격으로 규정하고 있으며, "전통적으로 억눌려온 목소리를 대변하는 것"을 목표로 삼고 있다.[30] 이 책에 수록된 학자들 중에는 노암 촘스키도 포함되어 있다.

어쨌거나 「냉전 시대의 역사 정치학 ─ 억압과 저항」이라는 제목이 붙은 진의 글은 다분히 직접적이고 개인적인 내용을 담고 있다. 진은 이 글에서 1949년 임신 6개월의 아내와 두살바기 딸을 데리고 폴 로베슨(Paul Robeson)과 피터 시거(Peter Seeger)의 야외 공연을 보기 위해 뉴욕 주 피크스킬로 자동차 여행을 떠난 일을 회고한다. 진 가족은 여행 도중에 적대적인 군중들이 돌멩이를 던져 자동차 유리가 다 깨지는 봉변을 당했다. 이 일을 계기로 진과 그의 아내는 전쟁 기간에 주고받은 편지를 모두 불태우기로 결정하는데, 그 편지에 공산주의 운동과 관련된 친구들의 이름이 거론되기 때문이었다. 진은 또 1968년, 억류되었다가 풀려나는 세 명의 미군 조종사를 데려오기 위해 대니얼 베리건 신부와 함께 북베트남에 다녀온 일도 설명한다. FBI가 이 같은 자신의 활동에 지대한 관심을 보였다는 언급도 잊지 않는다.

진은 또한 어렸을 때 읽은 찰스 디킨스의 『어려운 시절(Hard Times)』에서 그래드그라인드 씨라는 등장인물이 젊은 선생님에게 "이 아이들에게 진실 외에는 아무것도 가르치지 말라"고 훈계하는 내용을 상기하기도 한다. 이것은 급진주의적, 혹은 수정주의적 역사 서술의 배경을 간략하게 설명하는 와중에 나온 이야기이다. 예를 들어 찰스 버드와 윌리엄 애플먼 윌리엄스의 선구적인 업적을 인정하는 것이다. 진은 보수주의자들이 "영구적인 적대 문화"라는 꼬리표를 붙인 현상에 찬사를 보내며 자신의 글을 마무리한다. "그 적대적인 문화 속에서 새로운 역사는 중요한 역할을 하게 되었다."[31] 물론 진은 그 새로운 역사, 나아가 적대 문화에서 중요한 역할을 수행했다는 사실을 부정할 수 없다.

'뉴 프레스'는 얼마 전부터 '민중의 역사' 시리즈를 출간하기 시작했는데, 이 시리즈의 편집자로 하워드 진을 선택한 것은 합리적인 결정이라고 할 수 있다(지금까지 이 시리즈는 레이 라파엘의 『미국혁명의 민중사 A People's History of the American Revolution』 한 권만이 나와 있다). '사우스 앤드 프레스'는 '60년대의 급진주의' 시리즈를 출간하고 있는데, 그 가운데 무려 일곱 권이 하워드 진의 저서로 채워졌다(『SNCC — 새로운 철폐론자들』, 『남부의 신비』, 『베트남 — 철군의 논리』, 『불복종과 민주주의』, 『전후 미국』, 『일상생활의 정의』, 『중단의 실패』 등).

만약 진의 말처럼 달리는 기차에서 중립을 지키는 일이 불가능하다면, 하워드 진과 역사에 대한 그의 접근 방법에 대해 중립적인 입장을 취하는 것 역시 불가능한 일이다. 진의 이름을 아는 사람들에게 이런 말을 하면 긍정적이든 부정적이든 아주 강한 반응이 나온다. 어느 역사학자는 미국 역사에 대한 진의 견해를 소개하는 강연을 듣고는 진이 "너무나 화가 난" 듯하다는 반응을 보였다. 강연 때문에 어느 도시를 찾아간 진은 큰 충격을 받았다고 한다. 벌써 몇 년째 그곳 사람들이 그의 강연 이야기를 하고 있었던 것이다. "하워드 진이 여기서 강연하는 걸 들었어?" "그는 언론의 자유에 대해 아주 극단적인 입장을 가지고 있는 것 같아." "그의 말은 구구절절 옳은 소리였어."[32] 하지만 진의 목소리에서 '분노'가 지배적인 위치를 차지하는 것은 결코 아니다. 그리고 그의 의도는 단순히 '논의'를 이끌어내는 것으로 그치지 않는다. '행동'을 이끌어내는 것이 그의 궁극적인 목표이다.

"과거를 지배하는 자가 미래를 지배한다. 현재를 지배하는 자가 과거를 지배한다." 이것은 물론 조지 오웰이 한 말이다. 진을 비롯한 급진주의자들은 과거는 물론 현재도 지배하지 않는다. 하지만 진의 저서,

특히 『미국 민중사』가 기록한 판매 부수, 강의실 안팎에서 그의 강연을 들은 수많은 사람들, 그의 서류함에 보관되어 있는 각종 증언들, 이 모든 것들은 하워드 진이 아주 중요하고 근본적인 영향을 미쳤다는 사실을 입증한다. 이것이 우리의 미래에 더 큰 영향을 미칠 것이라고 생각한다면 지나친 비약일까?

1993년에 진의 저서 『중단의 실패 — 한 낙관적 역사학자의 성찰』에 대한 서평을 쓴 빌 하비(Bill Harvey)는 이렇게 말했다. "진은 거의 40년에 걸쳐 과거를 돌아보는 방법을 통해, 돈과 권력으로 우리 사회를 지배하는 자들이 우리의 현재와 미래를 지배하는 것을 막기 위해 노력해 왔다." 하비는 진을 "우리 시대의 가장 예리하고 친절한 사상가 가운데 한 사람"으로 평가한다. 진이 가진 최고의 장점은 "이데올로기의 신화를 벗기고, 과거(와 현재)에 대한 우리의 이해를 대다수 민중들의 경험과 일치시키는 데" 있다.[33]

진은 1997년에 출간된 『진 읽기』 서문에서 마틴 두버만의 『노예제도 반대 전위』를 위해 노예제도 철폐론자와 1960년대의 활동가를 비교해서 쓴 에세이를 돌아보며 "나는 우리 시대의 사회 정의를 추구하는 운동에서 지혜와 영감을 발견하기 위해 앞으로도 이러한 접근 방법에 의존할 것"이라고 말했다.[34] 진은 자신의 삶을 이끌어가기에 부족함이 없는 지혜와 영감을 발견했을 뿐 아니라, 그것을 다른 많은 사람들과 함께 나누었다. 그 서문에서는 1994년도에 출간된 회고록의 제목이 다른 어디에서보다 훌륭히 설명된다. "나는 학기 첫 시간에 꼭 학생들에게 '달리는 기차 위에 중립은 없다'라는 말을 들려주곤 했다. 다시 말해서, 세상은 이미 특정한 방향으로 달리고 있다. 아이들이 굶주리고, 전쟁터에서 많은 사람들이 죽어간다. 이런 상황에서 중립을 지킨다는 것은 곧 거기에 부역(附逆)하는 것과 다를 바 없다. '부역자'라는 단어는 이미 나치 시대부터 악명을 얻었다. 지금도 그 의미는 여전하다."[35]

진은 단 한 번도 부역자였던 적이 없다.

"하워드 진만큼 많은 사람들의 심금을 울린 급진적 역사학자도 없다." 보스턴 대학 구내 서점이 『진 읽기』를 홍보하기 위해 내세운 구절이다. 이 구절은 그 책의 뒤표지에서도 찾아볼 수 있다. 지나친 과장일까? 부분적으로는 그럴지도 모르고, 적어도 지금 시점에서는 검증할 수 없는 문제인지도 모른다. 하지만 그 말에는 누구도 부정할 수 없는 진실이 담겨 있다.

『달리는 기차 위에 중립은 없다』의 서평을 쓴 또다른 사람은 책의 내용과는 직접적인 연관이 없는 진의 경력과 업적을 언급한다. 『케이프 코더 서머리(Cape Codder Summery)』를 쓴 젤 레빈(Zel Levin)은 『달리는 기차 위에 중립은 없다』가 반드시 읽어야 할 필독서라고 주장한 다음, 이렇게 덧붙였다. "이상적인 세상에서는 전쟁이 사라지고, '만인'의 평등이라는 개념에 누구도 의문을 제기하지 않을 것이며, 고용과 보건 의료·주거·교육 등의 현안이 정치적 농간에 의해 좌우되는 일도 생기지 않을 것이다." 레빈은 그런 날이 아직 도래하지 않은 것은 분명하다며 이런 결론을 내린다. "그렇다고 진 교수를 비난할 수는 없다. 그보다 더 열심히 노력한 사람도 없을 것이고, 이 책은 보다 나은 세상을 앞당기는 촉매로 작용할 것이기 때문이다."[36] 사실 하워드 진보다 더 열심히 노력한 사람은 찾아보기 힘들다. 어쩌면 진의 생애와 업적 전체가 그러한 촉매의 역할을 할 수 있을지도 모른다.

『달리는 기차 위에 중립은 없다』를 보면, 부모님이 사준 중고 타자기로 자신이 읽은 책의 서평을 쓰던 10대 시절의 진이 "기쁨과 자부심"을 느꼈다는 이야기가 나온다.[37] 책을 읽고 공부를 하면서 기쁨과 자부심을 느낀 것이다. 요즘 선생들도 자신이 가르치는 학생들에게서 그런 모습을 발견할 수 있기를 간절히 원하지 않을까? 하워드 진은 혼자서만 그런 기쁨과 자부심을 느끼는 것으로 만족하지 않고 다른 많은 사람들도 그렇게 되기를 원했다.

『미국 민중사』의 판매 부수에 대해서는 이미 여러 차례 언급한 바 있다. 정확히 말하면 지금까지 100만 부를 돌파한 상태다. 역사학자 중에서 이런 성과를 거둔 사람은 거의 없다. 판매 부수의 추이도 아주 독특하다. 1980년에 처음 출간된 이후, 해마다 그 전 해에 비해 판매 부수가 늘어나고 있는 것이다. 제임스 그린(James Green)은 얼마 전 뉴욕 YMCA에서 벌어진 100만 부 돌파 기념행사를 보도하며, 이 책의 호소력이 학계의 범위를 이미 넘어섰다고 강조했다. "아마도 급진적 역사학자의 저서 가운데 공항 서점에서 판매하는 책은 이 책밖에 없을 것이다." 특히 콜럼버스와 관련된 부분은 "지난 가을 『소프라노』의 원고에 삽입될 만큼 유명해졌다." 마지막으로 그린은 자기 비판과 시대에 따른 변신에 적극적인 진이 『미국 민중사』가 미국 서부에서 벌어지는 라틴계의 정의를 위한 투쟁, 그리고 동성애자들의 평등권 확보를 위한 투쟁을 충분히 다루지 못한 점에 아쉬움을 드러냈다고 전한다.[38]

숀 세타로(Shawn Setaro)는 '인스턴트(Instant)'라는 인터넷 사이트를 통해 진과 『미국 민중사』를 찬양하는 대열에 합류했다. "이 책은 미국 역사를 어떻게 바라볼 것인가, 어떻게 가르쳐야 할 것인가, 라는 문제를 완전히 뒤집어놓았다." 진은 세타로와의 인터뷰에서도 평소의 겸손한 자세를 잃지 않았다. 우선 세타로는 진의 다음과 같은 문장을 인용한다. "사회에 대한 기여가 너무 간접적이고 불확실한 많은 사람들 가운데 한 명이었던 나는 직접적인 도움을 주는 이들에 대해 생각했다. 자기 손으로 무엇이든 쓸모 있는 일을 하고 싶다는, 빗자루 하나라도 만들고 싶다는 평생의 바람에 관한 시를 쓴 칠레 시인 파블로 네루다를 떠올렸다." 이어서 세타로는 "당신처럼 사회를 변화시키기 위해 끊임없이 헌신해 온 사람이 이런 생각을 한다는 것은 지나치게 감상적인 면을 드러내는 것 아닌가. 당신은 자신이 직접적인 도움을 주는 사람 가운데 하나가 되었다고 생각하지 않는가?"라는 질문을 던진다. 진의 대답은 이러하다.

그렇지 않다. 단지 그런 바람을 가지고 있을 뿐이다. 굳이 말하자면, 감옥에 갇힌 사람들과 연락을 주고받으며 그들을 도우려고 노력하고 있기는 하다. 예를 들어 감옥에 갇힌 사람들 중에 글을 쓰는 이들이 있는데, 그들은 자신이 쓴 글을 바깥 세상으로 내보내기가 쉽지 않다. 나는 그런 이들을 돕기 위해 애쓰고 있다. 물론 감옥에 갇힌 사람들과 연락을 주고받는 것도 그들이 바깥 세상과 접속하는 것을 돕는다는 의미가 있다. 그런 맥락에서 나는 사람들에게 직접적인 도움을 주는 인간이 되기 위해 사소한 노력을 기울여 왔다.

하지만 내가 하는 대부분의 일은 세상에 정보와 생각을 던져주고 그것이 그들에게 도움이 되기를 바라는 차원에 그치고 있다. 내가 보기에 어떤 정치적 운동에 능동적으로 참여하는 것이 무언가에 대한 글을 쓰고 그것이 세상에 도움이 되기를 바라는 것보다는 좀더 직접적인 영향을 미치는 길이 아닐까 싶다.

최근에는 매사추세츠 주에서 사형제도를 부활시키려는 움직임을 저지하기 위한 활동에 참여한 적이 있다. 집회에서 연설을 하고, 기자회견에 참여하고, 다른 사람들의 목소리에 내 목소리를 더하는 정도의 참여였다. 결과적으로 우리는 매사추세츠 주에 사형제도를 부활시키기 위한 법안을 저지하는 데 성공했다. 이것은 어느 정도나 직접적인 도움인가? 말하자면 글을 쓰는 간접적인 방법과 감옥으로 쳐들어가 갇힌 자를 탈옥시키는 직접적인 방법, 두 가지 방법의 중간쯤 되는 셈인가(웃음).

만약 내가 강연을 했는데 누군가가 그 강연을 듣고 당신 덕분에 정치의식에 눈을 뜨고 조직에 참여하게 되었다는 편지를 보내온다면, 나는 그것 역시 간접적인 활동 가운데 하나라고 생각한다. 물론 당신은 내가 누군가의 삶의 방향을 바꿔놓았다는 의미에서, 그들이 이전과는 다른 눈으로 세상을 바라볼 수 있는 계기를 마련해 주었다는 점에서 직접적인 활동이라고 간주할 수도 있겠지만 말이다.[39]

이 대담에는 세기말의 미국 사회에서 사회 변화를 위해 여러 가지 다양한 운동을 펼치며 누구 못지않게 중요한 역할을 감당하는 사람의 절절한 심정이, 그리고 진 특유의 겸손함이 동시에 느껴진다.

그 밖에 세타로는 두 가지 질문을 더 던졌는데, 여기에 대한 진의 대답은 그의 생애와 저술을 평가하고자 하는 시도에 적지 않은 도움이 될 듯하다.

첫째, 세타로는 진이 1970년대에 쓴 '새로운 급진주의 세대'가 어떻게 되었느냐는 질문을 던졌다. 진은 "30년 전과는 다른 방식으로 학생들을 가르치는 교사들", "윌리엄 쿤스틀러(William Kunstler)를 비롯한 1960년대 초반의 몇몇 급진적인 법률가"의 뒤를 잇는 "진보적인 법률가들", 그리고 '사회적 책임을 다하는 의사들(Physicians for Social Responsiblility)'과 '핵전쟁에 반대하는 전세계의 의사들(International Physicians Against Nuclear War)'과 같은 조직에서 활동하고 있는 의사들을 언급한 다음 이렇게 덧붙였다. "1960년대와 70년대 초반의 활동가들 가운데 상당수가 아직도 활발한 활동을 펼치고 있음에도 불구하고 예전처럼 눈에 잘 띄지 않는 이유는 운동의 규모가 전국적인 차원에 못 미치기 때문이다. 하지만 그들은 여전히 아주 다양한 방식으로 훌륭히 자신의 임무를 해내고 있다."

둘째, 세타로는 "많은 사람들은 무엇이 자신의 인생을 변화시켰느냐는 질문에 하나의 단어로 대답하는 경우가 많다"는 진의 말을 상기시킨 뒤, "당신의 경우에는 그 하나의 단어가 무엇인지 궁금해졌다"는 질문을 던졌다.

글쎄, 아주 대답하기 어려운 질문이다. 내가 많은 사람들이 하나의 단어로 대답한다는 말을 한 것은 사실이지만, 나의 경우에는 어떤 단어가 거기에 해당될지 확신이 서지 않는다. 어쩌면 '파시즘'이 아닐까. 나는 파시즘이 점점 세력을 키워가던 세상에서 성장했고, 제2차 세계대전 당시의 추축국(제2차 세계대전 때 일본, 독일, 이탈리아의 세 동맹국이 스스로를 이르던 말－옮긴이)에서뿐만 아니라 민주적 정부, 혹은 시장, 혹은 감옥, 혹은 인종 차별적인 제도 등등, 각계각층에서 파시즘의 요소를 발견했다. 내가 생각하는 파시즘이란 남을 못살게 구는 깡패 같은 것이고, 그것이야말로 내 인생 최대의 숙적이라는 사실을 깨달았다. 국가적 차원이건 국지적 차원이건, 일터에서건 교육 제도 속에서건, 심지어는 경찰 제복을 입고 있다 해도 깡패는 깡패일 뿐이다. 그것은 내가 생각하는 가장 핵심적인 위협 가운데 하나이며, 나의 사고와 존재를 좌우하는 요소가 되었다.[40]

진이 다른 자리에서 『진 읽기』에 「불복종과 민주주의에 대하여」라는 부제를 붙인 이유는 그것이 "나의 사상을 가장 잘 요약해 주기 때문"이라고 말한 것도 이와 같은 맥락이라고 생각한다.[41]

진의 저술을 훑어보면 낙관주의 역시 거듭 되풀이되는 주제 가운데 하나라는 점을 어렵지 않게 간파할 수 있다. 어쩌면 그가 생각하는 낙관주의의 개념이 그의 이념을 요약하는 데 도움이 될지도 모르겠다. 그의 글과 강연에는 거의 빠짐없이 이 주제가 등장한다. 사람들은 끊임없이 이 점을 상기시키고, 여기에 대한 질문을 던지며(때로는 "어떻게 아직도 그런 낙관적인 입장을 유지할 수가 있는가?"라는, 다소 회의적인 질문을 포함하여), 그런 입장에 고마움을 표한다.

『7월 4일 생』의 저자 론 코빅은 1994년에 쓴 어느 글에서 진을 향해 이렇게 말한다. "당신은 나에게 얼마나 중요한 인물인지 모른다. 당신은 정말 대단한 사람이다. 당신의 가르침에 감동을 받은 전세계의 수많은 사람들에게, 당신이 어떤 의미를 갖는지 말로 다 표현할 수가 없다. 당신의 제자와 동료들, 친구들은 결코 당신을 잊을 수 없을 것이다. 당신은 정말로 중요한 무언가를 위해 당신의 삶을 헌신해 왔다. 남을 위해 봉사하는 모습도 마찬가지이다. 당신은 우리에게 희망과 힘을 주었고, 이 세상을 보다 살기 좋은 곳으로 만들기 위해 불의와 맞서 싸우는 모든 사람들에게 궁극적 승리를 거두는 데 반드시 필요한 정신과 자신감을 불어넣어 주었다."[42]

역사학자인 리처드 드리넌도 『달리는 기차 위에 중립은 없다』를 읽고 그와 비슷한 글을 쓴 적이 있다. "당신은 내가 아는 혁명가 중에서 목소리를 높이지 않고 이 세상을 뒤집어놓아야 한다고 말할 수 있는 유일한 사람이다. 지금처럼 힘든 시기를 맞아, 나는 당신과 같은 희망을 가지고 있지는 못했다. 하지만 당신이 보여준 불굴의 용기는 나에게 희망을 심어주었다. 그런 당신에게 고마움을 표하고 싶다."[43]

또 한 통의 편지는 『중단의 실패』에 대한 반응을 담고 있다. "나는 당신의 유머를 좋아한다. 우리의 역사, 우리 시대, 우리 세상이 얼마나 무시무시한지에 대해 읽으면서도 웃음을 지을 수 있다는 것, 그것 때문에 나는 당신의 주장을 받아들일 수 있었다. 너무나 끔찍해서 외면해 버리기보다, 오히려 인간적인 것으로 인정하게 되었기 때문이다. 당신은 희망을 가지고 있고, 나에게 그 희망을 나누어주었다. 그것이 가장 중요한 것 아닐까."[44]

낙관주의에 대해서도 무엇보다 진 자신의 말을 직접 들어보는 것이 가장 효과적일 것이다. 특히 『중단의 실패 ― 한 낙관적 역사학자의 성찰』이 출간된 1993년 이후에는 강연이 끝나고 질의응답 시간이 이어지거나 인터뷰에 응할 기회가 있을 때마다 반드시 이 문제를 다루기로 마음먹은 듯하다. 『중단의 실패』에 실린 두 편의 에세이도 낙관주의를 다룬 글인데, 표제가 된 에세이와 진이 교직에서 은퇴한 1988년에 『Z 매거진』을 통해 처음 발표되었던 「불확실성의 낙관주의」라는 의미심장한 제목을 가진 글이 그것이다.

후자에 대한 머리말은 이렇게 되어 있다. "여기서 말하는 '낙관주의'라는 단어 때문에 마음이 조금 불안하다. 요즘 같은 암흑기와는 어울리지 않는 단어라는 느낌 때문이다. 그럼에도 불구하고 내가 이 단어를 계속 사용하는 것은 세상이 좋아질 거라는 자신감에 가득 차 있기 때문이 아니라 그러한 자신감만이 카드를 다 받아들기도 전에 게임을 포기하는 사태를 막아줄 수 있다고 믿기 때문이다." 실로 재미있는 비유가 아닐 수 없다. "모든 것은 도박이다. 돈을 잃기 위해 도박을 하는 사람은 없다. 도박을, 행동을 한다는 것은 세상을 변화시킬 최소한의 가능성을 창출하기 위해서이다. 나는 그러한 가능성을 뒷받침하는 약간의 증거를 보여주기 위해 이 에세이를 썼다."

에세이 본문에서는 사람들이 조직을 만들고 훌륭한 업적을 이루어내는 역사적 사례를 제시한다. 이러한 "예측할 수 없는 인간사"는 두 가지 중요한 결론으로 이어진다. "첫째는 정의를 위한 투쟁이 총과 돈을 가진 자들, 그것을 지키기 위해 혈안이 되어 있는 자들의 힘 앞에 굴복하지 않는다는 점이다." 가진 자들의 힘은 "폭탄과 달러처럼 계량화할 수는 없지만, 인간의 본능, 즉 도덕적 열정과 결단력, 단결, 조직, 희생, 기지, 슬기, 용기, 인내의 힘 앞에서 큰 위력을 발휘하지 못한다"는 사실이 수없이 입증된 바 있다. 따라서 "아무리 냉철하게 힘의 균형을 계산한다 해도 정의를 위해 싸우는 사람들을 막을 수는 없다."

두 번째 결론은 "사회적 현상의 불예측성을 고려할 때, 자기 방어, 국가 안보, 자유, 정의, 침략의 저지 등등 역사가 내세우는 모든 전쟁의 핑계들이 더 이상 용납될 수 없다"는 점이다. 물론 여기에는 내전도 포함된다. 간단히 말해서 대규모의 폭력은 "어떠한 목적으로도 정당화될 수 없다. 왜냐하면 결과를 예측할 수 없기 때문이다."[45] 이것이 바로 불확실성의 낙관주의이다.

표제작인 「중단의 실패」는 다소 다른 각도로 낙관주의에 접근한다. "나도 비관주의가 무엇인지는 알지만, 그것을 믿지는 않는다." 이렇게 운을 뗀 진은 "이것은 단순히 믿음의 문제가 아니라 역사적 증거에 의해 드러난 사실"이라고 논의를 전개한다. "단지 희망을 주는 증거만으로도 충분하다. 희망을 갖기 위해 반드시 확실성이 필요한 것은 아니다. 단지 가능성만 있으면 되기 때문이다." 이 에세이는 1980년대의 보스턴 대학에서 학생들을 가르칠 때 그들에게서 "(좌파와 우파를 가리지 않고) 모두가 얘기하던 '자기 중심 세대'의 무관심, 보수주의, 타인의 곤경에 대한 무신경"을 발견하지 못했다는 주장으로 이어진다.

진의 결론은 다소 조심스러워 보인다. "역사는 10년마다 새롭게 시작되지 않는다. 한 세대의 뿌리가 그 다음 세대에 가지를 뻗고 꽃을 피운다. 사람들, 글들, 그리고 모든 종류의 보이지 않는 매개체들이 한 세대의 메시지를 다음 세대로 전달한다." 진은 다시 첫 문장으로 돌아가 "나는 몇몇 친구들과 동조하기 위해 비관주의자가 되려고 노력해 보았다"고 술회한다. "하지만 과거를 돌아보고 미래를 내다본다. 그때 나는, 미래는 불확실하지만 그래서 모든 가능성이 열려 있다는 사실을 발견했다."[46]

진이 퇴직하기 직전인 1987년, 보스턴 대학의 한 학생이 진에게 이런 질문을 던진 적이 있다. "어떻게 당신은 낙관주의를 유지할 수 있는가? 냉소주의로 변하는 게 더 자연스럽지 않은가?" 진은 미소를 지으며 되물었다. "내가 낙관적이라는 것을 어떻게 아는가?" 학생은 "그렇지 않으면 지금과 같은 활동을 하고 있지 않을 테니까"라고 대답했다. 그러자 진은 이렇게 대답했다. "나를 낙관주의자로 만드는 요인은 여러 가지가 있겠지만, 그 가운데 몇 가지만 얘기해 보자. 첫째는 내가 지금까지 적지 않은 경험을 쌓아왔다는 점이고, 둘째는 아무것도 없는 무(無)에서 탄생한 운동이 거대한 불길로 타올라 나라를 흔들고 변화를 이루어내는 것을 목격했기 때문이다." 진은 민권운동과 베트남전쟁 반대운동을 예로 들어 자신의 입장을 상세히 설명했다.[47]

은퇴 후 약 10년가량이 지난, 보다 최근의 인터뷰에서도 진은 그러한 입장을 굳건히 간직하고 있음을 보여준다. 1993년의 저서 『중단의 실패 — 한 낙관적 역사학자의 성찰』을 언급하며 "그것이 당신에게 어떤 의미를 갖는가, 또한 아직도 그런 낙관적 견해를 간직하고 있는가?"라는 질문이 제기되자, 진은 자신이 생각하는 낙관주의가 무엇인지를 잘 보여주는 답변을 내놓았다.

> 모든 일이 다 잘될 것으로 믿는다는 의미의 낙관주의는 아니다. 그저 모든 일이 잘될 가능성이 있다는 의미의 낙관주의일 뿐이다. 나는 우리의 앞날이 좋아질지 나빠질지, 미래를 예측하지 않는다. 그런 것은 너무나 불확실하기 때문이고, 그런 점에서 역사를 통해 교훈을 얻을 수 있다고 생각한다.
>
> 우리가 미처 예측하지 못한 많은 일들이 벌어졌다. 1920년대의 독일에서 히틀러가 권력을 장악할 거라고 예측한 사람이 누가 있겠는가? 남아프리카에서 만델라가 대통령이 될 거라고 예측한 사람은? 그래서 나는 언제 무슨 일이 벌어질지 모른다는 믿음, 사람들은 언제나 이런저런 선택을 할 수 있다는 믿음, 그러한 선택이 언제나 의도적이지만은 않다는 믿음을 가지고 있다.
>
> 또 누군가가 우연의 자연 도태를 얘기한 적이 있기 때문에 우리에게도 그런 기회가 있음을 강조하는 역사적 사례에 대해 믿음을 가지고 있지만, 그것은 우리가 어떤 행동을 하느냐에 달려 있다. 따라서 우리의 행동이 아무리 작다 할지라도 많은 사람들의 힘이 합쳐지면 언젠가 거대한 변화를 이끌어낼 수 있다는 믿음을 가져야 한다. 나는 기본적으로, 모든 사람이 가만히 앉아서 아무것도 하지 않으면 낙관적인 입장을 가질 수 있는 아무런 이유가 없지만, 무언가를 하면 반드시 가능성이 있다고 생각하는 쪽이다.[48]

이것은 확실히 맹목적인 낙관주의가 아니라 역사적 사실에 기반을 둔 현실적 낙관주의이다. 사람들은 좋은 일이 일어나도록 할 수 있고, 따라서 더 많은 좋은 일들이 일어나도록 할 수도 있다. 모든 것은 확실성이 아니라 가능성을 바라보는 희망(그리고 행동)에 달려 있다.

진은 또한 그저 막연한 낙관주의가 아니라 구체적인 상황에 걸맞은 낙관주의를 주장한다. 1998년, 애신스의 조지아 대학 강연에서 진은 이렇게 말했다. "전쟁을 비롯한 여러 가지 주제에 대한 나의 이야기에 많은 청중들이 열광적인 반응을 보여주었다. 조지아 주 애신스가 25년 전에 어떤 모습이었는지를 돌이켜보니 기분이 좋았다. 우리는 커다란 진전을 이룬 것이다!"[49]

진은 심지어 그가 주장하는 역사에 대한 우파의 공격에서도 희망을 발견한다. "만약 역사가 중요하지 않다면 사람들은 그렇게까지 신경을 쓰지 않았을 것이다." 이 문제에 대해 진의 말을 인용하는 잭 스텐즈(Zack Stenz)는 진이 "역사에 대한 지식이 사람들의 일상생활에 아주 중요하다는 사실, 사회 변화의 강력한 원동력으로 작용할 수 있다는 사실에 자신의 인생을 바쳤다"고 언급했다.

진 본인도 "일용 노동자와 다국적 기업, 개인의 고립이 점점 심화되는 지금과 같은 상황에서는 대중 운동의 진영이 흐트러질 수 있다"는 점을 인정했다. 스텐즈는 다시 한 번 진의 말을 인용한다. "개인의 고립, 그리고 현재 미국 사회가 보여주는 다양성을 고려하면 운동의 기반을 구축하는 것은 쉬운 일이 아니다. 하지만 분노가 충분히 축적되면 새로운 사회운동이 탄생할 것이다." 스텐즈는 마지막으로 다시 한 번 진을 인용하며 결론을 대신한다. "나는 희망에 차 있다. 하지만 무언가를 하지 않으면 희망도 없다. 변화를 이루기 위해 아무것도 하는 일이 없다면, 그 사람은 희망을 가질 자격이 없는 사람이다."[50] 희망을 가질 자격, 재미있는 이야기가 아닐 수 없다.

다른 사람의 전기를 쓰는 작가는 어떤 집착에 사로잡힐 가능성이 높고(그것을 '전기작가병'이라고 부르는 사람도 있다), 남들은 보지 못하는 연결고리를 발견하는 경우도 많다(물론 없는 연결고리를 만들어내는 경우는 이야기가 다르겠지만). 진의 전기를 쓰면서 앤드류 버스타인 (Andrew Burstein)의 『제퍼슨의 내면 ― 슬픔에 젖은 한 낙관주의자의 초상(The Inner Jefferson: Portrait of a Grieving Optimist)』을 읽어보니 여러 가지를 느낄 수 있었다.

버스타인은 말년의 제퍼슨이 역시 말년의 존 애덤스(John Adams)에게 보낸 편지의 한 구절을 인용한다. "전체적으로는 호혜의 원칙에 입각한, 고통보다는 기쁨이 더 많은 좋은 세상이다. 나는 희망을 앞세우고 두려움을 뒤에 남겨둔 채 내 배를 이끌어간다. 때로는 희망이 무너지는 경우도 있지만, 비관에 사로잡히는 경우보다는 많지 않다."[51]

하워드 진 역시 두려움보다는 희망을 품고 살아가는 쪽을 선택했다. 다시 한 번 버스타인의 글을 읽어보자. "제퍼슨의 낙관주의는 엄격한 사회적 차별을 제거하라고 촉구하고, 시민의 권리를 확장하고, 공평무사와 자비를 토대로 공무원을 평가함으로써 정부를 칭찬했다. 이것이 바로 1776년의 가치이다."[52] 진의 전망 역시 1776년의 이념에 뿌리를 두고 있다. 버스타인의 책에 나오는 마지막 문장은 "제퍼슨의 낙관주의는 행복을 추구하는 미국인의 마음속에 살아남았다"로 마무리된다.[53]

하워드 진 역시 그러한 미국인 가운데 한 사람이다. 하워드 진은 자신의 생애와 저술을 통해 급진적 미국인의 전망을 분명히 했다.

그것이 급진적인 이유는 정치적, 사회적, 경제적 질서의 근본적인 변화를 추구하기 때문이다.

미국인이 강조되는 이유는 그것이 미합중국의 건국 이념, 즉 독립선언서의 이념에 토대를 두고 있기 때문이다. 다시 말해서 그것은 생명과 자유, 행복과 평등의 추구 등 너무나 본질적인 속성을 가지고 있어서 정부가 함부로 빼앗아갈 수 없는 이념이다. 진이 생각하는 미국 역사의 전망은 그러한 이념을 현실화하기 위한 지속적인 노력으로 뒷받침된다. 데이비드 바사미언이 진에게 '좌파적 가치'에 대한 질문을 던졌을 때, 그가 제일 먼저 뇌리에 떠올린 것은 사회주의였다. 그가 생각하는 좌파의 가치는 곧 인류 평등주의의 가치였다. "좌파적 가치의 핵심에 대해서 이야기한다면, 살아가는 데 꼭 필요한 것들을 모든 사람이 가질 권리가 있다는 사실, 이 세상에는 어떤 불균형도 없어야 한다는 사실을 말하고 싶다." 하지만 진은 독립선언서도 잊지 않는다. "생명과 자유, 행복의 추구를 언급한 독립선언서의 원칙 — 비록 좌파에 의해 쓰여진 것은 아니지만 — 은 나에게 좌파의 가치를 상기시켜 준다."[54)

마지막으로, 그것이 전망인 이유는 하나의 희망일 뿐 아직 현실이 아니기 때문이다. 하지만 전망은 단순히 희망만으로 현실이 되지는 않는다. 많은 노력이 필요하다. 하워드 진은 자신의 몫을 충분히 해내고 있다.

진의 사무실에서 종이 한 장이 눈에 뜨였다. 몇 자 적혀 있지 않은 종이였다. 제일 위에는 무언가의 제목인 듯 "최대의 비밀"이라고 적혀 있고, 그 밑에 "우리에게는 힘이 있다"라는 한 줄의 문장이 적혀 있었다.[55) 진의 저서 『오만한 제국』에 나오는 "민주주의의 기본적인 원칙은 국민, 즉 정부라는 열차를 평등과 정의의 방향으로 끌고가는 기관차, 즉 힘의 원천이 정부가 아니라 국민에게 있다는 점"이라는 문장과 연관이 있는 듯했다.[56) 이것은 진의 생애나 업적과 잘 맞아떨어지는 개념이 아닐 수 없다.

진은 1991년 말에 쓴 「법, 정의, 그리고 불복종」이라는 제목의 에세이에서 일련의 질문을 제기한다. "우리는 어떤 사람을 존경하고, 다음 세대의 젊은이에게 누구를 본받으라고 당부할 수 있을까? 무슨 일이 있어도 법을 지키는 사람일까, 아니면 때로는 법의 테두리 안에서, 때로는 바깥에서, 그러나 언제나 정의를 향해 싸우는 사람일까? 어떤 삶이 가장 가치로울까? 순종적으로, 충실히 법과 질서를 따르는 삶일까, 아니면 독립적인 생각, 독립적인 행동을 추구하는 반항자의 삶일까?"

지금쯤 진의 대답은 뚜렷이 드러났을 듯하다. 하지만 이 대목에서 진은 톨스토이를 언급하며 아주 흥미로운 답변을 내놓는다. 톨스토이는 『이반 일리치의 죽음』에서 성공적인 삶을 살아온 어느 법관의 이야기를 들려준다. 그러나 죽음을 앞둔 그는 갑자기 자신의 삶이 너무나 끔찍하고 어리석었다는 생각을 하게 된다. "어쩌면 나도 내가 살아야 하는 방식대로 살아오지 못했을지도 모른다. 하지만 모든 것을 제대로 할 수는 없지 않을까?" 톨스토이의 결론은 그가 "모든 합법성과 예의와 범절을 기억해 냈다"는 것으로 내려진다."[57] 진은 죽음을 앞두고 그런 고민을 할 필요가 없을 것 같다.

훨씬 이전인 1969년, 진은 「시민으로서의 역사학자」의 역할에 대해 생각해 본 적이 있다. "해결책에 목마른 세상에서, 우리는 자신이 신봉하는 가치를 위해 역사의 미친 메커니즘 속으로 자기 자신과 연구를 던져넣는, 활동가 겸 학자로서의 역사학자의 등장을 환영하지 않으면 안 된다. 그런 사람이라면 단지 학자의 위치에 머물지 않는다. 고대의 아테네 사람들이 말하는 진정한 의미의 '시민'이 되는 것이다."[58]

진 자신은 80년의 세월에 걸쳐 그와 같은 넓은 의미의 시민으로 살아왔다. 성인이 되고 난 이후의 전 생애에 걸쳐 급진주의자의 역할을 수행해 왔다. 역사를 통틀어 급진주의자는 언제나 주류의 바깥에서, 주류를 새롭게 정의하며 어려운 질문을 던지고 사회를 이끌어간다. 1830년대의 노예제도 철폐론자들, 1840년대의 여권운동가들은 미국 역사에서 찾아볼 수 있는 가장 대표적인 사례이다. 자기 자신을 급진주의자로 규정하지 않는 사람들도 급진주의자의 역할을 할 수 있으며, 그들이 가져오는 변화는 모든 사람들에게 혜택을 가져다준다.

진을 과연 급진주의자 겸 애국주의자 겸 역사학자로 규정하는 것이 타당한가에 대한 논란이 있을 수도 있다. 급진주의자라면 무언가의 뿌리를 건드려야 한다. 애국주의자라면 미국이 그 토대를 두고 있는 독립선언서와 같은 기본적인 원칙으로 돌아가야 한다. 역사학자는 그 어원인 '히스토리아(historia)'가 말해주듯, 무언가를 끝까지 파고들어야 한다. 진은 대통령과 왕과 장군과 부자들만이 아니라 모든 민중이 역사의 일부이며, 모든 민중이 존경받아야 한다는 교훈을 남겨주었다. 그가 평범한 보통 사람들, 나아가 근본적인 변화를 이끌어내기 위해 노력해 온 사람들에게 초점을 맞춘 것은 그들이 너무나 오랫동안 역사에서 배제되어 왔기 때문이다.

데이비드 바사미언은 『역사의 미래』라는 제목의 인터뷰를 통해 여러 가지 분야에서 진의 본질을 잘 드러낸 바 있다. 바사미언은 1998년에 "진이 남긴 유산을 거론하기에는 너무 이른 감이 있지만, 한번쯤 생각해 볼 필요는 있을 듯하다"는 말로 진의 답변을 유도했다. 진은 특유의 유머와 진지함을 섞어서 개인적이면서도 철학적인 답변을 내놓았는데, 그 답변을 인용하며 이 책의 결론을 대신하고자 한다.

유산을 이야기하는 것이 너무 이르다고 생각하지는 않는다. 아주 오래 전에, 내가 한 열살쯤 되었을 때부터 그런 이야기를 시작했더라면 더 좋지 않았을까 싶다. 진의 유산이라…… 내가 무엇을 남겼나? 사람이 남길 수 있는 최고의 유산은 '사람'이라고 생각한다. 굳이 말하자면, 나는 책을 유산으로 남겼다고 말하고 싶다.

세상에는 사람들에게 영향을 미치는 글이 있다. 내가 쓴 글이 사람들로 하여금 자신의 삶에 대해 생각하도록 만들었다면, 그보다 자랑스러운 일도 없을 것이다. '유산이 사람'이라는 말은 사람이 책을 읽음으로써,

나의 인생을 통해, 혹은 내가 만난 사람들을 통해 영향을 받는다는 의미이다.

내가 남길 수 있는 최고의 유산은 어떻게 살아야 할 것인가에 대한 본보기를 남기는 것이다. 그렇다고 내가 본보기가 될 만한 삶을 살았다는 말은 아니다. 내 삶을 바라보는 사람들은 대단히 선택적인 시선을 갖게 될 것이다. 만약 좋은 면만 바라본다면 세상을 변화시키기 위한 노력, 동시에 주변 사람들과 좋은 관계를 유지하기 위한 노력을 잊지 말았으면 좋겠다. 당신이 꿈꾸는 미래는 당신의 현재 인간관계 속에서 이미 드러나고 있기 때문이다. [59]

주석

서문

1. 하워드 진, 『달리는 기차 위에 중립은 없다 — 우리 시대의 개인사』 (보스턴: 비컨 출판사, 1994), p. 203.
2. 데이비드 로버트슨, 「전기의 대상이 완벽해 보이지 않을 때」, 『작가 핸드북』, 실비아 K. 버랙 엮음 (보스턴: 더 라이터 Inc., 1996), pp. 305-309.
3. 린다 사이먼, 「인생 쓰기」, 『작가 핸드북』, p. 361.
4. 게일 E. 크리스찬슨, 「집필 중인 전기작가」, 『작가 핸드북』, p. 375.
5. 앞의 책, p. 377.
6. 데이비스 D. 조이스, 『에드워드 채닝과 위대한 업적』 (헤이그: 니조프, 1974).
7. 「하워드 진과의 인터뷰 — 왜 학생들은 역사를 공부해야 하는가」, 『학교를 재고하다 — 도시 교육 저널』 7, no. 2 (1992-93 겨울): 8.

제1장

1. 하워드 진, 필자에게 보낸 전자우편, 2002년 10월 7일.
2. 하워드 진, 『역사의 미래 — 데이비드 바사미언과의 인터뷰』 (먼로, 메인: 커먼 커리지 프레스, 1999), p. 147.
3. 노암 촘스키, 필자에게 보낸 전자우편, 2000년 7월 29일.

4. 이 문단의 1차 출처는 하워드 진, 인터뷰, 보스턴, 매사추세츠, 1997년 3월 13일. (인터뷰 녹음 및 녹취는 필자 소유.)

5. 앞의 자료.

6. 앞의 자료.

7. 앞의 자료.

8. 하워드 진, 『달리는 기차 위에 중립은 없다 ─ 우리 시대의 개인사』 (보스턴: 비컨 출판사, 1994), pp. 164-65.

9. 앞의 책, p. 165.

10. 앞의 책, p. 166.

11. 앞의 책.

12. 진, 인터뷰, 1997년 3월 13일.

13. 진, 『달리는 기차 위에 중립은 없다』, p. 167.

14. 앞의 책, p. 168.

15. 앞의 책.

16. 앞의 책.

17. 앞의 책, pp. 168-69.

18. 진, 인터뷰, 1997년 3월 13일.

19. 앞의 자료.

20. 진, 『달리는 기차 위에 중립은 없다』, pp. 171-72.

21. 앞의 책, p. 173.

22. 앞의 책.

23. 앞의 책.

24. 아우구스트 마이어와 엘리엇 루드빅, 『검은 역사와 역사적 고백, 1915-1980』 (어바나: 일리노이 대학 출판부, 1986), pp. 164-65.

25. 피터 노빅, 『그 고귀한 꿈 ─ '객관성 문제'와 미국의 역사적 고백』 (케임브리지: 케임브리지 대학 출판부, 1988), p. 419.

26. 하워드 진, 필자에게 보낸 전자우편, 1998년 4월 4일.

27. 하워드 진, 인터뷰, 보스턴, 매사추세츠, 1997년 3월 14일. (인터뷰 녹음 및 녹취는 필자 소유.)

28. 진, 『달리는 기차 위에 중립은 없다』, p. 175.

29. 하워드 진, 『중단의 실패 ─ 한 낙관적 역사학자의 성찰』 (먼로, 메인: 커먼 커리지 프레스, 1993), pp. 146, 149. 이 에세이는 「나는 마르크스주의자가 아니다」라는 제목으로 『중단의 실패』에 실렸지만, 『Z 매거진』에는 「나에게 인간

이 아닌 것은 모두 외계인이다」라는 제목으로 실렸다.

30. 진, 인터뷰, 1997년 3월 14일.

31. 앞의 자료.

32. 하워드 진, 필자에게 보낸 전자우편, 2002년 10월 17일.

33. 앞의 자료.

34. 앞의 자료.

35. 진, 『달리는 기차 위에 중립은 없다』, p. 87.

36. 앞의 책, p. 95.

37. 앞의 책, pp. 88-89.

38. 진, 인터뷰, 1997년 3월 14일.

39. 진, 『달리는 기차 위에 중립은 없다』, p. 89.

40. 앞의 책, pp. 90-91.

41. 앞의 책, pp. 91-92.

42. 하워드 진, 『역사 정치학』 (보스턴: 비컨 출판사, 1970), p. 262.

43. 진, 『달리는 기차 위에 중립은 없다』, p. 94.

44. 진, 『역사 정치학』, p. 269.

45. 앞의 책, pp. 273-74.

46. 진, 『달리는 기차 위에 중립은 없다』, pp. 94-95.

47. 진, 인터뷰, 1997년 3월 13일.

48. 진, 『달리는 기차 위에 중립은 없다』, p. 179.

49. 진, 인터뷰, 1997년 3월 14일.

50. 앞의 자료.

51. 앞의 자료.

52. 진, 『달리는 기차 위에 중립은 없다』, pp. 15-17.

53. 앞의 책, p. 166.

54. 앞의 책, p. 180.

제2장

1. 하워드 진, 필자에게 보낸 전자우편, 1996년 12월 3일.

2. 앞의 자료.

3. 윌리엄 E. 로이텐버그가 2000년 8월 31일에 필자에게 보낸 편지.

4. 하워드 진, 필자에게 보낸 전자우편, 1997년 1월 4일.

5. 하워드 진, 『의회에서의 라과르디아』 (이타카, 뉴욕: 코넬 대학 출판부, 1959), pp. vii-ix.

6. 앞의 책, p. viii.

7. 앞의 책, pp. ix-x.

8. 앞의 책, pp. 1, 3, 15, 25-26, 34-45.

9. 앞의 책, pp. 51, 75.

10. 앞의 책, pp. 97, 107, 122, 135.

11. 앞의 책, pp. 138-39, 198.

12. 앞의 책, pp. 205-206.

13. 앞의 책, pp. 224, 226, 230, 235-37.

14. 앞의 책, p. 241.

15. 앞의 책, pp. 259, 269.

16. 앞의 책, p. 273.

17. 오거스트 헥서, 『새터데이 리뷰』 43 (1960년 2월 13일): 24; 벨 젤러, 『미국 정치학 리뷰』 54 (1960년 6월): 540.

18. 아더 만, 『라과르디아 ― 시대와 맞서 싸운 전사, 1802-1933』 (필라델피아: J. B. 리핀코트 사, 1959).

19. 프레드 J. 쿡, 『네이션』 190 (1960년 2월 13일): 149-50.

20. 윌러스 S. 세이르, 『계간 정치학』 75 (1960년 6월): 263-65.

21. 존 D. 힉스, 『미국 역사 리뷰』 65 (1960년 7월): 931-33. 『북마크』 19 (1960년 2월): 118.

22. 하워드 진, 『달리는 기차 위에 중립은 없다』 (보스턴: 비컨 출판사, 1994), p. 17.

23. 하워드 진, 필자에게 보낸 전자우편, 1996년 12월 3일.

24. 진, 『달리는 기차 위에 중립은 없다』, pp. 19-21.

25. 앞의 책, pp. 21-22.

26. 앞의 책, pp. 22-24.

27. 하워드 진, 필자에게 보낸 전자우편, 1997년 1월 4일.

28. 하워드 진, 인터뷰, 보스턴, 매사추세츠, 1997년 3월 14일.

29. 하워드 진, 『남부의 신비』 (뉴욕: 알프레드 A. 크로프, 1964), pp. 3-5.

30. 앞의 책, pp. 5-10.

31. 앞의 책, pp. 10-13.

32. 앞의 책, pp. 18-21, 36-37, 83.

33. 앞의 책, pp. 89, 97, 99, 104, 107, 127.

34. 앞의 책, p. 136.

35. 앞의 책, pp. 136-37.

36. 앞의 책, pp. 147, 149.

37. 앞의 책, pp. 151, 190, 197, 148, 204, 212.

38. 앞의 책, p. 213.

39. 앞의 책, p. 217.

40. 앞의 책, pp. 262-63.

41. 앞의 책, pp. 265-67.

42. 찰스 A. 레인스, 『라이브러리 저널』 89 (1964년 10월 15일): 3970.

43. 『라이브러리 저널』 89 (1964년 11월 15일): 4664.

44. 랠프 맥길, 『새터데이 리뷰』 48 (1965년 1월 9일): 52.

45. 랠프 엘리슨, 『북 위크 (뉴욕 헤럴드 트리뷴)』, 1964년 11월 8일, pp. 1, 20, 22, 24. 엘리슨의 서평은 그 주의 대표 기사로 1면 전체를 차지하고 있음. 아마도 그 당시 그가 진보다 더 유명 인사여서 그러지 않았을까?

46. 앞의 자료, p. 25. T. H. 클랜시도 『아메리카』 111 (1964년 10월 24일)에 『남부의 신비』 서평을 썼으며, 『네이션』 199 (1964년 10월 26일): 284에도 간략하게 언급됨.

47. 하워드 진, 『SNCC — 새로운 철폐론자들』 (보스턴: 비컨 출판사, 1964), n.p.

48. 앞의 책, pp. 1-3.

49. 앞의 책, p. 4.

50. 앞의 책, pp. 5-6.

51. 앞의 책, pp. 7-9, 13-15.

52. 앞의 책, pp. 42-43.

53. 앞의 책, p. 96.

54. 앞의 책, pp. 167-68, 181, 185.

55. 앞의 책, pp. 190, 192, 224-25.

56. 앞의 책, pp. 237. 270.

57. 하워드 N. 메이어, 『북 위크 (뉴욕 헤럴드 트리뷴)』, 1964년 12월 6일, pp. 18, 20.

58. 랠프 맥길, 『새터데이 리뷰』 48 (1965년 1월 9일): 52. 그 밖의 서평 혹은 언급은 『아메리카』 111 (1964년 10월 24일): 488 (T. H. 클랜시); 『크리스천 센트리』 81 (1964년 10월 24일): 1464 (앨런 R. 브록웨이); 『라이브러리 저널』 89

(1964년 10월 1일): 3766 (루벤 F. 쿠글러); 『네이션』 199 (1964년 10월 26일): 284.

59. 하워드 진, 인터뷰, 보스턴, 매사추세츠, 1997년 3월 14일.

60. 진, 『달리는 기차 위에 중립은 없다』, pp. 37-39.

61. 앞의 책, pp. 39-41.

62. 앞의 책, pp. 41-43.

63. 앞의 책, p. 43.

64. 앞의 책, pp. 43-45.

65. 진, 인터뷰, 1997년 3월 14일.

66. 하워드 진, 필자에게 보낸 전자우편, 1997년 1월 4일.

67. 진, 인터뷰, 1997년 3월 14일.

68. 알프레드 영과 레오나드 W. 레비, 『뉴딜 단상』 서문 (인디애나폴리스: 봅스메릴, 1965), p. xviii.

69. 하워드 진, 『뉴딜 단상』 머리말, pp. xvi-xvii.

70. 앞의 책, p. xvii.

71. 앞의 책, p. 45.

72. 앞의 책, pp. 324-25.

73. H. M. 크리스만, 『네이션』 204 (1967년 4월 17일): 508; 『초이스』 4 (1967년 6월): 474.

제3장

1. 하워드 진, 『달리는 기차 위에 중립은 없다 — 우리 시대의 개인사』 (보스턴: 비컨 출판사, 1994), 표지 재킷.

2. 앞의 자료.

3. 하워드 진, 인터뷰, 보스턴, 매사추세츠, 1997년 3월 14일.

4. 앞의 자료.

5. 앞의 자료.

6. 앞의 자료.

7. 앞의 자료.

8. 앞의 자료.

9. 이 문단은 진이 명예교수로 적을 두고 있는 보스턴 대학의 사무실 서류함에서 발견되었는데, 다시 F. 루바트라는 학생이 쓴 「하워드 진의 인물평」이라는 자

료에 근거를 두고 있다. 문맥에 비춰볼 때 어디까지가 레빈의 언급이고 어디부터가 학생의 언급인지 확실하지 않다. 기준, 원칙, 학점, 가르침, 사진 등에 대한 언급은 학생이 레빈의 글을 인용한 것이고, 그에게 여러 차례 질문을 던졌다는 내용은 실제 인용인 것으로 보인다. 학생이 진의 말이라고 표현한 부분은 실제로 진의 언급임이 분명하다. 이후 같은 서류함에서 발견된 서류는 '하워드 진의 서류'라고 표시한다.

'위스콘신 주립 역사학회'는 '하워드 진의 서류들, 1956-1970'이라는 자료를 보관하고 있다. 보스턴 대학 마가르 도서관은 이 자료를 모두 마이크로필름으로 보관하고 있다. 주로 민권운동에 대한 진의 초창기 관련 부분에 초점을 둔 자료들이다. 예를 들어 『SNCC ― 새로운 철폐론자들』에 사용된 연구 자료들도 여기에 포함되어 있다.

10. 진, 인터뷰, 1997년 3월 14일.

11. 앞의 자료.

12. 존 실버, 『터놓고 말하기 ― 미국의 문제점과 그 치료법』(뉴욕: 하퍼 앤드 로우, 1989), pp. 104-105.

13. 하워드 진의 서류. 불행하게도 이 자료에는 날짜가 기록되어 있지 않다.

14. 존 R. 실버, 로라 바레트와의 인터뷰, 1979년 12월 3일, 하워드 진의 서류.

15. 패트릭 콜린스, 「그들은 교육의 어울리지 않는 쌍이다」, 『뉴 스탠다드』, 1997년 1월 11일, http://www.s-t.com/daily/01-97/01-11-97/aO11o005.htm.

16. 1990년 8월 『연감』은 하워드 진의 서류에 포함되어 있다. 진은 1997년 3월 13일 인터뷰에서 그것이 실버의 패배에 도움을 주었다는 견해를 피력했다.

17. 헤이젤 M. 홉킨스의 서명이 붙은 자료. 1980년 2월. 하워드 진의 서류.

18. 이 사건과 관련된 몇 가지 자료는 하워드 진의 서류에 포함되어 있다. 진은 『달리는 기차 위에 중립은 없다』 pp. 193-194에서도 이 사건을 간략히 언급한 바 있다.

19. 하워드 진의 서류. 불행하게도 날짜는 기록되어 있지 않으나, 1967년에 간행된 것으로 보인다.

20. 진이 필자에게 이 편지의 사본을 제공해 주었다.

21. 진, 『달리는 기차 위에 중립은 없다』, pp. 184-85.

22. 대니얼 그로스, 「화산 밑에서 ― 실버 시대의 보스턴 대학」, 『링구아 프랑카』 3 (1995년 11/12월): 44-53.

23. 루바트, "인물평", 하워드 진의 서류.

24. 웬디 질레스피, 「하워드 진 ― 인물평」, 1987년 11월 23일, 하워드 진의 서류.

25. 데이비드 바사미언, 「인터뷰 — 하워드 진」, 『프로그레시브』 (1997년 7월): 37-40.

26. 진, 인터뷰, 1997년 3월 14일.

27. 스토턴 린드, 필자에게 보낸 전자우편, 2000년 8월 6일.

28. 하워드 진, 『베트남 — 철군의 논리』 (보스턴: 비컨 출판사, 1967), pp. 1-6.

29. 앞의 책, pp. 9. 14.

30. 앞의 책, pp. 22-23.

31. 앞의 책, pp. 28-31.

32. 앞의 책, pp. 42-50.

33. 앞의 책, pp. 51, 59, 60-61.

34. 앞의 책, p. 66.

35. 앞의 책, p. 70.

36. 앞의 책, p. 80.

37. 앞의 책, p. 88.

38. 앞의 책, pp. 97, 101.

39. 앞의 책, p. 103.

40. 앞의 책, pp. 108, 115-16.

41. 앞의 책, pp. 125.

42. 존 E. 손이 비컨 출판사에 보낸 편지, 1968년 2월 12일. 비컨 출판사 편집자 아놀드 C. 토벨이 손에게 보낸 편지, 1968년 2월 20일. 두 편지는 하워드 진의 서류에 포함되어 있음.

43. 웨스 로렌스, 「철군의 탄원」, 『클리블랜드 플레인 딜러』, 1967년 4월 6일.

44. 두 자료 모두 하워드 진의 서류들에 포함되어 있음.

45. 데이비드 P. 고티어, 『캐나디언 포럼』 47 (1967년 11월): 182-84.

46. 『베트남 — 철군의 논리』에 대한 서평, 『뉴욕 타임스 북리뷰』, 1967년 6월 11일, p. 38.

47. 『타임스 리터러리 서플먼트』, 1967년 5월 25일, p. 431: 콜린 클라크, 『라이브러리 저널』 92 (1967년 2월 15일): 784; 새빌 R. 데이비스, 『크리스찬 사이언스 모니터』, 1967년 5월 25일, p. 7. 『초이스』 4 (1967년 12월): 1180에 실린 간략한 서평은 약간 긍정적인 편이고, 『뉴요커』 43 (1967년 9월 9일): 179의 짧은 서평은 확실한 견해가 피력되지 않음.

48. 하워드 진의 서류.

49. 하워드 진의 서류.

50. 하워드 하버바흐가 하워드 진에게 보낸 편지, 1968년 10월 19일, 하워드 진의

서류.

51. 하워드 진의 서류.

52. 하워드 진, 「베트남의 교훈 — 구정 공세 30주년」, 『프로그레시브』 1998년 1월 26일, http://secure.progressive.org/mpzinnjan98.htm.

53. 진, 인터뷰, 1997년 3월 14일; 하워드 진이 필자에게 보낸 전자우편, 1997년 1월 14일.

54. 하워드 진, 『불복종과 민주주의 — 법과 질서에 대한 아홉 가지 착각』 (뉴욕: 랜덤하우스, 1968), p. 5.

55. 앞의 책, pp. 5-6.

56. 앞의 책, p. 7.

57. 앞의 책, pp. 8, 12-14, 22, 25-26.

58. 앞의 책, pp. 27, 30-31.

59. 앞의 책, pp. 32, 36, 38.

60. 앞의 책, pp. 39, 41-42, 46, 48-52.

61. 앞의 책, pp. 53, 55-57, 62, 67-68.

62. 앞의 책, pp. 68, 75, 78, 87.

63. 앞의 책, p. 87.

64. 앞의 책, pp. 101, 105-106, 115-16.

65. 앞의 책, pp. 117-18.

66. 앞의 책, pp. 118-19.

67. 앞의 책, pp. 123-24.

68. 사이먼 라자루스, 『뉴 리퍼블릭』 159 (1968년 12월 7일): 33.

69. 새빌 R. 데이비스, 『크리스찬 사이언스 모니터』 (1969년 1월 16일): 11.

70. 칼 코언, 『네이션』 207 (1968년 12월 2일): 597, 599-600. 『라이브러리 저널』 94 (1969년 1월 15일)에 실린 짧은 서평은 별 도움이 되지 않지만 "도서관 납품용으로 추천한다"고 밝혔음. 그 밖의 서평은 윌리엄 B. 굴드, 『커먼윌』 90 (1969년 4월 25일): 178; J. G. 도이치, 『뉴욕 타임스 북리뷰』, 1969년 2월 16일, p. 18.

71. 찰스 앤젤레티가 필자에게 보낸 편지, 1998년 8월 9일.

72. 하워드 진, 『역사 정치학』 (보스턴: 비컨 출판사, 1970), p. 368.

73. 하워드 진이 필자에게 보낸 전자우편, 1997년 2월 2일.

74. 진, 인터뷰, 1997년 3월 14일.

75. 진, 『역사 정치학』 p. 1.

76. 앞의 책, pp. 1-2.

77. 앞의 책, pp. 2-3.

78. 앞의 책, pp. 5-9.

79. 앞의 책, pp. 9-10.

80. 앞의 책, pp. 10-11.

81. 앞의 책, p. 11.

82. 앞의 책, p. 12.

83. 앞의 책, pp. 12-13.

84. 앞의 책, p. 13.

85. 앞의 책, p. 15.

86. 앞의 책, pp. 16-17.

87. 하워드 진, 필자에게 보낸 전자우편, 2002년 10월 17일.

88. 진, 『역사 정치학』 pp. 16-17.

89. 앞의 책, pp. 20-22.

90. 앞의 책, pp. 27, 29, 30.

91. 앞의 책, pp. 35-36, 42, 45, 47, 51.

92. 앞의 책, p. 290.

93. 앞의 책, pp. 279-80.

94. 앞의 책, pp. 280-86.

95. 앞의 책, pp. 289-91.

96. 앞의 책, pp. 294-95, 300, 303.

97. 앞의 책, pp. 304, 308-309, 313, 315.

98. 앞의 책, pp. 320-321.

99. 앞의 책, pp. 321, 330, 341, 342, 351.

100. 앞의 책, pp. 364, 352, 363.

101. 하워드 진, 『역사 정치학』 제2판 (샴페인: 일리노이 대학 출판부, 199), pp. xi-xiv.

102. 앞의 책, pp. xvii-vxiii, xi.

103. 피터 노빅, 『그 고귀한 꿈 ― '객관성 문제'와 미국 역사의 고백』 (케임브리지: 케임브리지 대학 출판부, 1988), pp. 426, 428, 431, 436, 437.

104. 크리스토퍼 래쉬, 「리처드 홉스태터에 대하여」, 『뉴욕 북리뷰』 20 (1973년 3월 8일): 12. 철폐론자와 자유승차운동에 대한 진의 에세이는 마틴 두버만 엮음 『노예제도 반대 전위』 (프린스턴, 뉴저지: 프린스턴 대학 출판부, 1965).

105. 진, 『역사 정치학』 제2판, pp. xi, xviii.

106. 도널드 B. 로젠탈, 『미국 아카데미 연감』 393 (1971년 1월): 174-75.

107. 필립 그린, 『미국 정치학 리뷰』 64 (1970년 12월): 1281-83.

108. 줄리언 F. 자프, 『라이브러리 저널』 95 (1970년 6월 1일): 2152.

109. L. B. 스티븐스, 『뉴욕 타임스 북리뷰』, 1970년 9월 20일, p. 39; 코트니 R. 셀던, 『크리스찬 사이언스 모니터』, 1970년 7월 30일, p. 5.

110. 클래런스 레오나드 홀 2세, 『아메리카』 123 (1970년 11월 28일): 468.

111. 진, 『달리는 기차 위에 중립은 없다』, pp. 152-53.

112. 하워드 진, 인터뷰, 보스턴, 매사추세츠, 1997년 3월 13일.

113. 진, 『달리는 기차 위에 중립은 없다』, pp. 142-44.

114. 강의 계획서, 정치와 역사, 1988년 봄, 하워드 진의 서류.

115. 하워드 진이 필자에게 보낸 전자우편, 1997년 1월 14일.

116. 노암 촘스키와 하워드 진, 『펜타곤 보고서 ― 비판적 에세이』 (보스턴: 비컨 출판사, 1972), pp. ix-x.

117. 진, 『달리는 기차 위에 중립은 없다』, pp. 159-61.

제4장

1. 하워드 진이 필자에게 보낸 전자우편, 1997년 3월 7일.

2. 하워드 진, 『전후 미국 ― 1945-1971』 (인디애나 폴리스: 봅스-메릴, 1973), pp. x-xi.

3. 앞의 책, pp. xiii-xvii.

4. 앞의 책, pp. xiii, xviii.

5. 앞의 책, p. xix.

6. 앞의 책.

7. 앞의 책, pp. 7, 9-10, 16.

8. 앞의 책, pp. 20, 22, 26.

9. 앞의 책, p. 77.

10. 앞의 책, pp. 89-90, 102.

11. 앞의 책, pp. 148, 149.

12. 앞의 책, p. 178.

13. 앞의 책, pp. 103.

14. 하워드 진, 『오만한 제국』 (뉴욕: 하퍼콜린스, 1990), pp. 147-49.

15. 앞의 책, pp. 183-85.

16. 앞의 책, pp. 196-197.

17. 앞의 책, pp. 198-199, 201, 215, 231, 244.

18. 제임스 T. 패터슨, 『미국 역사 저널』 60 (1973년 9월): 513-14.

19. 『전후 미국』 서평, 『초이스』 10 (1973년 10월): 1274.

20. 피터 미켈슨, 『뉴 리퍼블릭』 169 (1973년 7월 28일과 8월 4일): 24-26.

21. 하워드 진이 필자에게 보낸 전자우편, 1997년 3월 29일.

22. 하워드 진, 『일상생활의 정의』 (뉴욕: 윌리엄 모로우, 1974), pp. ix-xii.

23. 앞의 책, pp. 143-144.

24. 앞의 책, pp. 190-192.

25. 앞의 책, p. 233.

26. 앞의 책, pp. 275, 281-82.

27. 앞의 책, pp. 353-54.

28. 앞의 책, pp. 354, 356-57, 361, 366-67.

29. 스튜어트 A. 쉐인골드, 『고등교육 크로니클』 10 (1975년 4월 7일): 15.

30. 스티븐 푸로, 『라이브러리 저널』 99 (1974년 11월 1일): 2864; 『퍼블리셔스 위클리』 206 (1974년 8월 12일): 54-55.

31. 피터 아이언스, 『확신의 용기 — 대법원과 맞선 16명의 미국인』 (뉴욕: 펭귄북스, 1988), 헌사와 p. xiii.

32. 하워드 진이 필자에게 보낸 전자우편, 1997년 6월 9일, 1998년 6월 21일.

33. 하워드 진이 필자에게 보낸 전자우편, 1997년 6월 9일.

34. 하워드 진, 『진 읽기 — 불복종과 민주주의에 대한 글쓰기』 (뉴욕: 세븐 스토리스 출판사, 1997), pp. 139-41.

35. 앞의 책, pp. 220-22.

36. 앞의 책, pp. 223-25.

37. 앞의 책, pp. 328-30.

38. 하워드 진이 필자에게 보낸 전자우편, 1997년 6월 9일.

39. 하워드 진, 인터뷰, 보스턴, 매사추세츠, 1997년 3월 14일.

40. 오스카 핸들린, 『아메리칸 스칼라』 49 (1980년 가을): 546-50.

41. 포너의 서평은 『미국 민중사』 뒤표지에 인용. "현대의 고전"은 J. 맥스 로빈스, 「로빈스 리포트 — 데이먼과 애프렉, 역사를 만들다?」, 『TV 가이드』 1998년 6월 20-26일, p. 37.에서 언급.

42. 하워드 진, 『미국 민중사』 개정판 (뉴욕: 하퍼페레니얼, 1995), p. 10 (이하 이

책의 모든 출처는 이 판본을 기준으로 함.)

43. 앞의 책, pp. 8-9.

44. 앞의 책, pp. 9-10.

45. 앞의 책, pp. 10-11.

46. 앞의 책, pp. 23, 31, 32, 37-38.

47. 앞의 책, pp. 50, 55, 56-57, 58.

48. 윌리엄 두들리, 『미국혁명 — 상반된 관점들』(샌디에고, 캘리포니아: 그린헤이븐 출판사, 1992(, pp. 242-43.

49. 진, 『미국 민중사』, pp. 77, 88-89, 98-99, 101.

50. 앞의 책, pp. 107, 102.

51. 앞의 책, pp. 127, 140, 135, 125.

52. 앞의 책, pp. 166, 152.

53. 앞의 책, p. 167.

54. 앞의 책, pp. 168, 180.

55. 앞의 책, pp. 180, 182, 185.

56. 앞의 책, pp. 193, 204.

57. 핸들린, 『아메리칸 스칼라』 p. 548; 진, 『미국 민중사』, p. 211.

58. 진, 『미국 민중사』, pp. 247, 253, 252, 271, 276.

59. 앞의 책, pp. 290-92.

60. 앞의 책, pp. 314, 331, 341.

61. 앞의 책, pp. 350, 362.

62. 앞의 책, pp. 375, 394.

63. 앞의 책, pp. 398-404.

64. 앞의 책, pp. 412, 416.

65. 앞의 책, p. 435.

66. 앞의 책, pp. 460, 466, 492.

67. 앞의 책, pp. 544-45, 550.

68. 앞의 책, pp. 551, 553, 561-62, 569, 572, 580-81, 583.

69. 앞의 책, pp. 598-99, 617.

70. 앞의 책, p. 618.

71. 앞의 책.

72. 앞의 책, pp. 618-19, 621.

73. 앞의 책, pp. 622-25.

74. 앞의 책, pp. 625-27.

75. 앞의 책, pp. 627-28.

76. 앞의 책, pp. 629-34.

77. 하워드 진, 『아메리칸 스칼라』 편집자에게 보낸 편지, 날짜 미상, 하워드 진이 필자에게 제공.

78. 이 초고는 보스턴 대학 문서 보관소에 보관되어 있음.

79. 하워드 진, 인터뷰, 보스턴, 매사추세츠, 1997년 3월 14일.

80. 존 윌슨, 『크라이스트처치 프레스』, 1980년 11월 18일; 진 아니온, 『교육 저널』 (1980년 여름): 67-73.

81. 제임스 레빈, 『라이브러리 저널』 105 (1980년 1월 1일): 101.

82. 브루스 쿠클릭, 『네이션』 230 (1980년 5월 24일): 634-36.

83. 하워드 진이 필자에게 보낸 전자우편, 1998년 6월 21일.

84. 『미국 민중사』에 대한 서평, 『클리아트 어린이 도서 가이드』 15 (1981년 겨울): 44.

85 데이비드 오브리언, 『커먼윌』 108 (1981년 1월 16일): 24-26.

86. 찰스 글래스, 『뉴 스테이츠맨』 100 (1980년 10월 24일): 27.

87. 『미국 민중사』에 대한 서평, 『계간 뉴턴 교사들』 (1980년 겨울): 4.

88. 머레이 로젠블리스, 『WIN』 1982년 4월 15일, pp. 29-30.

89. 『미국 민중사』에 대한 서평, 『잉글리시 저널』 82 (1993년 4월): 33.

90. 제임스 뉴터라인, 『코멘터리』 70 (1980년 10월): 56-64.

91. 마이크 윌래스, 『먼스리 리뷰』 (1980년 12월): 27-38.

92. 에릭 포너, 『뉴욕 타임스 북리뷰』, 1980년 3월 2일, pp. 10, 31.

93. 에이미 핀켈탈, 「페이퍼백 대상 후보로 지명된 진의 저서」, 『데일리 프리 프레스』, 1981년 3월 30일, p. 9.

94. 조셉 A. 팔레르모가 하워드 진에게 보낸 편지, 1991년 1월 7일; 케네스 윌리엄스, 1991년 3월 31일; 도널드 H. 휘트, 1991년 2월 28일; 앤 페어브라더, 1997년 1월 16일; 수전 그릭만, 1985년 10월 22일; S. 브라이언 윌슨과 홀리 라우언, 1990년 9월 25일. 이상 하워드 진의 서류.

95. 하워드 진, 필자에게 보낸 전자우편, 1997년 6월 9일.

96. 앞의 자료.

97. 강의 계획서와 테이프는 하워드 진의 서류에 포함되어 있음.

98. 하워드 진, 『달리는 기차 위에 중립은 없다』 (보스턴: 비컨 출판사, 1994), pp. 201-202.

99. 앞의 책, pp. 202-203.

제5장

1. 하워드 진이 필자에게 보낸 전자우편, 1998년 6월 21일.
2. 하워드 진, 『중단의 실패 ― 한 낙관적 역사학자의 성찰』 (먼로, 메인: 커먼 커리지 출판사, 1993), p. 67.
3. 하워드 진, 인터뷰, 보스턴, 매사추세츠, 1997년 3월 14일.
4. 에이브러햄 C. 멜처가 하워드 진에게 보낸 편지, 1993년 2월 16일; '다람쥐', 1993년 2월 18일; 존 오브리언, 1994년 1월 18일; 프랜신 저푸스, 1992년 1월 29일; 대니얼 거트사코프, 1991년 4월 11일; 존 루덴, 1991년 1월 21일; 태드 N. 리치, 1991년 2월 1일; 폴 부로웨스, 1991년 5월 23일. 이상은 하워드 진의 서류에 포함되어 있음.
5. 어윈 크놀, 『프로그레시브』 55 (1991년 2월): 40-41.
6. H. 브루스 프랭클린, 『원자 과학자 불리틴』 47 (1991년 9월): 43-44.
7. 마크 A. 그래버, 『계간 정치학』 107 (1992년 봄): 187-89.
8. 마이클 카진, 『미국 역사 저널』 78 (1991년 12월): 1034-35. 짧은 서평은 허버트 머트갱, 『뉴욕 타임스』 (1991년 1월 5일) p. 10; P. J. 갤리, 『초이스』 28권 (1991년 3월), p. 1230.
9. 하워드 진, 『오만한 제국』 (뉴욕: 하퍼콜린스, 1990), pp. 2-5.
10. 앞의 책, pp. 5-7.
11. 앞의 책, pp. 6, 8.
12. 앞의 책, pp. 62.
13. 앞의 책, pp. 80, 105.
14. 앞의 책, p. 259.
15. 하워드 진, 『불복종과 민주주의』 (뉴욕: 랜덤하우스, 1968), p. 65.
16. 하워드 진, 『일상생활의 정의』 (뉴욕: 윌리엄 모로우, 1974), pp. 126-27.
17. 진, 『오만한 제국』, pp. 183, 186, 199, 205.
18. 앞의 책, pp. 210-13, 226-27.
19. 진, 『중단의 실패』, p. 1.
20. 앞의 책, p. 45.
21. 앞의 책, pp. 10, 15.

22. 앞의 책, pp. 145-50.

23. 『중단의 실패』에 대한 서평, 『브룸스베리 리뷰』 13 (1993년 5월): 22.

24. 『중단의 실패』에 대한 서평, 『프로그레시브』 57 (1993년 9월): 42.

25. 하워드 진이 그렉 베이츠에게 보낸 편지, 1993년 9월 2일, 하워드 진의 서류;
    『네이션』 (1993년 10월 18일): 421.

26. 빌 하비, 「중단의 실패에 대한 하워드 진의 성찰」, 『볼티모어 크로니클』 1993
    년 10월. 하워드 진의 서류에서 복사.

27. '루스'가 하워드 진에게 보낸 편지, 1993년 9월 5일; 빅 월터, 노동절, 1993년.
    하워드 진의 서류.

28. 하워드 진, 『달리는 기차 위에 중립은 없다』 (보스턴: 비컨 출판사, 1994), pp.
    1, 4, 6, 12.

29. 롤랜드 울버트, 『북리스트』 91 (1994년 9월 1일): 22.

30. 진, 인터뷰, 1997년 3월 14일.

31. 폴 불, 『네이션』 259 (1994년 11월 21일): 623-25.

32. 진, 인터뷰, 1997년 3월 14일.

33. 모리스 이서만, 『미국 역사 저널』 82 (1995년 9월): 834-35.

34. 패트리샤 오코넬, 『뉴욕 타임스 북리뷰』, 1994년 10월 9일, p. 22.

35. R. H. 이머만, 『초이스』 32 (1995년 6월): 1674.

36. 론 코빅이 하워드 진에게 보낸 편지, 1994년 10월 28일. 하워드 진의 서류.

37. 콜만 맥카시, 「교육의 달인」, 『워싱턴 포스트』, 1994년 10월 1일.

38. 그렉 사전트, 「중립은 없다 — 참된 신봉자의 생애」, 『뉴욕 뉴스데이』, 1994년
    10월 20일.

39. 게리 수스만, 「크고 명쾌하게 — 진은 '정치학'을 가르친 적이 없는 학자이
    다」, 『보스턴 피닉스 리터러리 서플먼트』, 1994년 19월. 맥카시, 사전트, 수스
    만의 글 복사본은 하워드 진의 서류에 포함되어 있음.

40. 진, 인터뷰, 1997년 3월 14일.

41. 'amazon.com'에 실린 『진 읽기』에 대한 정보. 1997년 10월 1일.

42. 존 니콜스, 「저자 인물평 — 하워드 진, 객관성을 거부하는 역사학자」, 『캐피
    털 타임스』, 1997년 11월 14일, http://www.thecapitaltimes.com/zinn.htm.

43. 하비 와서만, 『프로그레시브』 (1998년 3월): 43-44.

44. 하워드 진, 『진 읽기』 (뉴욕: 세븐 스토리스 출판사), p. 15.

45. 앞의 책, pp. 112-38.

46. 앞의 책, p. 229.

47. 앞의 책, pp. 302-308.

48. 앞의 책, pp. 331-35.

49. 앞의 책, pp. 462, 472.

50. 앞의 책, pp. 579, 581, 583.

51. 앞의 책, pp. 644-55.

52. 앞의 책, pp. 586, 592.

53. 앞의 책, pp. 612-19.

54. 앞의 책, pp. 516, 528.

55. 앞의 책, pp. 567-73.

56. 앞의 책, p. 573.

57. 앞의 책, pp. 663-68.

58. 하워드 진이 전자우편을 통해 이 서평의 복사본을 필자에게 보내주었음, 1998년 7월 19일.

59. '트리포드'에 실린 일곱 편의 에세이는 하워드 진이 필자에게 제공.

60. 진, 인터뷰, 1997년 3월 14일.

61. 하워드 진이 필자에게 보낸 전자우편, 1998년 6월 21일.

62. 하워드 진, 『역사의 미래 — 데이비드 바사미언과의 인터뷰』(먼로, 메인: 커먼 커리지 출판사: 1999).

63. 하워드 진, 「복수가 아니라 연민」, 『고등교육 크로니클』, 2001년 9월 28일, http://chronicle.com/free/v48/i05/05b00801.htm.

64. 하워드 진, 다나 프랭크, 로빈 D. G. 켈리, 『세 건의 파업』 (보스턴: 비컨 출판사, 2001).

65. 하워드 진, 『하워드 진, 역사를 말하다』 (뉴욕: 세븐 스토리스 출판사, 2001), pp. 69, 66.

66. 하워드 진, 『하워드 진, 전쟁을 말하다』 (뉴욕: 세븐 스토리스 출판사, 2001), pp. 101-104.

67. 하워드 진이 필자에게 보낸 전자우편, 2002년 9월 20일, 10월 7일, 10월 15일.

68. 대니얼 M. 프리덴버그, 『최고가 입찰자에게 낙찰』 (암허스트, 뉴욕: 프로메테우스 북스, 2002), pp. 11-14.

69. 낸시 챙, 『정치적 반대 잠재우기』 (뉴욕: 세븐 스토리스 출판사, 2002), pp. 11-12.

70. 하워드 진, 『테러리즘과 전쟁』, 앤소니 아르노브 엮음 (뉴욕: 세븐 스토리스 출판사, 2002), pp. 9-18.

71. 앞의 책, pp. 22-25.

72. 앞의 책, p. 44.

73. 찰스 E. 앤젤레티, 필자에게 보낸 엽서, 2002년 10월 19일.

74. 찰스 E. 앤젤레티, 전화 인터뷰, 200년 11월 1일.

75. 에드워드 S. 허먼, 「순항 미사일 좌파」 『Z 매거진』 (2002년 11월): 46-50.

76. 진, 『테러리즘과 전쟁』, p. 45.

77. 앞의 책, pp. 32, 34, 39.

78. 앞의 책, pp. 50, 114.

79. 앞의 책, p. 88.

80. 앞의 책, pp. 52-53.

81. 앞의 책, pp. 62-63.

82. 앞의 책, pp. 47-48.

83. 앞의 책, p. 29.

제6장

1. 필자 역시 마이클 크라우스와 데이비스 D. 조이스, 『미국 역사의 서술』 (노만: 오클라호마 대학 출판부, 1985)에서 같은 평가를 내린 바 있음.

2. 하워드 진, 인터뷰, 보스턴, 매사추세츠, 1997년 3월 14일.

3. 하워드 진, 『역사 정치학』 (보스턴: 비컨 출판사, 1970), pp. 47-51.

4. '역사협회' 인터넷 자료; 하워드 진이 필자에게 보낸 전자우편, 1998년 6월 21일.

5. 스토턴 린드가 필자에게 보낸 전자우편, 2000년 8월 6일.

6. 스토턴 린드, 「급진적 역사에 대한 성찰」, pp. 104-107; '신대학회의' 관련 부분은 p. 56; 두보이스 관련 부분은 p. 62 — 이상 『급진적 역사 리뷰』 79 (2001년 겨울).

7. 진, 인터뷰, 1997년 3월 14일.

8. 린드, 「급진적 역사에 대한 성찰」, pp. 105-106.

9. 앞의 글.

10. 스토턴 린드가 필자에게 보낸 전자우편, 2000년 8월 6일.

11. 로버트 F. 바스키, 『노암 촘스키 — 반대의 인생』 (케임브리지, 매사추세츠: MIT 출판부, 1998), pp. 224, 199, 121.

12. 노암 촘스키가 필자에게 보낸 전자우편, 2000년 7월 29일.

13. 하워드 진, 『미국 민중사』 교재판 (뉴욕: 뉴 프레스, 1997), p. 78; 하워드 진과

조지 커쉬너, 『미국 민중사 — 도표』 (뉴욕: 뉴 프레스, 1995); 하워드 진, 『20세기 — 민중사』 (뉴욕: 하퍼 앤드 로우, 1984).

14. 하워드 진이 필자에게 보낸 전자우편, 1998년 2월 17일.

15. J. 맥스 로빈스, 「로빈스 리포트 — 데이먼과 애프렉, 역사를 만들다?」, 『TV 가이드』, 1998년 6월 20-26일, p. 37.

16. 하워드 진이 필자에게 보낸 전자우편, 1998년 6월 21일.

17. 하워드 진이 필자에게 보낸 전자우편, 2002년 10월 7일.

18. 하워드 진이 필자에게 보낸 전자우편, 1998년 7월 20일.

19. 존 터만이 필자에게 보낸 전자우편, 2001년 12월 9일.

20. 존 터만, 『공허한 약속』 (보스턴: 비컨 출판사, 1986).

21. 진, 인터뷰, 1997년 3월 14일.

22. '독립적인 독자' 1998년 5월, http://www/indpendentreader.com/books/bp098.htm.

23. 『미국 헤리티지 사전』 제2판.

24. 「하워드 진 — 샘 애덤스와의 인터뷰」, 『필라델피아 시티 페이퍼 인터액티브』, 1998년 5월 5일, http://www.citypaper.net/articles/012298/20Q.Zinn.shtml.

25. 제이 월자스퍼와 존 스파이드, 「느슨한 표준」, 『유튼 리더』 (1998년 5-6월): 56, 휴 델레한티, 「우주에서 교통신호 무시하기」, 앞의 책, p. 5.

26. 찰스 앤젤레티가 필자에게 보낸 전자우편, 1998년 2월 26일과 8월 6일.

27. 찰스 M. 영, 「하워드 진의 기계에 대한 분노」, 『롤링 스톤』, 1996년 10월 17일, pp. 93-94, 98, 100-101.

28. 하워드 진이 필자에게 보낸 전자우편, 1999년 2월 25일.

29. 「이 달의 잼 — 로커와 교수」, 『인터뷰』, 1999년 3월, pp. 48, 50, 174.

30. '뉴 프레스' 홈페이지에 나오는 정보, http://www.thenewpress.com/.

31. 하워드 진, 「냉전 시대의 역사 정치학 — 억압과 저항」, 『냉전과 대학 — 전후 시기의 지성사를 향하여』, 노암 촘스키 외 (뉴욕: 뉴 프레스, 1997), pp. 35-72.

32. 이상의 언급은 진의 『미국 민중사』가 출간된 이후 필자가 영국에서 한 강연에서 나온 것들임. 진은 당시 필자가 거주하던 오클라호마 아이다를 방문.

33. 빌 하비, 『볼티모어 크로니클』 (1993년 10월): 3-4.

34. 하워드 진, 『진 읽기』 (뉴욕: 세븐 스토리스 출판사, 1997), p. 16.

35. 앞의 책, p. 17.

36. 젤 레빈, 『케이프 코더 서머리』, 1994년 8월 9일, pp. 4, 16.

37. 하워드 진, 『달리는 기차 위에 중립은 없다』, p. 170.

38. 제임스 그린, 「하워드 진의 역사」, 『고등교육 크로니클』 (2003년 5월 23일): B:13-B14.

39. 숀 세타로, 「하워드 진의 민중관」, 『인스턴트』, 1998년 5월 5일, http://www.instantmag.com/articles/zinn.htm.

40. 앞의 자료.

41. 하워드 진이 필자에게 보낸 전자우편, 1998년 3월 19일.

42. 론 코빅이 하워드 진에게 보낸 편지, 1994년 10월 28일, 하워드 진의 서류.

43. 리처드 드리넌이 하워드 진에게 보낸 편지, 1994년 10월 19일, 하워드 진의 서류.

44. '루스'가 하워드 진에게 보낸 편지, 1993년 9월 5일.

45. 하워드 진, 『중단의 실패』 (먼로, 메인: 커먼 커리지 출판사, 1993), pp. 23, 26-27.

46. 앞의 책, pp. 157, 164.

47. 웬디 질레스피, 「하워드 진 — 인물평」, 1987년 11월 23일, 하워드 진의 서류.

48. 진, 인터뷰, 1997년 3월 14일.

49. 하워드 진이 필자에게 보낸 전자우편, 1998년 2월 24일.

50. 잭 스텐즈, 「강력한 진 — 하워드 진, 소노마 카운티에 역사에 대한 열정을 가져오다」, 『소노마 인디펜던트』, 1996년 4월 18-24일, http://www.metroactive.com/papers/sonoma/04.18.96/books-9616.html.

51. 앤드류 버스타인, 『제퍼슨의 내면 — 슬픔에 젖은 한 낙관주의자의 초상』 (샬롯스빌: 버지니아 대학 출판부, 1995), p. 257.

52. 앞의 책, p. 278.

53. 앞의 책, p. 291.

54. 하워드 진, 『역사의 미래』 (먼로, 메인: 커먼 커리지 출판사, 1999), p. 55

55. 하워드 진의 서류.

56. 하워드 진, 『오만한 제국』 (뉴욕: 하퍼콜린스, 1990), p. 62.

57. 하워드 진, 「법, 정의, 불복종」, 『노틀담 법률, 윤리, 공공 정책 저널』 5 (1991): 920.

58. 하워드 진, 「시민으로서의 역사학자」, 『페이지 2: 뉴욕 타임스 북리뷰 선정 최고의 '책의 발언'』 (뉴욕: 홀트, 라인하트 앤드 윈스턴, 1969), p. 77.

59. 진, 『역사의 미래』, p. 146

하워드 진의
생애와
주요 저술

1922년	8월 24일 뉴욕 시에서 가난한 유대인 이민자의 아들로 출생
1943–1945년	공군 폭격수로 복무
1944년–현재	(10월 30일) 로슬린 셰흐터와 결혼(슬하에 딸 마일라와 아들 제프)
1951년	뉴욕 대학 학사
1952년	콜럼비아 대학 석사
1956–1963년	스펠먼 대학 역사학과 교수. 민권운동에 참여
(1958년)	콜럼비아 대학 박사
(1959년)	첫번째 저서, 『의회에서의 라과르디아(LaGuardia in Congress)』
(1960–1961년)	하버드 대학 동아시아연구소 박사후 과정
(1961–1962년)	애틀랜타 대학 비(非)서구연구소 이사
1964–1988년	보스턴 대학 정치학과 교수(1974, 1978, 1984년 파리 대학 교환교수)
1964년	『남부의 신비(The Southern Mystique)』, 『SNCC — 새로운 철폐론자들(SNCC: The New Abolitionists)』
1965년	『뉴딜 단상(New Deal Thought)』(편저)
1967년	『베트남 — 철군의 논리(Vietman: The Logic of Withdrawal)』. 베트남전쟁 반대운동에 적극적으로 참여
1968년	『불복종과 민주주의 — 법과 질서에 대한 아홉 가지 착각(Disobe-

dience and Democracy: Nine Fallacies on Law and Order)』

1970년	『역사 정치학(The Politics of History)』
1972년	『펜타곤 보고서 — 비판적 에세이(The Pentagon Papers: Critical Essays)』(노암 촘스키와 공동 편저)
1973년	『전후 미국(Postwar America)』
1974년	『일상생활의 정의 — 그것이 작동하는 방식(Justice in Everyday Life: The Way It Really Works)』(편저)
1980년	『미국 민중사(A People's History of the United States)』
1988년	은퇴
1988년-현재	주로 『미국 민중사』와 관련된 주제로 강연 활동
1990년	『오만한 제국 — 미국의 이데올로기로부터 독립(Declarations of Independence)』
1991년	걸프전쟁 및 대 이라크 경제 제재에 반대하는 운동에 참여
1993년	『중단의 실패 — 한 낙관적 역사학자의 성찰(Failure to Quit: Reflections of an Optimistic Historian)』
1994년	『달리는 기차 위에 중립은 없다 — 우리 시대의 개인사(You can't Be Neutral on a Moving Train: A Personal History of Our Times)』
1995년	볼로냐 대학 풀브라이트 석좌 교수
1997년	『진 읽기 — 불복종과 민주주의에 대한 글쓰기(The Zinn Reader: Writings on Disobedience and Democracy)』
1999년	『역사의 미래(The Future of History) — 데이비드 바사미언과의 인터뷰』
2001년-현재	'테러와의 전쟁' 및 이라크전쟁 반대운동에 참여
2001년	『하워드 진, 역사를 말하다(Howard Zinn on History)』, 『하워드 진, 전쟁을 말하다(Howard Zinn on War)』, 『세 건의 파업 — 광부, 음악가, 여성 판매원, 그리고 지난 세기 노동자의 투쟁 정신(Three Strikes: Miners, Musicians, Salesgirls, and the Fighting Spririt of Labor's Last Century)』(다나 프랭크, 로빈 D. G. 켈리와 공저)
2002년	『테러리즘과 전쟁(Terrorism and War)』

감사의 말

무엇보다 먼저, 나의 아내이자 최고의 친구이며 편집자인 캐롤의 지지와 도움에 감사한다.

이스트센트럴 대학의 많은 분들에게 감사의 뜻을 전한다. '연구 및 개발 위원회'는 1997년 봄 학기에 자료 조사를 맡아줄 아르바이트 학생을 고용하라고 약간의 보조금을 주었다. 더욱 중요한 것은 그들이 1998년 봄 학기의 내 수업 부담을 줄여줌으로써 자료 조사를 마무리하고 집필에 착수할 수 있도록 배려해 주었다는 점이다. 첫번째 보조금을 지급해 준 위원회 위원장은 드와이트 마이어스, 두번째는 주디 고포스 파커였다.

전 학과장인 제임스 R. 해리스는 내가 최대한 효율적으로 '진에 대한 작업'에 몰두할 수 있도록 강의 일정을 조정해 주었다. 나를 도와준 아르바이트 학생은 제이미 밀러였는데, 그녀는 자료 조사 작업에서 대단히 중요하고 창의적인 역할을 감당해 주었다. 내가 퇴직한 2002년 5월까지 학과장을 역임한 스코트 바턴은 나의 동료 겸 친구, 컴퓨터 고문의 역할까지 마다하지 않았다. 인문 및 사회과학 대학 학장(이자 역사학자) 앨빈 O. 터너 2세와 두안 C. 앤더슨 부총장(역시 역사학자)도 나의 작업에 지원을 아끼지 않았다. 그리고 프랭크 생크린, 자네는 이 책을 읽지 않아도 되네. 자네는 이미 나와 커피를 마시며 이 이야기를 다 들었을 테니까. 고맙네, 친구!

당연히, 하워드 진에게 감사의 뜻을 전한다. 자신의 전기를 쓰는 사람에게 그처럼 협조적인 사람도 찾아보기 힘들 것이다. 장시간 인터뷰를 허락하고, 전자우편을 이용한 모든 질문에 답해주었으며, 공적이든 사적이든 자신의 모든 서류에 무제한 접근할 수 있도록 허락해 주었다. 또한 내가 어떻게 글을 쓰고 있는지를 책이 출간되기 전에 확인하고 싶다는 뜻을 한 번도 내비치지 않았다.

내가 오래전부터 박사 과정을 밟고 있는 오클라호마 대학에서는 내가 경험한 최고의 스승 존 S. 에젤을 만날 수 있었다. 그는 전문가의 입장은 물론 개인적인 측면에서도 나의 작업에 커다란 도움을 주었다. 이 모든 분들께 진심으로 감사의 말씀을 드린다.

찾아보기

인명, 용어 외

책, 신문 외